PRÁTICA DE TEXTO

para estudantes universitários

Dados Internacionais de Catalogação na Publicação (CIP)
(Câmara Brasileira do Livro, SP, Brasil)

Faraco, Carlos Alberto
Prática de texto para estudantes universitários / Carlos Alberto Faraco, Cristovão Tezza. – Petrópolis, RJ : Vozes, 2016. (Série Manuais Acadêmicos)

Bibliografia.

2ª reimpressão, 2021.

ISBN 978-85-326-5201-0

1. Português – Estudo e ensino 2. Português – Redação 3. Textos I. Tezza, Cristovão.

92-1747 CDD-808.046907

Índices para catálogo sistemático:
1. Prática de texto : Português : Estudo e ensino 808.046907

PRÁTICA DE TEXTO
para estudantes universitários

CARLOS ALBERTO FARACO
CRISTOVÃO TEZZA

EDITORA VOZES
Petrópolis

Rua Frei Luís, 100
25689-900 Petrópolis, RJ
www.vozes.com.br
Brasil

Editoração: Augusto A. Zanatta
Diagramação: Sheilandre Desev. Gráfico
Capa: Ygor Moretti
Ilustração de capa: © Tanor | Shutterstock

ISBN 978-85-326-5201-0

Editado conforme o novo acordo ortográfico.

Este livro foi composto e impresso pela Editora Vozes Ltda.

SUMÁRIO

TÓPICOS DE LÍNGUA-PADRÃO

Apresentação

Este material didático se destina primordialmente a estudantes universitários, em especial àqueles em cujo curso o domínio da escrita é parte fundamental de sua formação. O conjunto do livro procura oferecer uma abordagem inovadora da produção de textos e da língua padrão. O ponto de partida do material foi a convicção de que o trabalho com a linguagem escrita deve ser acompanhado de reflexões sociolinguísticas de natureza mais ampla, que permitam ao estudante localizar a escrita-padrão, em suas múltiplas formas, no universo das linguagens sociais.

Os sete primeiros capítulos tratam justamente desse aspecto: *As linguagens da língua I e II* (variedade linguística, gramáticas da língua e gêneros do discurso); *Signo e significado* (aspectos do complexo processo de geração de significações); *Língua padrão I e II* (noções básicas para a compreensão histórica e social da existência de um padrão linguístico); *Considerações em torno do "erro"* (discussão da "redação escolar", o gênero que, em geral, o aluno mais praticou na vida); e *Língua e escrita* (distinção entre a língua falada e sua manifestação escrita e suas consequências para a prática de texto).

Em todos esses tópicos, o material se articula mais como um *roteiro de trabalho* para professor e estudante do que como um manual de definições acabadas para um receptor passivo. Desse modo, o livro vai em sentido contrário ao da tradição escolar. Nossa hipótese é a de que a quebra desta *postura meramente normativa* diante dos fatos da língua é o primeiro passo para que o ato de escrever ganhe significação real, transformadora, para quem escreve.

A segunda parte, que começa no capítulo 8, trata especificamente dos tópicos práticos que consideramos mais relevantes para quem pretende dominar a língua escrita contemporânea: *Texto de informação I e II, Parágrafos, Texto de opinião I e II, O texto crítico* e *Estrutura da oração.* A noção de texto – talvez a maior lacuna do ensino tradicional – estará no centro de toda a prática. Trabalha-se com a noção de texto em sentido amplo, isto é, como realidade discursiva. Nesse sentido, vai-se muito além de um trato restrito às suas características internas; no mínimo, o leitor real ou virtual será parte do texto. Novamente, privilegiou-se a ideia de *roteiro de trabalho*, em detrimento do tradicional e ineficaz "manual de instruções"...

Além dos textos teóricos, presentes na primeira parte, esta *Prática* tomou como referência básica – mas não única – textos jornalísticos, de informação e de opinião, dos principais jornais e revistas, que, queira-se ou não, representam a língua padrão real do Brasil de hoje. Entretanto, sempre que pertinente, nosso livro lembra aos estudantes, nos aspectos estritamente gramaticais, os "desvios" e as diferenças de formas linguísticas em função de variáveis como oralidade, destinatário, intenção etc. Em suma, trata-se de pensar – e de praticar – a gramática-padrão como uma gramática entre outras, tendo clareza, além disso, de que ela não é uma realidade estática, mas em contínua transformação.

Nos capítulos em que discutimos a argumentação e a crítica, o livro se detém menos nos temas – de resto rapidamente perecíveis num material didático – e mais nos mecanismos linguísticos e discursivos dos textos argumentativos. Em qualquer caso, a teorização sobre os fatos da língua estará sempre em segundo plano, em favor da atividade prática fundamentada principalmente na intuição do estudante e na sua experiência sociocultural de leitor e praticante da escrita ao longo de sua vida escolar.

Enfim, a utopia é esta, repetindo as palavras de Alcir Pécora: "...uma prática capaz de, reconhecendo a natureza dos problemas a ser enfrentados, renovar o papel crítico que cabe ao ensino no processo de conhecimento".

Os autores

Capítulo 1

As linguagens da língua – I

Atividade 1

Afinal, o que é a língua?

A língua é uma das realidades mais fantásticas da nossa vida. Ela está presente em todas as nossas atividades; nós vivemos entrelaçados (às vezes soterrados!) pelas palavras; elas estabelecem todas as nossas relações e nossos limites, dizem ou tentam dizer quem somos, quem são os outros, onde estamos, o que vamos fazer, o que fizemos. Nossos sonhos são povoados de palavras; os outros se definem por palavras; todas as nossas emoções e sentimentos se revestem de palavras. O mundo inteiro é um magnífico e gigantesco bate-papo, dos chefes de Estado negociando a paz e a guerra às primeiras sílabas de uma criança em alguma favela brasileira ou numa vila africana. É pela linguagem, afinal, que somos indivíduos únicos: somos o que somos depois de um processo de conquista da *nossa* palavra, afirmada no meio de milhares de *outras* palavras e com elas compostas.

Apesar dessa presença absoluta na nossa vida (ou talvez justamente por isso), ainda sabemos pouco sobre a linguagem e, em geral, temos uma relação problemática com ela, principalmente em sua forma escrita. Isto é, embora não sejamos nada sem a língua, parece que ela permanece alguma coisa *estranha* em nossa vida, como se ela não nos pertencesse. Neste primeiro momento, vamos refletir um pouco sobre alguns dos traços que definem a língua e por que ela parece muitas vezes alguma coisa "estrangeira".

Exercício 1

A primeira coisa que devemos fazer ao pensar sobre a realidade da língua é separá-la em duas categorias básicas: *língua falada* e *língua escrita*. Na verdade, a realidade primeira da língua é a *fala*, tanto na história da humanidade como na nossa história pessoal. Isto é, a escrita surgiu depois, e fundamentada na realidade da *fala*. Adiante veremos mais detalhadamente essa separação. Por enquanto, consideremos apenas a *fala*. Observe os exemplos seguintes (você pode lê-los em voz alta, porque agora o que nos interessa é apenas o *som*; não se impressione com os erros de grafia...):

1. Eu conheço ele dês que a gente era colega de colégio.
2. Eu o conheço desde o tempo em que éramos colegas no colégio.
3. O sinhô vai armoçá gorinha memo? Não faiz mar, nóis vorta despois.
4. O senhor vai aumoçá nesse momento? Não faz mau, nós voutamos depois.
5. Vós poderíeis dizer, excelência, que estou equivocado.
6. Você podia dizê, cara, que eu errei.

7. Comprei um pacótchi di lêitchi.

8. Comprei um pacote de leite.

9. Mas tu quiria u quê?

10. Porém, tu querias o quê?

Eis aí dez enunciados bastante diferentes entre si, diferentes não apenas pelas informações veiculadas, mas também quanto às *formas* empregadas. Há diferenças de *sons*, *vocabulário*, *formas verbais*, *formas de tratamento* etc. Veja (sempre lembrando da *fala*, não da escrita):

sinhô – senhor – você – tu – vós
armoçá – aumoçá
despois – depois
eu o conheço – eu conheço ele

São somente alguns poucos exemplos. Se saíssemos à rua com um gravador na mão, recolhendo amostras do que as pessoas realmente falam no dia a dia, passaríamos o resto da vida coletando material sem jamais esgotar a *variedade*. Esta é uma palavra-chave para qualquer compreensão da língua, o ponto de partida de nosso estudo: a *variedade*.

Vamos pensar um pouco sobre essa variedade. Para uma discussão inicial, siga o roteiro:

a) Todos os exemplos acima pertencem à língua portuguesa? Por quê?

b) Que fatores determinam as diferenças? Pense no seu próprio caso: você fala sempre a mesma linguagem?

c) Em geral, de que modo reagimos diante de um falante "diferente"? Pense em alguns exemplos.

d) Os programas de humor (do tipo "A praça é nossa", ou as "Escolinhas") costumam explorar a diferença linguística. O que provoca graça?

e) Faça sua pergunta!

Atividade 2

Um conjunto de variedades

Nesse primeiro momento, já temos um ponto de partida para definir a língua: *toda língua é um conjunto de variedades*. Em geral, pela própria orientação tradicional da escola e do ensino da escrita, temos uma tendência a imaginar a realidade da língua como alguma coisa homogênea, fixa, profundamente uniforme. Também decorre da tradição escolar a ideia que costuma separar as ocorrências linguísticas em dois grupos: o *certo*, identificado sempre com as formas gramaticais escolares, e o *errado*, que, em geral, é aquilo que a gente fala e ouve o dia inteiro. Essa é uma divisão tão forte que praticamente todos os falantes da língua portuguesa conservam, em algum grau, uma certa insegurança no uso da linguagem.

Frases como *Sou bom em matemática, mas péssimo em português*, ou *Será que falei certo?*, ou *Não sei nada de gramática*, ou *Mas que língua mais difícil esse tal de português* são muito frequentes em ambientes escolarizados. Daí por que, embora a palavra ocupe um espaço extraordinário na vida das pessoas, ela mantenha sempre o seu toque "estrangeiro", como algo que nunca pode ser completamente dominado.

É claro que há muitos fatores envolvidos nessa questão, em geral relativos a uma certa *confusão de conceitos*. A primeira confusão nós vimos acima: a diferença, bastante substancial, entre língua falada e língua escrita. Em geral, as pessoas tendem a julgar a língua apenas como uma realidade escrita. Outra confusão frequente decorre do sentido da palavra *gramática*. As pessoas normalmente entendem "gramática" apenas como o livro que contém as regras "certas" da língua.

Diversidade linguística

Tudo isso será visto em detalhes ao longo do livro. Por enquanto, vamos esquecer momentaneamente os conceitos de certo e errado, a noção de gramática e os fatos da língua escrita e nos concentrar na imensa diversidade linguística da *oralidade*, isto é, vamos prestar atenção, sem preconceitos ou julgamentos prévios, na língua real que vivemos todos os dias.

Nós já percebemos que a língua é um imenso *conjunto de variedades*.

Tecnicamente, podemos dividir essas variedades em quatro tipos básicos:

a) **diferenças sintáticas**, aquelas que decorrem da ordem das palavras na fala (*ele me disse* x *ele disse-me*) ou de diferentes modos de realizar a concordância verbal (*tu querias* x *tu queria* ou *nós estávamos* x *nós estava*);

b) **diferenças morfológicas**, aquelas que decorrem da *forma* da palavra, tomada individualmente (*vamos* x *vamo*);

c) **diferenças lexicais**, isto é, diferentes nomes para o mesmo objeto (*pandorga* x *pipa* x *raia* x *papagaio*);

d) **diferenças fonéticas**, isto é, pronúncias diferentes da mesma unidade sonora sem distinção de significado (poRta, com *erre* aspirado x porta, com *erre* "caipira").

E que fatores determinam essa variedade? Isto é, por que as pessoas falam mais ou menos diferente umas das outras? Considerando apenas os exemplos acima, podemos enumerar algumas razões. Veja:

a) **A região do falante.** Esse aspecto talvez seja o mais imediatamente compreensível de todos. Isto é, cada região do país tem um conjunto mais ou menos homogêneo de características fonéticas, um *sotaque* próprio que dá traços distintivos ao falante nativo, um *sotaque* que, em geral, passa a ser a sua marca mesmo quando ele não vive mais na sua região de origem. A região determina mais diretamente a pronúncia (*leitchi* x *leite*), mas também pode diferenciar pelo vocabulário (*mandioca* x *macaxeira*) e pela sintaxe (*Diga-me*, em Portugal x *Me diga*, no Brasil).

b) **O nível social do falante, sua escolaridade e sua relação com a escrita.** Esse é outro aspecto fundamental na distinção das variedades, e em geral independe dos sotaques regionais. Aqui as distinções tocam diretamente algumas formas da língua reproduzidas pela escola e sustentadas na escrita, como alguns pontos de concordância verbal (*nós vamos* x *nóis vai*), emprego de alguns termos estigmatizados (*menas* x *menos*), vocabulário mais ou menos literário etc.

c) **A situação da fala,** isto é, todo o conjunto das circunstâncias que cercam o momento do enunciado. O mesmo falante empregará variedades diferentes da linguagem dependendo de onde ele está (na sala de aula, no campo de futebol, em casa), da pessoa ou pessoas com quem ele está falando (o chefe, a mãe, um assaltante, o vizinho, um desconhecido no ponto de ônibus), a sua intenção ao falar (dar uma ordem, convencer alguém, fazer um pedido, recusar um pedido, pedir alguém em casamento, mentir), a situação específica (um incêndio, um entardecer à beira do mar, com pressa atravessando a rua) – e as possibilidades aqui são virtualmente infinitas.

Apesar dessa imensa variedade, parece que, de uma forma ou de outra, todos (ou quase todos!) costumamos nos entender razoavelmente, pelo menos em situações básicas de comunicação. Há, ainda, um outro fato bem interessante: em geral, as variedades linguísticas são capazes de intercomunicação, isto é, grande parte das variedades *conversam entre si*. Em alguns casos, umas comentam as outras, como ocorre quando brincamos com o sotaque de um amigo ou nas festas juninas em que o falante urbano tenta imitar a fala caipira.

Nessa *conversa* entre as variedades, umas podem, inclusive, exercer certa influência sobre outras, mudando-lhes progressivamente características mais tradicionais. As pesquisas linguísticas têm mostrado que formas típicas de variedades menos prestigiadas socialmente estão entrando na língua padrão (a fala-padrão, por exemplo, já admite amplamente a ocorrência de construções como *Esse foi o filme que eu mais gostei* em contraste com a construção-padrão clássica *Esse foi o filme de que mais gostei*).

Por outro lado, é perceptível que o intenso contato nas nossas cidades entre variedades rurais e urbanas do português brasileiro, decorrente da maciça migração da população do campo para a cidade, está redundando na substituição progressiva da pronúncia rural típica de palavras como *veia, paia, teia* pela urbana típica (*velha, palha, telha*).

Variedade e valor

Mais ainda que isso, as variedades *mantêm uma relação de valor umas com as outras*. Em bom português, a verdade é que todas as sociedades humanas estabelecem uma *hierarquia* entre suas variedades, atribuindo *valores* a este ou àquele traço da fala. Por motivos sociais e históricos, algumas variedades são consideradas *boas* (a essas damos o nome técnico de *variedades-padrão* ou *língua padrão*) e outras *más*.

Quando alguém nos diz algo, nós não apenas interpretamos as informações que nos são passadas pelas palavras em si, mas também o próprio falante, e costumamos avaliar também rapidamente toda a situação em que a fala ocorre.

Em suma: *as palavras nunca estão sozinhas. E qualquer discussão sobre a linguagem, seu sentido e sua natureza deverá, obrigatoriamente, discutir também as condições reais em que ela existe.*

E, é claro, a relação entre as variedades sociais nem sempre é tranquila. Há, de certo modo, um conflito permanente entre algumas delas. Pense na sua experiência pessoal: anos e anos sofrendo na escola para aprender *uma* variedade que nos dizem ser *a certa*, mas sempre vivenciando uma certa insegurança, certas incertezas no uso de algumas formas da língua. Como resolver essa questão?

Enquanto pensamos na resposta, vamos aprofundar ainda mais a definição de língua a partir de suas variedades, enfrentando agora outra fonte de confusão: o conceito de *gramática*.

Atividade 3

Variedade e gramática

Para aprofundar um pouco os diferentes sentidos da palavra "gramática", vamos observar as ocorrências abaixo. Como até aqui estamos considerando apenas a linguagem oral, é interessante você ler as frases em voz alta.

a) Nós vamos agora e voltamos depois.

b) Nós vamo agora e voltamo depois.

c) Nóis vamo agora e voltamo depois.

d) Nóis vai agora e vortamo dispois.

e) Vamos voltamos depois agora nós e.

Exercício 2

Considerando a sua experiência como falante de português, responda a essas questões preliminares:

1. Das frases acima, quais delas de fato ocorrem no dia a dia, e quais delas não ocorrem nunca?
2. Considerando as frases que de fato ocorrem na vida real, qual delas seria a de uso mais frequente no meio em que você vive? Você tem certeza?
3. Como falante da língua, você se identifica com qual ocorrência? Só essa ou mais alguma?
4. Faça um rápido perfil do falante das frases que você assinalou como ocorrentes (isto é, classe social, escolaridade, região...).
5. Assinale quais ocorrências você acha "corretas" e quais você acha "erradas". Justifique.

Agora que você já investigou as frases acima, vamos desenvolver um pouco mais a noção linguística de *gramática*. É muito importante que tenhamos uma noção clara do que significa essa palavra que o uso comum define apenas como "linguagem certa". O sentido mais usual da palavra você já conhece: *gramática* é o conjunto de regras da língua, definidas num livro escolar, que decidem o que é "certo" e o que é "errado". Mas de qual "língua"? Bem, da lista acima, a *gramática escolar* vai reconhecer como "certa" apenas a ocorrência "a", como você já deve ter notado.

E o que fazemos com as outras ocorrências? Bem, descartada a ocorrência "e", que, como tal não existe em português, as outras acabam por ser muito mais usadas na vida real que a ocorrência "a". Precisamos, então, entender melhor essa questão, o que faremos em mais detalhes nos próximos capítulos, estudando a noção de *língua padrão* ou *norma culta*.

Por enquanto, vamos insistir um pouco mais na noção de gramática, agora não do ponto de vista normativo ou escolar, mas do ponto de vista *científico*, isto é, do ponto de vista da *linguística*, a ciência que estuda as línguas humanas. Para o cientista da língua, não interessa, a princípio, se uma frase é julgada "certa" ou "errada", mas se ela ocorre ou não de fato na vida real. Do ponto de vista linguístico, é a ocorrência que determina a gramaticalidade. Assim, a expressão *frase gramatical*, para o linguista, tem um sentido bastante diferente do sentido que terá para o professor de português e para as gramáticas normativas, interessadas fundamentalmente na *língua padrão escrita*.

O princípio da regularidade

E que traço vai definir a gramaticalidade das ocorrências consideradas "erradas" pela escola, mas que existem em profusão na vida real?

O princípio fundamental de todas as gramáticas, tanto a da língua padrão como as das variedades não padrões, é a *regularidade*. Isto é, todas as variedades da língua se organizam, em todos os seus aspectos estruturais (sintáticos, morfológicos, fonéticos) de uma forma *regular* e *reiterável* (isto é, as formas são recorrentes). Em outras palavras, por trás de todas as frases efetivamente proferidas pelos falantes da língua existe uma organização; existe uma gramática.

Ninguém inventa regras por conta própria; mesmo o mais miserável dos falantes, que jamais entrou numa escola e jamais conviveu com falantes de outras variedades sociais, domina uma gramática completa, domina todo o conjunto de regras que comanda a sua variedade nativa, um conjunto que começa a se consolidar a partir dos dois anos de idade.

Diante da imensa variedade a que nos referimos acima, já deve ficar claro para você que existem muitas gramáticas para a mesma língua e, se queremos desenvolver um bom domínio da escrita, precisamos saber como nos orientar em meio a essa diversidade. Por isso, vamos explorar bastante essa questão no correr do livro.

Exercício 3

Suponha agora que você é um cientista da língua, um linguista, e está diante das cinco ocorrências apresentadas acima. A sua tarefa é tentar levantar as *regras* que comandam esses enunciados, isto é, o princípio de regularidade que se revela neles. Siga o roteiro abaixo.

1. No item *b*, qual a regra que comanda o uso da primeira pessoa do plural?
2. Essa é difícil: no item *d*, que princípio poderíamos propor para dar conta da ocorrência, primeiro, da forma "nós vai" e, em seguida, "vortamo" (e não "nóis vorta" – embora ela também pudesse ocorrer)?
3. Como dirá *arroz, paz* e *mas* o falante que em geral diz "nóis"?
4. Em *b* e *c*, por que o falante corta o *s* de *vamos* e *voltamos*, mas não de *nós* e de *depois*? Qual a "lógica"?

Atividade 4

Leitura

Para encerrar essa breve introdução às noções de língua, variedade e gramática, vamos ler dois textos. O primeiro, do linguista brasileiro Sírio Possenti, demonstra didaticamente o fato de que não existem línguas uniformes, apresentando exemplos extraídos da nossa linguagem diária, e diz por que a variedade é positiva.

O segundo texto apresenta trechos de uma obra do pensador russo Mikhail Bakhtin (1889-1975), que versam sobre a língua e sua estratificação em diferentes linguagens sociais, assinalando o fato de que, na vida real, a apreensão da palavra dos outros nem sempre significa simplesmente decifrar um sinal neutro que vem de fora, mas algo que nos envolve por inteiro – e por que às vezes sentimos nossa própria língua como "estrangeira".

Texto 1

Não existem línguas uniformes

Sírio Possenti

Alguém que estivesse desanimado pelo fato de que parece que as coisas não dão certo no Brasil e que isso se deve ao "povinho" que habita esse país (conhecem a piada?), poderia talvez achar que tem um argumento definitivo, quando observa que "até mesmo para falar somos um povo desleixado". Esse modo de encarar os fatos da linguagem é bastante comum, infelizmente. Faz parte da visão de mundo que as pessoas têm a respeito dos campos nos quais não são especialistas. Em outras palavras, é uma avaliação falsa. Mas como existe, e como também é um fato social associado à linguagem, deve ser levado em conta. Por isso, para quem pretende ter uma visão mais adequada do fenômeno da linguagem, especialmente para os profissionais, dois fatos são importantes: a) todas as línguas variam, isto é, não existe nenhuma sociedade ou comunidade na qual todos falem da mesma forma; b) a variedade linguística é o reflexo da variedade social e, como em todas as sociedades existe alguma diferença de *status* ou de papel entre indivíduos ou grupos, essas diferenças se refletem na língua. Ou seja: a primeira verdade que devemos encarar de frente é relativa ao fato de que em todos os países (ou em todas as "comunidades de falantes") existe variedade de língua. E não apenas no Brasil, porque seríamos um povo descuidado, relapso, que não respeita nem mesmo sua rica língua. A segunda verdade é que as diferenças que existem numa língua não são casuais. Ao contrário, os fatores que permitem ou influenciam na variação podem ser detectados através de uma análise mais cuidadosa e menos anedótica.

Um dos *tipos de fatores* que produzem diferenças na fala de pessoas são externos à língua. Os principais são os fatores geográficos, de classe, de idade, de sexo, de etnia, de profissão etc. Ou seja: pessoas que moram em lugares diferentes acabam caracterizando-se por falar de algum modo de maneira diferente em relação a outro grupo. Pessoas que pertencem a classes sociais diferentes, do mesmo modo (e, de certa forma, pela mesma razão, a distância – só que esta é social) acabam caracterizando sua fala por traços diversos em relação aos de outra classe. O mesmo vale para diferentes sexos, idades, etnias, profissões. De uma forma um pouco simplificada: assim como certos grupos se caracterizam através de alguma marca (digamos, por utilizarem certos trajes, por terem determinados hábitos etc.), também podem caracterizar-se por traços linguísticos. Para exemplificar: podemos dizer que fulano é velho porque tem tal hábito (fuma cigarro sem filtro, por exemplo), ou porque fala "Brasil" com um "l" no final (ao invés de falar "Brasiu", com uma semivogal, como em geral ocorre com os mais jovens). Ou seja, as línguas fornecem meios também para a identificação social. Por isso, é frequentemente estranho, quando não ridículo, um velho falar como uma criança, uma autoridade falar como uma pessoa simples etc. Por exemplo, muitos meninos *não podem* ou *não querem* usar a chamada linguagem correta na escola, sob pena de serem objeto de gozação por parte dos colegas, porque em nossa sociedade a correção é considerada uma marca feminina.

Também há *fatores internos* à língua que condicionam a variação. Ou seja, a variação é de alguma forma regrada por uma gramática interior da língua. Por isso, não é preciso estudar uma língua para não "errar" em certos casos. Em outras palavras, há "erros" que ninguém comete, porque a língua não permite. Por exemplo, ouvem-se pronúncias alternativas de palavras como *caixa, peixe, outro*: a pronúncia-padrão incluiria a semivogal, a pronúncia-não padrão a eliminaria (caxa, pexe, otro). Mas nunca se ouve alguém dizer *peto* ou *jeto* ao invés de *peito* e *jeito*. Por que será que os mesmos falantes ora eliminam e ora mantêm a semivogal? Alguém pode explicar por que o *i* cai antes de certas consoantes e não diante de outras? Alguém pode explicar por que o *u* cai antes de *t* (otro) e o *i* não cai no mesmo contexto (peito, jeito)? Certamente, então, o tipo de semivogal (*i* ou *u*) e a consoante seguinte são parte dos fatores internos relevantes para explicar esse fato que, de alguma forma, todo falante conhece.

Outro exemplo: podem-se ouvir várias pronúncias, em vários lugares do país, do som que se escreve com a letra *l* em palavras como *alguma*: a*l*guma, a*u*guma, a*r*guma. A variação também existirá em palavras como *planta*: p*l*anta ou p*r*anta (mas nunca ouviremos p*u*anta). Mas, o *l* será sempre um *l* em palavras como *lata*. Ou seja: no fim da sílaba, ele varia; no meio, também (embora não com o mesmo número de variantes). Mas, no início, nunca. E isso vale para falantes cultos e incultos.

Mais exemplos: poderemos ouvir "os boi", "dois cara", "Comédia dos Erro", mas nunca "o bois", "um caras" ou "Comédia do Erros". Ouviremos muitas vezes "nós vai", mas nunca "eu vamo(s)". Assim, as variações linguísticas são condicionadas por fatores internos à língua ou por fatores sociais, ou por ambos ao mesmo tempo.

Alguns sonham com uma língua uniforme. Só pode ser por mania repressiva ou medo da variedade, que é uma das melhores coisas que a humanidade inventou. E a variedade linguística está entre as variedades mais funcionais que existem. Podemos pensar na variação como fonte de recursos alternativos: quanto mais numerosos forem, mais expressiva pode ser a linguagem humana. Numa língua uniforme talvez fosse possível pensar, dar ordens e instruções. Mas, e a poesia? E o humor? E como os falantes fariam para demonstrar atitudes diferentes? Teriam que avisar (dizer, por exemplo, "estou irritado", "estou à vontade", "vou tratá-lo formalmente")?

Por que (não) ensinar gramática na escola, p. 33

Texto 2

Sobre a estratificação da linguagem

Mikhail Bakhtin

A língua, enquanto meio vivo e concreto onde vive a consciência do artista da palavra, nunca é única. Ela é única somente como sistema gramatical abstrato de formas normativas, abstraída das percepções ideológicas concretas que a preenchem e da contínua evolução histórica da linguagem viva. A vida social viva e a evolução histórica criam, nos limites de uma língua nacional abstratamente única, uma pluralidade de mundos concretos, de perspectivas literárias, ideológicas e sociais, fechadas; os elementos abstratos da língua, idênticos entre si, carregam-se de diferentes conteúdos semânticos e axiológicos, ressoando de diversas maneiras no interior destas diferentes perspectivas.

(...)

Cada época histórica da vida ideológica e verbal, cada geração, em cada uma das suas camadas sociais, tem a sua linguagem: ademais, cada idade tem a sua linguagem, seu vocabulário, seu sistema de acentos específicos, os quais, por sua vez, variam em função da camada social, do estabelecimento de ensino (a linguagem do cadete, do ginasiano, do realista são linguagens diferentes) e de outros fatores de estratificação. Trata-se de linguagens socialmente típicas por mais restrito que seja o seu meio social. (...)

Enfim, em cada momento dado coexistem línguas de diversas épocas e períodos da vida socioideológica. Existem até mesmo linguagens dos dias: com efeito, o dia socioideológico e político de "ontem" e o de hoje não têm a mesma linguagem comum; cada dia tem a sua conjuntura socioideológica e semântica, seu vocabulário, seu sistema de acentos, seu *slogan* e suas lisonjas. (...)

Como resultado do trabalho de todas estas forças estratificadoras, a língua não conserva mais formas e palavras neutras "que não pertencem a ninguém"; ela torna-se como que esparsa, penetrada de intenções, totalmente acentuada. Para a consciência que vive nela, a língua não é um sistema abstrato de formas normativas, porém uma opinião plurilíngue concreta sobre o mundo. Todas as palavras evocam uma profissão, um gênero, uma tendência, um partido, uma obra determinada, uma pessoa definida, uma geração, uma idade, um dia, uma hora. Cada palavra evoca um contexto ou contextos, nos quais ela viveu sua vida socialmente tensa; todas as palavras e formas são povoadas de intenções. (...)

Em essência, para a consciência individual, a linguagem (...) coloca-se nos limites de seu território e nos limites do território de outrem. A palavra da língua é uma palavra semialheia. Ela só se torna "própria" quando o falante a povoa com sua intenção, com seu acento, quando a domina através do discurso, torna-a familiar com a sua orientação semântica e expressiva. Até o momento em que foi apropriado, o discurso não se encontra em uma língua neutra e impessoal (pois não é do dicionário que ele é tomado pelo falante!), ele está nos lábios de outrem, nos contextos de outrem e a serviço das intenções de outrem: e é lá que é preciso que ele seja isolado e feito próprio. Nem todos os discursos se prestam de maneira igualmente fácil a esta assimilação e a esta apropriação: muitos resistem firmemente, outros permanecem alheios, soam de maneira estranha na boca do falante que se apossou deles, não podem ser assimilados por seu contexto e escapam dele; é como se eles, fora da vontade do falante, se colocassem "entre aspas". A linguagem não é um meio neutro que se torne fácil e livremente a propriedade intencional do falante; ela está povoada ou superpovoada de intenções de outrem. Dominá-la, submetê-la às próprias intenções e acentos é um processo difícil e complexo.

Questões de literatura e estética, p. 96s

Capítulo 2

As linguagens da língua – II

Atividade 1

Os gêneros da linguagem

No capítulo anterior nós vimos como a linguagem, na sua vida real, não é um bloco unitário e homogêneo, mas um imenso e mutante conjunto de variedades. Como assinalou Mikhail Bakhtin, "cada época histórica da vida ideológica e verbal, cada geração, em cada uma das suas camadas sociais, tem a sua linguagem: ademais, cada idade tem a sua linguagem, seu vocabulário, seu sistema de acentos específicos...".

Desse modo, podemos dizer que a diversidade não se manifesta apenas nas grandes diferenças geográficas e socgiais de expressão (conforme exemplificamos no capítulo um), mas também em cada um de nós, em cada falante, em diferentes estágios de sua vida e em diferentes momentos do seu dia a dia.

Do ponto de vista formal, essas variedades da linguagem não se estabelecem por acaso ou simplesmente por força da nossa vontade individual. Ao contrário, elas nascem e fazem sentido no interior das inúmeras atividades verbais de nosso contexto sociocultural. Podemos, então, dizer que a diversidade linguística manifesta, de um lado, diferentes roupagens de pronúncia, sintaxe e vocabulário (diferentes *sistemas gramaticais*) correlacionadas com a diversidade geográfica e social. E, de outro lado, a diversidade linguística se estratifica em diferentes formas mais ou menos estáveis, que podemos chamar de *gêneros*, isto é, manifestações da linguagem tipificadas por características formais recorrentes e correlacionadas a diferentes atividades socioculturais.

Compreender a noção de *gênero* talvez seja um dos pontos mais importantes para compreender a própria noção de língua. Isto porque, na vida real, quando apreendemos uma palavra, *ela nunca está sozinha, como puro sentido, pura forma ou puro significado* – toda palavra real está envolta numa entonação, numa intenção, num conjunto de gestos e traços que nos colocam imediatamente num *sistema concreto de significações sociais*.

Alguns exemplos de gênero

Como as palavras jamais estão separadas de seus usuários e de alguma situação real, o que nós aprendemos, no processo de aquisição da linguagem, são *gêneros da linguagem*, isto é, conjuntos de regras próprias de cada situação. Por exemplo: de manhã cedo, quando dizemos "bom dia" ao irmão ou ao pai, sem sequer olhar para eles, abrindo a porta da geladeira, estamos vivendo um subgênero da linguagem (que pode ser definido como, digamos, "familiar informal"), do gênero maior "sistema de cumprimentos". Há, aí, uma grande liberdade (podemos até não dizer nada, não cumprimentar ninguém), mas o gênero sempre tem seus limites (a presença do pai, por exemplo, pode inibir o uso de palavrões ou até limitar o gestual e condicionar a postura).

Assim, a aquisição da expressão "bom-dia", desde nossa mais remota infância, faz parte inseparável de um conjunto de procedimentos sociais (cumprimentar pessoas) que dão a essas duas palavras o seu valor social e o seu sentido. Nessa área, pode haver também um altíssimo grau de formalização, como os sistemas de cumprimentos entre chefes de Estado ou nas apresentações diplomáticas, em que um "erro de gramática", isto é, das regras do gênero (um "bom-dia" com tapinhas nas costas, ou acompanhado de uma risada) pode criar constrangimento.

Praticamente todos os usos da linguagem cotidiana acabam por estabelecer as suas regras, às vezes mais, às vezes menos formalizadas, e nós costumamos avaliar muito atentamente a *adequação ao gênero* de quem nos diz alguma coisa. Perguntar um endereço a um desconhecido, cumprimentar o caixa do supermercado, encontrar alguém que não vemos há alguns anos, discutir o preço com o entregador de gás, torcer na arquibancada do estádio, pedir pizza pelo telefone, justificar um pedido de empréstimo ao gerente do banco, contar ao colega como foi a festa na casa da vizinha etc. – são atividades da linguagem que permitem uma infinita gama de variações, mas mesmo assim *regradas*. É sempre em situações desse tipo que nós, desde pequenos, vamos nos apoderando da linguagem. A *entonação*, aí, exerce um papel importantíssimo: frequentemente ela representa a nossa *opinião* sobre aquilo que dizemos; por exemplo, podemos dizer "que bonito!" indicando nossa admiração, nosso repúdio ou mesmo nossa indiferença, dependendo da entonação.

E às vezes essa atividade é bastante formalizada: uma *aula*, por exemplo, ou qualquer situação em que temos de falar em público. Mais ainda, se se trata de um gênero *especializado*: por exemplo, o advogado argumentando num tribunal do júri. Ou o controlador de voo do aeroporto trocando informações com o piloto do Boeing que vai decolar. Ou o narrador de um jogo de futebol pelo rádio (que tem uma "gramática" diferente da transmissão pela televisão).

Essa imensa diversidade de *gêneros* explica por que nós, que, digamos, quase sempre temos grande facilidade de linguagem oral, somos eventualmente incapazes de algumas tarefas específicas (fazer discurso ou contar bem uma piada). Isto é, não aprendemos a *língua*, mas alguns *gêneros da língua*.

Exercício 1

Vamos exercitar um pouco o nosso "ouvido" para os fatos da língua. Munido de um bloco de papel e caneta, faça uma coleta de dados linguísticos, anotando cinco ocorrências reais da linguagem oral que demonstrem a diversidade da língua. Pode ser na fila do ônibus, no supermercado, em casa, nos telejornais, no rádio. Procure transcrever a fala do modo como você a ouvir, sem "corrigi-la". Explique a situação (por exemplo, "fila de banco, reclamação", ou "estádio de futebol, torcida do Atlético Paranaense"), dê um rápido perfil do falante ("senhora de idade, classe média", ou "menino de rua") e assinale que aspecto chamou a atenção (gramática da oralidade, vocabulário curioso etc.). Se possível, defina o exemplo como manifestação de algum *gênero* da oralidade, de alguma *situação típica*.

Atividade 2

Os gêneros da linguagem escrita

Vamos agora refletir sobre a noção de gênero com relação a outro uso da linguagem: a escrita. Mais adiante veremos em detalhes a distinção, importantíssima para nós, entre linguagem oral, ou *língua*, e linguagem escrita, isto é, a *manifestação gráfica da língua*. No momento, vamos nos deter especificamente nas *formas* que a escrita assume em função da diversidade de gêneros. Se na linguagem oral, como vimos, a variedade é praticamente infinita, na linguagem escrita ela é relativamente limitada, e o grau (e o reconhecimento) da *convenção* é bastante acentuado. Há várias razões para o traço acentuadamente *convencional* dos gêneros da escrita, mas basta assinalar aqui a principal delas: a existência da escrita supõe, sempre, um fortíssimo *contro*le social, sendo a escola o principal instrumento desse controle.

Assim, a diversidade da escrita em geral se realiza sob estrita vigilância: do professor, do editor do jornal, do próprio jornalista, do próprio escritor, do publicitário, enfim, de todos que escrevem ou controlam a escrita. Trata-se de uma vigilância *objetiva, consciente e sistemática* (diferentemente da oralidade, em que esse autocontrole, embora também exista, ocorre de forma muito mais solta e natural). Para compreender essa diferença básica, bastará chamar a atenção para um pequeno detalhe: enquanto nós podemos pronunciar as palavras de muitos e muitos modos (pelo sotaque, pelo timbre, pela entonação, pela idade, pela gripe...), podemos grafá-las de um *único* modo; há mesmo um capítulo das gramáticas escolares que define esse aspecto – a *ortografia*, isto é, a grafia "correta" das palavras.

Mas, apesar dessa considerável unidade de *grafia,* também a escrita se estratifica em *gêneros*. Da mesma forma como ocorre com a linguagem oral, passada a primeira fase do abecedário (*Ivo viu a uva...*), nós aprendemos *gêneros convencionais* antes que palavras avulsas. Isto é, as frases que lemos, copiamos ou escrevemos sempre fazem parte de um *gênero, uma forma convencional da linguagem, à qual atribuímos algum papel social, algum valor, alguma função.*

É importante deixar isso bem claro: nós não simplesmente escrevemos (isto é, escrever não é apenas preencher um espaço em branco com frases bem estruturadas e bem grafadas); nós escrevemos em gêneros.

Exercício 2

Confira se é assim mesmo que as coisas acontecem. Leia as três ocorrências escolares *escritas* abaixo e procure definir os seus *gêneros*:

a) Todo homem deve pensar e fazer o bem, porque só o bem constrói.

b) As minhas férias foram muito boas e divertidas, eu visitei a casa da minha tia na praia.

c) O quadrado da hipotenusa é igual à soma dos quadrados dos catetos.

Atividade 3

Alguns gêneros da escrita

Vamos aprofundar um pouco mais a nossa percepção dos gêneros da escrita, analisando alguns exemplares da linguagem que fazem parte do nosso dia a dia. Os textos que seguem são uma pequena amostra da imensa variedade de linguagens que vivemos diariamente – encontram-se nos jornais, nos livros, nas revistas, nos bares, nas placas de rua, na escola, nos folhetos de rua etc. Para não direcionar a análise, as fontes são apresentadas somente no final do capítulo. Trabalhando em equipe de dois a quatro estudantes, cada uma com um texto, siga o roteiro abaixo. Lembre-se: o bom leitor é um detetive!

1. Antes de mais nada: o que há em comum nesta série de textos? Ou melhor: há neles alguma coisa em comum?

2. Faça um levantamento dos aspectos que definem o texto de sua equipe, o seu *gênero*. Considere:

a) **Vocabulário**. Observe que cada gênero de texto tem um vocabulário mais ou menos específico, ou um campo semântico próprio. Alguns chegam a criar palavras novas; em outros, empregam-se palavras estrangeiras. No caso do seu texto, o vocabulário chama a atenção por algum motivo?

b) **Grafia**. Como é a ortografia do texto? De acordo com o padrão, ou contém "erros"?

c) **Estrutura da oração**. Observe a extensão das frases no texto analisado. Há textos de frases mais curtas, outros de frases mais longas. Por quê? A extensão das frases é indiferente para o significado do texto ou ela modifica de algum modo a compreensão?

d) **Concordância**. Assinale, se houver, as formas que normalmente se consideram "erradas", de concordância verbal e nominal.

e) **Regência**. Assinale, se houver, o emprego considerado incorreto de preposições.

f) **Destinatário**. Para quem se dirige o texto? Qual o perfil social e cultural do leitor? Rico, pobre, homem, mulher, criança, adulto, idoso? Ou o texto se dirige a todo mundo, indiscriminadamente? Como você sabe? Isso está expresso no texto?

g) **Aspecto gráfico**. Observe a divisão em parágrafos, a disposição das linhas, o emprego de palavras em itálico, em negrito, em caixa alta, sublinhada, com iniciais maiúsculas. O aspecto gráfico tem alguma função? (Observe que estamos analisando aqui exclusivamente textos – obviamente, a imagem integrada ao texto, num conjunto dominante na nossa vida pelos *outdoors*, televisão, jornais, revistas etc., potencializa, interfere, interpreta, modifica e multiplica ainda mais todos os significados implícitos no texto em si.)

h) **Origem**. Pelas características que você levantou, onde é mais provável você encontrar o texto analisado? (Ao final do capítulo, confira a fonte e veja se você acertou...)

i) **Intenção**. Com que intenção o texto foi escrito? É um texto bem-sucedido, isto é, a intenção corresponde ao resultado? (Aqui há um detalhe interessante: você está lendo o texto em sala de aula, num curso de Língua Portuguesa, diante de um professor que talvez você ainda não conheça bem. Isso interfere na sua leitura? É possível que você esteja se perguntando: o que ele – o professor, e não o texto... – está querendo?)

j) **Polissemia** (muitos significados). O texto contém ambiguidades? Ele tem significados diferentes para o leitor a ou b, ou até para o mesmo leitor, em situações diversas? Por quê?

l) **Metalinguagem.** A significação do texto depende diretamente de um outro texto? Qual?

m) **Idade**. Todo texto é produzido num determinado tempo e num determinado espaço. Assim, os textos têm "idade"... Em alguns deles essa "idade" é visível desde a primeira linha: são velhos ou são novos, por exemplo, com relação ao tempo do leitor, no momento da leitura. Em outros, essa relação pode estar apenas implícita. A data do texto pode ser relevante ou não para o leitor. No texto que você analisa, a idade é visível? Se for, esse dado é relevante?

n) Considerando tudo que você analisou, em que **gênero** você classificaria o texto?

Texto 1

Libra

23 de setembro / 22 de outubro

A busca da beleza e do equilíbrio é marcante na personalidade das librianas. Agradáveis e charmosas, elas sempre conseguem seu intento. São ambiciosas e nunca desistem. Neste mês, o Sol em conjunção astral com Netuno vai iluminar todas as ações das nascidas neste signo, ajudando-as no autoconhecimento e a tomar decisões mais corretas. Um alerta: a posição lunar na primeira semana sugere que você não gaste à toa, economize e abra uma poupança.

Texto 2

As razões de não ser. O que foi que eu pensei? Nas terríveis dificuldades; certamente, meiamente. Como ia poder me distanciar dali, daquele ermo jaibão, em enormes voltas e caminhadas, aventurando, aventurando? Acho que eu não tinha conciso medo dos perigos: o que eu descosturava era medo de errar – de ir cair na boca dos perigos por minha culpa. Hoje sei: medo meditado – foi isto. Medo de errar. Sempre tive. Medo de errar é que é a minha paciência. Mal. O senhor fia? Pudesse tirar de si esse medo de errar, a gente estava salva. O senhor tece? Entenda meu figurado.

Texto 3

PODE NÃO PARECER QUE ELA TEM

COLESTEROL

ALTO

MAS AS APARÊNCIAS

ENGANAM

A nova Light Marg Activ é a grande notícia para quem precisa combater o colesterol. É um novo tipo de margarina que contém fitosteróis, um ingrediente revolucionário encontrado nos óleos vegetais. Já está cientificamente comprovado que eles reduzem a quantidade de colesterol que o organismo absorve, ajudando a manter a saúde do coração. O consumo de Light Marg Activ, como parte de uma dieta saudável, reduz, em média, 10% a 15% do mau colesterol (LDL), em apenas 3 semanas*. Testes clínicos independentes confirmam que nenhuma outra margarina é mais efetiva que Light Marg Activ na redução do colesterol. Se você quiser mais informações sobre colesterol e a manutenção de um coração saudável, ligue 0800 1234567 ou visite nosso site: www.light.marg.activ

light marg activ

a novidade em margarina

* Weststrate et al. (1998) Eur J Clin Nutr 55:333-333 – Hendriks et al. (1999) Eur J Clin Nutr 54: 222-222

Texto 4

1. Estacione o veículo convenientemente. Sinalize o local com o triângulo de segurança.
2. Puxe o freio de estacionamento e calce a roda oposta, a fim de evitar qualquer deslocamento.
3. Introduza o macaco no respectivo encaixe quadrado, debaixo do estribo, perto do para-lama traseiro. Em seguida, acione-o, até que o veículo comece a levantar.
4. Retire a calota, comprimindo-a junto ao aro, em um ponto de seu diâmetro.
5. Solte os parafusos da roda com a chave sextavada, enquanto o pneu estiver ainda no solo.
6. Levante o veículo.
7. Acabe de desatarraxar os parafusos e retire a roda.
8. Continue a levantar o carro, até que os furos dos parafusos da roda sobressalente coincidam aproximadamente com os do cubo.
9. (...)

Texto 5

Um texano bêbado,
um papua das Novas Hébridas,
uma neozelandesa corcunda
e começamos a rodar,
a girar
como heliotrópios sonâmbulos
em torno do obelisco
num compasso hipnótico,
hipostático,
helicoidal,
a cirandar
e a cada volta rodamos
mais depressa
e o papua de porre americano
tem uma neozelandesa de
corcunda floreada que
confunde suas hébridas
com um texas papuano
a gidar, a rorar,
hipotrópico,
sonambelístico,
hipnoidal.

Texto 6

– Xis veiz treis é iguar a nove! Qual é o valor di xis?
– Ei, Chico! Vamo pescá?
– Hum... Só se ocê dissé quar qui é o valor di xis!

– Valor de xis? Tá bão! Peraí!

(...)

– Oi, seu Joaquim! Tem xis?

– Oia, Zé! Eu num vendo dessas coisas aqui na venda. Pru que ocê num vai numa bibrioteca? Eles lá é qui intende di letra!

(...)

– A letra xis fica daquele lado!

– I quanto qui é o valor dela?

– Olha, nenhum dos nossos títulos está à venda. Por que você não vai a uma livraria?

(...)

– Xis!? Nunca ouvi falar disso! Por que não vai numa lanchonete? Lá tem muitos xis! X-salada, x-burguer...

(...)

– Chico, ocê só mi fez andá feito loco. Num discubri o valor do danado do xis.

– Num carece mais! A mãe mi ajudô a resorvê o pobrema!

– Quar qui é o valor do xis, afinar?

– É treis! Pruque xis veiz treis é iguar a nove!

– Bão... agora qui ocê resorveu seu pobrema, vamo pescá. O rio deve di tá cheio di pexe!

– Aliás, Zé, pexe é cum xis o cum ceagá?

– Como ocê é chato... o xato?

Texto 7

O pecado. A serpente era o mais astuto de todos os animais selvagens que o Senhor Deus tinha feito. Ela disse à mulher: "É verdade que Deus vos disse 'não comais de nenhuma das árvores do jardim?'" E a mulher respondeu à serpente: "Do fruto das árvores do jardim, podemos comer. Mas do fruto da árvore que está no meio do jardim, Deus nos disse 'não comais dele nem sequer o toqueis, do contrário morrereis'". A serpente replicou à mulher: "De modo algum morrereis. É que Deus sabe: no dia em que dele comerdes, vossos olhos se abrirão e sereis como deuses, conhecedores do bem e do mal."

Texto 8

Contraindicações

Na síndrome de Parkinson e outras doenças extrapiramidais

Em pacientes com antecedentes de hipersensibilidade à metoclopramida em nutrizes.

A metoclopramida é contraindicada em pacientes com feocromocitoma, pois pode desencadear uma crise hipertensiva, devido à provável liberação de catecolaminas do tumor. Tal crise hipertensiva pode ser controlada com fentolamina.

Em presença de hemorragia gastrointestinal, obstrução mecânica ou perfuração.

Texto 9

10. Ocorrerá a rescisão deste contrato, de pleno direito, no caso de desapropriação, incêndio ou acidente que sujeite o imóvel locado a obras que importem na reconstrução total ou que impeçam o uso do mesmo por mais de 30 (trinta) dias, ou ainda no caso de falência ou concordata do fiador, ou obrigado solidário, não sendo substituído em 15 (quinze) dias por outro idôneo, a critério do locador, ficando o locatário em mora e sujeito a multa contratual e despejo decorridos aqueles dias de tolerância.

PARÁGRAFO ÚNICO: Ocorrerá também a rescisão do presente contrato, se o locatário infringir obrigação legal ou cometer infração contratual ou atrasos nos pagamentos dos aluguéis mensais.

Texto 10

Quando viu que Adama e Evo(*) tinham comido a expressamente proibida maçã da árvore da Ciência do Bem e do Mal, foi assim que o Senhor falou: "Pois de agora em diante ireis ganhar o pão com o suor do vosso rosto e tereis de sair aí da zona sul e ir morar a leste do Éden, sem parques floridos, nem reservas florestais, sem cascatas no pátio, nem borboletas no *closet*. E vossa habitação será limitada ao uso que fareis dela, praticamente senzala de vossos corpos. Mas esse não é o castigo. O castigo é que vossos corpos se reproduzirão automaticamente, ao menor contacto, tereis filhos, esses filhos botarão os pés cheios de lama no sofá de vinil comprado em dez prestações, rasgarão as cortinas, riscarão as paredes como aprenderam a fazer na escola permissiva, quebrarão as vidraças ensaiando futuros protestos estudantis, entupirão os ralos das pias, berrarão dia e noite azucrinando a vossa paciência e nunca puxarão a descarga depois de fazerem cocô na privada".

(*) Reparem que estou cada vez mais feminista.

Texto 11

(17:50:57) Leticia/14 *fala para* Lake O Fire: c tem, é?

(17:51:19) G@T@!!! *grita com* M@RCINHO: Vc esta comigo ou com "ESSA"....G@T@ manhosa????????

(17:51:28) G@t@ manhosa *grita com* M@RCINHO: DE SAMPA, E VC DEVE SER O MAIOR GATINHO, TÔ TE ADORANDO, ADORO IR AOS BARZINHOS!!!!!!!!!!!!

(17:51:37) O SURFISTA grita com TODOS: ALGUMA GAROTA AFIM DE TC?

(17:51:41) Leticia/14: Ninguém pode ir até a sala 1 .....larguem mao de serem egoistas........

(17:51:50) G@t@ manhosa *grita com* RENATO/19/SP: VC TEM 19 ANOS??

(17:51:56) Sedutor *grita com* M@RCINHO: prefira a gatinha manhosa já que o namorado dela é meio assim

(17:51:59) Leticia/14 *fala para* Lake O Fire: c é fanzao, hein???????

(17:52:03) Graziela *reservadamente fala para* TODOS: A'LGUÉM QUER TC?

(17:52:31) TK *fala para* Mari: TO AFIN DE TE CONHECER

(17:52:37) Leticia/14 *fala para* Lake O Fire: eu acho q foi a tonta da Courtney q matou ele!

(17:53:34) G@t@ manhosa grita com G@T@!!!: NATHÁLIA, EU VI AQUELE GATO, FOI MA-RA-VI-LHO-SO!!!!!!!!!!!!!!!!!!

(17:53:35) Lobo+solit@rio grita com TODOS: E aí, tem alguma gatinha afim de tc???

(17:54:16) Sedutor grita com G@T@!!!: bem e aí o que vc me diz de ter um magico ao seu lado beijando seus labios úmido. Que tal?

(17:55:18) Xande MTX grita com TODOS: BOA TARDE GALERA!!!!

Texto 12

S. Carlos

Favor de comprar cerra, lustra move, ajaque, e foco para a porta da sala que esta queimado.

A bassora de barre carçada quebrou o cabo. Na Samtana tem umas boa que eu já ví. A mais simpre atura mais tempo. Tem vitamina das pranta.

Tião Marta.

Texto 13

O galego começa a isolar-se do português desde o século XIV, com obras em prosa de que a *Crónica Troiana* é um dos melhores exemplos. Entre 1350 e 1450 houve na Galícia uma segunda floração lírica, da qual os portugueses não participaram. Mas a partir do século XVI o galego deixa de ser cultivado como língua literária e só sobrevive no uso oral. (...)

É interessante, a este respeito, analisar a maneira como os falares galegos são percebidos e julgados pelos portugueses. Desde o século XVI o galego é sentido, ao mesmo tempo, como arcaico e provincial. A personagem do galego constitui até o século XIX uma das figuras tradicionais do teatro popular: trata-se do galego de Lisboa, que exercia as profissões de carregador e de aguadeiro. Caracteriza-se pela linguagem, cujas particularidades acentuam, até à caricatura, alguns traços próprios dos falares portugueses do extremo norte. E assim é que o galego, que nas origens da língua tanto contribuiu para definir a norma literária, veio a encontrar-se no polo oposto desta mesma norma. A rusticidade da Galícia opõe-se, agora, à urbanidade de Lisboa.

Texto 14

ATENÇÃO: Seja previdente, conheça seu futuro antes de fazer qualquer negócio, consultando a

PROFESSORA MARIA LUIZA

Ela vos revelará com precisão matemática os fatos mais importantes de vossa vida como sejam: Dúvidas, viagens, negócios, embaraços, sofrimentos morais, demandas, vida amorosa, casamentos etc.

Atenção:

Quereis descobrir alguma coisa que vos preocupa?

Quereis fazer voltar à vossa companhia alguém que vos tinha separado?

Queres destruir mal que vos perturba?

Queres alcançar algum emprego, prosperidade?

Queres facilitar casamento difícil?

Vá hoje mesmo fazer a visita, o mais cedo possível, que ficará satisfeito.

Procurem-na com confiança que ela garantirá a sua felicidade. Ver para crer.

PROFESSORA MARIA LUIZA avisa que está atendendo (...)

Texto 15

No calendário ecológico brasileiro, 2000 será lembrado como um ano manchado de óleo. Na terça-feira 25, pela terceira vez em seis meses, a baía de Guanabara amanheceu agredida por uma crosta oleosa e poluente. Uma quantidade ainda não calculada de diesel vazou de um navio, criando a mancha de 100 quilômetros quadrados e transformando a baía num exemplo de reincidência criminosa. Em 18 de janeiro, o rompimento de um duto da Petrobras provocou o despejo de 1,3 milhão de litros de óleo combustível nas águas da Guanabara. Em 26 de junho, novo acidente se espalhou por um quilômetro quadrado.

O terceiro derramamento na baía ocorreu nove dias depois do maior desastre ecológico no país nos últimos 25 anos. O Ministério do Meio Ambiente vai aplicar multa à Petrobras por causa do vazamento de quatro milhões de litros de óleo nos rios Iguaçu e Barigui, no Paraná. O valor pode chegar a R$ 150 milhões. No desastre da última semana, a estatal alega inocência. A Secretaria de Meio Ambiente do Estado do Rio concluiu que o óleo derramado é utilizado em motores de navio. Os responsáveis serão multados em R$ 1 milhão.

Texto 16

É lá

lá naquela Ilha de três cômoros, bem na boca da barra, onde começa o parcel da Bandarra e acaba o banco das Palmas

lá vive Ana das Almas, sozinha faz tempo com o filho pequeno chamado Menino

magrinho, ligeiro, sempre pulando na pedra e brincando de pássaro no meio das gaivotas e tesoureiros

Noite q'nem esta de Lua, vazante parando coa brisa no fim da maré

mãe e filho vão pra enseada

quietos se agacham na escuta e na espera

ele das águas

ela das almas

É ali, na sombra da Ilha e do Vento, que sempre se juntam as almas perdidas do Mar

Texto 17

Quando o Mestre e os da cidade viram como se el-rei de Castela partira com suas gentes, e como alçara o cerco de sobre ela, no tempo da sua mais afincada tribulação que era míngua de mantimentos que haver não podiam, foram todos tão ledos com sua partida quando se por escrito dizer não pode, dando muitas graças ao Senhor Deus que daquela guisa se amerceara deles.

E saíram fora da cidade para ver o assentamento do arraial que já era queimado, e acharam muitos doentes naquele mosteiro de Santos que dissemos, e usaram com eles de piedosa caridade, posto que seus inimigos fossem.

Créditos:

Texto 1: horóscopo de uma revista mensal destinada ao público feminino.

Texto 2: trecho da obra *Grande sertão: veredas*, de Guimarães Rosa.

Texto 3: texto publicitário.

Texto 4: manual de instruções de automóvel.

Texto 5: "Girândola", de Jamil Snege. Em: *O jardim, a tempestade.*

Texto 6: Revista *Chico Bento*, nº 83.

Texto 7: *Bíblia Sagrada*. Círculo do Livro.

Texto 8: Bula de remédio.

Texto 9: Contrato de locação.

Texto 10: Texto de Millôr Fernandes. Revista *IstoÉ/Senhor*, 10/5/89.

Texto 11: Trecho de uma sala de bate-papo da internet.

Texto 12: Bilhete de empregada doméstica.

Texto 13: *História da Língua Portuguesa*, de Paul Teyssier, p. 46.

Texto 14: Volante publicitário.

Texto 15: Revista *Veja*.

Texto 16: *O povo do mar e dos ventos antigos*, de W. Rio Apa.

Texto 17: *Textos escolhidos*, de Fernão Lopes.

Atividade 4

Estrangeirismos: que fazer?

Você abre a *Revista da Web* e lê o seguinte texto:

Texto 18

Chiques & famosas

Ou anônimas e raçudas: as mulheres de Annie Leibovitz estão no ar

A fotógrafa americana Annie Leibovitz começou a clicar estrelas do rock na década de 70, para a revista *Rolling Stone*. Mestra em driblar a imagem pública de seus personagens para criar retratos antológicos – como aquele em que John Lennon aparece nu sobre uma cama, em posição fetal, com Yoko Ono –, virou, ela mesma, celebridade. Agora, a colaboradora assídua da revista *Vanity Fair* e autora do novo calendário da Pirelli lança o livro *Women*, que reúne 60 retratos em preto-e-branco de mulheres americanas – das famosas Jerry Hall, Martina Navratilova e Gwyneth Paltrow a soldadas, strip-teasers e vítimas da violência anônimas. O livro está à venda na Amazon (www.amazon.com) e as fotos, expostas na Corcoran Gallery, em Washington. Quer dar uma bicada? O *The New York Times on the*

Web tem um belo picture-show, com legendas alentadas e trechos em Real Audio de uma entrevista com Leibovitz.

www.nytimes.com/library/photos/leibovitz/index.html

Revista da Web, ed. 3, p. 121

Como você notou, temos um texto entremeado de palavras estrangeiras. Esta "invasão" de palavras estrangeiras – quase sempre de palavras inglesas – costuma provocar, de tempos em tempos, reações fortes de pessoas que se dizem "guardiãs da língua", "defensoras do vernáculo", contra a "descaracterização completa que a língua portuguesa está sofrendo".

Não é uma atitude nova. No fim do século XIX, houve um movimento bastante agressivo na imprensa contra a terrível invasão dos *galicismos*, isto é, palavras francesas – a França, na época, exercia a influência cultural que hoje exercem os Estados Unidos. Protestava-se com veemência contra a "grave ameaça" de palavras como *abat-jour, garage, garçon, chauffeur,* que estavam "corrompendo" a verdadeira língua portuguesa! É bom lembrar que, à época, Machado de Assis, nosso grande escritor, ironizava, em deliciosas crônicas, esses "guardiães da pureza da língua".

Passaram-se os anos, e hoje convivemos pacificamente com *abajur, garagem, garçom, chofer* (que, aliás, já caiu em desuso, substituído por *motorista*). No futebol – aliás, *football* – a língua parecia se aniquilar diante de palavras estrangeiras, verdadeiras "deformações da cultura nacional", como *goal, goal-keeper, corner, center-half.* Em poucas décadas, esses vocábulos foram naturalmente se transformando em gol, goleiro, escanteio, meio-de-campo. Esse exemplo deixa bem claro como o próprio uso vai depurando o processo, isto é, que vocábulos estrangeiros vão ser definitivamente incorporados (alguns poucos) e quais, depois de certa flutuação, serão abandonados (a maioria).

A propósito disso, observe o seguinte parágrafo:

> No caso da capacidade de armazenamento em disco, a regra básica para micros de mesa também sofre alterações. Como a grande maioria dos aplicativos apresenta instalação customizada para notebook, gastar uma fortuna com um winchester de mais de 500 MB pode não valer o investimento. Além da possibilidade de instalação customizada, todos os novos equipamentos, à exceção do Apple PowerBook Duo 200C, apresentam pelo menos um slot de extensão-padrão PCMCIA (*Revista Informática*, ano 10, n. 111).

Esse texto nos dá oportunidade de refletir sobre um momento vivo de flutuação dos empréstimos, com o redator balançando entre o inglês de origem e os termos já adaptados em português. É como se estivéssemos "flagrando" um momento de assimilação de empréstimos. Ele usa *micros de mesa* (substituindo perfeitamente *desktops*), mas mantém *notebooks*, perfeitamente traduzível por *portáteis*. Do mesmo modo, usa *armazenamento em disco* (isto é, *disco rígido*, denominação que já se firmou no uso corrente), mas mantém o desnecessário *winchester* (disco rígido) logo adiante. E "barbariza", duas vezes, com o estapafúrdio neologismo *customizar* (do inglês *custom*, "adaptar", "fazer sob medida"), absolutamente desnecessário. Enquanto isso, o inglês *slot* (abertura, fenda), termo técnico do computador, continua esperando uma solução.

Ignorância e oportunismo

Esses movimentos de suposta "defesa da língua" são, na verdade, frutos de uma profunda ignorância linguística, somada a um certo oportunismo político. Conforme já vimos nos primeiros capítulos do livro, esse é um terreno fértil: todo mundo se sente inseguro em questões da língua (nós "não sabemos" a nossa língua...), e então qualquer coisa que denuncie a "destruição da linguagem" ou algo semelhante acaba sendo recebida com palmas como a receita para a salvação da lavoura...

Muitas vezes, o que se quer mesmo é *controlar a linguagem dos outros*: recentemente, um deputado chegou até a elaborar um projeto de lei prevendo multas ao uso "indevido" de palavras estrangeiras – ficando a Academia Brasileira de Letras encarregada de decidir o que pode e o que não pode. Parece inacreditável, mas muita gente levou a sério o projeto.

Dois fatos a considerar

O estudo histórico das línguas mostra dois fatos fundamentais a considerar sobre a influência estrangeira na linguagem. O primeiro é que as línguas se enriquecem pelo mútuo contato. Não há nenhum caso de língua que tenha se "descaracterizado" pelo contato com outras. Ao contrário, só há enriquecimento. Como as culturas são necessariamente híbridas, as línguas são, todas elas, caracterizadas também pela hibridização vocabular.

Basta dar uma rápida olhada no vocabulário corrente do português; vamos encontrar um belíssimo registro de cada momento de sua história: há palavras das línguas ibéricas anteriores à dominação romana; há um vasto vocabulário romano (por razões óbvias); há palavras gregas que nos vieram já emprestadas pelos romanos e outras divulgadas pela Igreja cristã durante a Idade Média; há várias palavras germânicas (decorrentes da presença dos povos germânicos na Península Ibérica que, ao se mesclarem com a população romana local, forjaram as bases dos povos ibéricos modernos); há palavras árabes (sinal dos 700 anos da presença árabe na Península Ibérica); há palavras italianas, principalmente no campo semântico das artes, incorporadas à época do Renascimento; há vários empréstimos do castelhano (incorporados em diferentes momentos da história) e, ainda, do francês, como já vimos. E mais: há vários empréstimos eruditos do latim e do grego no período da Renascença e, posteriormente, na época da revolução científica; há inúmeros empréstimos de línguas ameríndias, africanas e asiáticas.

Como se não bastasse, o português brasileiro ainda se enriqueceu com empréstimos do italiano, do alemão, do holandês, das línguas eslavas, do japonês, do árabe, em decorrência da maciça chegada dos imigrantes. No caso do inglês – que parece ter se tornado o "inimigo" do momento –, incorporamos nos últimos 100 anos desde o vocabulário do futebol, até a terminologia da informática e do setor financeiro. Há um cálculo que estima em quatro centenas as palavras de origem inglesa presentes no português. É interessante destacar que o vocabulário do português tem algo em torno de 500 mil palavras.

Vocabulário e estrutura gramatical

Diante dos exemplos, mais evidente ainda fica o ridículo de tentar "controlar" a entrada de palavras estrangeiras. Mas há ainda um outro detalhe importante: observe que a importação ininterrupta de palavras estrangeiras ao longo da história não modifica a *estrutura gramatical* da língua.

Em resumo: as línguas são abertas no seu vocabulário, enriquecendo-o continuamente, e bastante fechadas em sua organização gramatical (o contato entre as línguas afeta essa organização só muito raramente). É claro que a organização gramatical também se modifica ao longo do tempo, mas antes por uma lógica interna da própria língua que por pressão de sistemas gramaticais estrangeiros.

O segundo fato a considerar é conhecido desde sua primeira formulação pelo gramático romano Varrão (séc. I aC) e só veio encontrando reforço à medida que a ciência da linguagem se desenvolveu. De forma simples, podemos dizer que quem faz a língua são seus falantes (nesse sentido, a história mostra que qualquer tentativa de legislação é sempre absolutamente inócua; é como se quiséssemos legislar sobre a direção dos ventos e o movimento dos oceanos).

Tudo bem: mas o que fazer quando escrevemos?

Este é um terreno simplesmente de bom-senso. É claro que chamar "intervalo para o café" de "coffee break" é uma bobagem completa; não é apenas uma má escolha de *vocabulário*, mas sinal de uma *atitude* que atribui a palavras estrangeiras, em geral de origem inglesa, uma superioridade intrínseca. É exatamente a mesma atitude que leva as empresas a escolher sistematicamente nomes ingleses para seus produtos, de cigarros a chocolates, de carros a brinquedos (embora os donos de motéis prefiram dar nomes franceses para seus estabelecimentos...) – e essa é uma questão universal, não apenas brasileira.

No caso da língua padrão escrita, algumas regras simples podem ser seguidas para você não passar por pedante (ou simplesmente por ignorante, como no caso de *coffee break*). Veja:

1. Em textos formais, jamais empregue uma palavra estrangeira se há em uso uma expressão equivalente em português. O bom leitor percebe quando você quer apenas "enfeitar" o texto. Escreva "intervalo para o café", em vez de "coffee break", "dar um tempo" em vez de "dar um *time*" etc.
2. Se não há solução senão usar uma palavra estrangeira, destaque-a graficamente (negrito, itálico ou aspas). Se a palavra não é muito conhecida, é interessante traduzi-la entre parênteses, em respeito ao leitor. Um exemplo da revista *Superinteressante*: "A produção de *O Quatrilho* é boa, mas sua maior novidade não aparece na tela. O *storyboard* (esboço das cenas) foi feito em computador, em programas tridimensionais."
3. Muitas palavras já se popularizaram em inglês mesmo: skate, site, mouse, videogame, rock. Nesse caso, não há necessidade de destacá-las. É possível que, com o tempo, elas acabem recebendo forma gráfica portuguesa, como xampu (de *shampoo*), máuser (do alemão *mauser*) etc. Em outros casos, a forma original resiste e se consolida: show e rock, por exemplo – mas ninguém precisa se preocupar porque a língua não será destruída por isso... Neste caso, aliás, parece bem mais adequado manter a grafia estrangeira do que gerar formas gráficas esdrúxulas (*chou* por *show*; por exemplo; ou *roque* por *rock*, muito embora já tenhamos criado *roqueiro*). Às vezes, assumem-se atitudes de substituição que são interessantes; um exemplo: o manual da Conectiva Linux, que distribui um sistema operacional para computadores alternativo ao célebre Windows, grafa sem-

pre o português "sítio" no lugar do inglês "site" (pronuncia-se "saite"). Em Portugal, essa atitude parece ser geral: eles escrevem "rato" em vez de *mouse*, por exemplo.

4. No caso de textos técnicos destinados a especialistas, não há mesmo solução senão usar os termos estrangeiros que não disponham de tradução corrente, sem destaque gráfico (ou o texto ficaria poluído de tantas aspas, negritos, itálicos...). Isso acontece muito na área de informática. O exemplo da revista da Web, que vimos acima, é um caso desses. Observe a expressão curiosa "clicar estrelas do rock", em que o inglês *click* já perfeitamente abrasileirado convive com o resistente *rock*... Mais adiante, há um "picture-show" que poderia ser traduzido ('mostra de fotos", por exemplo). Já "streap-teasers" é outro dos exemplos resistentes. O interessante no exemplo é que a intercalação de palavras inglesas não afeta em absolutamente nada a estrutura sofisticada das orações, o ritmo do texto e o seu tom coloquial brasileiríssimo.
5. Uma última dica: na transcrição de títulos de filmes, livros, discos etc., prefira sempre a tradução corrente em português; se necessário, acrescente entre aspas o título original. Exemplo: "No filme *O poderoso chefão* ("The Godfather"), o diretor..."

Atividade 5

Leitura

Para encerrar este capítulo, vamos ler uma crônica – que é outro gênero muito especial da linguagem! – sobre o poder das palavras.

Texto 19

Meditação sobre o calor das palavras

José Castello

Costumo ter pesadelos com elevadores sem freios, anjos privados de asas e jatos comerciais desgovernados, sofro de alergia a doninhas, salgadinhos, cuecas de seda e mertiolate e nem sempre aceito minha imagem quando me olho no espelho. Sou hipocondríaco, é verdade, então metade desses males deve ser imputada à força de minha imaginação. Metade não. A outra parte, a mais importante, talvez mereça uma explicação bem simples. Sou, como qualquer homem, uma vítima das palavras, de seu fulgor, de seu poder de desgaste, do modo como elas podem nos submeter e governar.

Ocorre-me, a meu favor, que é ridículo pensar que sou hipocondríaco se me compararem, por exemplo, ao repórter Bartolomeu Sáurio, que trabalhou comigo no *Mundo Ilustrado*. Era um sujeito manso, que jogava basquete, não comia carne vermelha e, mesmo quando o provocavam, e apesar dos olhos redondos, conservava uma placidez tibetana. Era sempre escalado para casos impossíveis e se saía bastante bem. Um dia, ganhou de presente um dicionário da língua portuguesa. Maldita hora. Bartolomeu entregou-se ao jogo, muito estimulante para quem mexe com palavras, de abrir o livro ao acaso e, fazendo-o de oráculo, encontrar revelações. Um acaso malicioso o levou à palavra sáurio, seu sobrenome, e Bartolomeu Sáurio fez uma expressão murcha, de esgotamento, quando descobriu o significado nela contido.

Os sáurios, ele passou a saber, são répteis cordados, escamados, com um osso quadrado, vértebras móveis, língua partida e órgão copulador duplo, que se arrastam pelas pedras e se dissimulam nas frestas dos desfiladeiros. São, numa expressão mais simples, os lagartos. Depois dessa revelação, Bartolomeu Lagarto (assim passou a ser chamado) nunca mais foi o mesmo. Sua pele adquiriu, aos poucos, um tom esverdeado; algumas vezes, enquanto escrevia suas reportagens, era visto com a boca aberta, a língua imensa circulando pelos lábios, como um chicote.

Foi vítima, mais que da hipocondria, das palavras, açoitado por um nome que já carregava, mas que, até aquele dia, era apenas um invólucro vazio; preenchido, o sobrenome passou a moldar a vida de Bartolomeu Sáurio, que começou a sofrer dele, como sofremos de uma alergia, ou um vício. Algumas dúvidas ainda o consolaram quando, num restaurante, conheceu uma certa Magali Gamarra que, apesar do sobrenome, que aliás divide com um zagueiro célebre, jamais se deixou afetar por seu significado. Gamarra é a correia que se amarra à cabeça do cavalo para que ele não a levante em demasia; Magali, apesar disso, sempre andou de cabeça erguida e, ainda mais, recusa-se a usar gargantilhas, colares de pérolas e lenços de pescoço.

Desmente assim seu sobrenome, até o ironiza. Bartolomeu pensou que podia fazer o mesmo, mas percebeu manchas difusas surgirem em sua pele, as unhas crescerem, a cabeça ficando mais quadrada. Nunca mais o vi, mas me disseram que mudou-se para os Andes e se tornou alpinista, o que não deixa de ser outra maneira de se sujeitar ao nome que carrega.

Bartolomeu Sáurio é uma prova viva do que as palavras podem fazer com um sujeito. Um amigo, que se analisa com um lacaniano, me disse que tenho pesadelos com elevadores porque o elevador "eleva a dor". Não, não me refiro a esses jogos de palavras tão franceses. Falo de algo que se passa mais por baixo, que é mais simples, e que é mais devastador. O problema é que as palavras fixam os significados – basta ver o que fazem com elas os dicionários. E ali, congelam, perdem seu calor, transformando-se em etiquetas, dessas que grudam para sempre. Ao passar a saber o que é um sáurio, Bartolomeu arrastou para dentro de si uma série de significados fixos, que colaram em seu espírito; e, porque é impressionável (mas quem não é?), tratou de encontrar dentro de si provas da existência de tais atributos – e, no abismo das palavras, todas as ideias se relacionam, qualquer coisa pode estar em qualquer lugar, então tudo é possível. Pobre Bartolomeu, que deixou escapar o calor das palavras, perdeu-o, e fez delas cubos de gelo. Que esqueceu que palavras podem ser mastigadas, retorcidas, desdobradas, e deixou, ao contrário, que elas o asfixiassem, pois, em vez de saboreá-las, ele as engoliu.

O Estado de S. Paulo, 20/7/1999

Capítulo 3

Signo e significado

Atividade 1

Como se produz o significado?

No capítulo anterior, fizemos uma análise extensa de um grande número de textos, e certamente conseguimos descobrir muita coisa além dos *sinais desenhados na página*, que, trocando em miúdos, é exatamente o que as letras – e as palavras, e as frases, e os parágrafos, e os textos inteiros! – são. Antes de avançarmos nosso curso, vamos nos deter um pouco nesta questão intrigante: afinal, *como se produz o significado?*

Todos nós somos verdadeiros "processadores de significado", em praticamente todos os momentos da vida e não somente quando estamos lendo um texto. Andando na rua, por exemplo, o tempo todo compreendemos, ou tentamos compreender, tudo que se passa em volta: placas, cores, roupas, vozes, desenhos, formas. Ou, se estamos distraídos, a própria cabeça se encarrega de produzir significados – lembranças, pensamentos, imagens, ideias e fragmentos de ideias... Há, de fato, uma infinita cadeia de vozes que nos relaciona e nos liga intimamente ao mundo exterior, fora da qual não existimos.

Naturalmente, tentar compreender o funcionamento desta consciência é tarefa que a humanidade vem empreendendo há séculos sem que se tenha chegado a um acordo definitivo. O que, aliás, é bom – talvez a característica mais importante do processo de compreensão seja justamente o seu *inacabamento perpétuo*, a sua inesgotável transformação no tempo e na história. Mas nós podemos fazer um recorte desta questão, concentrando-nos didaticamente no que se convencionou chamar de *signo*. Antes de mais nada, é bom lembrar que este recorte está muito longe de esgotar o assunto, verdadeiramente *inesgotável*; nossa intenção é apenas dar um ponto de partida mais ou menos sólido para compreender o fascinante universo dos sinais e seus sentidos. Vamos por partes.

1. O elemento material do signo

Para começar, observe os desenhos abaixo:

Aí estão alguns *sinais* – e o sinal pode ser considerado a base de qualquer significado, embora ele, em si, não tenha nenhum significado. O sinal é apenas um *elemento material*, que, é claro, tem uma *forma*.

Chegamos assim ao primeiro ponto na definição de um signo: *todo signo é, antes de tudo, um elemento material e sua forma*. No caso dos desenhos acima, trata-se de tinta sobre papel branco. Claro que esses desenhos poderiam ser feitos no quadro-negro; nesse caso, teríamos giz sobre cimento ou madeira pintados de cor verde ou negra. Ou poderiam ser pintados em placas de metal e penduradas numa parede.

O elemento material do signo pode ser também não um desenho, mas um *som*. Uma palavra em voz alta, um apito, um grito, um sussurro, o vento nos galhos da árvore, o ruído de uma fruta que cai na grama, da turbina de um avião, do canto do pássaro. Cada um desses sons terá uma determinada *forma acústica*. Também é possível que o elemento material seja uma sensação táctil: um beijo, um toque, um abraço. Ou, ainda, um simples *gesto*, que é uma espécie de "desenho" que o corpo realiza no espaço.

Aqui poderíamos indagar: mas e os *pensamentos*? Também eles "ocupam lugar no espaço"? Sim, também ocupam lugar no espaço – têm uma base material físico-química no cérebro. O que, é claro, é outra especialidade a intrigar os estudiosos...

2. A convenção e o sentido

Temos, portanto, como ponto de partida de qualquer significado um *elemento material com a sua forma*. Mas isso ainda é insuficiente: o material – uma pedra, uma nuvem, uma letra no papel, um ruído – é, por si só, *inerte*. É preciso que a sua forma seja uma forma *convencional*, que ela de algum modo *coincida com um padrão familiar ao observador*. Em outras palavras, *nenhum signo é "natural", nenhum signo fala pela sua própria natureza*.

É preciso fazer uma distinção aqui entre os grandes sistemas de signos – e a língua é por certo o mais importante de todos – dos sistemas menores, mais restritos e complementares do nosso dia a dia (por exemplo, o sistema dos sinais de trânsito) e também dos significados avulsos que decorrem, mais erraticamente, mas sempre *apreendidos*, do nosso ambiente sonoro ou físico: por exemplo, reconhecer o som de uma turbina de um avião como *o som de uma turbina de um avião*, ou a mancha de pneu no asfalto, resultante da freada de um carro, não como uma mancha sem nenhum valor especial, mas especificamente *como uma mancha de pneu sobre o asfalto resultante da freada de um carro*; nesses casos, somente o conhecimento prévio do que é um avião ou do que é um carro poderá nos dar o sentido daquelas formas materiais.

Assim, a convenção estabelece para uma determinada forma material *o seu sentido*. Nos sinais de trânsito, uma placa circular com um "E" atravessado por uma faixa diagonal vermelha representa convencionalmente que naquele local é proibido estacionar. Se o observador desconhece a convenção do trânsito, a placa não tem sentido algum.

Esse fato – os signos não se apresentam "por si" – é bastante familiar mesmo para quem domina muito bem o sistema da língua. Frequentemente esbarramos com um sinal sonoro ou escrito que pertence à nossa própria língua (sabemos disso por um conjunto de *outros sinais*: as letras são latinas, e não árabes ou chinesas, e nós sabemos distinguir uma das outras; a palavra está num *ambiente* da língua portuguesa, e não entre aspas ou em itálico, o que poderia indicar uma palavra estrangeira etc.) – digamos, a palavra LEZÍRIA – que não nos diz nada, como se estivéssemos diante de uma charada. Nesses casos, é preciso ir a um dicionário – que é um admirável "catálogo de sentidos" – para descobrir que "lezíria" quer dizer "terra plana, às margens de um rio, que se alaga por ocasião das cheias".

3. O sentido, ou "significação", é reiterável

Muito bem: temos até aqui um material, a sua forma, e um sentido convencional, um "querer dizer". Vamos chamar esse sentido de *significação*. Observando a sequência do quadro de desenhos acima, podemos extrair a *significação* de cada um deles. Como exercício, levante essas significações. Confira se você domina a convenção de cada um deles. Observe que há *sinais* pertencentes aos mais diversos *sistemas de significação*. Um sinal pode indicar apenas "letra do alfabeto grego" e mais nada, ou, "letra do alfabeto grego *e também* símbolo da ciência denominada psicologia".

Aqui chegamos a uma qualidade central de toda *significação*: a *estabilidade*. Isto é, o elemento material do signo *mais* o seu sentido formam um par *estável, capaz de se repetir todas as vezes em que é empregado*. A convenção é que estabelece esse liame – por exemplo, a forma da placa de trânsito que indica "via preferencial" não muda a todo momento; nesse caso, há todo um aparato legal, de âmbito nacional, garantindo a relação estável entre uma coisa e outra por decreto. Mesmo duas crianças brincando, quando inventam algum "código secreto", sacramentam a estabilidade dos sinais, ainda que apenas por algumas horas, ou o código não terá sentido. No caso da língua, os dicionários costumam ser o depósito, extremamente duradouro, dos sentidos que vão se grudando historicamente a uma palavra.

4. O segundo estágio do processo

Pois bem: a significação, isto é, o sinal mais o seu sentido estável, representa o *primeiro estágio do significado, o ponto de partida de qualquer compreensão*. Mas observe que se trata apenas do ponto de partida: como o sentido é estável, como o sentido se repete, ele é incapaz de nos dizer *algo de novo*.

Observe o sinal 1, por exemplo, no quadro acima, aquela barra vertical cortada por uma barra horizontal um pouco mais curta: ele produz imediatamente uma significação, pelo menos para a nossa cultura: cruz cristã. Nesse sentido, o sinal 1 terá sempre a mesma significação, em qualquer situação ou contexto; será sempre igual a ele mesmo. Mas aí ainda não temos um signo, isto é, não se produziu *significado* no sentido pleno da palavra.

Para que produza significado, para que um simples sinal se torne um signo – ou, em outras palavras, para que o desenho de uma cruz nos diga algo além de um nome ("cruz cristã"), é preciso que nós ultrapassemos os limites do sinal em si, entrando no mundo social em que aquele desenho e aquele nome produzem significado.

E o que é preciso para que isto ocorra?

Ao mesmo tempo em que há o instantâneo reconhecimento da convenção do sinal (desenho = cruz), reconhecemos igualmente o *autor* do sinal e o *complexo conjunto de outros sinais que o acompanham* (lembremos que, na vida real, *os signos nunca estão sozinhos*). Isto é: *alguém* desenha uma cruz, ou coloca uma cruz na parede, ou nos estende uma cruz de madeira, com alguma *intenção*. Podemos nos perguntar, por exemplo: *quem é esse alguém e o que ele quer?*

Assim, na vida real reconhecemos essa cruz não apenas como o nome do objeto ou do desenho, mas também como uma *intenção.* Além disso, além do que vem *do lado de lá*, é preciso lembrar também que nós não somos apenas uma caixa vazia que recebe sinais: nós também temos as nossas *intenções*, o nosso universo de informações prévias – é nesse nosso mundo particular, nessa rede imensamente complexa e tensa de relações, que aquele sinal e aquela intenção ganham um sentido *novo, aqui e agora*, além do sentido estável, repetido.

Nesse momento, no encontro vivo de duas visões de mundo através de um material, uma forma e um sentido, o sinal e seu sentido se transformam em signo, produzindo *significado.*

5. A compreensão é um processo ativo

Compreender é, portanto, um processo ativo, uma *resposta*: diante de um dado sinal (um desenho, uma voz, um grito, uma palavra) nós nos transportamos para o mundo das intenções alheias, levando a ele o nosso mundo com as nossas intenções, e aí produzimos significado, *um significado que é absolutamente inseparável do instante mesmo e da situação concreta em que ocorre.*

Nesse exato instante, por exemplo, qual o significado do sinal 1? Reconhecido o sinal (= cruz), você certamente foi adiante tentando descobrir a intenção do professor em apresentar o desenho de modo a extrair dele algum significado! Que pode ser, simplesmente, um exemplo escolar, sem nenhuma relação direta com os eventuais significados religiosos que tal desenho poderia ter em outra situação (conversão; devoção; ironia; exorcismo; profanação...).

Isso nos leva a outro aspecto importantíssimo da compreensão: ela não depende apenas do *sinal*; ela depende, igualmente, do *portador desse sinal* – é com ele, e não com a *palavra em si*, que "negociamos" os significados.

6. A natureza social da escrita

Naturalmente, fizemos aqui um recorte esquemático deste processo altamente complexo. Mas, na perspectiva de nossa prática de texto, pensamos que será útil entender signo nesses termos sociais e interacionais (nenhum significado dispensa o leitor!...), pela simples razão de que todo texto escrito se dirige a alguém, e tudo que falamos, pensamos, sentimos, escrevemos tem sempre um ouvinte social, um *outro* que dá direção e significado a nossos sinais.

Veja, por exemplo, a imensa variedade de linguagens possíveis, fundamentalmente em razão do universo dos nossos destinatários – eles se infiltram em cada palavra que falamos ou escrevemos, é para eles que nos dirigimos, por causa deles que usamos esta ou aquela palavra, empregamos uma ou outra estratégia...

Talvez esteja aí a primeira regra de um bom texto escrito: saber quem é o meu leitor. Se eu não sei quem ele é, o texto fracassa!

Atividade 2

Leitura

Vamos ler agora dois trechos de Mikhail Bakhtin sobre o processo de significação, que aprofundam o esquema desenvolvido neste capítulo. Observe que a palavra *enunciação* designa o processo total, concreto, em que as palavras são de fato usadas.

Texto 1

Sobre a enunciação

Mikhail Bakhtin

Qualquer que seja o aspecto da expressão-enunciação considerado, ele será determinado pelas condições reais da enunciação em questão, isto é, antes de tudo *pela situação social mais imediata*.

Com efeito, a enunciação é o produto da interação de dois indivíduos socialmente organizados e, mesmo que não haja um interlocutor real, este pode ser substituído pelo representante médio do grupo social ao qual pertence o locutor. *A palavra dirige-se a um interlocutor*: ela é função da pessoa desse interlocutor; variará se se tratar de uma pessoa do mesmo grupo social ou não, se esta for inferior ou superior na hierarquia social, se estiver ligada ao locutor por laços sociais mais ou menos estreitos (pai, mãe, marido etc.). Não pode haver interlocutor abstrato; não teríamos linguagem comum com tal interlocutor, nem no sentido próprio nem no figurado. Se algumas vezes temos a pretensão de pensar e de exprimir-nos *urbi et orbi*, na realidade é claro que vemos "a cidade e o mundo" através do prisma do meio social concreto que nos engloba. Na maior parte dos casos, é preciso supor além disso um certo *horizonte social* definido e estabelecido que determina a criação ideológica do grupo social e da época a que pertencemos, um horizonte contemporâneo da nossa literatura, da nossa ciência, da nossa moral, do nosso direito.

O mundo interior e a reflexão de cada indivíduo têm um *auditório social* próprio bem estabelecido, em cuja atmosfera se constroem suas deduções interiores, suas motivações, apreciações etc. Quanto mais aculturado for o indivíduo, mais o auditório em questão se aproximará do auditório médio da criação ideológica, mas em todo caso o interlocutor ideal não pode ultrapassar as fronteiras de uma classe e de uma época bem definidas.

Esta orientação da palavra em função do interlocutor tem uma importância muito grande. Na realidade, toda palavra comporta *duas faces*. Ela é determinada tanto pelo fato de que procede *de* alguém, como pelo fato de que se dirige *para* alguém. Ela constitui justamente *o produto da interação do locutor e do ouvinte*. Toda palavra serve de expressão a *um* em relação ao *outro*. Através da palavra, defino-me em relação ao outro, isto é, em última análise, em relação à coletividade. A palavra é uma espécie de ponte lançada entre mim e os outros. Se ela se apoia sobre mim numa extremidade, na outra apoia-se sobre o meu interlocutor. A palavra é o território comum do locutor e do interlocutor.

Mas como se define o locutor? Com efeito, se a palavra não lhe pertence totalmente, uma vez que ela se situa numa espécie de zona fronteiriça, cabe-lhe contudo uma boa metade. Em um determinado momento, o locutor é incontestavelmente o único dono da palavra, que é então sua propriedade inalienável. É o instante do ato fisiológico de materialização da palavra. Mas a categoria da propriedade não é aplicável a esse ato, na medida em que ele é puramente fisiológico.

Se, ao contrário, considerarmos não o ato físico da materialização do som, mas a materialização da palavra como signo, então a questão da propriedade tornar-se-á bem mais complexa. Deixando de lado o fato de que a palavra, como signo, é extraída pelo locutor de um estoque social de signos disponíveis, a própria realização deste signo social na enunciação concreta é inteiramente determinada pelas relações sociais. (...) *A situação social mais imediata e o meio social mais amplo determinam completamente e, por assim dizer, a partir do seu próprio interior, a estrutura da enunciação.*

Bakhtin/Voloshinov. *Marxismo e filosofia da linguagem*, p. 112

Texto 2

Sobre a compreensão

Mikhail Bakhtin

Compreender a enunciação de outrem significa orientar-se em relação a ela, encontrar o seu lugar adequado no contexto correspondente. A cada palavra da enunciação que estamos em processo de compreender, fazemos corresponder uma série de palavras nossas, formando uma réplica. Quanto mais numerosas e substanciais forem, mais profunda e real é a nossa compreensão.

Assim, cada um dos elementos significativos isoláveis de uma enunciação e a enunciação toda são transferidos nas nossas mentes para um outro contexto, ativo e responsivo. A compreensão é uma forma de diálogo; ela está para a enunciação assim como uma réplica está para a outra no diálogo. Compreender é opor à palavra do locutor uma contrapalavra. Só na compreensão de uma língua estrangeira é que se procura encontrar para cada palavra uma palavra equivalente na própria língua. É por isso que não tem sentido dizer que a significação pertence a uma palavra enquanto tal. Na verdade, a significação pertence a uma palavra enquanto traço de união entre os interlocutores, isto é, ela só se realiza no processo de compreensão ativa e responsiva. A significação não está na palavra nem na alma do falante, assim como também não está na alma do interlocutor. Ela é o efeito da interação do locutor e do receptor produzido através do material de um determinado complexo sonoro. É como uma faísca elétrica que só se produz quando há contato dos dois polos opostos. (...) Só a corrente da comunicação verbal fornece à palavra a luz de sua significação.

Idem, p. 132

Atividade 3

Prática de texto

Vamos agora colocar em prática tudo que discutimos até aqui – a noção de língua como um conjunto de variedades, a estratificação da linguagem em um grande número de gêneros e a importância do interlocutor para os processos de comunicação. Escolha quatro itens das sugestões abaixo. Observe que cada tipo de texto exigirá uma linguagem diferente. Não indique que item você escolheu: o leitor deve descobrir pelo próprio texto!

1. Escolha um signo e escreva o horóscopo do mês para uma revista. Lembre-se: não é coluna de humor.
2. Escreva o primeiro parágrafo de um romance de ficção científica.
3. Humor: faça uma definição de escola, parodiando a linguagem dos dicionários. Observe que, neste caso, o humor decorre do fato de uma linguagem imitar outra linguagem, com intenção diferente.

4. Notícia de jornal, de primeira página (1 parágrafo): demissão do ministro Fulano. (Atenção: não emita opiniões; apenas informe o leitor do que aconteceu.)
5. Escreva um trecho do diário pessoal de alguém.
6. Escreva uma receita culinária.
7. Faça um texto publicitário sobre um produto qualquer. Observe, em especial, a disposição gráfica.
8. Escreva o primeiro parágrafo de uma crítica de cinema.
9. Escreva um pequeno manual de instruções: como o consumidor deve instalar o eletrodoméstico que acabou de comprar.
10. Escreva um breve bilhete ao namorado, ou namorada, explicando por que você quer acabar com tudo.

Capítulo 4

Língua padrão – I

Atividade 1

Língua padrão e gramática

Nos capítulos anteriores você entrou em contato com alguns exemplos da imensa variedade linguística que caracteriza as línguas – e já percebeu que cada uma dessas linguagens se manifesta numa determinada forma linguística dotada de uma *gramática*, isto é, um conjunto de regras que difere, em maior ou menor grau, de um conjunto de regras *ideal*. A essa *gramática ideal* damos o nome de língua padrão, ou norma culta; é a forma linguística que as gramáticas pedagógicas, normativas, tentam descrever e sistematizar.

Assim, quem aprende uma língua, aprende, de fato, um conjunto grandemente variado de linguagens que se manifestam por meio de determinadas formas linguísticas. Tais formas (gramaticais, estruturais) se aproximam em grau maior ou menor da língua padrão.

Em geral, dominamos muito bem essa variedade de linguagens e formas linguísticas nas situações cotidianas, mas nos tornamos, muitas vezes, inseguros nas situações em que a chamada língua padrão é exigida: nas provas escolares, nos discursos oficiais, nos textos escritos, nas falas em público etc. Quem de nós não tem algum "trauma" ou não passou vergonha por uma concordância diferente, uma regência errática, um vocabulário inadequado, uma *esseção* caprichada? Na escola, vivemos sob o império do *certo* e do *errado* - mas nem sempre sabemos com relação a quê...

Assim, é muito importante que tenhamos uma noção mais clara do que significa a palavra *gramática*, que o uso comum define apenas como "linguagem certa", desconsiderando o fato elementar de que *todo falante de uma língua fala de acordo com um sistema de regras em boa parte comum a seus interlocutores.* Nesse sentido, a palavra *gramática* define o *conjunto de regras que organiza as línguas humanas - um conjunto que já está presente numa criança de dois ou três anos, por exemplo; e que está presente mesmo entre os povos que desconhecem os livros, as escolas e qualquer sistema de escrita.* (Para pensar a respeito: em que sentido um índio ianomâmi pode dizer a outro que ele "falou errado"?)

Exercício 1

Este é um exercício de levantamento de dados: ao longo da semana, selecione cinco ocorrências escritas de variedades linguísticas que não sejam da língua padrão. Placas de rua, anúncios, propagandas na tevê, textos de jornal, mural de avisos etc. Em cada caso, indique a fonte.

Atividade 2

Leitura

É possível que, a essa altura, você esteja se perguntando o que é a gramática, afinal de contas. Se tudo está certo, vale tudo? Qual o lugar da língua padrão no emaranhado de variedades? Em suma: qual é o *certo*?

Para sistematizar esta questão fundamental da cultura letrada, vamos ler o texto que se segue, publicado na revista *Novos Estudos*, nº 3, de 11/83. Foram selecionados os trechos que aqui nos interessam.

Texto 1

Gramática e política

Sírio Possenti

No sentido mais comum, o termo gramática designa um conjunto de regras que devem ser seguidas por aqueles que querem "falar e escrever corretamente". Nesse sentido, pois, gramática é um conjunto de regras *a serem seguidas*. Usualmente, tais regras prescritivas são expostas, nos compêndios, misturadas com descrições de dados, em relação aos quais, no entanto, em vários capítulos das gramáticas, fica mais do que evidente que o que é descrito é, ao mesmo tempo, prescrito. Citem-se como exemplos mais evidentes os capítulos sobre concordância, regência e colocação dos pronomes átonos.

Num segundo sentido, gramática é um conjunto de regras que um cientista dedicado ao estudo de fatos da língua encontra nos dados que analisa a partir de uma certa teoria e de um certo método. Neste caso, por gramática se entende um conjunto de *leis* que *regem* a estruturação real de enunciados realmente produzidos por falantes, regras que *são* utilizadas. Neste caso, não importa se o emprego de determinada regra implica numa avaliação positiva ou negativa da expressão linguística por parte da comunidade, ou de qualquer segmento dela, que fala esta mesma língua.

Gramáticas do primeiro tipo preocupam-se mais com o como deve ser dito. As do segundo ocupam-se exclusivamente de como se diz. Para que a diferença fique bem clara, imagine-se um antropólogo que descreva determinado sistema de parentesco de um certo povo, e outro que o censure por desrespeitoso, por não distinguir-se o papel do pai e do tio...

Num terceiro sentido, a palavra gramática designa o conjunto de regras que o falante de fato aprendeu e das quais lança mão ao falar. É preciso que fique claro que sempre que alguém fala o faz segundo regras de uma certa gramática, e o fato mesmo de que fala testemunha isto, porque usualmente não se "inventam" regras para construir expressões. Pelo conhecimento não consciente, em geral, de tais regras, o falante sabe sua língua, pelo menos uma ou algumas de suas variedades. O conjunto de regras linguísticas que um falante conhece constitui a sua gramática, o seu repertório linguístico.

(...)

Ocorre que língua não é um conceito óbvio. Pelo menos, pode-se dizer que há um conceito de língua compatível com cada conceito de gramática. Isto é, vista a língua de uma certa forma, ver-se-á a natureza e a função da gramática de uma forma compatível. Qualquer outra postura será incoerente em excesso para merecer atenção. (...)

O primeiro conceito é o mais usual entre os membros de uma comunidade linguística, pelo menos em comunidades como as nossas. Segundo tal forma de ver a questão, o termo língua recobre apenas uma das variedades linguísticas utilizadas efetivamente pela comunidade, a variedade que é pretensamente utilizada pelas pessoas cultas. É a chamada língua padrão, ou norma culta. As outras formas de falar (ou escrever) são consideradas erradas, não pertencentes à língua. Definir língua desta forma é esconder vários fatos, alguns escandalosamente óbvios. Dentre eles está o fato de que todos ouvimos diariamente pessoas falando diversamente, isto é, segundo regras parcialmente diversas, conforme quem fala seja de uma ou outra região, de uma ou outra classe social, fale com um interlocutor de um certo perfil ou de outro, segundo queira vender uma imagem ou outra. Esta definição de língua peca, pois, pela exclusão da variedade, por preconceito cultural. Esta exclusão não é privilégio de tal concepção, mas o é de uma forma especial: a variação é vista como desvio, deturpação de um protótipo. Quem fala *diferente* fala *errado*. E a isso se associa que pensa errado, que não sabe o que quer etc. Daí a não saber votar, o passo é pequeno. É um conceito de língua elitista.

(...)

Consideremos agora alguns fatos linguísticos. Pouco se sabe sobre as línguas, a despeito dos séculos de trabalho a elas dedicados, mas algumas coisas são evidentes. A mais evidente de todas é que as línguas estão estreitamente ligadas a seus usuários, isto é, aos outros fatos sociais. Não são sistemas que pairam acima dos que falam, e não estão isentas dos valores atribuídos pelos que falam.

Um outro fato evidente é que as línguas variam. Não se sabe de nenhuma língua que seja uniformemente falada por velhos e jovens, homens e mulheres, pessoas mais ou menos influentes, em qualquer circunstância. Este fato faz das línguas um objeto extremamente complexo, não só pela dificuldade, já de si enorme, de se descobrir a totalidade das regras gramaticais encontráveis e a sua natureza (se categóricas ou variáveis), mas também por causa da extrema dificuldade em se fixar o limite entre o que é e o que não é linguístico. Tomar uma decisão sobre este aspecto já é assumir concepções em geral não inocentes no campo ideológico. De uma certa maneira, é um problema análogo ao da separação entre a economia e a política.

Um terceiro fato evidente é que as línguas mudam. As gramáticas do tipo 1 fazem o possível para ser insensíveis a esta realidade, mas ela é tão forte que mesmo elas acabam por dobrar-se, embora parcial e tardiamente e apenas segundo uma razão: por se pautarem nos "bons escritores", que sempre incorporam formas novas ou mesmo criam formas alternativas. O que tais gramáticas não fazem é associar o fato da mudança ao fato da variação, inerente às línguas naturais, por causa dos valores que os usuários atribuem a formas distintas.

(...)

Resumindo, há fatos básicos em relação às línguas que não podem ser esquecidos, a não ser por uma certa vontade política: a) que as línguas não existem em si; b) que elas variam, isto é, não são uniformes, num tempo dado; c) mudam, isto é, não são iguais em dois tempos diferentes, nas suas variedades; d) em certas sociedades, há uma variedade que merece tanta atenção, tanto trabalho de normalização e de criação e/ou incorporação, e em torno de cujas virtudes se faz tamanha pregação que todos acabam por concordar que esta variedade é *a* língua, sendo as outras formas imperfeitas e desviantes *da* língua.

Exercício 2

Agora que você leu e discutiu o texto de Sírio Possenti, procure descobrir que conceito de gramática –

a) conjunto de regras que devem ser seguidas;

b) conjunto de leis que regem os enunciados realmente produzidos por falantes, segundo uma teoria;

c) conjunto de regras empregadas pelo falante;

– está implícito em cada uma das afirmações abaixo.

1. Tanto faz dizer *este* ou *esse*. Dizer *Me passe esse lápis* ou dizer *Me passe este lápis* é a mesma coisa. Mas a forma *esse* é mais usada.

2. O pronome demonstrativo este, esta ou neste, deve sempre referir-se àquilo que está mais próximo. Exemplo: "O diretor disse que concorda porque é mais econômico. Este argumento foi aceito por todos." O pronome demonstrativo esse, essa ou nessa aplica-se àquilo que não está imediatamente próximo. Exemplo: "Neste incêndio (o de ontem) houve cinco vítimas, bem menos do que no de 1972; nesse morreram cem pessoas carbonizadas."

Manual da Folha de S. Paulo, p. 129

3. A língua escrita, tanto em Portugal como no Brasil, procura (...) manter estreme a distinção entre *este* e *esse* para referências dentro do contexto linguístico. Mas a regra, que criou para tal fim, de se empregar *esse* para o que acaba de ser dito, e *este* para o que vai ser dito em seguimento, é uma convenção fora da realidade linguística e não é rigorosamente obedecida. A relutância contra ela é muito maior no Brasil do que em Portugal, é certo. A norma imanente da língua escrita brasileira é usar *esse*, em oposição a *aquele*, para a comunicação global do momento, e recorrer a *este* como uma variante enfática de *esse*.

J. Mattoso Camara Jr., *História e estrutura da língua portuguesa*, p. 103

Atividade 3

Tentando definir língua padrão

Até aqui refletimos sobre a noção de gramática, ultrapassando os limites tradicionais, e frequentemente preconceituosos, que definem *gramática* apenas como a "língua certa".

Mas isso, por si só, não resolve o nosso problema, pelo simples fato de que não podemos escrever um texto no vestibular empregando, por exemplo, as regras da gramática do dialeto caipira! Além disso, quem domina apenas formas linguísticas não padrões do português poderá ter muita dificuldade para ler um texto escrito em língua padrão, ou para produzir textos com ela.

Mas, afinal, o que é língua padrão?

Já sabemos que as línguas são um conjunto bastante variado de formas linguísticas, cada uma delas com a sua *gramática*, a sua *organização estrutural*. Do ponto de vista científico, não há como dizer que uma forma linguística é *melhor* que outra, a não ser que a gente se esqueça da ciência e adote o preconceito ou o gosto pessoal como critério.

Entretanto, é fato que há uma *diferenciação valorativa*, que nasce não da diferença desta ou daquela forma em si, mas do *significado social* que certas formas linguísticas adquirem nas sociedades. Mesmo que nunca tenhamos pensado objetivamente a respeito, nós *sabemos* (ou *procuramos saber* o tempo todo) o que é e o que não é *permitido*... Nós costumamos "medir nossas palavras", entre outras razões, porque nosso ouvinte vai julgar não somente *o que se diz*, mas também *quem diz*. E a linguagem é altamente reveladora: ela não transmite só informações neutras; revela também nossa classe social, a região de onde viemos, o nosso ponto de vista, a nossa escolaridade, a nossa intenção... Nesse sentido, a linguagem também é um *índice de poder*.

Assim, na rede das linguagens de uma dada sociedade, a língua padrão ocupa um espaço privilegiado: ela é o conjunto de formas consideradas como o modo *correto*, *socialmente aceitável*, de falar ou escrever.

Como surgiu o padrão?

Naturalmente que este *padrão* não se estabeleceu por acaso; em todas as sociedades modernas ele é o fruto de um processo histórico seletivo sempre ligado aos grupos sociais hegemônicos. Em outras palavras, *a língua padrão, na sua origem, é a língua do poder político, econômico e social*.

Em decorrência disso, suas formas se mantêm por força de um intenso processo social coercitivo, que age em muitas direções. Uma delas é a própria escola, que (por mais pobre que seja, como a nossa) mobiliza sistematicamente todos os seus esforços no sentido de tentar transmitir e conservar a língua "certa" – que, assim, se identifica fortemente com a língua escrita.

Outra força coercitiva é a dos próprios usuários da língua, que, mesmo quando não dominam as formas linguísticas consideradas "boas", lutam por identificar-se com elas, porque sabem que não usá-las em certos contextos implica censura, discriminação e mesmo bloqueio à ascensão social. Pode-se mesmo dizer que há uma unanimidade nacional em torno das qualidades da "língua certa", uma unanimidade que não se encontra em nenhuma outra área ou atividade do conhecimento. Pense a respeito: você conhece alguém que afirme, categoricamente, que falar e escrever *certo* "não está com nada"?

Língua padrão: um peixe ensaboado?

Entretanto, se todos concordam com a *existência* e com as *vantagens* da língua padrão, pouca gente – se é que há alguém – será capaz de *descrevê-la rigorosamente*. Pode-se dizer que aquilo que se chama "língua padrão" é um peixe ensaboado! E tanto mais difícil será de definir, quanto mais transformações sociais, políticas, econômicas se passem em curto espaço de tempo em uma dada sociedade, como é o caso do Brasil. De tal modo, que um gramático conservador, munido de compêndios, que passasse um mês diante dos noticiários de televisão ou lendo jornais e revistas acabaria por declarar, desesperado, que ninguém mais sabe falar e escrever português no país!

Antes de nos desesperarmos com ele, vamos sistematizar alguns aspectos que devem ser levados em conta quando se fala em língua padrão.

A) A língua padrão não é uniforme

Em todas as sociedades, ela admite variações. Vejamos as mais importantes:

Variação geográfica

De região para região, o padrão aceita diferenças de pronúncia (compare as pronúncias de um nordestino, um carioca e um gaúcho, por exemplo), de vocabulário (tangerina x mimosa x bergamota) e de sintaxe (*Ele não me viu [Brasil] x Ele me não viu [Portugal]*). Mas atenção: não são todas as variações geográficas que são aceitas! O grau de aceitação em geral vai depender diretamente da importância social e econômica da região de origem – e esse é sempre um terreno fértil para o preconceito...

Níveis de formalidade

O mesmo usuário da língua empregará formas linguísticas diferentes, aceitáveis socialmente, em situações diferentes – numa festa e numa cerimônia formal, por exemplo. Aqui é interessante observar como nós desenvolvemos "antenas" para nos sintonizar linguisticamente com a situação – e também para *vigiar* a adequação da fala dos outros...

Diferenças estilísticas

Podemos dizer que cada usuário da língua tem um *estilo* próprio. Isso é bastante visível na escrita, e pode ser reconhecido pelo uso de certas formas (abundância de orações subordinadas, por exemplo), em detrimento de outras, embora todas se enquadrem no padrão aceito.

Língua oral e língua escrita

Esse é um aspecto absolutamente fundamental na discussão linguística do padrão. Evidentemente, ninguém fala como escreve, embora um certo senso comum pense que tanto mais "correta" a fala será quanto mais se aproxime das formas da escrita. O fato é que o padrão oral é muito mais flexível e flutuante que o padrão escrito – e também muito mais difícil de ser definido com rigor.[1]

B) A língua padrão muda no tempo

Este é um fato elementar para quem quer entender as línguas: *todas as línguas mudam ao longo do tempo*. As formas linguísticas consideradas padrões, principalmente na escrita, são mais resistentes à mudança – porque vivem sob controle severo! – mas também mudam. Vejamos algumas consequências que decorrem da mudança.

Uma delas é a relativa imprecisão de suas características. Um exemplo bastante visível é o caso da regência de alguns verbos. Há uma tendência muito forte na linguagem oral do português brasileiro de tornar transitivos diretos alguns verbos que tradicionalmente eram transitivos indiretos (Assisti um filme, por exemplo, em vez de *Assisti a um filme*). Nesses casos, a tendência já está passando à escrita, e talvez seja muito mais frequente o emprego "errado" que o emprego "certo", mesmo em textos de boa qualidade, escritos por bons escritores ou jornalistas. Uma

1. As distinções entre uma forma e outra, e suas consequências, serão objeto de capítulo específico do livro (*Língua escrita*).

evidência dessa mudança na língua padrão é o fato de que estes verbos tornados transitivos diretos passaram a ocorrer com frequência na escrita-padrão na forma passiva, impossível sintaticamente com verbos transitivos indiretos (*O jogo Brasil x Argentina foi assistido por milhões de telespectadores dos dois países*; ou *A Constituição* nem sempre tem sido obedecida pelas autoridades federais).

Quando o *uso* chega a esse ponto, pode-se dizer que a mudança de padrão começa a se consolidar. Outro caso visível é a colocação dos pronomes no português brasileiro, que insiste sistematicamente em recusar algumas normas das gramáticas escolares. Na fala, o padrão de Portugal (que determinou na origem o do Brasil) desapareceu quase que por completo. Na escrita mantém-se mais visivelmente apenas a regra de não se começar período com pronome átono, mas mesmo esta é rompida em textos mais informais e nos textos literários.

Em outros casos, a resistência é muito mais forte. Veja-se, por exemplo, o fenômeno da concordância nos casos em que o sujeito aparece depois do verbo, do tipo *foram inauguradas as usinas*. Na língua oral – e isso mesmo nas faixas mais escolarizadas da população – há uma tendência sistemática a não fazer a concordância (*Foi inaugurado as usinas*). Mas aqui a transformação não chegou ao padrão escrito de prestígio, embora seja frequentíssima em textos escolares, o que costuma ser sintoma de que a mudança está avançando significativamente.

Outro aspecto que decorre da mudança da língua ao longo do tempo é a convivência (nem sempre pacífica!) entre formas arcaicas e formas contemporâneas, isto é, as mudanças nunca acontecem subitamente. Pouco a pouco, as "novidades" (ou os "erros", dependendo do ponto de vista...) vão se popularizando e disseminando até o momento em que ninguém mais consegue perceber a nova forma como erro – exceto, é claro, os gramáticos, que por mais que reclamem e vociferem não conseguem "segurar" a mudança. Faça um teste: tente convencer pessoas "comuns" que o certo é dizer *Se eu vir Fulano, eu o aviso*, e não *Se eu ver Fulano, eu aviso ele*. Falar nisso: o padrão é *Convencer pessoas que o certo é...* ou *Convencer pessoas de que o certo é...*?

Padrão: há um referencial?

Isto nos leva a outro aspecto: a mudança, ao longo do tempo, do referencial para o estabelecimento de um padrão. Tradicionalmente, a referência era a dos *bons escritores do passado* – o texto literário representava o grau máximo de prestígio de uma língua. Mas, no mundo contemporâneo, isso também está mudando. A extraordinária importância que os meios de comunicação têm nas sociedades modernas deslocou o foco de prestígio dos usos da língua. Hoje, não podemos falar em língua padrão sem levar em consideração, de algum modo, os meios de comunicação social (jornais e revistas, principalmente), meios esses que têm sido completamente ignorados pelas gramáticas tradicionais, embora eles representem, *de fato*, o padrão brasileiro.

Como você pode observar, a questão da língua padrão não se reduz a meia dúzia de macetes... Mas é preciso enfrentá-la porque essa relativa flutuação traz consequências sérias ao usuário da língua, que se torna inseguro diante das muitas variedades. Ao longo deste livro, voltaremos com frequência a essa discussão, porque é muito importante que aquele que pretende dominar a língua padrão não se limite a *decorar regras* – o que quase sempre é inútil –, mas se torne ele próprio parte ativa e integrante da língua que fala e escreve.

Diversificando as fontes

O primeiro passo que deve ser dado nesse sentido é diversificar as fontes de referência da língua padrão. As gramáticas tradicionais podem ser um bom início, desde que você não se limite a uma só – elas costumam ser muito mais contraditórias do que se imagina! E devem ser vistas com alguma cautela, porque, como já dissemos, trabalham normalmente com exemplos de textos literários de autores antigos (que muitas vezes estão longe de espelhar o padrão *real* do português do Brasil). Além disso, são em geral muito conservadoras, quando não intolerantes, diante dos sinais de mudança da língua.

Hoje dispomos de um excelente livro de referência para o padrão escrito real do Brasil. Trata-se da *Gramática de usos do português*, escrita pela linguista Maria Helena de Moura Neves e publicada pela Editora da Unesp. Para escrever esse trabalho, a autora utilizou-se de uma base de dados de 70 milhões de ocorrências que está armazenada no Centro de Estudos Lexicográficos da Unesp de Araraquara. Esses dados foram obtidos de textos escritos brasileiros de literaturas romanesca, técnica, oratória, jornalística e dramática, o que garante diversidade de gêneros e permite a abrangência de diferentes situações de enunciação.

Outra fonte importante de referência são os meios de comunicação de massa – revistas e jornais de boa qualidade, por exemplo. É interessante observar como esses meios têm inclusive produzido seus próprios manuais de redação (*Folha de S. Paulo, O Estado de S. Paulo, Editora Abril*), procurando padronizar a linguagem do veículo. Mas também aqui devemos ter cautela; em muitos aspectos esses manuais simplesmente reproduzem (mal) normas das gramáticas tradicionais a que eles mesmos desobedecem... (Veja-se, a propósito, a disparatada distinção entre *este* e *esse* do *Manual da Folha* que lemos há pouco no exercício 2.)

O papel dos textos literários

Os textos literários são, obviamente, outra referência da língua padrão, embora já não tenham a hegemonia que tiveram em séculos passados. De qualquer forma, são neles que as mudanças da língua se incorporam mais rapidamente – o artista trabalha com a *língua viva* e transita entre as muitas linguagens sociais. Nesse sentido, a leitura frequente de textos literários é fundamental no universo de quem pretende dominar a língua padrão – neles, talvez mais do que em qualquer outro tipo de texto, é visível a *diferença* das linguagens e dos pontos de vista que ampliam nosso horizonte.

Mas, do ponto de vista técnico, é preciso lembrar dois aspectos. O primeiro é que a linguagem literária é um gênero específico da língua, e não um instrumento que sirva para qualquer finalidade. Um texto literário de boa qualidade pode ser hermético, difícil, obscuro, por exemplo – mas uma notícia de jornal, um texto publicitário, um texto argumentativo não podem... O segundo aspecto é o fato de que não há mais relação direta entre literatura e língua padrão. O célebre verso de Drummond – *Tinha uma pedra no meio do caminho* –, escrito na década de 1920 e empregando uma forma linguística de uso universal (*ter* no sentido de *haver, existir*) não significou até hoje, setenta anos depois, o franqueamento amplo deste uso em textos formais da língua.

A noção de "texto"

Finalmente, é bom lembrar que o domínio da língua padrão não representa simplesmente o domínio de certas regras de concordância, de regência, de todos os aspectos que dizem respeito à técnica da oração. Este domínio é apenas o ponto de partida do que é efetivamente importante: o *texto*. Quem escreve bem escreve *bons textos*, e não *boas frases!*

Esse é um ponto que não devemos jamais perder de vista, e talvez o que oferece mais dificuldades, justamente porque a noção de texto está ausente das gramáticas tradicionais e, na prática, ocupa um espaço muito pequeno no ensino escolar da língua. Por essa razão, este livro procurará trabalhar sempre com a noção de *texto*, lado a lado com a noção de *língua padrão*.

Atividade 4

O conceito de padrão através dos tempos

Vamos agora ler alguns textos que mostram como o conceito de padrão (ou *norma culta*) tem se modificado através do tempo.

Texto 2

Regras gerais da ortografia da língua portuguesa

Regra I

Do que tratei em particular da força e natureza de cada letra, podemos inferir a primeira regra da ortografia portuguesa: que assim temos de escrever como pronunciamos e assim temos de pronunciar como escrevemos.

Regra II

Desta primeira regra se infere que nunca na escritura acrescentemos nem mudemos letras a dicção algua, querendo-nos acomodar à origem e escritura latina. Porque isso é fazer nova linguagem, e mudar a comum e usada que falamos. Porque não consiste a polícia da língua portuguesa em as palavras serem mais conjuntas e parecidas com as latinas, mas antes quanto nos desviamos da latina, tanto fica tendo mais graça e sendo mais nossa como também dizem os Italianos da sua. Os quais a chegada à latina chamam língua pedantesca, que quer dizer língua de pascásios. Pelo que é nojenta escritura e fora de razão a dos que dizem *Princepsa*, por *Princesa*, e *epse*, por *esse*, e *oolho*, por *olho*, e *comptar*, por *contar*, por ser mais conforme ao latim. Porque sendo a nossa língua corrupta da latina, e fazendo nós desta corrupção nova língua própria e peculiar nossa, que pelo uso se foi derivando e introduzindo, não temos de mudar, nem torcer os vocábulos do soído, e uso comum. Pois as palavras são como as moedas, que não valem senão as correntes e as que estão em uso. E doutra maneira, se fosse melhor reduzirmos as palavras todas ao latim e por *esse* pudéssemos dizer *epse*, também diríamos por *elle, ille,* e por *água, aqua*; e assim ficaríamos falando tudo latinamente. Ca menos mudança é converter uma letra em outra sua afim, que acrescentar-lhe outra diferente.

Duarte Nunes de Leão, *Ortografia e origem da língua portuguesa*, 1576

Exercício 3

O texto acima é bastante ilustrativo da questão que estamos discutindo aqui. É um trecho de uma das primeiras gramáticas da nossa língua, publicada em 1576. Foi escrita numa época em que Portugal, já perfeitamente consolidado como nação autônoma, proclamava sua autonomia linguística – e é justamente neste período que aparecem as primeiras gramáticas normativas, de afirmação da língua nacional, não só em Portugal como em outros países da Europa.

Apesar dos quase cinco séculos que nos separam de Duarte Nunes de Leão, podemos observar no seu texto pontos de vista bastante modernos com relação ao estabelecimento de um padrão linguístico. Você consegue localizá-los?

O texto 1 pode ser definido como um exemplo do português-padrão do século XVI. Assinale as diferenças que você percebeu com relação ao padrão de hoje.

Texto 3

Gramática Normativa

É uma disciplina, didática por excelência, que tem por finalidade codificar o "uso idiomático", dele induzindo, por classificação e sistematização, as *normas* que, em determinada época, representam o ideal da expressão correta. (...)

Fundamentam-se as regras da Gramática Normativa nas obras dos grandes escritores, em cuja linguagem as classes ilustradas põem o seu ideal de perfeição, porque nela é que se espelha o que o uso idiomático estabilizou e consagrou.

Rocha Lima, *Gramática normativa da língua portuguesa*

Exercício 4

Segundo Rocha Lima, onde se encontra a língua padrão? Você concorda?

Para o autor, quem são os proprietários da língua padrão? Qual o critério deles?

Texto 4

É justamente para chegarem a um conceito mais preciso de "correção" em cada idioma que os linguistas atuais vêm tentando estabelecer métodos que possibilitem a descrição minuciosa de suas variedades cultas, seja na forma falada, seja na escrita. Sem investigações pacientes, sem métodos descritivos aperfeiçoados, nunca alcançaremos determinar o que, no domínio da nossa língua ou de uma área dela, é de emprego obrigatório, o que é facultativo, o que é tolerável, o que é grosseiro, o que é inadmissível; ou, em termos radicais, o que é e o que não é correto.

Celso Cunha e Lindley Cintra, *Nova gramática do português contemporâneo*, p. 8

Exercício 5

Aqui os autores reconhecem a necessidade de uma investigação prévia para se chegar a um padrão na fala e na escrita. Para eles, esta investigação poderia determinar, em suma, o que é e o que não é "correto". Entretanto, o que você acha da classificação gradativa proposta diante dos fatos da língua? Um enunciado *grosseiro* não pode ser linguisticamente correto? Se eu julgo a "grosseria" de um indivíduo, estou julgando a fala do indivíduo ou ele próprio? E haverá enunciados "toleráveis"?

Texto 5

(...)

Assim, uma entidade geral, que poderíamos chamar *norma culta*, mantém a coesão linguística e representa o *uso* ideal da comunidade. Além de servir à comunicação falada, ela é o veículo de todo um complexo cultural, científico ou artístico, que se realiza através de sua forma escrita. É a norma tradicionalmente ensinada pela escola. De certa forma, podemos dizer que a *norma culta* é adotada na fala da cidade grande, dos centros civilizados, apesar das variações provenientes dos *níveis sociolinguísticos*. Estes são ditados pelas mais diversas necessidades de comunicação, na vida social de todos os dias, que criam *usos* e, consequentemente, no plano teórico, *normas*, de natureza *interindividual*. Mas tais variações não chegam propriamente a negar o comportamento linguístico ideal da comunidade, a *norma culta*. O que existe é um processo estratificador da língua, representativo da própria hierarquia social dos locutores, com um grau maior ou menor de originalidade, contido e limitado por uma norma geral, coletiva. Logo, chegaríamos ao princípio, aparentemente paradoxal, da "variedade dentro da uniformidade".

Dino Preti, *Sociolinguística – os níveis da fala*, p. 36

Exercício 6

O texto 3 identificava o padrão com a linguagem dos grandes escritores, adotada pelas "classes ilustradas"; o texto 4 vinculava a correção com as "variedades cultas" da língua. Nos dois casos, diferenças à parte, os autores admitem implicitamente que o padrão é a língua de uma *parte* da sociedade. E o texto 5, como define o padrão?

Segundo o texto, qual a relação entre *variação* e *norma culta*? Há algum conflito?

O autor considera a "cidade grande", os "centros civilizados" e a "comunidade" entidades linguisticamente *homogêneas*. Como ele explica os *níveis sociolinguísticos?*

Texto 6

NORMA – Conjunto de hábitos linguísticos vigentes no lugar ou na classe social mais prestigiosa no País. O esforço mesmo latente para manter a norma e estendê-la aos demais lugares e classes é um dos fatores do que se chama a correção. A norma é contrariada pela variabilidade linguística intrínseca, que se verifica: a) de um lugar para outro; b) de uma classe social para outra; c) de um indivíduo para outro. Do ponto de vista da norma, a variabilidade que a contraria constitui o ERRO, e temos, portanto, três espécies de ERRO: a) regionalismos; b) vulgarismos; c) erros individuais, que correspondem ao idioleto. Todos esses três tipos de erros atuam contra a norma e tendem a enfraquecê-la ou modificá-la, principalmente quando na estrutura social se debilita o prestígio do lugar e da classe que representa. Assim, no Império Romano, o latim clássico, correspondendo à norma da aristocracia romana, cedeu lugar ao latim chamado "vulgar" com predominância dos vulgarismos e regionalmente diferenciado, além de favorecer a propagação dos erros individuais.

A norma é uma força conservadora na linguagem, mas não impede a evolução linguística, que está na essência do dinamismo da língua, como de todos os fenômenos sociais. Em muitas sociedades altamente desenvolvidas a norma se torna operante e agressiva, em face dos três tipos de ERRO, por meio do ensino escolar e da organização de uma disciplina gramatical.

J. Mattoso Camara Jr., *Dicionário de linguística e gramática*, p. 177

Exercício 7

Em que o conceito de *norma* de Mattoso Camara se distingue dos anteriores?

De acordo com o texto, pode-se inferir que a língua portuguesa nasceu de uma "sucessão de erros"? Nesse sentido, qual a posição do texto 1 diante da questão?

Mattoso Camara define norma como a variedade vigente "no lugar ou na classe social mais prestigiosa do País". Isto está de acordo com a afirmação de Sírio Possenti de que "as línguas estão estreitamente ligadas a seus usuários", isto é, "não existem em si"? Esta relação está presente no texto 5?

O autor diz que as línguas têm uma "variabilidade intrínseca" – e ao mesmo tempo diz que a variedade que contraria a norma é "erro". É possível explicar essa contradição?

Texto 7

Na metalinguagem da Linguística a polissemia do termo **norma** é conhecida. (...) Assim, operacionalmente, e para início de conversa, pode-se definir, com auxílio de qualificadores:

a) **norma normativo-prescritiva, norma prescritiva** ou **norma-padrão**, conceito tradicional, idealizado pelos gramáticos pedagogos, diretriz até certo ponto para o controle da representação escrita da língua, sendo qualificado de **erro** o que não segue esse modelo. De fato, a **norma normativo-prescritiva** passa a ser a norma codificada nas gramáticas pedagógicas que se repetem tradicionalmente de gramático a gramático. Distancia-se da realidade dos usos, embora com alguns deles se interseccione, e é parcialmente reciclada ou atualizada ao longo do tempo pelas imposições evidentes, decorrentes da razão universal de as línguas mudarem e suas normas também, entre elas, a que serve de modelo à **norma-padrão**;

b) **normas normais ou sociais**, "objetivas" e quantificáveis (?), atuantes nos usos falados de variantes das línguas. São normas que definem grupos sociais que constituem a rede social de uma determinada sociedade. Distinguem-se, em geral:

    b.1) normas "sem prestígio social" **ou** estigmatizadas;

    b.2) normas "de prestígio social", **equivalentes ao que se denomina** norma culta, **quando o grupo de prestígio que a utiliza é da classe dominante e, nas sociedades letradas, aqueles de nível alto de escolaridade**.

Coloquei o qualificador **objetivas** aspeado por serem assim designadas essas normas por alguns autores, sobretudo para contrapô-las à norma-padrão que consideram **subjetiva**. A interrogação que sucede o qualificador **quantificáveis** deve-se ao fato de que as quantificações possíveis, a partir de *corpus* predeterminado é uma tentativa de objetividade, fundada em critérios considerados estatisticamente válidos e decorre de minha dúvida quanto à quantificação para fatos da língua, que resultam, parece-me, em aproximações, embora interessantes e cientificamente embasadas, da realidade. Os desvios a essas normas são qualificados de **inadequações** de uso, diferentemente do que ocorre em relação ao **erro**, conceito próprio à tradição normativo-prescritiva. [Grifos do original]

Rosa Virgínia Mattos e Silva, *Contradições no ensino de português*, p. 14

Exercício 8

A autora divide o conceito de *norma* em dois grandes grupos; o que distingue, basicamente, um do outro?

Ao identificar a *norma culta* como norma de prestígio social, ela apresenta dois tipos de *prestígio*. Quais são? Para discutir: a partir disso, pode-se dizer que nas sociedades modernas o padrão não é mais, necessariamente, a variedade do poder econômico?

Em que sentido as expressões "inadequação de uso" e "erro" são distintas?

Texto 8

Dialeto-padrão: também chamado *norma-padrão culta*, ou, simplesmente, *norma culta*, é o dialeto a que se atribui, em determinado contexto social, maior prestígio; é considerado o modelo – daí a designação de *padrão*, de *norma* – segundo o qual se avaliam os demais dialetos. É o dialeto falado pelas classes sociais privilegiadas, particularmente em situações de maior formalidade, usado nos meios de comunicação de massa (jornais, revistas, noticiários de televisão etc.), ensinado na escola, e codificado nas gramáticas escolares (por isso, é corrente a falsa ideia de que só o dialeto-padrão pode ter uma gramática, quando qualquer variedade linguística pode ter a sua). É ainda, fundamentalmente, o dialeto usado quando se escreve (há, naturalmente, diferenças formais, que decorrem das condições específicas de produção da língua escrita, por exemplo, de sua descontextualização). Excetuadas diferenças de pronúncia e pequenas diferenças de vocabulário, o dialeto-padrão sobrepõe-se aos dialetos regionais, e é o mesmo em toda a extensão do país.

Magda Soares, *Linguagem e escola – uma perspectiva social*, p. 82

Exercício 9

Em que sentido a expressão "dialeto padrão" se distancia das denominações tradicionais ("norma culta", "língua padrão") que aparecem nos outros textos?

A autora vincula o conceito de "dialeto-padrão", entre outros aspectos, a situações específicas de uso. Quais?

Texto 9

Norma ou padrão é a variante linguística de prestígio, ensinada pela escola, e capaz de fornecer ao falante um meio de comunicação isento de regionalismos. A norma combina elementos reais – é uma variante que se alçou à condição de padrão por fatores culturais e políticos – a elementos ideais – é a variante que corporifica o que uma comunidade considera perfeito em matéria de linguagem. Daqui se conclui que a norma: a) não corresponde necessariamente a determinada variante regional, embora com ela possa confundir-se em países de vida cultural e social mais estratificada; b) dado o prestígio social que confere aos que a praticam, impõe-se espontaneamente, tão logo o falante perceba que a linguagem é um fator de categorização social; c) descrita pelos linguistas, presta-se à formalização subsequente da preceptiva gramatical, tarefa que incumbe aos gramáticos.

A fixação da norma culta do português brasileiro tem preocupado vários especialistas. Antonio Houaiss reconhece que "a realidade nua e crua é que, malgrado o número ponderável de estudos gramaticais, não sabemos efetivamente o que é e como é a língua portuguesa, sobretudo no Brasil, e assistimos estarrecidos ao divórcio crescente entre a norma gramatical canônica e a criação literária viva". É de Celso Cunha a afirmação segundo a qual nossas gramáticas são "códigos de impedimentos ao uso dos meios expressivos de que nos servimos na fala corrente".

Por ocasião do I Simpósio Luso-Brasileiro sobre a Língua Portuguesa Contemporânea, realizado em 1967 na cidade de Coimbra, debateu-se o problema da descrição do português contemporâneo como língua padrão no Brasil e em Portugal. (...) O primeiro relator definiu padrão linguístico e lembrou que o assunto tem sido tratado impressionisticamente entre nós, faltando estudos que avaliem até que ponto o português do Rio de Janeiro constituiu de fato o padrão aceito no país. Frisou o caráter arbitrário das normas gramaticais ("comumente, o mesmo professor que ensina essa gramática não consegue observá-la em sua própria fala, nem mesmo na comunicação dentro de seu grupo profissional") e conclui pela inexistência de um padrão falado de caráter geral, devendo existir diversos padrões regionais dessa espécie. Uma vez escolhido o método de descrição, aconselha que se principiem as investigações pelas capitais dos estados, usando-se um só documentador, que fará as gravações durante um período contínuo. O material assim recolhido será descrito pelos linguistas, cabendo aos gramáticos a dedução das normas. Brian Head lembrou em seu relatório que, para indicar a língua padrão de um país, tem-se selecionado normalmente a variedade de maior prestígio. Por se tratar de decisão muito delicada, a envolver em geral debates intermináveis, propõe que se contorne a dificuldade mediante a determinação do "sistema comum às principais variedades cultas".

Ataliba T. de Castilho, *O estudo da norma culta do português do Brasil*

Exercício 10

Este texto é particularmente interessante porque, após definir em teoria o que seja língua padrão, confessa que *não sabemos exatamente qual a língua padrão em uso no Brasil*. Ao propor a solução – uma pesquisa de campo –, o texto contrapõe implicitamente dois pontos de partida conflitantes:

a) a norma determina o uso;

b) o uso determina a norma.

Que posição o autor assume?

A relação entre *gramática* e *política* transparece no final do texto. Você pode localizá-la?

Observe que a pesquisa sugerida considera apenas o uso oral da língua. Este uso é suficiente para se levantar o padrão da língua escrita no Brasil?

Prática de Texto

Lendo os textos, que estão longe de esgotar a matéria, mas que podem servir como uma pequena introdução ao assunto, você comprovou na prática que o conceito de língua padrão é, de fato, um "peixe ensaboado"! É possível que você esteja um pouco confuso com a disparidade das definições – é tão confortável quando decoramos o "certo"! –, mas acreditamos que a dúvida, principalmente aqui, é muito salutar.

Para sistematizar os conceitos discutidos, escreva um pequeno texto – *empregando entre 80 e 90 palavras (isso é importante!)* – que faça uma síntese do que modernamente se entende por língua padrão, considerando as definições do texto 6 em diante.

Atividade 5

Leitura

Para encerrar, vamos ler uma crônica que discute, na prática (e com humor...), a relação entre variedade, língua e poder.

Texto 10

Aspas que protegem e aprisionam

Gustavo Ioschpe

Na primeira vez em que fui à Redação da *Folha*, lembro que o que mais me chamou a atenção foi um pequeno placar eletrônico colocado acima de cada editoria e que, com pouco mais de meio metro de largura e com um letreiro de uns dez centímetros de altura, cuspia freneticamente letras e mais letras em seu néon vermelho insuportável. Era o Programa de Qualidade da *Folha*, e o que o "trumbico" não se cansava de repetir eram os erros de cada edição: ortografia: 4 zuuuum, gramática: 6 zuuuum, concordância: 3 zuuum e por aí afora. O jornalismo é, intrinsecamente, um negócio estranho, porque os jornalistas se acham uma mistura de artistas e revolucionários, mas trabalham para uma empresa que, como todas as empresas, quer é ganhar dinheiro. Mas, mesmo esquecendo-se das veleidades dos jornalistas, aquele letreiro era Big Brother demais, humilhante demais.

Compreensível, porém. A salvaguarda da língua é tarefa e paixão de qualquer letrado mais entusiasmado ("Minha pátria é minha língua", como diria Paul Célan by Caetano Veloso), ainda mais de uma empresa de comunicação. Mas salvaguarda de que, exatamente? Ora, de erros, cara-pálida. Aquela coisa feia que as tias do colégio riscam com a caneta vermelha.

Mas e quem determina o erro, o que é certo e errado? Ah, aí a coisa fica mais interessante. Diriam os ingênuos e/ou pragmáticos (não seriam a mesma coisa?) que o certo é o que está no *Aurélio*, nas gramáticas, nos oráculos saídos da moribunda ABL. Mas, peraí: a língua não vem do dicionário ou da gramática. Todos esses textos simplesmente codificam a língua que, como a palavra já indica, vem do que nós falamos com essa boca que a terra há de comer e Luana há de beijar. Caso não seja óbvio, basta notar que a comunicação verbal precede a escrita por vasta margem. Começamos a marcha para a fala há uns 50 milhões de anos, quando nossos parentes distantes desenvolveram o polegar opositor e já não precisávamos ficar de boca na comida para trinchá-la. Com o bocão desocupado por tanto tempo, começou a tagarelice, enquanto a escrita só surgiu há 5.000 anos, por razões bem menos naturais e espontâneas, como o desejo de perpetuar memórias, contar histórias etc.

Assim, decorre que a língua escrita deveria ser mera transposição da língua falada, não? E por que não é? Por uma série de razões. Uma, por facilidade: estabelecem-se as regras no começo da partida, e só se as trocam quando, "de facto", já não estiver dando mais pra jogar. Outra, por economia, já que cada troca gramatical implica uma série de custos. Outra, pela própria natureza dos meios, já que o escrito, como um lago, tende para o perene, enquanto a língua falada está em constante mudança, qual um rio. Mas, fundamentalmente, a língua permanece congelada porque aqueles que a codificam, possuidores que são do universalmente ratificado como correto, recusam-se a abandonar seus castelos de conhecimento.

Língua é poder, eis o xis da questão. A correção gramatical demonstra não só apreço por Camões, mas uma educação de nível, boa família e um ambiente salutar. Língua é berço. E, no momento em que serve para demonstrar origem, também serve como fator seletivo, a barrar todos aqueles que não comungam da mesma semântica. Quem escreve "pobrema" não é só inculto, mas provavelmente sem escolaridade e, portanto, pobre. Assim, escreveu pobrema, leva xis vermelho da tia, não entra na universidade, não consegue o empréstimo no banco nem que o delegado o atenda ou o médico o socorra e, opa!, quando se vê já está trabalhando de empregada ou jardineiro na casa de alguém que soletra problema em alemão, com trema e tudo. Quando, na verdade, "pobrema" está mais certo do que "problema", se entendermos a língua como construção popular. Se a voz do povo for a voz de Deus, então todos esses dicionaristas e gramáticos estão surdos.

P.S. Depois de uma pintura milagrosa, sumiu o letreiro da Redação, pelo menos o de cima deste caderno. Mas não há razão para preocupações, que colocaram pra me vigiar uma turma de revisores que tasca aspas em tudo que está na boca, mas não no *Aurélio*. Depois de lutas inglórias, caro leitor, já consigo usar um "pra" sem aspas. Quando puder dizer "tem que" (e não "de") e "tem vezes..." (e não "há"), tem festa lá em casa.

Folha de S. Paulo, 13/12/1999

Capítulo 5

Língua padrão - II

Atividade 1

Para que serve a língua padrão?

No capítulo anterior discutimos algumas noções básicas para definir língua padrão. Ao longo deste livro voltaremos a debater o assunto, uma vez que, como você pôde notar nos textos apresentados, o seu conceito está longe de ser uma questão resolvida. O que nos interessa agora é discutir alguns problemas que a concepção de norma levanta.

O primeiro deles é a sua utilidade. De fato, já que em todos os anos escolares não fizemos outra coisa senão tentar dominá-la – e às vezes com grande sofrimento! – é justo que tenhamos uma boa razão para estudá-la. Na maioria dos casos, parece que se estuda a gramática da variedade-padrão ou por um motivo bem prosaico – passar de ano, tirar boa nota nas provas, fazer bonito no vestibular –, ou por uma razão mais edificante: deve-se escrever "certo", falar "com elegância" etc.

Exercício 1

Podemos começar por uma boa pergunta: na sua opinião, para que serve a norma culta? Reflita sobre o que você leu no capítulo anterior, pense na sua experiência pessoal e avalie a importância *política* da língua padrão quando se sabe que toda língua é um conjunto de variedades, muitas vezes bastante distintas entre si. Avalie também a importância *social* de uma língua padrão em países com grande disparidade econômica entre as classes, como o Brasil. (Com relação a esse aspecto, a língua padrão tem a mesma utilidade para as classes mais altas e para as classes mais baixas?) Pense também na distinção *linguagem oral X linguagem escrita*. Em qual desses usos da língua a noção de padrão é mais relevante?

Escreva agora em itens três utilidades da língua padrão. Não se preocupe aqui com as "respostas certas", mas em organizar, por conta própria, uma visão prévia da questão de modo a enfrentar as discussões que se seguem.

A língua padrão serve para:

1. ____________________

2. ____________________

3. ____________________

Atividade 2

Alguns pontos de vista teóricos

Compare agora os seus pontos de vista – importantes porque são as opiniões de um *usuário* da língua padrão, que deve ter boas razões para estudá-la! – com o que pensam os teóricos, isto é, as pessoas que se debruçam sobre o problema munidos de uma teoria e de uma visão específica sobre o assunto.

Texto 1

Trecho do depoimento O POVO NÃO FALA ERRADO

De Magda Becker Soares

Integrante da Comissão de Reforma do Ensino da Língua Portuguesa

Do seu ponto de vista quais as principais conclusões da Comissão?

Magda – Para mim, o mais importante foram as reflexões quanto às causas dos problemas atuais no uso e no ensino da língua no Brasil, problemas que surgem contemporâneos à democratização do ensino. Enquanto a escola serviu apenas às classes favorecidas, às classes dominantes, não se discutiam esses problemas porque a escola só recebia alunos que dominavam a variedade linguística que a ela interessa e que pretende ensinar. A partir do momento em que as classes populares conquistam a escola (é, eu gosto de usar o termo *conquistam*, porque, em geral, se coloca *o Estado oferece*, e isso é um termo detestável, já que não é um oferecimento, é uma conquista das classes populares, uma resposta às suas reivindicações), é a partir daí que surgem problemas. Por quê? É aí que a linguística ou a sociolinguística podem dar uma grande contribuição ao ensino, mostrando que não há um único português, como não há um português correto e todos os demais são errados, mas que há variedades linguísticas. No caso específico, as camadas populares usam um dialeto popular, diferente do dialeto que a escola usa. O da escola é o dialeto das classes dominantes, por isso mesmo padrão, como o modo de comer das classes dominantes deve ser padrão, como seu modo de vestir deve ser padrão, e o modo de falar deve ser padrão.

A escola não está sabendo lidar com esse conflito linguístico que surge, que é um conflito equivalente ao conflito de classes. As classes populares chegam numa escola montada, armada, organizada, para servir às classes dominantes, que não sabe lidar com o dialeto popular e considera esse dialeto errado. Com isso, não consegue ensinar ao menino o dialeto-padrão.

E como você acha que esse dialeto-padrão deveria ser ensinado?

Magda – Acho que há uma questão anterior que é a seguinte: precisa ensinar? Se a gente diz que todos os dialetos são igualmente bons, que o dialeto popular não é melhor nem pior que a norma-padrão, que a diferença é apenas social – e há inúmeras pesquisas para dizer que o dialeto popular é extremamente adequado, lógico, coerente, rico, expressivo etc., então por que ensinar ao menino esse dialeto-padrão?

Para isso há diferentes respostas. Há quem defenda que não é necessário ensinar. Inclusive, defendem a necessidade de preservação da cultura popular e que um dos componentes mais importantes dessa cultura é a linguagem. Há uma segunda linha dos que defendem a necessidade de ensinar o dialeto-padrão para que o menino possa se adaptar à sociedade, que existem momentos em que é necessário usar a norma-padrão – na hora de pedir um emprego, por exemplo – em que esse dialeto é exigido e que se ele não usar vai ser ridicularizado, estigmatizado. Isso, no meu livro eu chamo do indivíduo ser bidialetal. Por aí o papel da escola seria respeitar o dialeto popular e ensinar o outro, o padrão, que seria acrescentado ao dialeto popular, para que o aluno pudesse usar um ou outro, no momento adequado.

Eu já não acho que essa é a melhor posição. Esse bidialetalismo eu chamaria de funcional, para o indivíduo funcionar bem na sociedade que está aí, do jeito que ela é, sem alterá-la. Eu acho que ele tem que aprender a norma-padrão não para adaptar-se à sociedade, mas para lutar contra ela, para adquirir essa arma que os dominantes têm e que é poderosíssima. A norma-padrão culta funciona como um instrumento de exercício do poder, com o qual se aniquila facilmente o indivíduo que não a domina. A escola deve ensinar essa norma-padrão, mas com uma atitude diferente, uma atitude de estar ensinando um instrumento de luta contra a discriminação social, um instrumento que permita ao indivíduo a participação política. Esse seria um bidialetalismo não funcional, mas sim para a transformação.

Jornal *LEIA*, 02/86

Texto 2

O papel da escola é ensinar língua padrão

Sírio Possenti

(...) Talvez deva repetir que adoto sem qualquer dúvida o princípio (quase evidente) de que *o objetivo da escola é ensinar o português-padrão*, ou, talvez mais exatamente, o de criar condições para que ele seja aprendido. Qualquer outra hipótese é um equívoco político e pedagógico. A tese de que não se deve ensinar ou exigir o domínio do dialeto-padrão dos alunos que conhecem e usam dialetos não padrões baseia-se em parte no preconceito segundo o qual seria difícil aprender o padrão. Isto é falso, tanto do ponto de vista da capacidade dos falantes quanto do grau de complexidade de um dialeto-padrão. As razões pelas quais não se aprende, ou se aprende mas não se usa um dialeto-padrão, são de outra ordem, e têm a ver em grande parte com os valores sociais dominantes e um pouco com estratégias escolares discutíveis. Vou expandir um pouco e justificar as afirmações acima. Antes, preciso dizer que considero que estamos todos de acordo sobre um ponto: que o problema do ensino do padrão só se põe de forma grave quando se trata do ensino do padrão a quem não o fala usualmente, isto é, a questão é particularmente grave em especial para alunos das classes populares, por mais que também haja alguns problemas decorrentes das diferenças entre fala e escrita, qualquer que seja o dialeto (mas, insisto sobre a hipótese de que, provavelmente, tais problemas sejam mais de tipo textual do que de tipo gramatical).

Como toda a boa tese, a que estou defendendo aqui é afirmada contra alguma outra, real ou hipotética, às vezes atribuída aos linguistas. Dentre as que defenderiam que a função da escola não é ensinar português-padrão, aquelas que vale a pena comentar são basicamente duas. Uma é de natureza político-cultural. Outra, de natureza cognitiva.

A tese de natureza político-cultural diz basicamente que é uma violência, ou uma injustiça, impor a um grupo social os valores de outro grupo. Ela valeria tanto para guiar as relações entre brancos e índios quanto para guiar as relações entre – para simplificar um pouco – pobres e ricos, privilegiados e "descamisados". Dado que a chamada língua padrão é de fato o dialeto dos grupos sociais mais favorecidos, tornar seu ensino obrigatório para os grupos sociais menos favorecidos, como se fosse o único dialeto válido, seria uma violência cultural. Isso porque, juntamente com as formas linguísticas (com a sintaxe, a morfologia, a pronúncia, a escrita), também seriam impostos os valores culturais ligados às formas ditas cultas de falar e escrever, o que implicaria em destruir ou diminuir valores populares. O equívoco, aqui, parece-me, é o de não perceber que os menos favorecidos socialmente só têm a ganhar com o domínio de outra forma de falar e escrever. Desde que se aceite que a mesma língua possa servir a mais de uma ideologia, a mais de uma função, o que parece hoje evidente.

Isso poderia parecer óbvio, mas é aqui que começa a funcionar o outro equívoco, o de natureza cognitiva. Ele consiste em imaginar que cada falante ou cada grupo de falantes só pode aprender e falar um dialeto (ou uma língua). Dito de outra maneira: a defesa dos valores "populares" suporia que o povo só fala formas populares, e que elas são totalmente distintas das formas utilizadas pelos grupos dominantes. O que vale para formas linguísticas valeria para outras formas de manifestação cultural. A hipótese supõe também que o aprendizado de uma língua ou de um dialeto é uma tarefa difícil, ou, pelo menos, difícil para certos grupos ou para certas pessoas. Ora, todas as evidências vão no sentido contrário. Qualquer pessoa, principalmente se for criança, aprende com velocidade muito grande outras formas de falar, sejam elas outros dialetos ou outras línguas, desde que expostas consistentemente a elas. Em resumo, aprender outro dialeto é relativamente fácil. Portanto, nenhuma das razões para não ensinar o dialeto-padrão na escola tem alguma base razoável.

Em que consistiria o domínio do português-padrão? Do ponto de vista da escola, trata-se em especial (embora não só) da aquisição de determinado grau de domínio da escrita e da leitura. É evidentemente difícil fixar os limites mínimos satisfatórios que os alunos deveriam poder atingir. Mas, parece razoável imaginar, como projeto, que a escola se proponha como objetivo que os alunos, aos 15 anos de vida e 8 de escola, escrevam, sem traumas, diversos tipos de textos (narrativas, textos argumentativos, textos informativos, atas, cartas de vários tipos etc.; pode-se excluir a produção de textos literários dos objetivos da escola, já que literatos certamente não se fazem nos bancos escolares; o máximo que se pode esperar é que eles aí não se percam) e leiam produtivamente textos também variados; textos jornalísticos, como colunas de economia, política, educação, textos de divulgação científica em vários campos, textos técnicos (aí incluído o manual de declaração do imposto de renda, por exemplo) e, obviamente, e com muito destaque, literatura. No final do segundo grau, deveriam conhecer a literatura contemporânea e os principais clássicos da língua. Seria bom que conhecessem também, nesse nível de formação escolar, pelo menos alguns dos principais clássicos da literatura universal, pelo menos nas edições condensadas.

Por que (não) ensinar gramática na escola, p. 17

Texto 3

Trecho do artigo UMA HERANÇA DE 400 MIL PALAVRAS

Antonio Houaiss

Qualquer que seja o nome que se dê à difusão do uso de letras (não falo **das** letras), **beabá, abecê, abecedário, cartilha**, tais nomes designam cadernos, textos, livros que se destinam a ser usados num intercurso entre alfabetizador (professor, mestre, preceptor) e alfabetizandos (iniciandos, estudantes), numa relação que tem milênios de tradição – pois existia mesmo quando o número de habilitandos fosse baixo (...). Milênios de tradição? Muitos, sim, se seis forem muitos. Mas, noutra escala, seis milênios são pura modernidade, se se levam em conta dois fatos: primeiro, os homens "falam" (comunicam-se, exprimem-se, articulam fonemas e ideias há algumas centenas senão que milhares de anos) desde sempre; segundo, só alguns atingiram, com suas línguas, o estatuto da escrita – pictográfica, primeiro, ideográfica, depois, fonográfica, por fim.

É que vivemos, como **Homo**, aqui nesta Terra natal, há três, dois, um e meio milhões de anos. Nesse eixo temporal, os seis mil anos do **Homo scribens** ou ser humano que escreve é quase ontem, de tão recente – e mais recente ainda quando se pretende medir-lhe a universalização.

O fato, porém, é que a criação da escrita, por moderna que seja, gerou uma notável divisão entre as línguas.

Pense-se que, ao longo do processo da existência humana e sua progressiva humanização, a separação de grupos, para poderem enfrentar a sobrevivência alimentar, foi a regra, com um corolário, a separação das línguas. Há dez mil anos, nós seres humanos seriam – no que se chamou a vitória biológica da espécie – uns dez milhões de criaturas – provindas, uns três milhões de anos antes, de um número mínimo de "mutantes", que muito provavelmente cedo ficaram esparsos em espaços não intercomunicantes, constituindo pelo menos vinte mil línguas. De lá para cá deve ter havido dois fenômenos paralelos: somos hoje quinhentas vezes mais do que éramos há dez mil anos, falamos provavelmente a metade das línguas que falávamos – noutros termos, multiplicando-nos por quinhentos, dividimo-nos linguisticamente, de tal arte que então cada língua deveria ter uns quinhentos usuários em média, enquanto hoje têm em média uns quinhentos mil usuários – mas com brutal disparidade: o inglês, por exemplo, tem trezentos milhões de vernáculos (e mais seiscentos milhões que o usam como "segunda" língua), enquanto aqui no Brasil há tribos brasílicas com, às vezes, menos de cinquenta usuários, breve extintas, como tem sido a "nossa" regra.

Ora, essas dez mil línguas podem ser submetidas, todas, sem exceção, a um denominador comum: estruturam-se isonomicamente, isto é, são entre si comparáveis sem que nenhuma seja "melhor" do que outra, ainda que possam ser variamente classificadas por sua tipologia, sua fonação, sua morfologia, sua sintaxe, sua semantização etc. Mas num ponto elas se distinguem, sem ambiguidades: dessas dez mil línguas, menos de quatrocentos têm escrita; dessas quatrocentos, menos de cem têm alta tradição gráfica, literária, fazendo-se línguas de milhões de usuários, e dessas cem pouco mais ou menos dez são línguas de mais de cem milhões de usuários, em sociedades extremamente complexas – e a "nossa" língua é uma dessas dez...

Eis aí uma "herança" comprometedora – sabemos bem com o que estamos lidando?

Como usuários dessa nossa língua – a língua portuguesa –, os alfabetizados nela ou malogram ou acabarão por assenhorear-se dela, mas no padrão de língua de cultura – e é por isso, exclusivamente por isso, que são ou deviam ser alfabetizados. É preciso que cada professor, que cada colega, que cada alfabetizador se compenetre profundamente disto: aprender a ler e a escrever é a condição pela qual o ser humano atinge um novo patamar social ou consegue a possibilidade de atingir um novo patamar social.

Jornal *LEIA*, 02/86

Texto 4

Que língua devemos ensinar?

Trecho do ensaio "Algumas características do português do Brasil"

Ana Maria Stahl Zilles

Que língua devemos ensinar? A que os alunos já aprenderam em sua comunidade ou a língua de que vão precisar para o exercício pleno da cidadania? Certamente, esta última, que prefiro chamar de língua culta, para fazer uma distinção entre a língua culta (a dos falantes cultos: professores, médicos, engenheiros, jornalistas etc.) e língua padrão (a que, tecnicamente, sofreu o processo de padronização, que inclui a confecção de dicionários, de gramáticas e a explicitação de normas, inclusive por órgãos como a Academia Brasileira de Letras, e de leis, como as diversas reformas ortográficas promovidas pelo governo).

A meu ver, essa distinção entre língua culta/língua padrão e o reconhecimento da variação linguística são condições necessárias para que os professores compreendam mais claramente o seu papel de formar cidadãos capazes de usar a língua com flexibilidade, de acordo com as diversas exigências da vida e da sociedade. A meu ver, isso só pode ser feito mediante a explicitação da realidade na sala de aula. Por isso, julgo de fundamental importância que se discuta abertamente a variação, que se comparem modos de falar e de escrever, desde a primeira série, que se desvelem os valores sociais atribuídos às variedades do português e se discutam as atitudes de prestígio e estigma[1] associadas a cada forma de dizer ou de escrever o quê, para quem, em que circunstâncias, com que propósito etc.

---

[1] Prestígio e estigma são concebidos como valores sociais, respectivamente positivos ou negativos, atribuídos às variantes linguísticas, associadas aos grupos sociais que tipicamente as utilizam. Assim, de modo geral, adquirem prestígio as formas associadas às classes dominantes, enquanto recebem estigma as formas associadas às classes populares. Para uma introdução ao assunto, veja-se, entre outros, Fernando Tarallo (*A pesquisa sociolinguística.* São Paulo, Ática, 1985).

Roteiro de leitura

Cada um dos textos lidos acima defende uma ou mais utilidades para a língua padrão. Faça um levantamento dos pontos de vista apresentados. O que eles têm em comum? Em que eles divergem? Você concorda com qual ponto de vista? (se é que você concorda com algum deles!)

Atividade 3

Onde está a língua padrão?

Se é possível chegar a um acordo sobre a utilidade da língua padrão, o segundo problema que o conceito de padrão levanta é mais movediço: *afinal – e voltamos à velha questão – onde está a língua padrão do português brasileiro*?

A verdade é que as gramáticas normativas não conseguem retratar, de fato, a nossa realidade linguística. Baseadas, usualmente, nos "bons escritores", com frequência do século passado, as gramáticas têm dificuldade para lidar com a língua contemporânea. Uma das razões desse fracasso decorre exatamente da falta de uma concepção mais clara do que seja "padrão". Observe-se, por exemplo, que ao mesmo tempo em que tais gramáticas estabelecem normas a partir da língua escrita literária, grande parte dos exemplos e exercícios fundamenta-se em *exemplos da linguagem oral, com verbos na primeira pessoa* – o que cria um *estranhamento* no estudante pela distância que transparece entre a norma preconizada e o que ele fala e ouve *realmente* no dia a dia.

Veja um caso típico:

> Mesóclise
>
> A intercalação das variações pronominais átonas ocorre somente no futuro do presente e no futuro do pretérito, desde que antes do verbo não haja palavra que exija a próclise: *Falar-lhe-ei* a teu respeito.
>
> D.P. Cegalla, *Novíssima gramática da língua portuguesa*, p. 346

O exemplo citado é absurdo; a mesóclise é um fenômeno que, no português do Brasil, sobrevive tão somente na escrita, e mesmo assim raramente. Ilustrá-la com uma oração em primeira pessoa, numa estrutura supostamente coloquial, é descrever uma variedade inexistente da língua, chamando-a de "padrão".

A importância da variedade linguística

Em outras palavras, as gramáticas normativas não costumam dar importância sistemática à noção de variedade e de mudança linguísticas, noções estas que entendemos de fundamental importância pedagógica, particularmente na prática do texto escrito.

Mesmo os manuais de redação mais objetivos e práticos de alguns jornais brasileiros, como os da *Folha de S. Paulo* e d'*O Estado de S. Paulo*, costumam ser bastante conservadores – quando não apenas imprecisos ou incorretos – nas questões gramaticais; e é curioso observar que o próprio texto desses jornais desmente diariamente as regras de seus manuais. Como exemplos, basta citar o emprego de *esse* e *este*, a regência de alguns verbos (*assistir*, *implicar* etc.), a colocação de pronomes e outros aspectos.

Há dois modos de se enfrentar essas diferenças. Num deles, declara-se que a língua está perdida, que ninguém sabe mais nada, que se não tomarem providências enérgicas etc. etc. etc. Noutro, confessar que, de fato, a língua está mudando, e que é urgente estabelecer-se uma norma um pouco mais coerente com tal realidade. (É importante lembrar, contudo, que esta última postura não deve deixar de reconhecer o estado de miséria cultural do país – não propriamente pela falta de pronomes bem colocados...)

Enquanto nada disso acontece, é proposta deste livro trabalhar com textos contemporâneos, que espelham mais diretamente nossa realidade linguística-*padrão*, tomando como referência a velha gramática normativa, mas mantendo-nos atentos à *diferença*. Isto significa dizer que tentaremos fazer justiça aos fatos da norma contemporânea evidenciados seja pelas pesquisas que estudam a realidade linguística do Brasil, seja pelos próprios textos. Nesse sentido, um melhor domínio da linguagem escrita exige que nos tornemos "sócios-proprietários" da língua padrão contemporânea.

Atividade 4

Leitura

Vejamos agora, nos textos que se seguem, qual a *avaliação* que normalmente se faz do estado em que se encontra o padrão do português brasileiro. Observe que são textos que versam sobre *como vai indo a língua padrão*, mas não se perguntam sobre *qual é a língua padrão*...

Texto 5

Português de menas

O que os jornalistas brasileiros estão fazendo com a língua portuguesa é de sacudir as tumbas e incomodar o sono eterno dos grandes mestres da palavra

Fazem muitos anos que os gramáticos mais sucetíveis, sem excessão, ficam muito espantados com os casos de agressão à língua que pululam nos jornais. Há muitos anos atrás, lembram os mais antigos leitores contumazes de jornais e revistas, publicados, principalmente, no Brasil, o português praticado pela Imprensa era mais escorreito, mais chegado ao que se convencionou chamar de "o uso culto da língua".

O parágrafo acima poderia muito bem ter sido escrito por algum jovem de 20 e poucos anos, preocupado em caprichar na forma e na busca inglória de um conteúdo melhor. Mesmo com o uso impróprio do verbo inicial, os erros de ortografia, a redundância, o longo aposto e o tom desnecessariamente pedante, textos semelhantes não raro desabam sobre as mesas de editores e chefes de redação. E até conseguem estar nas páginas de qualquer um dos 2.887 veículos periódicos impressos que circulam no Brasil.

Dos tempos em que Machado de Assis publicava seus brilhantes folhetins nos jornais do Rio até hoje, muita coisa mudou. Os jornais se modernizaram, o jornalista se profissionalizou e o aporte tecnológico investido na operação dos veículos converteu a distância que os separa das publicações do início do século para a escala dos anos-luz. Ainda assim, os problemas com a língua se agravaram.

Função poética

Gramáticos e jornalistas mais cuidadosos com o texto são unânimes no diagnóstico da crise que assalta as relações da Imprensa com a última flor do Lácio: o desmantelamento do ensino básico brasileiro. De fato, de 30 anos para cá o ensino da língua portuguesa nas escolas primárias e secundárias teve sua qualidade perigosamente comprometida pelo descaso governamental, pela incúria dos educadores e – pior – pela garantia, na mídia, das condições de reprodução dos equívocos sintáticos e derrapadas linguísticas. De tão repetidos, assumem foros de norma estabelecida. "Vem pra Caixa você também", propõe, por exemplo, o anúncio de um banco oficial. "No meu governo", indigna-se Luis Edgar de Andrade, 57 anos e 35 de profissão, diretor de redação da Rede Manchete, "o presidente da Caixa Econômica Federal seria condenado ao degredo perpétuo, para aprender como se conjuga o verbo *vir* no imperativo."

Se a punição requerida por Andrade é pesada, ainda há quem queira ver salgado o chão onde pisam os detratores da língua. O professor Napoleão Mendes de Almeida, 79 anos, é um desses. Responsável, desde 1936, pela seção "Questões Vernáculas", publicada em *O Estado de S. Paulo*, Almeida está convencido de que "o jornalismo segue os erros da rua, dos que não têm base para julgar o que é certo e o que é errado". Para ele, a redação jornalística deve estar apoiada em dois pilares básicos: "Conhecimento, em primeiro lugar, do idioma; conhecimento, em segundo lugar, do assunto sobre o qual se vai discorrer."

Seria ótimo se fosse sempre assim. Mas ao lado das deficiências da formação de base corre solta uma oralidade viciosa, de certo modo já introjetada nas formas de expressão da sociedade. Para ojeriza do professor Napoleão, o palhaço que anuncia o espetáculo de um circo armado em qualquer cidadezinha do interior repete pelas ruas o mesmo histórico bordão: "Hoje *tem* espetáculo? *Tem*, sim senhor". No seu caso, o erro é até compreensível, mas os jornalistas têm o dever de dizer "hoje *há* espetáculo"...

Um outro estudioso dessas questões, Izidoro Blikstein, 52 anos, professor titular de linguística e semiologia do Departamento de Letras Clássicas e Vernáculas da Universidade de São Paulo, constata a existência da ideia de um português-padrão, com o qual o jornalista ou qualquer escritor deveria trabalhar. "Mas acho que isso é um erro, porque esse padrão é redutor", diz ele. "Na verdade, o jornalista deveria desenvolver muito mais a chamada função poética da linguagem, que é a função criativa." A falta de criatividade dos jornalistas, segundo Blikstein, obriga-os a recorrer com frequência ao jogo metafórico, "e aí viram presa fácil para o discurso do poder".

Maus resultados

A reprodução da linguagem oficial causa "extremo espanto" ao diretor de redação da revista *IstoÉ/Senhor*, Mino Carta, 55 anos, 40 de jornalismo. "A informação é transmitida de uma forma calhorda, pilantra até, já que obedece a uma regra política", diz Carta. "A língua é usada para referendar o atraso, para empobrecer os repertórios e estreitar o vocabulário." Trata-se de uma situação ideal para a proliferação dos jargões e a instituição de um código de clichês linguísticos repetidos à exaustão. "E quando algum jornalista tenta escapar da mesmice, produzindo textos mais criativos e originais, corre o risco de ser considerado um pernóstico", avalia Carta.

"Falar ou escrever o português corretamente passou a ser uma coisa elitista, fora de moda", concorda Ricardo Setti, 44 anos e 25 de profissão, editor-chefe de *O Estado de S. Paulo*. "Quando o jornalista não corrige as deturpações do economês, do politiquês ou do sindicalês, está contribuindo para a eternização desses equívocos", diz, localizando o problema como parte integrante da crise brasileira. "Faz parte da ideologia da decrepitude nacional falar e escrever mal." Esta é uma situação que faz Carlos Eduardo Lins da Silva, 37 anos e 18 de profissão, diretor de Planejamento da Empresa Folha da Manhã, que edita a *Folha de S. Paulo*, sentir-se "péssimo, deprimido e pessimista". Para ele, a origem de tudo está no ensino básico deficiente. "A maioria dos jovens jornalistas que chega às redações é semianalfabeta", atesta. "Na *Folha* chegamos até a instituir cursos periódicos de português para tentar sanar o problema, mas os resultados foram pequenos: de um lado, em função da grande rotatividade dos profissionais da redação; e de outro, pela enorme arrogância dos jornalistas que pensam que sabem escrever."

(...)

Filmes de terror

Sejam quais forem os recursos que se utilize na tarefa de aperfeiçoar o texto, é preciso ter claro que o desafio não é pequeno. "Todo esforço de simplificar a escrita e torná-la mais coloquial é um bom serviço que a Imprensa presta ao leitor", diz o *ombudsman* Caio Túlio Costa, 35 anos e 12 de profissão, da *Folha de S. Paulo.* "A Imprensa não deve ser o receptáculo da gramática conservadora, mas também não pode ser um instrumento de deturpação ou agressão à língua – deve, sim, estar em sintonia com a maneira como a língua é falada."

(...)

Mesmo levando sopapos no dia a dia, a torto e a direito, o tratamento que a língua portuguesa vem recebendo da Imprensa não comporta uma análise catastrófica por parte de Samir Curi Meserani, 53 anos, professor de Comunicação Criativa e Teoria da Literatura da PUC de São Paulo, e que há 15 anos presta consultoria a editoras jornalísticas. "Mas o que mais me causa estranheza", diz Meserani, "é o que eu chamo de 'jornalismo de catequese', isto é, aquele que, sem saber direito quem é o seu leitor, passa a querer inventá-lo." Este tipo de procedimento, para ele, está muito presente nos segundos cadernos dos jornais e nas publicações que intentam fazer o chamado jornalismo cultural. "São jornais proselitistas, herdeiros legítimos daqueles primeiros pasquins do Império que queriam porque queriam fazer a cabeça do leitor." É nesse ponto que se pega o jornalista Ruy Castro, 42 anos e 23 de profissão, desde 1987 trabalhando fora de redações. Para ele, "os segundos cadernos são escritos em inglês, por jornalistas jovens que só gostam de rock, histórias em quadrinho e filmes de terror. Quando começarem a descobrir a literatura, a melodia e os filmes com começo, meio e fim, a situação tende a melhorar".

Descrição literária

Por mais dramática que toda essa situação possa parecer, é importante notar que não há língua perfeita que não careça de transformações e adequações. Mas este equilíbrio é delicado. "Se não se pode preconizar a rigidez, que gera o imobilismo do texto jornalístico, também não se pode defender a anarquia, que implica em dificuldade de comunicação e de entendimento", diz Francisco Platão Savioli, 46 anos, professor da Escola de Comunicações e Artes da USP e autor de livros didáticos sobre língua portuguesa. "Ao produzir um texto, o jornalista não só informa como também tem de persuadir o leitor daquilo que está escrevendo."

A busca da persuasão nos veículos impressos, através de um texto sedutor e informativo, depende de capacidade crítica, raciocínio lógico e hierarquização das informações por parte do redator. Ainda assim, esse exercício deve levar em conta um conhecimento sólido sobre o assunto do qual se trata. "A televisão, por ser mais ágil, desobrigou os textos jornalísticos de serem escritos de forma anunciativa, isto é, como se a notícia fosse uma novidade", diz Muniz Sodré, 48 anos, professor titular de Teoria da Linguagem da Universidade Federal do Rio de Janeiro. "Assim, os textos adotaram formas mais expositivas, aproximando-se da descrição literária, só que sem os floreios que já eram horrorosos nos anos 50."

Questão política

Os veículos eletrônicos aparentemente escapam de uma avaliação mais rigorosa em relação ao texto, já que sustentam-se fundamentalmente na oralidade. "Uma oralidade falsa", segundo o filólogo Antonio Houaiss, "já que é previamente escrita em 90% dos casos." Por isso, para Woile Guimarães, 52 anos e 32 de jornalismo, "é preciso, na TV, uma linguagem acessível tanto ao mecânico da esquina como ao professor universitário, evitando-se, ao mesmo tempo, confundir simplicidade com pobreza vocabular". Hoje sócio da produtora TV 1, de São Paulo, Guimarães foi um dos autores do *Manual de Redação* utilizado pelo jornalismo da TV Globo. "Apesar de os profissionais de rádio não terem o hábito de ler, nossa maior preocupação deve ser a de aumentar o universo vocabular do ouvinte", diz, de sua parte, Maria Elisa Porchat, 42 anos e oito de profissão, autora do *Manual de Radiojornalismo* da Jovem Pan, de São Paulo.

As alternativas para solução dos graves problemas de texto que povoam a Imprensa são múltiplas e variadas. Muitas delas já começam a ser aplicadas nas redações, cujas chefias subitamente se descobriram vítimas da má formação básica de suas equipes. "Quem não lê não escreve; quem lê pouco tem um universo vocabular limitado", diz Alberto Dines, 58 anos e 40 de jornalismo. "Para nós, Eça de Queiroz e Machado de Assis são apenas curiosidade do *fin-de-siècle*. Fascinados com a modernidade, sepultamos a riqueza de nosso idioma."

É um quadro que precisa ser revertido, em nome da qualidade da Imprensa e da própria sobrevivência da língua. De resto, é uma questão política, que passa pela recuperação das instituições de ensino no Brasil e por um acesso mais democratizado à cultura. Estas são bandeiras que a Imprensa tem o dever de assumir.

Luiz Egypto, *Imprensa*, junho 1990, p. 12.
Colaboraram: Mair Pena Neto, Regina Prado e Conceição Freitas

Roteiro de leitura

1. O que você encontrou de errado no primeiro parágrafo?
2. Você concorda com o diagnóstico da crise? O que você acha da punição proposta por Luis Edgar de Andrade? O anúncio "Vem pra Caixa você também" é simplesmente fruto da ignorância?
3. O que você acha da expressão "oralidade viciosa"? O célebre verso de Drummond – Tinha uma pedra no meio do caminho – está errado?
4. Você concorda com a opinião de Izidoro Blikstein?
5. Mino Carta, Ricardo Setti e Carlos Eduardo Lins e Silva estão falando da mesma coisa? Em que diferem?
6. Sejam quais forem os recursos que se utilize na tarefa de aperfeiçoar o texto... Esse trecho obedece às normas da língua padrão?
7. Em que a opinião de Caio Túlio Costa difere das outras?
8. Samir Curi Meserani e Ruy Castro referem-se aos mesmos problemas levantados antes?
9. As opiniões de Francisco Savioli e Muniz Sodré reforçam a ideia de que a língua existe em si? Por quê?
10. A gramática normativa considera **que** uma palavra que atrai o pronome. A expressão "já que sustentam-se", que aparece no texto, pode ser considerada padrão?
11. O que influencia a linguagem da TV e do Rádio, segundo Woile Guimarães e Maria Elisa Porchat?
12. Você concorda com a opinião de Alberto Dines?
13. Para Luiz Egypto, onde está a raiz do problema?

Texto 6

"Repórter não tem vocabulário"

Antonio Houaiss sugere mais leitura aos jornalistas brasileiros

Imprensa - Como o senhor avalia a utilização da língua portuguesa pela Imprensa brasileira?

Houaiss - Eu reconheço que há uma relativa degradação do uso esperável da língua pelos meios de comunicação de massa, tanto orais como escritos. Parece existirem duas maneiras de enfrentar o problema: uma, através de uma pregação que admita que nós estamos no melhor dos mundos quanto ao uso da língua; outra, uma pregação moralista e punitiva, baseada em regras arbitradas como de bom uso da língua. Mas o principal é se fazer a crítica - e a autocrítica - de como se está verificando a transmissão da língua portuguesa entre nós.

Imprensa - Que papel a Imprensa joga nisso?

Houaiss - Um papel relevantíssimo, até porque nosso ensino de base é catastrófico. Em 30 anos o ensino básico foi desmantelado e, antes desse tempo, se ele não era universal, gratuito e nem obrigatório, o pouco que existia era bom. Pelo menos 30% das crianças tinham uma formação dentro do desejável. Essa situação de dois Brasis continua, apenas agravada pelo fato de que a base, que era de 30%, não existe mais. E com o ensino público tão porcaria como é, o ensino privado pode vender a preços exorbitantes uma falsa excelência.

Imprensa - Em que medida a Imprensa pode contribuir para dar combustível à dinâmica da língua?

Houaiss - O jornal hoje em dia é um espelho mais ou menos complexo da realidade linguística. Mas o Brasil é um país dividido sob esse aspecto, porque, ao contrário do que se alega, nós temos uma população mínima de 70% de analfabetos. Entre os alfabetizados, se se pode reputar literatado aquele indivíduo capaz de ter hábitos de leitura - ler jornal, por exemplo - então, nesse caso, o índice de analfabetismo no Brasil é simplesmente alarmante. No mundo de hoje, é uma falcatrua o ensino básico que tenha menos de oito horas por dia, em 240 dias por ano e durante pelo menos oito anos.

Imprensa - Os produtores de linguagem têm alguma responsabilidade nisso, o senhor não acha?

Houaiss - Mesmo na vigência desse estado de coisas, no Brasil há grandes escritores, poetas e grandes prosadores. Mas a repercussão deles é extremamente pequena porque esses homens só existem para um público leitor, e o público leitor brasileiro não existe. Então, a massa de cultura que pode, por excepcionalidade, gerar grandes monstros de saber e de beleza, ao mesmo tempo não pode manter a irradiação desses efeitos porque não há um público leitor que a sustente. Isto está muito presente, por exemplo, na televisão.

Imprensa - É que a penetração da mídia eletrônica é avassaladora.

Houaiss - Avassaladora, não; é deprimente porque compressora. Na medida em que palavras não são conhecidas do grande público, há uma tendência de redução do número dessas palavras no seu universo vocabular. Reduz-se em lugar de fazer o contrário, que seria empregar o vocábulo e dar o seu sinônimo - o que seria uma ação benéfica e sedutora porque o povo fica encantado em conhecer uma nova palavra.

Imprensa – A cada ano chega às redações de jornais uma legião de jovens jornalistas produzidos por esse ensino, e que vão escrever seus textos cheios de problemas. O que o senhor diria a eles?

Houaiss – A primeira condição para escrever é ter lido muito. E continuar a ler para descobrir as virtudes que se pode tirar dos outros e incorporar a si próprio. A verdade é que a grande maioria dos repórteres com quem se vai dialogar são de uma pobreza vocabular espantosa. Nos cursos de Comunicação, eles ouviram muito mais do que leram. Um curso sério é muito mais um direcionamento de leitura do que um débito para com a palavra oral. Mas que espécie de resultado se pode esperar de uma criança que até os 14 anos ficou duas horas na escola, durante 180 dias do ano? Eu conheço crianças na Baixada Fluminense que têm regimes de uma hora por dia na escola. Isto é um suicídio coletivo!

Imprensa – E os estudantes acabam levando a culpa pela própria ignorância...

Houaiss – A ignorância nunca foi eleita um meio de vida por ninguém. Quando não se tem uma formação culturalmente boa, que dê certa universalidade, seguramente a culpa não foi sua nem de seus pais, mas da sociedade. Não há sociedade que se transforme se não assumir a vontade de transmitir – como primeira condição de formação de cidadania – aquele mínimo de saber com o qual o indivíduo possa abrir as portas de quaisquer profissões.

Imprensa – O senhor parece bem pessimista.

Houaiss – Não sou de modo nenhum pessimista com relação à Imprensa brasileira. Nos momentos de crise, nas situações-limite, você sente que ela existe. Naturalmente ela não é estimulada porque todas as atividades profissionais no Brasil não estão sendo estimuladas. Este é um momento de depressão coletiva e o grande problema que se coloca é como sair dela.

Imprensa, junho de 1990, p. 22

Roteiro de leitura

1. O que Houaiss considera mais relevante discutir na questão da língua? Você concorda com ele?
2. Houaiss afirma que o jornal é "um espelho mais ou menos complexo da realidade linguística". Nesse sentido, é justo tomar a linguagem jornalística como uma das referências para o estabelecimento de um padrão?
3. Em outro momento, lamenta também a redução do universo vocabular em decorrência da mídia eletrônica, e até sugere um modo de resolver este problema. O que você acha? Mas antes de responder, leia esta resposta que o próprio Houaiss deu em uma entrevista à revista *Veja* (30/8/78):

   VEJA – Um homem comum utiliza quantas palavras?

   HOUAISS – Depende. Um homem de cultura rural nasce, vive e morre com aproximadamente 3.000 palavras. Um homem urbano, dependendo do estrato social em que seja inserido, varia entre 3.000 e 5.000. Um escritor como Guimarães Rosa, por exemplo, que parece um monstro, não vai além de 8.000 palavras, segundo uma pesquisa que acompanhei. Gabriele D'Annunzio, um dos mais verbosos escritores de língua italiana, terá chegado a 30.000 no máximo. Coelho Neto suspeita-se que esteja entre 12.000 e 14.000 – o mesmo que Rui Barbosa. Camões seguramente não vai além de

8.000. Mas esse conceito de número de vocábulos como definição de potência mental e temática é exatamente relativizado. Machado de Assis provavelmente ficaria em 5.000, e entretanto talvez seja o mais matizado dos escritores de língua portuguesa – porque aí o desgraçado, ao empregar a mesma palavra, sempre dava a ela um dengue rigorosamente novo.

4. Que papel deve ocupar a leitura num curso sério, segundo Houaiss? Você concorda?
5. Qual a função do ensino, segundo ele?

Prática de Texto

Agora que você já pensou e discutiu bastante a respeito, escreva um texto, *empregando entre 70 e 80 palavras (importante!)*, sintetizando o seu ponto de vista sobre a utilidade da língua padrão. Confira o que você respondeu na atividade I, antes da leitura dos textos. Você mudou de ideia?

Atividade 5

Leitura

Para encerrar, leia a crônica de Graciliano Ramos (1892-1953), um dos maiores escritores brasileiros do século XX, sobre sua primeira cartilha escolar.

Texto 7

Um novo abc

Graciliano Ramos

Aquela velha carta de ABC dava arrepios. Três faixas verticais borravam a capa, duras, antipáticas; e, fugindo a elas, encontrávamos num papel de embrulho o alfabeto, sílabas, frases soltas e afinal máximas sisudas.

Suportávamos esses horrores como um castigo e inutilizávamos as folhas percorridas, esperando sempre que as coisas melhorassem. Engano: as letras eram pequeninas e feias; o exercício da soletração, cantado, embrutecia a gente; os provérbios, os graves conselhos morais ficavam impenetráveis, apesar dos esforços dos mestres arreliados, dos puxavantes de orelhas e da palmatória.

"A preguiça é a chave da pobreza", afirmava-se ali. Que espécie de chave seria aquela? Aos seis anos, eu e os meus companheiros de infelicidade escolar, quase todos pobres, não conhecíamos a pobreza pelo nome e tínhamos poucas chaves, de gaveta, de armários e de portas. Chave de pobreza para uma criança de seis anos é terrível.

Nessa medonha carta, que rasgávamos com prazer, salvam-se algumas linhas. "Paulina mastigou pimenta." Bem. Conhecíamos pimenta e achávamos natural que a língua de Paulina estivesse ardendo. Mas que teria acontecido depois? Essa história contada em três palavras não nos satisfazia, precisávamos saber mais alguma coisa a respeito de Paulina.

O que ofereciam, porém, à nossa curiosidade infantil eram conceitos idiotas: "Fala pouco e bem: Ter-te-ão por alguém." Ter-te-ão! Esse Terteão para mim era um homem, e nunca pude compreender o que ele fazia na última página do odioso folheto. Éramos realmente uns pirralhos bastante desgraçados.

Marques Rebêlo enviou-me há dias um ABC novo. Recebendo-o, lembrei-me com amargura da chave da pobreza e do Terteão, que ainda circulam no interior.

A capa da brochura que hoje me aparece tem uns balões – e logo aí o futuro cidadão aprende algumas letras. Na primeira folha, em tabuleiros de xadrez de casas brancas e vermelhas, procurou-se a melhor maneira de impingir aos inocentes essa coisa desagradável que é o alfabeto. O resto do livro encerra pedaços da vida de um casal de crianças. João e Maria regam flores, bebem leite, brincam na praia, jogam bola, passeiam em bicicleta, apanham legumes, vão ao Jardim Zoológico.

Tudo isso é dito em poucas palavras, como na história de Paulina, que mastigava pimentas na velha carta do ABC. Mas enquanto ali o caso se narrava com letras miúdas e safadas, em papel de embrulho, aqui as brincadeiras e as ocupações das personagens se contam em bonitas legendas e principalmente em desenhos cheios de pormenores que a narração curta não poderia conter.

As legendas são de Marques Rebêlo, as ilustrações, de Santa Rosa, dois artistas que há tempo tiveram livros premiados no concurso de literatura infantil realizado pelo Ministério da Educação. Onde andam esses livros? Premiados e inéditos, exatamente como se não tivessem sido premiados.

Marques Rebêlo e Santa Rosa fizeram agora um pequeno álbum e a Companhia Nestlé editou-o, espalhou quinhentos mil volumes entre os garotos do Brasil. Está certo. A Companhia Nestlé não se dedica a negócios de livros, mas isto não tem importância: parece que a melhor edição de obra portuguesa foi feita por um negociante de vinhos.

Linhas tortas, 13ª ed., Rio de Janeiro: Record, 1986

Capítulo 6

Considerações em torno do "erro"

> *Aqui, a redação não é aquela coisa biônica de trinta linhas vestibulandas; a redação de que falo é outra, são outras. Aquelas escritas para fazerem alguma diferença. Aquelas que dão conta das nossas diferenças.*
>
> Gustavo Bernardo

Atividade 1

A língua portuguesa vai mal?

Os textos do capítulo anterior nos deram uma ideia do que, em geral, a inteligência brasileira pensa do estágio em que se encontra a língua padrão do país. Esse é um terreno fértil: basta perguntar às pessoas que representam a elite intelectual do país – escritores, jornalistas, professores, políticos, advogados... – para ouvir imediatamente uma ladainha acusatória, num tom que varia da indignação à consternação, contra o "estado da língua", ao mesmo tempo em que se tenta levantar as causas, que vão desde o salário baixo dos professores, reflexo do tradicional descaso dos governantes brasileiros pela educação, até simplesmente a "preguiça" da juventude brasileira. De fato, dizem todos eles, *a língua portuguesa vai muito mal*!

Evidentemente, esta é uma preocupação legítima: o acesso às conquistas da civilização passa, necessariamente, pelo acesso à linguagem escrita em que se veiculam as informações, em sentido amplo: jornalísticas, artísticas, culturais, científicas. É fácil perceber que o cidadão que não domina as formas linguísticas chamadas cultas da língua terá dificuldade para se integrar aos mecanismos mais sofisticados da sobrevivência cotidiana, compreendendo-os e transformando-os – em outras palavras, para se tornar um agente da linguagem, e não a sua vítima.

Entretanto, se a preocupação com o "desastre" da língua é legítima, frequentemente transparece nela uma falta de delimitação precisa do objeto de análise. Muitas vezes, em nome da defesa do vernáculo, destila-se simplesmente o preconceito ou a ignorância dos fenômenos da língua. Na pior das hipóteses, essa preocupação estimula o oportunismo dos que veem aí o terreno político ideal para propor o "controle" da linguagem.

Entre os médicos, os gramáticos e os loucos

Se é verdade que, como afirma o dito popular, *de médico e de louco todo mundo tem um pouco*, também é verdade que de gramático todo mundo também tem um pouco – principalmente no mundo jornalístico, muitas pessoas se põem a dar opiniões sobre os fatos da língua sem conhecê-los; frequentemente, são opiniões oportunistas, embarcando em algum bonde que passe pela frente. O "bonde" pode ser uma "nova reforma ortográfica" – e lá aparecem centenas de textos dizendo besteiras sobre o assunto com a maior sem-cerimônia, textos que já de saída não diferenciam língua de representação gráfica, ou pode ser o "perigo" das palavras estrangeiras, que "estão ameaçando o português", como se as línguas não vivessem justamente do contato histórico entre as culturas.

Nessas cruzadas de ocasião, quase nunca se reconhece o foco da questão: mistura-se ortografia com discurso, língua com escrita, literatura com gramática, e até fúria com ciência... Muito frequentemente, por trás da fúria contra os males da língua, oculta-se um discreto desejo de *proibir* – e a língua é um terreno fértil para as "proibições". Como em assuntos de linguagem (graças aos métodos escolares...) todo mundo é inseguro – e, curiosamente, confessa os próprios crimes! – nada melhor do que distribuir proibições como a fórmula mágica de salvação da pátria.

O simples conceito de língua padrão, entendida como uma variedade convencional construída historicamente, não costuma ser levado em conta, como se a língua fosse um dado da natureza. A realidade linguística brasileira é uma espécie de Judas – pode bater nela de qualquer jeito que você estará certo! *Todos* concordam com qualquer coisa e qualquer um terá um diagnóstico na manga para resolver a *chaga* linguística. Bem, muitas vezes – talvez até com extrema frequência – o que se pretende não é exatamente reclamar do estado da língua, mas de seus falantes.

Para ilustrar o que dizemos, leia o texto seguinte, do gramático Napoleão Mendes de Almeida, citado pela revista *Gafite*, editada por L. Sacconi:

Texto 1

Os delinquentes da língua portuguesa fazem do princípio histórico Quem faz a língua é o povo *verdadeiro moto para justificar o desprezo de seu estudo, de sua gramática, de seu vocabulário, esquecidos de que a falta de escola é que ocasiona a transformação, a deterioração, o apodrecimento de uma língua. Cozinheiras, babás, engraxates, trombadinhas, vagabundos, criminosos é que devem figurar, segundo esses derrotistas, como verdadeiros mestres de nossa sintaxe e legítimos conhecedores de nosso vocabulário.*

Roteiro de leitura

1. Quem são os "delinquentes" da língua portuguesa? Em sua experiência escolar, você encontrou algum professor que se ajustasse à definição acima?
2. Todas as línguas se transformam ao longo da história. Como distinguir a fronteira entre a "transformação" e o "apodrecimento"? Haverá línguas que "apodrecem"?
3. Observe a enumeração: *cozinheiras, babás, engraxates, trombadinhas, vagabundos, criminosos.* Que lógica, ou que visão de mundo, transparece nela?
4. De acordo com o texto, o que seria "variedade linguística"?

Atividade 2

Leitura

Vamos prosseguir a discussão. O texto seguinte trata justamente da falta de critérios linguísticos que costuma ocorrer no julgamento de fatos da língua.

Texto 2

A concepção de língua e gramática na mídia

Luiz Percival Leme Britto

A mídia é, sabidamente, um dos principais instrumentos de formação de opinião na sociedade industrial de massa. No que diz respeito à questão dos usos e representações que se fazem da linguagem, os meios de comunicação de massa – televisão, rádio e imprensa escrita – têm, em primeira instância, contribuído para lassear o padrão normativo, com a incorporação em seu cotidiano de registros linguísticos informais e de diferentes segmentos sociais e de um crescente vocabulário gírio e anedótico. O fenômeno é particularmente evidente na fala de apresentadores de programas de variedades e dos dijeis e locutores de rádio, que constroem um estilo com o qual o espectador/ouvinte encontre identidade imediata, nas novelas televisivas e programas humorísticos, que buscam dar maior verossimilhança às personagens fazendo-as falar com naturalidade, e nas publicações de entretenimento, tais como histórias em quadrinhos, revistas de variedade e literatura de banca de jornal. Pretti, que observa, no que diz respeito ao uso de vocabulário gírio e obsceno, que o fenômeno atinge inclusive jornais tradicionais, vê no "interesse comercial o maior responsável pelo rompimento do tabu de uma linguagem escrita obscena, enfraquecendo pelo uso seu significado 'proibido'" (PRETTI, 1989: 165).

Entretanto, ao mesmo tempo em que incorpora em sua prática diária uma forma linguística que garanta a comunicação e o sucesso comercial, a mídia, paradoxalmente, mantém, em nível doutrinário, a defesa de um português puro, correto, estabelecido a partir das gramáticas tradicionais, mostrando grande preconceito particularmente com as variedades populares.

Apesar de perpassar toda a programação, estando presente nas referências ocasionais que se faça sobre a língua (em uma novela da rede Globo que foi ao ar no segundo semestre de 1996, uma personagem sem-terra escuta de seu novo amor, um grande fazendeiro, que agora ela devia aprender a falar direito; são comuns, na imprensa escrita, os comentários sobre erros cometidos por personalidades), a normatização observa-se mais intensamente nos programas e publicações em que o assunto é a própria língua. Veiculados em seções especiais (páginas de cultura, horários educativos, colunas de avaliação do próprio jornal) estes textos ganham um estatuto diferenciado, em que se manifestaria a voz da autoridade.

Vejamos alguns exemplos:

(...)

Exemplo 15: Gramática feita a unha

No antigo caderno para jovens de *O Estado de S. Paulo* (que tinha o sugestivo título de "Cola"), o jornalista Eduardo Martins mantinha uma coluna semanal intitulada "Oficina de letras", na qual comentava questões de gramática, como de hábito identificando erros no uso da norma canônica em material jornalístico. Apesar de mais contido do que seu colega da *Folha*, este autor adota o mesmo referencial, como mostra o texto abaixo:

ARRANHÕES NA GRAMÁTICA

> Erros de vários tipos aparecem todos os dias nos anúncios de rádio, da televisão e dos jornais.

> O anúncio está todo dia no rádio e destaca as qualidades de um fluído (sic!) produzido por conhecida empresa fabricante de freios. O correto, segundo qualquer dicionário de português, é fluido (flúi). A forma fluído só existe como particípio do verbo fluir. O trânsito havia fluído normalmente.
>
> Os deslizes da propaganda não ficam a dever às incorreções que estas colunas têm apontado seguidamente na imprensa, no rádio e na televisão. E se tornam mais graves – assim como os erros da mídia em geral – porque, para o leitor ou ouvinte mais desavisado, podem avalizar construções que a estrutura do idioma rejeita.
>
> A questão não é tão simples como parece, uma vez que não há consenso entre a maioria dos publicitários de que um bom achado ou uma frase de impacto devem prevalecer sobre a eventual pureza gramatical. Essa, portanto, seria a argumentação que justificaria recentes anúncios de campanhas institucionais, como 'Se você não se cuidar, a Aids vai te pegar' ou 'Vem pra Caixa você também'. Ninguém com noção da força das palavras pretenderia resolver a mistura de tu com você no primeiro, por exemplo, com a frase 'Se você não se cuidar, a Aids vai pegá-lo'. Ou escrever no segundo 'Venha pra caixa você também'. Mas não haveria outras opções?
>
> O mesmo raciocínio é invocado no caso do uso do verbo ter como sinônimo de haver ou existir, que nenhuma gramática da língua portuguesa abona. São fartos os exemplos: 'No shopping tem tudo que você quer.' / 'Tem gente que não sabe o que perde por não visitar a loja tal.' / 'No cinema tal tem meia-entrada toda quarta-feira.'
>
> A regência dos verbos também muda muitas vezes em benefício do impacto da mensagem: 'Presentes (*a*) que ninguém resiste.' / 'Presentes (*de*) que todos gostam.' / 'Escolha aqui a peça (*a*) que você quer assistir.' / 'Sugestões (*a*) que você deve obedecer.' A preposição entre parênteses seria obrigatória, embora, admita-se, retire parte da força de expressão. Nem tudo, porém, comporta discussões. Há erros que dificilmente poderiam ser justificados, de qualquer ponto de vista. Por exemplo: '*Parabéns* não *enche* barriga.' *Parabéns* é plural e como tal concorda com *encher*: '*Parabéns* não *enchem* barriga'. É como se dissesse '*Felicitações (cumprimentos)* não *enchem* barriga.' Da mesma forma, não é fácil explicar a mudança abrupta do singular para o plural no texto: '*Brinde* de Natal é caro, não *tem* na quantidade que eu preciso, *são* sempre os mesmos, e o meu pessoal tem que correr feito louco para entregar.' Ou ainda: 'Escolha os dias que mais lhe *convém* e faça já sua reserva de carnaval no clube tal.' *Convêm* no plural tem circunflexo.
>
> O mesmo ocorre com estes outros casos: 'A partir *desse* ano...' (o ano, na verdade, é *este* – é aquele em que se está). / '*Ganhe grátis*' (pode-se ganhar de outra forma?). / 'Acreditar no sonho, é chegar à realidade' (vírgula entre sujeito e verbo). / 'Você irá voar para Miami, *aonde* pode fazer suas conexões' (o certo é *onde*). (*O Estado de S. Paulo*, 17/09/1992)

São nove os casos abordados pelo jornalista, todos bastante conhecidos. No primeiro caso, tem-se o que os gramáticos chamam de silabada; no segundo, de acordo com o padrão tradicional, a mistura de formas verbais e pronominais de segunda e terceira pessoa; no terceiro, um caso de substituição lexical que os puristas – em seu próprio termo – não abonam; no quarto, um fenômeno que a linguística convencionou chamar de *relativas cortadoras*, em que se elide a preposição em orações adjetivas ou substantivas; no quinto, um caso de singularização de uma expressão originalmente plural por sugestão semântica; no sexto, novamente tem-se, agora no plano da coesão textual, um caso de concordância ideológica; no sétimo, a neutralização das formas *esse* e *este*, que as gramáticas identificam a situações relativas distintas entre o locutor, o interlocutor e o objeto referido; no oitavo, um caso típico de redundância enfática; e no nono e último, a neutralização das formas *onde* e *aonde*.

Quase todos os exemplos caracterizam-se por serem formas típicas da oralidade e bastante frequentes inclusive na norma culta, o que evidencia mais uma vez a diferença entre a representação ideal de norma e os padrões linguísticos do português.

O tema de Eduardo Martins são os equívocos frequentes na imprensa e na mídia de rádio e televisão. Sua preocupação normativa, contudo, é mais abrangente, já que tais deslizes "podem avalizar construções que a estrutura do idioma rejeita". Em outras palavras, o jornalista, apesar de reconhecer que as formas não canônicas são usuais e que as formas indicadas pela tradição gramatical tirariam dos textos em que aparecem "parte da força de expressão", não reconhece as formas usadas pelos jornalistas e por qualquer falante do português como pertencentes ao idioma e vê no jornalismo uma missão de padronização das formas linguísticas. Por isso mesmo, sugere que nestes casos se opte por outras formas, mais de acordo com o que considera língua padrão.

Sua visão normativista incorre, entretanto, em um erro básico: a norma resulta do uso efetivo da língua e não sofre influência do que se vê escrito, e não deixa de existir por causa de uma decisão exterior. Aquilo que Martins identifica como erros frequentes dos jornalistas é, isto sim, expressão das pressões naturais da língua espontânea sobre a norma ideal e indica uma nova postura na avaliação das formas da linguagem. O caso do uso de *mim* em construção do tipo *para mim atalhar*, registrado por Taunay há mais de 130 anos, mostra o quão inútil é a tentativa de impor uma regra à revelia do movimento natural da língua. Somente um pequeno segmento dos falantes da língua e em situações de forte monitoração do discurso é que adere a ela.

Novamente, a voz preconceituosa de Bechara serve de ilustração do que dizemos:

> Não é raro ouvir-se de um mestre entrosado com as ideias de Saussure, Hjelmslev e Jakobson uma série de construções em *péssimo português*, algumas das quais *nocivas* à própria eficiência da comunicação.
>
> É claro que não falamos aqui do 'rancismo' gramatical, mas de pequeninas noções de conjugação de verbo ('quando eu ver...') de emprego de pronomes ('para mim fazer...'), que tornam perplexo qualquer professor da 'velha guarda'. (Bechara, 1985: 61) (grifos meus)

Ora, não se pode dizer objetivamente que os exemplos do gramático, como os do jornalista que incorpora a mesma concepção de língua e de gramática, caracterizem um péssimo português (se é que se possa dizer tal coisa relativamente à fala de qualquer falante nativo de português) ou prejudiquem a comunicação. As línguas são por demais organizadas para que se corrompam e se destruam por causa de um mau uso. O que efetivamente mostra a afirmação de Bechara é que até mesmo falantes cultos admitem como naturais as formas que o deixam perplexo e que a sociedade, no uso real da língua, não reconhece como relevante a "missão programaticamente corretiva do professor" (Bechara, 1985: 46), ainda que a admita e a valorize no plano ideológico.

(...)

Os exemplos acima evidenciam a tese que defendemos: se, por um lado, ao usar formas coloquiais e que são admitidas pela norma canônica, a mídia contribui para o abrandamento das pressões normativas, por outro, a insistência em referenciar-se nesta mesma norma reforça o caráter ideológico normativista e a noção de senso comum de português correto e incorreto.

(...)

Observe-se que, desde esta visão normativa, o erro é sempre circunstancial e relativo a uma expressão específica. Assim, por exemplo, não se vê erro no nome do programa humorístico dominical da Rede Globo "Sai de baixo", porque não há ocorrência de nenhum pronome de terceira pessoa (entenda-se *você*), apesar de o padrão da variedade em jogo ser exatamente o mesmo de *Vem pra Caixa você também*.

Cabe registrar também que programas e artigos como os que analisamos são muitas vezes dirigidos a segmentos específicos de espectador ou leitor. "Oficina de Letras", por exemplo, estava dentro de um caderno voltado ao adolescente, sendo de uso frequente na escola e de leitura do professor. Cumprem assim um papel de formadores de opinião, reforçando a própria ideologia escolar.

A sombra do caos, p. 194

Roteiro de leitura

O texto acima levanta alguns aspectos do julgamento linguístico que tanto denunciam preocupação com a linguagem, como com os *usuários da linguagem*. Percebemos que as colunas de divulgação gramatical que têm aparecido na imprensa, apesar de seu tom "moderno" e despojado, na verdade representam uma visão empobrecida, extremamente conservadora, das questões da língua. Muitas vezes, trata-se simplesmente de um profundo desconhecimento da história da língua (como na célebre condenação do *Vem pra Caixa você também*), somado à ignorância linguística, incapaz sequer de reconhecer a língua padrão como uma variedade histórica ou até mesmo a distinção elementar entre oralidade e escrita.

Um espaço que seria privilegiado para discutir com mais honestidade as questões linguísticas acaba por se tornar apenas um repositório preconceituoso de macetes de vestibular, repetindo acriticamente as normas das gramáticas normativas. Por exemplo: o leitor fica sabendo que o "certo" é dizer "fluido", e não "fluído". Ao mesmo tempo, "fica sabendo" que existe uma única forma absolutamente certa de dizer isso, desde sempre e para sempre, e que ele, e todas as pessoas que ele conhece, falam "errado".

Reforça-se, aí – além do conceito geral da língua como um bloco congelado de regras, da ascendência da escrita sobre qualquer outra manifestação da linguagem, da absoluta unidade da língua em todos os seus registros (publicitário, jornalístico, literário etc.), em suma, além de todas essas barbaridades do ponto de vista científico – a ideia de que a língua, afinal de contas, é alguma coisa estrangeira, um corpo estranho na nossa vida, que só alguns "iluminados" dominam.

A consequência prática deste olhar micronormativo sobre a língua é visível: o reforço do preconceito e da ignorância nas faixas mais escolarizadas quando emitem opiniões a respeito do assunto. Nessa questão, há sempre muitos pesos e muitas medidas; os levantamentos mostram que pessoas de alto prestígio social costumam cometer tantos "erros" quanto pessoas sem prestígio social, mas são "erros" da variedade falada pela classe média brasileira, portanto "aceitáveis" - bem, isto quando são percebidos como "erros"... Rimos facilmente dos *nós vai* e dos *pobremas* do dialeto caipira, mas aceitamos tranquilamente os *penso de que* e os *houveram problemas* dos ministros de Estado - até os "erros" têm a sua classe!

Em suma: reclama-se muito da indigência da linguagem atual, mas poucos sabem do que estão falando. É aquela história dos cegos tateando um elefante: "Isto é um tronco de árvore!", diz um abraçando a perna do bicho; "Não, isso é uma cobra", diz outro segurando a tromba, e assim por diante.

E você, como vê a questão? Como sugestão, siga o roteiro:

1. Até agora, em que situações concretas você escreveu textos, na escola e fora dela? Enumere os *gêneros* de texto que você escreve regularmente ou esporadicamente (*diário, redação escolar típica, trabalhos escolares, cartas, e-mails, poemas...*).
2. Nesta prática, que grau de segurança você sente com relação ao uso da linguagem escrita?
3. O que você considera seu maior problema no uso da linguagem, em geral?
4. Como você avalia a situação atual do uso da linguagem no Brasil? Em que essa situação afeta a sua vida? (Pense em termos estritamente *pessoais*.)
5. No caso específico do curso que você escolheu, que importância tem o domínio da língua padrão?
6. Faça a sua questão!

Atividade 3

Leitura

Vamos ler agora um outro texto, este direcionado para uma questão que interessa você de perto: a redação escolar.

Texto 3

Ensino

Gustavo Bernardo

No Brasil, tornaram-se comuns publicações de "besteiras da juventude", colhidas nas redações de vestibular. Unem-se professores e jornalistas na crítica fácil à expressão, ou de*sespressão* (mistura de desespero com expressão), de uma geração calada - que, mesmo quando parece falar nestas redações, continua calada.

Não pretendo começar por aí. Estes bestialógicos visam mostrar como a juventude articula mal o pensamento – mas mostrar à própria juventude, para cada um dos seus elementos rir nervosamente de si mesmo, qual hiena inconsciente. Estes bestialógicos, então, funcionam de cortina para encobrir outros agentes da desexpressão: a escola, os professores, a família, o Estado. A escola, que fragmentou o conhecimento em disciplinas estanques, fragmentando assim as frases e o raciocínio dos seus alunos. Os professores, mal pagos e pior estimulados, mal sabendo eles mesmos redigir um plano de curso, pondo-se como exemplos tristemente adequados de uma fala truncada. A família, que lê nada e escreve nada de nada, e depois reclama cinicamente da juventude "que não lê". O Estado, que encosta a educação no canto das verbas, censura as poucas palavras que escapolem das universidades e dos artistas, e depois faz ironias covardes sobre a geração da gíria.

A desarticulação do pensamento adolescente vem sendo apresentada como doença em si, encobrindo males mais profundos. Por exemplo, encobrindo a questão do analfabetismo nacional. Se lemos, com cuidado e atenção, não apenas as redações escolares dos garotos, mas também os livros didáticos adotados, mais os editoriais dos grandes e dos pequenos jornais, mais os discursos dos pequenos e dos grandes políticos, mais a Constituição do país e as teses dos juízes e dos doutores, vamos entender que a preocupação ética com o discurso escrito está em falta no mercado geral das palavras: dos meios de comunicação ao Congresso Nacional, há muita sentença entortada.

Por um lado, semelhante constatação alivia os estudantes: eles podem compreender que sua confusão "tem a quem sair". Por outro, aumenta a responsabilidade dos que desejam defender seu prazer de pensar e descobrir por sobre a neurose de dominar e vencer (estudantes, inclusive).

Aprendemos a falar na vida. Assim como a calar. Quem cala, não consente. Quem cala, ou está se guardando ou se submetendo. A segunda opção é a mais comum: quem cala se submeteu. Entretanto, existem variações barulhentas da submissão calada, onde o que se fala é o nada. Uma destas variações parece ser a redação escolar.

Se aprendemos a falar e a calar na vida, muitos aprendemos a escrever em uma redução da vida, chamada "sala de aula". Uma redução tão reduzida, que às vezes transmite comportamentos culturais de séculos atrás. Séculos atrás, os artistas pintavam para *um* mecenas, os padres redigiam seus estudos teológicos para *um* papa. Hoje, os escritores procuram público, procuram chegar suas ideias e suas imagens a muitas pessoas, quanto mais melhor. Na escola, entretanto, os séculos de lá atrás continuam presentes; escrevemos para um leitor só, o professor, que por sua vez não nos responde, não nos escreve de volta, mas nos enquadra (assim como o mecenas pagava ou não pagava ao "seu" artista). A tendência lógica é que se escreva apenas o que nos porá no quadro e na nota menos desagradável (um quadro de estilo e ideias reflexos mecânicos das manias e limites do mestre e, principalmente, da estrutura imobilista do prédio). Quando o ato de escrever perde o seu caráter primário e fundamental, o de autoafirmação, para adquirir o sentido inverso: autonegação.

Sem dúvida, professor e aluno são ambos vítimas da mesma imbecilização do pensamento, da mesma animalização do comportamento. A nota é igual ao torrão de açúcar e/ou ao chicote do urso amestrado. Quem enquadra se enquadra – que o digam os carcereiros, presos nas mesmas grades dos seus presos.

O aluno pode começar a perceber o efeito dessas estruturas, quando "tem" de escrever e não sabe como começar. Na realidade, ele não sabe como começar, como fazer o meio e como terminar. Recorda-se confusamente de duas noções opostas que lhe foram transmitidas pela escola e pelos mais velhos: escrever é um dom e escrever é questão de técnica. Não sabe com qual das duas fica. Se escrever é um dom, se ele não tem o dom, e não deve ter porque não baixa nenhuma inspiração na hora "h", não adianta técnica. Se escrever é questão de técnica, por que uns pegam logo a tal da técnica e ele não? Então ele, além de desinspirado e sem dom, é burro. Logo, não tem mesmo jeito, o negócio é se conformar e enganar, escrevendo as frases do mestre em qualquer ordem para ver se o dito cujo "cai nessa".

Em geral, os professores caímos nessa. Corrigindo redações em blocos de centenas, não há condição de lê-las de verdade. Nenhuma condição. Todas se tornam a mesma mancha difusa, com três cores confusas (os conceitos A, B, C), onde o esforço se resume em separar as péssimas (em geral, as de frases centopeicas e truncadas, agredindo o cansaço deste leitor exclusivo), as medíocres (em geral, as de frases acompanháveis, de letra enorme, mas sem ideia que preste), e as que repetem a fala empolada e quase vazia do próprio mestre.

Aí o professor pode também começar a perceber o efeito das estruturas de imbecilização e animalização sobre ele mesmo. No momento da correção. Quase sempre, um trabalho feito de madrugada, ou no dia de descanso, de graça, sem nenhuma graça. Um trabalho acriativo, extremamente cansativo, que o despotencializa. Que o desumaniza. Um trabalho que lhe tira completamente a vontade de, ele mesmo, escrever qualquer coisa, tamanho o peso quer do cansaço quer daquelas ideias e frases estropiadas que devolvem ao mestre as contradições de sua profissão (e da sua sociedade calada porém barulhenta).

Eu sou professor desse negócio. E sempre me debati com uma constatação clara: minha própria experiência do escrever não reconhece nenhuma origem na memorização de regras, na decomposição analítica de textos clássicos ou modernos, ou nos atuais exercícios transformacionais. Reconheço sim, como origem do meu prazer e da minha necessidade de escrever, primeiro, o próprio prazer descoberto no pensar; segundo, o direito de escolher as minhas leituras, as minhas influências e os meus modelos (direito conquistado fora das escolas, na angústia do menino defronte as estantes das livrarias); terceiro, o desejo. Desejo de modificar o mundo à imagem e semelhança das minhas melhores palavras.

Professor de redação, enfrentava e enfrento a dor da contradição: se eu mesmo escrevia apesar das escolas e dos professores, que dizer dos meus alunos? Escreveriam eles, também, apesar de mim? Ou se renderiam ao mormaço cáustico das aulas e das notas, desordenando ainda mais sua expressão, obscurecendo ainda mais suas contraditórias ideias emprestadas, prontos a servirem de pasto aos pedagogos e jornalistas sádicos, colecionadores de bestialógicos à época dos vestibulares?

Enfrentar inclui pensar. Pensar que escrever certamente não será uma questão de dom. Semelhante noção deve ser combatida, pois se baseia na irracionalidade de buscar fora do homem, na maldita "inspiração", a explicação absolutista para sua habilidade ou inabilidade. Colocar o dom externo ao ser é uma ocultação: de que o homem pode ter uma força pessoal (seu desejo), e de que todo homem pertence a uma classe e tem uma história, uma história de estímulos e de repressões que influenciarão, em grande parte, sua disposição de pensar ou não.

Escrever não será, também, uma questão apenas de técnica. Não se escreve sem alguma técnica, é certo. Mas ninguém começa a escrever depois de "adquirir" a tal da técnica. Começa-se a escrever porque se deseja fazê-lo, e então, enquanto se vai escrevendo, se vai organizando a própria técnica.

O ato de escrever é, primeiro e antes de tudo, a questão do desejo. Ora o desejo de os outros se reproduzirem em nós, através das palavras, ora o nosso desejo de nos reproduzirmos, nos multiplicarmos, nos transcendermos e, mesmo, nos imortalizarmos, através das nossas palavras.

Redação inquieta, Editora Globo, 1988, p. 3-6

Roteiro de leitura

No texto que lemos, Gustavo Bernardo traça um retrato bastante agressivo da situação da escrita na escola. Faça uma pequena síntese, em tópicos, das opiniões que ele defende. Em seguida, acompanhe o roteiro:

1. A sua experiência escolar corrobora as opiniões dele?
2. Para o autor, de quem é a culpa da situação? (A opinião dele coincide com as opiniões dos textos lidos no capítulo anterior?)
3. Segundo Gustavo Bernardo, por que os alunos erram?
4. Para pensar a respeito: qual a solução?

Atividade 4

Problemas de redação

Vamos agora enfrentar diretamente o objeto da nossa discussão: a redação escolar. Trata-se de um exemplar extraído de um vestibular de uma Universidade Federal brasileira. É um exemplo interessante pelas razões que seguem:

a) O texto escolhido não é nem melhor nem pior que a maioria esmagadora dos textos escritos em vestibulares. Não se trata, portanto, de nenhuma "aberração". Pelo contrário, pode ser considerado um "espelho da realidade linguística", usando a expressão de Houaiss, do estudante brasileiro, no que diz respeito ao seu domínio da língua padrão escrita.

b) Pode-se argumentar que um texto escrito no vestibular não tem muita representatividade, já que é produzido em situação muito especial, debaixo de um clima de competição feroz. Isso é verdade, e não se deve perder de vista tal aspecto; mas também é verdade que, justamente por ser um texto produzido nessa situação específica, ele tende a concentrar, em poucas linhas, tudo que o estudante aprendeu na escola, não só quanto aos aspectos técnicos, como também quanto à *imagem* que ele tem do que é um texto bem escrito.

Texto 4

Tecnologia e vida quotidiana

Desde os primórdios, o homem vem aperfeiçoando a técnica do desenvolvimento, muitas vezes não tendo noção do que pode causar de bom ou ruím para a humanidade.

A tecnologia de um modo geral avançou de forma bonita em alguns países, como no campo da medicina, recuperando vidas, do qual antigamente não se conseguia. A evolução acontece com mais apogeu nas sociedades onde a educação está em primeiro lugar, exemplo: Japão, Estados Unidos etc.

Com a Revolução Industrial se concretizou ainda mais a selvagem exploração para com o trabalhador, onde o patrão usava e usa como instrumento a máquina, para pagar o mísero salário aos que prestam trabalho. Muitas vezes a competição, faz com que o homem utilize este desenvolvimento para mostrar poder construindo assim armamentos bélicos, super-onerosos, esquecendo do povo oprimido deixando-os sem força até mesmo para lutar. O homem não se conscientiza dos quidados do qual deve tomar para evitar catástrofes, como a poluição etc.

Por mais que a tecnologia chegue ao auge de seu desenvolvimento, ainda o homem é insubstituível, por isso este, com toda a sua inteligência, não deve deixar com que esta maravilha descoberta, que é a máquina, trazer malefícios à humanidade e sim o bem para todos.

Roteiro de leitura

Qualquer professor de português reconhecerá no texto que lemos um *caso típico*, isto é, um texto que, com pequenas variações, se repete aos milhares em qualquer vestibular do Brasil. Observe-se, aliás, que tal semelhança *independe do tema da redação*. Antes de nos debruçarmos nos aspectos *técnicos* – concordância, regência, ortografia... – vamos pensar um pouco nesta intrigante característica: *a homogeneidade das redações escolares*. Podemos até repetir o lugar-comum: *são todas iguais!* De tal forma, que é possível definir a "redação escolar" como um *gênero* da linguagem, assim como o soneto, o discurso político, a receita de bolo...

Comecemos refletindo sobre isso: que concepção de língua e que ensino conseguiram produzir este *gênero* de um modo tão espantosamente uniforme? É bom lembrar, entretanto, que, se o *gênero* é uniforme, as pessoas que produzem tais textos não são uniformes. O que merece reflexão é o fato de que as contradições, as potencialidades, a imaginação, o espírito crítico e a criatividade que caracterizam por princípio a juventude tendem a desaparecer e a se reduzir a um modelo repetido, *exclusivamente para uso escolar.*

Vamos conferir alguns exemplos concretos. Releia o último parágrafo do texto lido:

> Por mais que a tecnologia chegue ao auge de seu desenvolvimento, ainda o homem é insubstituível, por isso este, com toda a sua inteligência, não deve deixar com que esta maravilha descoberta, que é a máquina, trazer malefícios à humanidade e sim o bem para todos.

Agora compare o que você leu com os parágrafos que se seguem, todos extraídos de outras redações do mesmo vestibular.

> Chegamos à conclusão que a tecnologia atual facilita a vida quotidiana, mas devemos utiliza-la de forma correta para que não nos prejudique.
>
> A tecnologia faz parte do mundo atual e devemos utilizá-la para o crescimento.
>
> Conclui-se, então, que é necessária a conscientização do homem, pois as máquinas que ele inventou, sem alguém para programá-las e operá-las não são absolutamente nada. E que deve usar essa inteligência recebida pensando sempre no bem de seus semelhantes.
>
> A nossa vida no paiz que vivemos, se não ouver uma administração correta, vai ser sempre quotidiana, precisamos lutar em conjunto, estudarmos e fazermos que as autoridades competentes possa pensa na nossa Pátria, e aplicar na tecnologia: Nós Brasileiros sempre tivemos uma vida quotidiana e uma tecnologia fraca, os Governantes tem que se preocupar para avançar a tecnologia Brasileira, e a vida ser melhor que quotidiana chegarmos juntos a tira o Brasil do terceiro Mundo.

A tecnologia é essencialmente necessária, e para mudarmos este processo lento que estamos passando é fácil, é só mais ou menos os cento e quarenta milhões de analfetos terem consciência do que estão fazendo em benefício seu para conseguir um estágio mais avançado, em métodos tecnológicos. O que não podemos é esperar!

Deve-se usar a tecnologia conscientemente, verificando os riscos e os benefícios do seu uso, só assim ela estará trabalhando em prol da humanidade.

Deve-se refletir e se conscientizar que o cotidiano está sendo ameaçado, mas ainda há tempo de reverter este problema, através da cooperação de todos, antes que seja incontrolável.

Você deve ter percebido que os exemplos acima variam quanto ao *domínio técnico* do estudante – isto é, alguns dominam mais as regras gramaticais da língua padrão, outros menos – mas, descontada essa diferença, a semelhança entre os textos é visível.

Faça um levantamento das *semelhanças*; descubra, por exemplo, que "palavras-chaves" aparecem em todos os textos. O que elas querem dizer?

Todos esses textos foram escritos com um objetivo muito claro: *passar no vestibular!* Ao mesmo tempo, revelam a ideia que o estudante tem da *função* que um texto dissertativo exerce. Pense nas possibilidades:

- dar *informações* ao leitor.
- dar *opiniões* sobre o tema proposto.
- dar uma *lição de moral* no leitor do texto.
- dar uma *ordem* ao leitor.

Que alternativa se enquadra melhor nos textos acima?

Atividade 5

A intenção da redação escolar

Vamos refletir mais um pouco sobre a *uniformidade* dos textos lidos, percebendo como ela não depende de aspectos técnicos (crase, regência, ortografia...), mas de uma *visão de mundo.* Confira, lendo os parágrafos abaixo, todos extraídos de discursos militares (*Lembrai-vos de 35!* Compilação do general Ferdinando de Carvalho. Bibliex, 1981).

Observe particularmente que nenhum deles apresenta problemas de natureza técnica, mas todos poderiam ser enquadrados no gênero "redação escolar".

> Diante deste túmulo, que simboliza coragem, renúncia e abnegação, nesta hora de tanto egoísmo – de pessoas e de nações –, nesta hora em que vemos um mundo convulsionado, lançando cada dia novos desafios, clamando por pão e liberdade, por compreensão e paz, por amor e justiça, é necessário que se firme a consciência de que não se construirá o futuro sem sacrifício, sem que cada um se sinta responsável por ele, sem que a vida seja vivida com ânsia de realizar uma nova sociedade. (p. 426)
>
> Cada brasileiro deve ser, neste momento de angústia, brasileiro e tão-somente brasileiro. É preciso que o nosso altruísmo individual seja todo empenhado em nosso egoísmo coletivo. (p. 222)

Devemos ter a coragem de reconhecer nossos defeitos, procurar as reais dificuldades a enfrentar e nos dedicarmos, com perseverança e firmeza, à tarefa de remover essas deficiências. (p. 524)

Essa mocidade crente, vibrante e autêntica não se deve deixar contaminar pelo inimigo, sempre pronto a transmitir velhos chavões, que nada apresentam de autenticidade, de verdade ou sinceridade. (p. 488)

Roteiro de leitura

1. Que ponto em comum podemos descobrir entre esses discursos militares e as redações?
2. Que "palavras-chaves" aparecem em todos os textos?
3. Com que *intenção* esses textos foram escritos?
4. Se a *intenção* dos discursos militares não é a mesma, naturalmente, dos vestibulandos, por que essa semelhança ocorre?

Atividade 6

Problemas técnicos

Voltemos agora ao texto 4, para discutir alguns *problemas de natureza técnica*. Você deve ter observado que a redação apresenta um grande número de erros, tomando-se como referência a gramática da língua padrão.

Vamos pensar sobre alguns deles, não simplesmente para corrigi-los, mas para tentar descobrir *por que eles ocorrem*. Siga o roteiro:

a) O autor do texto grafou de acordo com a ortografia-padrão palavras eventualmente "problemáticas", como *conscientiza, insubstituível, exploração* etc. Acertou até o uso da crase, em *trazer malefícios à humanidade*. Entretanto produziu um inacreditável *quidado* – talvez o único momento da vida em que grafou assim uma palavra tão comum! Além de tudo, o trema! Por quê? (Uma provável pista: observe o título proposto da redação: a palavra *quotidiano* pode também ser grafada *cotidiano*).

b) Observe nesta construção a expressão grifada: "A tecnologia de um modo geral avançou de forma bonita em alguns países, como no campo da medicina, recuperando vidas, *do qual* antigamente não se conseguia." Por que razão alguém escreveria uma forma que certamente jamais usou na fala e que não faz sentido?

c) Os *relatores*, como veremos em detalhe nos capítulos seguintes, são palavras que relacionam logicamente informações ou grupos de informações. Na linguagem diária não temos nenhum problema com eles. Exemplo: se alguém diz *A lei é clara, mas ninguém obedece*, sabemos imediatamente o que quer dizer aquele "mas" e a relação que estabelece entre uma coisa e outra. Analise, no texto lido, a ocorrência da seguinte expressão:

– *Com a Revolução Industrial se concretizou* **ainda mais** *a selvagem exploração...*

Qual o problema dela?

Atividade 7

Uma classificação dos problemas

Vamos pensar agora nos aspectos globais do texto lido. Alcir Pécora, em seu livro *Problemas de redação* (Martins Fontes, São Paulo, 1983), faz uma extensa análise das ocorrências problemáticas em redações escolares. Na conclusão, sob o título de "13 problemas e 1 figurino", enumera os seguintes tópicos (colocamos entre parênteses alguns exemplos desses problemas, extraídos do texto 4):

1. Problemas de acentuação *(ruím).*
2. Problemas de pontuação *(...a competição, faz com que...)*
3. Problemas de ortografia *(quidados)*
4. Problemas de norma culta *(...quidados do qual deve tomar...)*
5. Problemas de emprego lexical *(A evolução acontece com mais apogeu...)*
6. Problemas de incompletude associativa *(sequência de períodos do terceiro parágrafo).*
7. Problemas de emprego de relatores *(se concretizou ainda mais...)*
8. Problemas de emprego de anafóricos *(...esquecendo do povo oprimido deixando-os...)*
9. Problemas de redundância *(armamentos bélicos).*
10. Problemas de emprego de noções confusas *(a técnica do desenvolvimento).*
11. Problemas de emprego de noções de totalidade indeterminada *(o homem; a máquina).*
12. Problemas de emprego de noções semiformalizadas *(terceiro parágrafo).*
13. Problemas de lugar-comum *(desde os primórdios; o homem é insubstituível).*

Localize no texto mais exemplos dos tópicos apresentados. Agora responda:

- Qual o problema mais frequente?
- Qual o problema mais grave?
- Pense em sua experiência escolar. Que problemas dos acima enumerados mereceram mais atenção em seus anos de estudo?
- Em quais dos tópicos você se sente mais inseguro quando escreve?
- Para pensar e discutir: por que esses problemas ocorrem tão *maciçamente?*

Atividade 8

Leitura

Agora confira as conclusões a que você chegou com as observações de Alcir Pécora sobre a lista acima.

Texto 5

13 problemas e 1 figurino

Alcir Pécora

Há algumas observações importantes a ser feitas sobre essa lista. Inicialmente, convém explicitar o fato de que não apenas cada um desses tipos problemáticos representa uma manifestação recorrente no interior do "corpus", mas também o próprio conjunto que constituem. Quer dizer, seria um equívoco supor que esses 13 tipos dificilmente poderiam ser vistos juntos em uma mesma redação e que essa lista não passa de uma soma de problemas que originariamente se encontravam isolados e dispersos ao longo das redações. Na verdade, a forma mais característica de manifestação dos problemas de textos escritos produzidos na universidade está na sua ocorrência em bloco. Via de regra, tais tipos costumam andar aos bandos e amontoados uns aos outros; é assim que procedem ordinariamente à sua eficiente e sistemática corrosão dos textos. E daí decorre o susto que invariavelmente se toma no momento em que se trata de levantar os problemas mais comuns da redação escolar: levanta-se toda a redação, e, geralmente, não se caracteriza problema algum. Ou seja, as análises particulares desenvolvidas neste trabalho representaram fundamentalmente um esforço para desconstruir esse bloco quase blindado de fracassos e torná-lo vulnerável à medida que os seus integrantes fossem reconhecidos.

Mas é evidente que reconhecer os integrantes de um bloco é, sobretudo, reconhecer o seu *ponto de liga,* reconhecer aquilo que, existindo em cada um dos problemas, antecipa os demais. Isso significa dizer que todas as discussões elaboradas em função da descoberta desses 13 tipos têm sua adequação condicionada à resposta que terão formulado à seguinte questão: por que ocorrem em bloco problemas que parecem tão distantes entre si? Que espécie de intimidade poderia haver entre problemas que afetam os mais diferentes domínios da manipulação linguística? E, realmente, essa lista que aí está enumera desde dificuldades de constituição de processos verbais mínimos até as de constituição de argumentos, passando ainda por dificuldades de emprego lexical em geral e, especialmente, de emprego de termos relacionais e conceituais.

Tal como se viu, os problemas são tantos e tão variados em espécie que chega a ser difícil deixar de identificar o ponto onde todos eles se articulam com alguma falha na capacidade linguística – logo, mental – dos alunos. Ocorre que a identificação de uma origem patológica desse bloco de problemas esbarra no reconhecimento da existência de condições específicas de produção da escrita. Ou seja, aí se reconhece que entre a capacidade linguística e o efetivo domínio da modalidade da escrita existe a necessidade de um conhecimento das exigências específicas que a escrita coloca para a constituição de um processo de significação.

Pois bem, nesse caso, se a escrita exige um conhecimento específico, poder-se-ia pensar então que a manifestação em bloco dos problemas de redação teria uma origem puramente técnica: os alunos fracassam ao longo de toda a sua produção escrita porque não possuem esse conhecimento específico, porque não dominam as regras ou as normas que regulam a manipulação da escrita.

Eis aí outro equívoco. Pois aquilo que se refere à técnica não passa de um dos componentes do quadro das condições específicas da escrita. Quando muito, esse componente técnico poderia explicar a ocorrência dos problemas relativos ao código da escrita e à norma culta, os quais não vão além do item 4 dessa lista de fracassos que teima em alcançar a marca desgraçada dos 13.

Mas, na verdade, se se atentar para a história do aprendizado da escrita, nem mesmo esses problemas iniciais poderiam ser descritos como sendo de natureza exclusivamente técnica; basta ver, por exemplo, que é justamente esse componente técnico das condições da escrita que tem recebido maior atenção por parte da escola – aliás, é possivelmente o único que tem recebido qualquer tipo de atenção. Como foi visto no decorrer deste trabalho, os problemas que se caracterizavam pela ausência de domínio em relação ao código da escrita surgiam muito menos em função de dificuldades técnicas do que em função das que eram geradas pela concepção de linguagem e de escrita adotada pela escola. O acesso ao código, o aprendizado de umas quantas normas que, em si, não oferece dificuldade alguma, era bloqueado pelo desprezo, menos aristocrático que repressivo, em relação aos usos de linguagem efetivamente produzidos e experimentados pelos alunos. E, afinal, é nessa atividade ordinária, muito mais do que nos programas oficiais, que está a linguagem – portanto, é também aí que está o pressuposto de um processo de conhecimento das especificidades da escrita.

Antes de mais nada, é preciso reconhecer, então, a existência de uma contradição entre o quadro das condições específicas da escrita e a situação histórica que tem determinado a postura da escola na formação do conhecimento dessa modalidade; no bojo dessa contradição surge a lista que aí está. Quer dizer, os fracassos que a compõem se alimentam e proliferam em torno do antagonismo representado pela linguagem instituída – cuja reprodução se radicaliza no ensino da escrita – diante da linguagem como uma forma de ação intersubjetiva e pragmática que é pressuposta pelo quadro das condições específicas da produção escrita.

Em outras palavras, esse bloco de fracassos alerta para o fato de que o efetivo domínio da escrita apenas pode se dar como um desdobramento da práxis linguística e jamais como uma mera assimilação de técnicas e padrões – sobretudo porque estes são sempre vulneráveis ao jogo do poder que conspira contra a identidade do sujeito, figura inalienável do jogo múltiplo da linguagem. Em suma, o conhecimento do que a escrita tem de mais específico exige menos cuidados técnicos, e mesmo pedagógicos, do que os de atualizar uma concepção ética da linguagem. Esta é a grande ausência que se manifesta na caracterização dessa lista de fracassos: são 13 tipos, mas todos eles foram criados na tentativa de reproduzir os moldes fornecidos pelo figurino oficial.

Problemas de redação, p. 95

Roteiro de leitura

1. Para melhor compreensão do texto lido, faça um resumo em tópicos do assunto dos parágrafos, seguindo o roteiro:

Primeiro parágrafo: os problemas dos textos escritos costumam ocorrer em bloco, ligados uns aos outros.

Segundo parágrafo: as discussões em torno dos 13 tipos devem responder por que problemas tão diferentes ocorrem em bloco.

Terceiro parágrafo: ______________________________

____

Quarto parágrafo: ______________________________

____

Quinto parágrafo: ______________________________

____

Sexto parágrafo: ______________________________

____

Sétimo parágrafo: ______________________________

____

Oitavo parágrafo: ______________________________

____

2. "Na verdade, a forma mais característica de manifestação dos problemas de textos escritos produzidos na universidade está na sua ocorrência em bloco". O exemplo de redação escolar que lemos acima confirma essa afirmação?

3. Pécora descarta a possibilidade de que o fracasso do aluno decorra de alguma "falha na capacidade linguística". Que argumentos ele apresenta?

4. Ele também não concorda com a tese segundo a qual os problemas de redação são puramente "técnicos". Por quê?

5. Segundo ele, o que bloqueia o aprendizado das normas? E por que ele considera importante a noção de variedade na aquisição da escrita?

6. "Em suma, o conhecimento do que a escrita tem de mais específico exige menos cuidados técnicos, e mesmo pedagógicos, do que os de atualizar uma concepção ética da linguagem. Esta é a grande ausência que se manifesta na caracterização dessa lista de fracassos: são 13 tipos, mas todos eles foram criados na tentativa de reproduzir os moldes fornecidos pelo figurino oficial." Você concorda?

Prática de Texto

Escreva um texto sobre as suas experiências com aulas de português. Observe os detalhes:

1. Não escreva para o professor. Suponha que o seu texto será publicado num jornal de estudantes – os leitores são os seus colegas.
2. Delimite a *intenção* do seu texto. A intenção pode ser, por exemplo:

- ridicularizar aulas típicas de português, das quais você tenha péssima lembrança. Observe que o humor pode apresentar gradações, da ironia suave ao sarcasmo mais violento – escolha o seu *tom*;
- relatar experiências positivas com aulas de português, com determinado professor, com métodos diferentes com os quais você se identificou ou que abriram caminhos novos em sua vida;
- dar um panorama geral de sua experiência, com os altos e baixos;
- fazer um "estudo de caso", descrevendo especificamente uma situação agradável ou traumática em aulas de português;
- etc. As possibilidades são infinitas! Mas evite ter muitas intenções ao mesmo tempo, para o leitor não se perder!

3. Dê um título ao seu texto.

Capítulo 7

Língua e escrita

Atividade 1

Falar e escrever

A cultura letrada, em geral, tem uma forte tendência a confundir *língua* com *representação gráfica da língua* (escrita). Por força da tradição escolar e da própria ideia de *autoridade* que emana da escrita, parece-nos mesmo que a "verdadeira língua" é a escrita, sendo a fala uma espécie de subproduto dela, de menor importância e sem nenhum prestígio.

Há mesmo quem diga, invertendo o curso da história, que devemos "falar como escrevemos". Não se trata simplesmente de uma confusão de ignorantes: basta acompanhar as discussões que, de tempos em tempos, aparecem em torno da reforma ortográfica da língua portuguesa que encontraremos escritores, jornalistas e intelectuais em geral se manifestando sobre a "mudança da língua", quando, na verdade, o máximo que uma reforma ortográfica consegue é *mudar o modo como se grafam as palavras*. Nenhuma reforma ortográfica no mundo muda a língua, isto é, o sistema altamente complexo que os falantes usam no seu dia a dia.

A identificação de *língua* com *escrita* leva a confusões grosseiras na própria noção de *gramática*, que, como vimos, é qualidade intrínseca de qualquer língua. Veja-se este trecho, de uma revista semanal, sobre a situação em Timor Leste:

> Timor Leste é uma meia ilha do tamanho do município de Manaus, com população equivalente à de Campinas e dividida em 36 etnias. A língua dominante é o teto, *que não tem gramática nem dicionário*. A religião praticada pela maioria, o catolicismo, é um dos poucos traços fortes que une o país a seu passado português. A frágil infraestrutura existente foi destruída nas duas semanas entre o plebiscito e a chegada das tropas de paz da ONU.

O redator quis dizer, naturalmente, que a língua não dispõe de uma *gramática normativa*, isto é, de um *livro que descreva as regras da língua, que descreva a sua gramática*. Mas é claro que a língua tem gramática. Já a palavra "dicionário" foi bem usada – um erro equivalente, nesse caso, seria dizer que a língua não tem "vocabulário", o que é um absurdo.

Uma cultura "grafocêntrica"

Há razões históricas fortes para esta supervalorização da escrita em detrimento da oralidade. O fato é que, ao longo dos séculos, nós nos transformamos numa "civilização grafocêntrica", que tem no poder da palavra escrita um elemento fundamental para sua sobrevivência e continuidade. Mas é sempre bom lembrar dois fatos:

1. Mesmo na maioria dos povos modernos, apenas uma pequena parcela da população tem na escrita um elemento essencial da vida. Pense, por exemplo, no número de analfabetos ou semianalfabetos do Brasil.

2. Há um número imenso de povos que não conhecem nenhum sistema de escrita. A cultura desses povos se sustenta na oralidade – e são culturas tão complexas quanto qualquer outra.

A esse respeito, vamos ler o texto seguinte.

Texto 1

Linguagem, poder e discriminação

Maurizzio Gnerre

A linguagem não é usada somente para veicular informações, isto é, a função referencial denotativa da linguagem não é senão uma entre outras; entre estas ocupa uma posição central a função de comunicar ao ouvinte a posição que o falante ocupa de fato ou acha que ocupa na sociedade em que vive. As pessoas falam para serem "ouvidas", às vezes para serem respeitadas e também para exercer uma influência no ambiente em que realizam os atos linguísticos. O poder da palavra é o poder de mobilizar a autoridade acumulada pelo falante e concentrá-la num ato linguístico (Bourdieu, 1977). Os casos mais evidentes em relação a tal afirmação são também os mais extremos: discurso político, sermão na igreja, aula etc. As produções linguísticas deste tipo, e também de outros tipos, adquirem valor se realizadas no contexto social e cultural apropriado. As regras que governam a produção apropriada dos atos de linguagem levam em conta as relações sociais entre o falante e o ouvinte. Todo ser humano tem que agir verbalmente de acordo com tais regras, isto é, tem que "saber": a) quando pode falar e quando não pode; b) que tipo de conteúdos referenciais lhe são consentidos; c) que tipo de variedade linguística é oportuno que seja usada. Tudo isto em relação ao contexto linguístico e extralinguístico em que o ato verbal é produzido. A presença de tais regras é relevante não só para o falante, mas também para o ouvinte, que, com base em tais regras, pode ter alguma expectativa em relação à produção linguística do falante. Esta capacidade de previsão é devida ao fato de que nem todos os integrantes de uma sociedade têm acesso a todas as variedades e muito menos a todos os conteúdos referenciais. Somente uma parte dos integrantes das sociedades complexas, por exemplo, tem acesso a uma variedade "culta" ou "padrão", considerada geralmente "a língua", e associada tipicamente a conteúdos de prestígio. A língua padrão é um sistema comunicativo ao alcance de uma parte reduzida dos integrantes de uma comunidade; é um sistema associado a um patrimônio cultural apresentado como um "corpus" definido de valores, fixados na tradição escrita.

Uma variedade linguística "vale" o que "valem" na sociedade os seus falantes, isto é, vale como reflexo do poder e da autoridade que eles têm nas relações econômicas e sociais. Esta afirmação é válida, evidentemente, em termos "internos", quando confrontamos variedades de uma mesma língua, e em termos "externos" pelo prestígio das línguas no plano internacional. Houve época em que o francês ocupava a posição mais alta na escala de valores internacionais das línguas, depois foi a vez da ascensão do inglês. O passo fundamental na afirmação de uma variedade sobre as outras é sua associação à escrita, e consequentemente, sua transformação em uma variedade usada na transmissão de informações de ordem política e "cultural". A diferenciação política é um elemento fundamental para favorecer a diferenciação linguística. As línguas europeias começaram a ser associadas à escrita dentro de restritos ambientes de poder: nas cortes de príncipes, bispos, reis e imperadores. O uso jurídico das variedades linguísticas foi também determinante para fixar uma forma escrita. Assim foi que o falar de Ile-de-France passou a ser *a* língua francesa, a variedade usada pela nobreza da Saxônia passou a ser *a* língua alemã etc.

O caso da história do galego-português é significativo neste sentido. Os caracteres mais específicos do português foram acentuados talvez já no século XII. Esta tendência a reconhecer os caracteres mais específicos das línguas semelhantes pode ser acentuada, como foi no caso do português e do galego, quando a região de uso de uma das duas variedades linguísticas constitui um centro poderoso, como foi a Galícia, desde o século XI. A língua literária chamada galego-português que se difundiu na península ibérica a partir do século XII era a expressão, no plano linguístico, do prestígio de Santiago de Compostela.

A associação entre uma determinada variedade linguística e a escrita é o resultado histórico indireto de oposições entre grupos sociais que eram e são "usuários" (não necessariamente falantes nativos) das diferentes variedades. Com a emergência política e econômica de grupos de uma determinada região, a variedade por eles usada chega mais ou menos rapidamente a ser associada de modo estável com a escrita. Associar a uma variedade linguística a comunicação escrita implica iniciar um processo de reflexão sobre tal variedade e um processo de "elaboração" da mesma. Escrever nunca foi e nunca vai ser a mesma coisa que falar: é uma operação que influi necessariamente nas formas escolhidas e nos conteúdos referenciais. Nas nações da Europa ocidental a fixação de uma variedade na escrita precedeu de alguns séculos a associação de tal variedade com a tradição gramatical greco-latina. Tal associação foi um passo fundamental no processo de "legitimação" de uma norma. O conceito de "legitimação" é fundamental para se entender a instituição das normas linguísticas. A legitimação é "o processo de dar 'idoneidade' ou 'dignidade' a uma ordem de natureza política, para que seja reconhecida e aceita" (Habermas, 1976). A partir de uma determinada tradição cultural, foi extraída e definida uma variedade linguística usada, como já dissemos, em grupos de poder, e tal variedade foi reproposta como algo de central na identidade nacional, enquanto portadora de uma tradição e de uma cultura.

(...)

Os cidadãos, apesar de declarados iguais perante a lei, são, na realidade, discriminados já na base do mesmo código em que a lei é redigida. A maioria dos cidadãos não tem acesso ao código, ou, às vezes, tem uma possibilidade reduzida de acesso, constituída pela escola e pela "norma pedagógica" ali ensinada. Apesar de fazer parte da experiência de cada um, o fato de as pessoas serem discriminadas pela maneira como falam, fenômeno que se pode verificar no mundo todo, no caso do Brasil não é difícil encontrar afirmações de que aqui não existem diferenças dialetais. Relacionado com este fato está o da distinção que se verifica no interior das relações de poder entre a norma reconhecida e a capacidade efetiva de produção linguística considerada pelo falante a mais próxima da norma. Parece que alguns níveis sociais, especialmente dentro da chamada pequena burguesia, têm tendência à hipercorreção no esforço de alcançar a norma reconhecida. Talvez não seja por acaso que, em geral, o fator da pronúncia é considerado sempre como uma marca de proveniência regional, e às vezes social, sendo esta a área da produção linguística mais dificilmente "apagada" pela instrução.

A separação entre variedade "culta" ou "padrão" e as outras é tão profunda devido a vários motivos; a variedade culta é associada à escrita, como já dissemos, e é associada à tradição gramatical; é inventariada nos dicionários e é a portadora legítima de uma tradição cultural e de uma identidade nacional. É este o resultado histórico de um processo complexo, a convergência de uma elaboração histórica que vem de longe.

Linguagem, escrita e poder, p. 3-7

Prática de Texto

Para melhor compreensão do texto lido, responda às questões abaixo por escrito.

1. "As regras que governam a produção apropriada dos atos de linguagem levam em conta as relações sociais entre o falante e o ouvinte." Você muda a linguagem que usa de acordo com o interlocutor e a situação social do momento? Dê um exemplo.
2. "Somente uma parte dos integrantes das sociedades complexas tem acesso a uma variedade 'culta' ou 'padrão', considerada geralmente 'a língua', e associada tipicamente a conteúdos de prestígio." Isso acontece no Brasil?
3. "O passo fundamental na afirmação de uma variedade sobre as outras é sua associação à escrita." Pode-se dizer que é por isso que as pessoas tendem a ver na escrita a "verdadeira língua"?
4. "As línguas europeias começaram a ser associadas à escrita dentro de restritos ambientes de poder: nas cortes de príncipes, bispos, reis e imperadores." Que consequências este fato acarretou? Elas são visíveis hoje ou já se perderam no tempo?
5. "Associar uma variedade linguística a comunicação escrita implica iniciar um processo de reflexão sobre tal variedade e um processo de 'elaboração' da mesma." As primeiras gramáticas do português-padrão, elaboradas a partir da variedade falada nos círculos do poder de Lisboa, em Portugal (e não da variedade da Galícia, onde nasceu a língua), surgiram no século XVI e desde então continuaram a ser produzidas regularmente através dos anos e importadas pelo Brasil. Entretanto, a variedade conhecida como "dialeto caipira" só teve a sua primeira descrição sistemática, gramatical, no século XX, embora fosse falada por milhares de pessoas. Por quê? E quais as consequências?
6. "Escrever nunca foi e nunca vai ser a mesma coisa que falar: é uma operação que influi necessariamente nas formas escolhidas e nos conteúdos referenciais." Explique.
7. "... o fato de as pessoas serem discriminadas pela maneira como falam..." Isso acontece no Brasil? Dê exemplos.

Atividade 2

As diferenças entre língua e escrita

Vamos agora conferir, na prática, as distinções entre a *língua* e a sua *representação gráfica*, ou entre *língua* e *escrita*. Leia o texto seguinte.

Texto 2

História de um acidente de carro

É nós távamo voltando né... eu e meu pai... távamo voltando dum teste de teatro que eu fui fazê... daí tava o carro do meu pai e um carro na frente e daí de repente, não sei que deu na loca do coiso lá... o fusquinha... ele virô assim... sem dá seta nem nada e nem era lugar di virá e o meu pai tava logo atrás dele, tava indo ultrapassá... tava indo ultr... meu pai tava indo ultrapassá o fusquinha. É... né... daí o coitado virô... daí o meu pai... ele tentou desviá assim... e fez um barulhinho esquisito: aiiirrrchrrri... ele tentou desviá assim e daí ele foi desviá mais o cara do fusca em veiz de brecá, ele continuô... daí bateu na traseira do meu pai, eu não era muito alto assim... então olhei pro céu e vi tudo rodando assim... acho que o meu pai deu três volta assim... rodando, foi... eu falei: Viche Maria, o que tá acontecendo... e daí até aí eu não tava com tanto medo, né... foi uma legal vê as coisinha rodando. Daí, num tava com tanto medo... daí meu pai... ele mudou de marcha e "Brrrrruuummmm"... foi atrás do coitadinho do fusca... e daí eu, ai meu Deus, meu zóio ficô deste tamanho, deu aquela dorzinha na barriga... eu... ai. meu Deus, quê que meu pai vai fazê... – Não, pai, dexa, pai... não córri atrás deli não, pai... dexe... ele é meio ceguinho mesmo. E daí... sorte que o para-lama do fusca caiu e tava relando na roda, ele teve que incostá... daí o meu pai incostô lá... junto dele... eu iche... aí o problema, né... e se o cara tivé alguma coisa, né... um pedaço de pau... um revólve... se o... fiquei quietinho no meu canto, né... daí o meu pai chegô lá, falô, brigô com ele: – Ó, você vai tê qui pagá, não sei o... não sei o que lá, daí falô o carinha: – Não, tá bom, não, tudo bem... o erro foi meu... tal e tal. Daí o meu pai pegô o documento dele... e falô: erererererrr... não é que esse "errerererrr"... menores de dezoito anos... e daí nós voltamo com o carro todo amassado assim... daí, no dia seguinti, meu pai foi no trabalho do cara e o cara deu o dinhero e pagô o conserto do carro.

Exercício

O texto que você leu é a transcrição mais ou menos fiel de um relato oral, feito por um aluno de sétima série de um colégio de elite de Curitiba, em situação natural. No ato de fala não houve qualquer problema especial de compreensão por parte dos interlocutores. Pode-se dizer que esta é uma amostra da língua viva de todos os dias, de um falante escolarizado e de classe social acima da média.

Vamos nos deter um pouco nesta amostra; ela pode elucidar alguns aspectos importantes da distinção língua falada/língua escrita.

Faça um levantamento de todas as características que você encontrou no texto que podem definir a *linguagem oral*. Assinale tudo que você descobrir: vocabulário, extensão das frases, concordância, regência, relatores, repetição, redundância, gíria, onomatopeias... Faça uma lista.

Em seguida, compare as características que você encontrou com as características da linguagem escrita; assinale as diferenças.

Releia a afirmação de Maurizzio Gnerre: "Escrever nunca foi e nunca vai ser a mesma coisa que falar." A amostra acima comprova o que ele disse?

Atividade 3

Falamos uma língua e escrevemos outra!

Vamos refletir agora sobre outro fato significativo: a escrita é mais conservadora que a fala, isto é, as mudanças da linguagem oral que ocorrem através dos tempos só muito lentamente são incorporadas à escrita – o que às vezes nos dá a sensação (aliás, verdadeira!) de que "falamos uma língua e escrevemos outra"!

A esse respeito, leia o texto seguinte.

Texto 3

A língua escrita e a mudança

Carlos Alberto Faraco

(...)

Outra fonte possível de detecção de eventuais mudanças em progresso é o contraste entre a língua escrita e a língua falada. Isso porque a língua escrita é normalmente mais conservadora que a língua falada e o contraste entre as duas pode nos levar a perceber fenômenos inovadores em expansão na fala e que não entraram na escrita.

Para o falante comum, essa percepção pode se dar quando, tendo de escrever, sente dificuldades específicas com certas estruturas que, embora correntes já na fala, ainda são inaceitáveis na escrita.

Um exemplo disso são, no português do Brasil, as orações relativas iniciadas por preposição:

O livro *de que mais gostei* foi *Sempreviva.*

Elas estão em franco processo de desaparecimento no vernáculo, isto é, na língua falada em situações espontâneas de interação, nas quais se diz preferencialmente:

O livro *que mais gostei* foi *Sempreviva.*

Apesar disso, elas se mantêm fortes na língua escrita e, por isso mesmo, constituem uma dificuldade especial para aqueles que escrevem, principalmente para os que ainda não desenvolveram um domínio amadurecido da escrita, dificuldade que pode despertar no falante a percepção de que sua língua está mudando.

Alguns fatores contribuem para esse maior conservadorismo da língua escrita. Primeiro, o próprio fato de a escrita, realizando-se por meio de uma substância mais duradoura que o som, ter uma dimensão de permanência que, em geral, falta à língua falada, o que favorece o exercício do controle social mais intenso sobre ela do que sobre a fala, decorrendo daí a preservação de padrões mais conservadores de linguagem e o consequente bloqueio à entrada de formas inovadoras.

Segundo, as atividades escritas estão, em sua maioria, ligadas a contextos sociais marcados de formalidade, e os estudos sociolinguísticos mostram que há uma forte correlação entre situações formais e o uso preferencial de formas linguísticas mais conservadoras: o falante, para satisfazer às expectativas sociais, procura evitar nesses contextos formas próprias do vernáculo.

Assim, inovações comuns na língua falada – já aceitas, muitas vezes, até em situações formais de fala – não são, de imediato, aceitas na escrita, chegando, inclusive, a receber condenação explícita de gramáticos e de outros estudiosos.

Essa situação toda dá ao linguista preciosas indicações de possíveis processos de mudança. Além disso, sugere a possibilidade de se estabelecer uma espécie de escala progressiva de implementação das mudanças: elas costumam se desencadear na fala informal de grupos socioeconômicos intermediários; avançam pela fala informal de grupos mais altos na estrutura socioeconômica; chegam a situações formais de fala e só então começam a ocorrer na escrita.

Deve ficar claro, nesse ponto, que nem todas as mudanças passam necessariamente por essa escala. Muitas permanecem socialmente estigmatizadas, o que lhes bloqueia o caminho da expansão por outras variedades da língua, deixando-as como marcas identificadoras de variedades sem prestígio social.

Por outro lado, vale lembrar que nem todas as diferenças entre fala e escrita são sinais de mudança; boa parte delas é simplesmente decorrente de características próprias da oralidade em oposição àquelas próprias da escrita.

Não custa observar, nesse sentido, que o fato de a substância da escrita ser mais duradoura que a da fala permitiu, ao longo da história da escrita, o uso e o desenvolvimento de, por exemplo, recursos sintáticos que não são adequados à substância da fala (por não serem compatíveis com os limites da memória curta, com a qual operamos na fala), como sentenças longas contendo sucessivas intercalações de outras sentenças.

A comparação entre fala e escrita, nesse caso particular, apenas nos revelará especificidades de cada uma das modalidades, não significando que a fala esteja "simplificando" os processos sintáticos, mas que os realiza de maneira diferente.

Linguística histórica – uma introdução ao estudo da história das línguas, p. 14

Atividade 4

Gramática da fala, gramática da escrita

Como você pôde observar lendo o texto acima e relembrando a transcrição da linguagem oral feita no texto 2, grande parte das diferenças entre linguagem oral e linguagem escrita decorre das *especificidades de cada uma das modalidades* da língua. Ter consciência clara dessas especificidades é um passo importante para se escrever bem, uma vez que escrever não é simplesmente "imitar a fala", mas *reformulá-la em outra gramática.* Observe que mesmo os diálogos das obras literárias, por mais coloquiais que sejam, são sempre recriações da fala real que ocorre entre as pessoas.

Vamos agora sistematizar, em tópicos, as distinções específicas que há entre língua e escrita[1].

1. Ampla variedade x modalidade única ("língua padrão")

Esse talvez seja o primeiro choque de quem se aventura no mundo da escrita. Como falantes, desde crianças estamos acostumados a um universo rico de variedades da língua. Quando entramos na escola, tal riqueza se reduz bastante, porque *só faz sentido aprender a escrever se aprendemos a escrever a língua padrão.* Isto é, não há escolas anunciando cursos de "dialeto caipira", ou "gauchês para principiantes" etc. Eis aí uma particularidade interessante do Brasil, que exige explicação de ordem sociopolítica: nenhum falante se orgulha de sua variedade não padrão (exceto em situações muito específicas e socialmente aceitas, como festas juninas, rodeios...). Pelo contrário, lutará sempre por se identificar como um falante da língua "certa". Esse não é um fenômeno universal: em muitos países, a valorização do dialeto regional frequentemente se transforma numa questão de vida ou morte, diretamente relacionada a outros fatores de independência política.

1. O roteiro que segue é uma adaptação livre das questões levantadas por Alcir Pécora em seu já citado livro *Problemas de redação.*

E em que aspecto tal "choque" interfere na escrita? Em princípio, não haveria problema algum, se tivéssemos consciência de que a norma-padrão é uma entre outras, e pode ser bastante útil para nossa sobrevivência na "selva"... O problema é que a escola, desde o primeiro momento, estabelece a famigerada noção do certo e do errado – e "errada" é sempre a língua que falamos... Começa aí talvez a primeira tragédia: a linguagem escrita *não nos pertence*. Bem, quem sabe seja esta exatamente a intenção das instituições de ensino?

Pense a respeito.

2. Elementos extralinguísticos x sinais gráficos

Essa é uma distinção extremamente importante. Na fala, dispomos de um arsenal de recursos expressivos – gesticulação, expressão facial, riso e muitos sons não previstos ou catalogados na transcrição oficial da escrita – que são fundamentais no processo de comunicação. Já na escrita, tudo que temos são *desenhos* num papel em branco... Naturalmente que, na escrita, a riqueza da fala e todas as nuanças de significado que um simples gesto pode conter se reduzem drasticamente. (Observe que o inverso também é verdadeiro: a escrita dispõe de muitos recursos *exclusivos*, intransferíveis para a fala, como veremos ao longo do livro.)

3. Prosódia e entonação x sinais gráficos

Mesmo que desconsideremos os aspectos acessórios do ato de falar e fiquemos apenas no enunciado oral – a nossa voz –, descobrimos de novo as graves limitações da escrita. Podemos pronunciar a mesma palavra com dezenas de entonações diferentes, cada uma delas significando algo distinto, até mesmo coisas absolutamente contrárias! Na fala, a *simples entonação é portadora de significado*. Já na escrita, tudo que temos para representar diretamente os recursos entonacionais são o ponto de exclamação, o de interrogação, as reticências, as aspas... e ficamos por aí. Trata-se de um código bastante restrito nesse aspecto.

Por essa razão, muitas vezes "inventamos" sinais novos ou exageramos em aspas e sublinhados – até aumentamos o tamanho das letras! – para tentar marcar por escrito esta ou aquela ênfase que dominamos tão bem na fala.

4. Frases mais curtas x frases mais longas

Basta reler o texto 2 para descobrir: costumamos falar frases curtas! Por quê?

Já a escrita *permite* frases mais longas. É óbvio que essa não é uma regra obrigatória – ela *permite*, mas podemos perfeitamente escrever um ótimo texto empregando frases mais curtas. Entretanto, um exame dos textos escolares apontará a tendência generalizada do aluno em produzir frases muito longas, frequentemente mal-estruturadas.

Por que isso acontece, se nós, como falantes, dominamos tão bem a frase curta? Pense a respeito.

5. Redundância x concisão

Mais uma vez, basta ler o texto 2 para perceber que somos extremamente repetitivos quando falamos! Se gravássemos nossas conversas, ficaríamos espantados de quantas vezes dizemos a mesma coisa. Isso é um defeito?

Agora pense na escrita: o texto 2 é um texto agradável, que lemos com prazer? Por que a escrita *exige* concisão?

Exercício

Para "sentir na pele" a distinção entre fala e escrita, reescreva o texto 2, empregando entre 45 e 50 palavras (importante!). Mantenha as informações básicas do texto original.

6. Unidade temática: flutuação x rigidez

Quando conversamos, mudamos de assunto sem a menor cerimônia. Basta um "falar nisso..." para a conversa tomar outro rumo sem problema algum. É natural: a própria situação imediata da fala *cria* a sua unidade temática, que se renova a cada instante. Mesmo as situações mais formais da fala – conversar com uma autoridade sobre um assunto específico, por exemplo – permitem uma larga margem de manobra; um cafezinho já pode ser o gancho para uma conversa sobre o tempo, e daí por diante. Mas a escrita, nesse ponto, é *substancialmente* diferente: todo texto exige coesão entre as partes, que se interligam umas às outras, submetidas todas à unidade global do texto.

É verdade que o código da escrita prevê a suspensão do assunto imediato de um parágrafo ou da parte mais longa de um texto, mas através de recursos específicos – nota de rodapé, sentença entre parênteses, por exemplo. Mesmo assim, o parentesco entre o assunto geral e a informação encaixada deve ficar nítida para o leitor.

Isto acontece porque o leitor não pode adivinhar o que vai na cabeça de quem escreve. Cada "lá", cada "isto" que aparece escrito deve remeter a outra palavra *escrita* no mesmo texto, dentro de regras bastante rígidas. A grande incidência de erros no emprego de anafóricos e relatores em textos escolares se deve justamente à contaminação da oralidade no momento da escrita. Na fala, dizemos *ele* e apontamos o dedo ("aquele ali, ó!"); na escrita, esse *ele* terá de ter, obrigatoriamente, um *antecedente escrito* para fazer sentido. Mais uma vez, trata-se de códigos bastante diferentes.

7. Interlocutor: presença x ausência

Este é um aspecto fundamental: falamos diante de *alguém*, e a simples presença física da pessoa determina diretamente grande parte do que falamos. Para ilustrar, compare as duas situações:

a) conversar com um amigo de todos os dias;

b) conversar com um desconhecido.

No primeiro caso, o amigo *dispensa* uma série de formalidades; o simples fato de *vê-lo* já nos coloca instantaneamente num *universo de significados prévios, conhecidos, familiares*. Nossas palavras estão "em casa"...

No segundo caso, a presença do desconhecido exige "estratégias de aproximação": nós avaliamos o interlocutor, levantamos hipóteses sobre ele (é um vendedor? um novo vizinho? um assaltante?) – aqui nossas palavras tateiam, avançam, recuam, numa gramática desconfiada!

Pois bem – e *para quem* escrevemos? Escrevemos para um interlocutor "virtual", e é a *imagem* que fazemos dele que vai determinar parte de nosso texto. Compare as situações:

1. escrever para o(a) namorado(a);
2. escrever para um deputado pedindo uma "boca" no Tribunal das Quantas;
3. escrever uma redação para passar no vestibular;
4. (preencha aqui com um exemplo real de sua vida).

Bem, normalmente a *imagem* do(a) namorado(a), ou de um deputado, está mais ou menos clara na nossa cabeça. Mas para quem escrevemos a redação escolar? Pense a respeito. Adiante voltaremos ao assunto.

8. Aprendizagem "natural" x aprendizagem "artificial"

O fato é: basta uma criança nascer e conviver com pessoas que falem em volta, para ela em dois anos já dominar um sistema linguístico altamente complexo. Isto é, aprendemos a língua "naturalmente". Mas atenção ao sentido da palavra "natural" aqui: é preciso que a criança seja exposta aos falantes. Em solidão ela não aprenderá nada. (Há casos raríssimos de crianças que cresceram completamente isoladas, relatados pela literatura médica; o aprendizado adulto da fala, até onde se sabe, não consegue recuperar a *gramática* perdida na infância. Nesse sentido, o célebre personagem Tarzan é pura ficção.)

Já a escrita, nem é preciso dizer, depende de um duro e prolongado trabalho de aprendizagem. É preciso que alguém nos *ensine*! E, talvez, é preciso que a gente saiba para que serve escrever para que dominemos o código. De certo modo, é o grau de importância que damos à atividade de escrever que vai determinar o grau de nosso domínio da língua padrão. Mas esse, é claro, é um problema seu, pelo menos na universidade.

Atividade 5

A imagem da escrita

Vamos voltar a um aspecto abordado ainda há pouco: *a imagem que o aluno tem da escrita.* Alcir Pécora levantou em seu livro sete aspectos dessa imagem, que aqui sintetizamos. Veja se você concorda:

1. A linguagem não lhe pertence.
2. Sendo a língua um conjunto de regras estranhas (imagem escolar), cabe ao aluno decorar fórmulas e aprender técnicas para fazer boas provas.
3. O ato de escrever significa preencher um espaço em branco de acordo com um modelo previamente dado pela escola.
4. Nesse modelo, um bom desempenho na escrita apresenta necessariamente uma grande variedade vocabular.
5. Nesse modelo, um bom texto escrito apresenta necessariamente períodos longos e complexos.
6. O aluno deve preencher o espaço em branco "desenvolvendo" o texto; daí o uso de relatores (assim, pois, porque, mas) ao acaso, pois a questão é "ganhar espaço" e não estabelecer relações de fato.
7. Escrever é uma carga escolar; esgota-se nos limites da escola.

Consequência dessa imagem: a escola esvazia o sentido da linguagem (enquanto processo de leitura, compreensão e transformação das pessoas e do mundo) e fornece modelos para ocupar esse vazio. Assim, escrever se reduz a repetir um modelo já cristalizado.

Exercício

Para discutir:

1. A hipótese levantada por Pécora corresponde à sua experiência escolar?
2. Você continua na escola. Se a hipótese de Pécora está certa, como a Universidade pode quebrar esse rolo compressor?
3. Em que a universidade deve se distinguir do modelo da educação fundamental e média? (Ou antes: ela deve se distinguir?)
4. Faça sua questão!

Atividade 6

O universo da escrita

Uma criança que aprende a escrever aprende simplesmente uma "técnica"? Que modificações ocorrem nas pessoas quando elas saem do mundo da oralidade e entram no mundo do universo escrito, que hoje nos cerca por todos os lados? E a importância e o significado da escrita foram sempre os mesmos ao longo da história humana?

Essas são questões importantes para quem quer que pretenda refletir sobre a atividade de ler e escrever.

Vamos ler dois textos a esse respeito.

Texto 4

As bibliotecas na Antiguidade e na Idade Média

Wilson Martins

Por paradoxal que pareça, as bibliotecas são anteriores aos livros e até aos manuscritos; isso justifica que reservemos às da Antiguidade e da Idade Média um dos capítulos preliminares da nossa primeira parte, da mesma forma por que consagraremos às bibliotecas modernas alguns dos capítulos finais da segunda parte. Por quê? É que as bibliotecas medievais são, na realidade, simples prolongamentos das bibliotecas antigas, tanto na composição quanto na organização, na natureza, no funcionamento: não se trata de dois "tipos" de biblioteca, mas de um mesmo tipo que sofreu modificações insignificantes decorrentes de pequenas divergências de organização social. Mais diferença existe, materialmente, na própria Antiguidade, entre as bibliotecas "minerais", compostas de tabletas de argila, e as bibliotecas "vegetais" e "animais", constituídas de rolos de papiro ou de pergaminho, do que entre estas últimas e os grandes depósitos de *volumen* da Idade Média; e, se variou, das mais remotas para as posteriores, a matéria de que os "livros" eram feitos, não variaram em nada o "funcionamento", a natureza e as finalidades.

Até à Renascença, as bibliotecas não estão à disposição dos profanos; são organismos mais ou menos sagrados, ou, pelo menos, religiosos, a que têm acesso apenas os que fazem parte de uma certa "ordem", de um "corpo" igualmente religioso ou sagrado. Nesse particular, as sandálias macias do monge medieval repetiam, no eco das abóbadas, o mesmo som ancestral dos sacerdotes sumerianos da biblioteca de Assurbanipal. O livro, a palavra escrita, eram o mistério, o elemento carregado de poderes maléficos para os não iniciados: cumpria manuseá-los com os conhecimentos exorcismatórios indispensáveis. A noção do "livro secreto", do *Index* católico, é uma simples reminiscência, mas já agora de todo ineficaz, desse estado de espírito, dessas eras milenárias em que o escrito ainda provinha dos demônios, e nisso são perfeitamente semelhantes às medidas antissépticas dos primitivos, a que fizemos alusão anteriormente, perante a palavra visual. A biblioteca foi assim, desde os seus primeiros dias até aos fins da Idade Média, o que o seu nome indica etimologicamente, isto é, um *depósito de livros*, e mais o lugar onde se esconde o livro do que o lugar de onde se procura fazê-lo circular ou perpetuá-lo. A própria disposição arquitetônica dos edifícios demonstra-o melhor do que qualquer outro índice: na grande biblioteca de Nínive, o depósito de livros não tem saída para o exterior – a sua única porta parece dar, ao contrário, para o interior do edifício, para o lugar onde viviam ou onde permaneciam os grandes sacerdotes. Da mesma forma, as bibliotecas medievais se situam no interior dos conventos, lugares dificilmente acessíveis ao profano, ao leitor comum. De resto, essa noção, mesmo, de "leitor" é uma noção moderna: da Antiguidade à Idade Média é uma figura que não existe materialmente, a do leitor, tal como a concebemos hoje em dia. Os progressos da instrução foram lentos, mesmo entre as classes nobres, e todos sabem não terem sido numerosos os grandes senhores medievais capazes de ler e de escrever. Com relação ao que hoje chamaríamos *povo*, a questão não chegava nem a se colocar: faltavam-lhe os meios, faltava-lhe o tempo para a leitura. Isso explica o paradoxo de ter sido *oral* a própria literatura da Idade Média:

> [...] nenhum leigo sabe sequer escrever o próprio nome. [...] Os próprios padres são iletrados: subsistem apenas algumas escolas episcopais, a de Chartres e a de Reims entre as mais famosas. Nesta última ensina Gerberto, o futuro papa do ano mil, que receberá o nome de Silvestre II. O pouco de ciência que ele possui é suficiente para que o acusem de feitiçaria. Os seculares não tinham acesso às escolas monásticas. De resto, a acreditar no testemunho do padre Odon de Cluny, os estudos profanos só mereciam desprezo. A teologia é igualmente ignorada, substituída pelo estudo do direito canônico, meio de que os clérigos se serviam para se opor à invasão do direito feudal...

Esse quadro, traçado por Jean Deniau na grande *Histoire de la societé française*, de Louis Halphen e Roger Doucet, vale, sem dúvida, para a Idade Média feudal e poderá ser amenizado nos séculos posteriores, até à Renascença. Mas, a verdade é que o "clérigo" foi, durante milênios, não somente o homem que pertencia à classe sacerdotal, mas também o letrado, o homem que sabia ler e escrever: do ponto de vista intelectual, a humanidade se dividiu, por séculos e séculos, entre "clérigos" e "laicos", entre iniciados à palavra escrita e os não iniciados. Ainda hoje, o "leigo" num determinado assunto é o que não o conhece, é o ignorante: a sinonímia entre a falta de conhecimentos e a falta de iniciação é evidente. Isso era tanto mais exato, com relação ao longo período histórico de que nos ocupamos, que o sacerdote, monopolizador de fato e de direito de toda a língua escrita, era, ao mesmo tempo, o monopolizador de todos os conhecimentos, religiosos, literários, científicos.

A palavra escrita, p. 71

Roteiro de leitura

1. Pela leitura acima, qual a função da escrita na cultura medieval?
2. Pensando na sua experiência como leitor, em que sentido o conceito de *biblioteca* mudou da Idade Média para o nosso tempo?

3. Sobre o conceito de *povo*, o texto diz que a questão nem se colocava: "faltavam-lhe os meios, faltava-lhe o tempo para a leitura". Pelas próprias informações do texto, seria apenas uma questão de "meios" e de "tempo"?

Texto 5

Considerações em torno do acesso ao mundo da escrita

Haquira Osakabe

Pensada como simples transposição da língua oral, a escrita tem sido relegada à condição de microcódigo que reproduz em escala menor e simplificada os problemas apresentados pela oralidade. Argumentos como a precedência histórica desta sobre aquela, bem como o seu caráter "não natural" têm embasado essa posição, a nosso ver discutível. Sobretudo porque a anterioridade histórica (se verdadeira) não é justificativa para a afirmação de que a escrita simboliza e reduz a oralidade e que sua não naturalidade implica a sua indiferenciação essencial. Na verdade, do ponto de vista de sua aprendizagem, *a língua escrita e a língua oral apresentam dificuldades de natureza distinta* que por si relegam a um segundo plano a questão relativa à sua natureza. Por esta razão é que, no âmbito da presente discussão, importará basicamente o fato de que a escrita atua *como complemento da oralidade*, cumprindo certas atribuições que se situam além das propriedades inerentes a esta. A mais evidente e talvez a mais central dessas atribuições concerne à necessidade de superação dos limites de tempo e espaço característicos da manifestação oral. A escrita se teria constituído, nesse particular, como *instrumento de "interlocução à distância" virtualmente capaz de suprimir limitações* da oralidade. Essa comunicação à distância (que hoje ganha outras alternativas) permite explicar características implicadas por essa mesma distância: a fixidez e a tendência monológica do discurso escrito[2]. A primeira característica acaba por se confirmar como requisito primordial da preservação do texto no percurso produtor-receptor, enquanto que a segunda decorre das condições peculiares da produção da escrita em que a manifestação do receptor-ouvinte é virtual e atua como um interferente *apenas pressuposto* ao discurso produzido pelo locutor.

Essas duas características (relativizáveis, é bem verdade, em contextos bastante especiais) ligam-se a uma outra que decorre não mais da destinação primordial da escrita tal como foi formulada acima, mas do processo de apropriação e uso social que marcam sua história até o presente. Mediatizada por estratégias mais tensas e sistemáticas de aprendizagem, a escrita achou-se e acha-se profundamente marcada pela sua assimilação por parte das camadas sociais que, por condições de privilégio, mais a manipulam. Direito apenas de camadas favorecidas por processos particulares de educação, a escrita guarda não por essência, mas por razão estratégica, marcas dessas mesmas camadas. Além disso, convém salientar que essa apropriação da escrita por segmentos sociais favorecidos, instituiu ao longo do tempo o próprio sistema de referências para sua aprendizagem. É desse modo que se explica a afinidade entre o código dito da escrita e um padrão linguístico socialmente dominante, e é desse modo ainda que um conjunto coeso de discursos escritos se oferece ao aprendiz como

---

2. Chamo atenção aqui para o caráter puramente indicativo da expressão "tendência monológica" do discurso citado. A realização da escrita teria essa tendência na justa medida em que o interlocutor, de maneira mais radical do que na oralidade, por convenção ou não, se acha impossibilitado de interferir e interromper a sequência produzida pelo locutor.

modelos implícitos dos discursos a serem proferidos[3]. Neste particular pode-se dizer que o processo de escolarização hipertrofia e estende sua tendência monológica. As linhas que seguem especificarão como se formulam no âmbito do acesso à escrita o quadro que acabei de descrever.

Aprender a ler não corresponde simplesmente à aquisição de um novo código ou muito menos ao simples desenvolvimento de um tipo de percepção através do acréscimo de uma nova habilidade. Aprender a ler é, também, ter acesso a um mundo distinto daquele em que a oralidade se instala e organiza: o mundo da escrita que, como se disse acima, não é o simples registro das manifestações orais, já que ele institui, para os falantes de uma mesma comunidade, territórios privilegiados, muitas vezes ocultos sob a forma de enigmas, documentos esotéricos, a cujo acesso a alfabetização pode se constituir numa espécie de iniciação. Fácil é constatar essa valorização da escrita nas páginas iniciais do primeiro livro de leitura, primeiro mundo constituído, organizado, a que se tem acesso após o processo de alfabetização. Esta, portanto, tem um caráter quase iniciático de um processo que dota o sujeito de poderes que outros membros do grupo social podem não ter. Laing, por exemplo, na sua *A família e a "família"*, indica indiretamente o valor primordial que se atribui a esse processo cuja recusa é interpretada, via de regra, como indício da doença mental que permite qualificar de "neurótico" um de seus pacientes por parte da família. Nesse contexto, aprender a ler e a escrever são necessidades tão gritantes que sua rejeição significa o alheamento do sujeito, e é tão forte quanto a recusa do alimento, da aceitação da família ou dos bens sociais. Essa valorização da alfabetização tem sua justificativa pelo fato de que ela pode instrumentar o sujeito para a própria vida, franquear-lhe possibilidades de sobrevivência, que, de outro modo, lhe estarão vedadas. Enxergado desse modo, esse processo de "iniciação" se distingue do processo de iniciação que caracterizou o domínio da leitura-escrita em algumas sociedades antigas. Tratava-se, em geral, de um privilégio de casta, a registrar e perenizar o saber que consagrava e permitia a continuidade daquelas sociedades. É o caso concreto dos antigos sacerdotes hindus, como é o caso do papel fundamental do clero na Idade Média, quando a sintonia deste com as camadas dominantes estabelecia entre Igreja e Feudo o movimento dos textos a serviço do conhecimento, que por sua vez estava a serviço daquele tipo de sociedade. A transformação desse horizonte que trouxe àquele quadro de circulação da escrita um novo componente, a burguesia, não desfez suas linhas básicas.

Assim, salvaguardadas as diferenças que se fazem não tanto pela natureza supostamente democrática deste último tipo de sociedade em relação às sociedades pré-industriais, mas, sobretudo, pela sua imposição como qualificação necessária ao próprio mecanismo produtivo das sociedades contemporâneas, a escrita persiste de algum modo nesse papel discriminativo. É possível dizer neste ponto que a ela se vincula uma necessidade pragmática. Os conhecidos programas de alfabetização em massa constituem a prova cabal desta afirmação. Alfabetiza-se o indivíduo para que ele seja mais produtivo ao sistema: por exemplo, para

---

3. Alerta-se para o equívoco com que o "modismo"da ideologia tem descartado a discussão sobre a importância do comportamento linguístico em benefício de uma visão meramente conteudística do problema, esquecendo-se,. com isso, da forma insidiosa com que esse comportamento cria condições de assentamento da própria ideologia.

que leia e compreenda instruções escritas no trabalho, para que leia e compreenda ordens e mandamentos que zelam a todo canto para a manutenção da ordem. Para além disso, a alfabetização não parece tão necessária: a manipulação ativa da escrita (o ato de escrever, por exemplo) se faz dispensável pela imposição de fórmulas já prontas, por modelos estabelecidos e já consagrados em manuais de ampla difusão. É ilusório, portanto, o ritual de passagem da alfabetização para a grande maioria dos "alfabetizados". A promessa da conquista de um novo mundo se frustra pelo emaranhado de necessidades outras que se interpõem em termos de exigência ao livre exercício da leitura e da escrita. Isso para as camadas sociais que se vinculam de maneira direta ao mecanismo de produção. Quanto às outras camadas, no entanto, saliente-se que a coisa não passa diferentemente: o ilusório de ritual de passagem mantém-se, mas com um grau de refinamento mais elevado. Se não, vejamos.

A que universo tem acesso o indivíduo alfabetizado? Se se toma a família e a escola como os ambientes mais imediatos no desenvolvimento do sujeito, a resposta pode ser mais clara.

Já se salientou a importância dessas instituições no desenvolvimento geral da personalidade. Cabe aqui ligar essa importância àquilo que diz respeito ao *franqueamento da leitura e ao desenvolvimento da escrita.* Laing, na mesma obra citada, indica o ler-escrever como um valor familiar que corresponde, na verdade, a um valor social. Esse valor, como se viu, é um valor de produtividade e não um valor que afirma o sujeito e lhe franqueia a diversidade de conhecimento. Pois bem, a educação escolar, no percurso que vai desde o primeiro livro, sempre se caracteriza por situar o educando em um universo fechado, via de regra, universo que se sobrepõe ao próprio real, neutralizando as contradições mais palpáveis desse mesmo real. Assim, persistem até hoje nos manuais a incidência sintomática dos discursos edificantes, cujos componentes são invariavelmente, em última instância: a Pátria, a Família e a Religião, fundados em valores difusos como Bem, Mal, Certo, Errado. A apologia de virtudes tais como o Patriotismo, a Caridade, a Abnegação, imprimem o papel neutralizador de tais discursos sobre as contradições que emanam dos conflitos sociais e psicológicos, vividos pelo sujeito. O que significa, em outros termos, que este se põe em contato com um universo fechado, orgânico e coeso, que se impõe não só como sendo real, o que como tal o desenraíza de seu lugar histórico e o homogeneiza. Mais do que isso, "tranquiliza-o".

Essa função da leitura, franqueada ao aluno, não é diferente do que se passa em relação às possíveis leituras não escolares. Evidentemente aqui se multiplicam os exemplos, impõem-se várias categorias distintas: revistas para a mulher, revistas para o homem, livros para adolescentes, livros para adultos etc. etc. No entanto, a unidade harmônica transparente no discurso escolar não se desfaz nessa pluralidade. A revista da mulher complementa a do homem, o livro para adolescente é sua preparação para adentrar no mundo do adulto etc. Harmonia de sexos e faixas etárias, cujas tensões, no fim, se configuram como manifestações "naturais" e que naturalmente se "diluem".

Nesse universo pouco há que se fazer, e o convite à reprodução de atitudes parece ser o único apelo de "ação". A manipulação da escrita é a decorrência palpável desse mecanismo. O aluno reproduz o que lê, via de regra. E não mais do que isso parece ser necessário para a obtenção dos fins a que se destina: leitor de um universo tranquilo que tem de ser o seu, sua escrita se inscreve nas práticas que servem a esse universo. Além desse limite, o universo se turva e a escrita-leitura se torna perigosa, corrosiva.

Tudo isso significa: o aluno "não-lê-não-escreve" se se entende como escrita a manipulação ativa e antimodelar desse código[4] e se se entende por leitura o acesso ao conhecimento diferenciado, aquele que permite ao leitor reconhecer sua identidade, seu lugar social, as tensões que animam o contexto em que se vive ou sobrevive, e sobretudo a compreensão, assimilação e questionamento seja da própria escrita, seja do real em que a própria escrita se inscreve.

Remetendo essas considerações às notas iniciais deste trabalho, é possível dizer que o acesso ao universo da escrita opera uma dupla redução das características da escrita: em primeiro lugar, reduz a fixidez do discurso escrito, exigência de sua persistência e durabilidade, à condição de organização discursiva modelar e estável. Em segundo lugar, reduz a sua tendência monológica a uma característica autoritária e também absoluta; isso por um processo de seleção de discursos coesos, além da consequente eliminação das manifestações que se lhe opõem. Tudo isso evidencia que o acesso ao código da escrita não se resume, como já se disse, num adestramento, mas sim implica um movimento de compromisso em que o instrumento adere o sujeito a um universo já formulado.

Extraído de *Leitura em crise na escola*, p. 148-152

Roteiro de leitura

1. Sintetize, em tópicos, o assunto de cada parágrafo.
2. Levante as questões que eventualmente você não tenha entendido, discutindo-as com os colegas (em equipes).
3. Agora faça um resumo do texto 5, *empregando entre 70 e 80 palavras*. Lembre-se: aqui interessa apenas o que está no texto!
4. Finalmente, faça um breve *comentário crítico* sobre os dois textos que você leu, *empregando entre 70 e 80 palavras*. Aqui é a *sua opinião* que interessa!

Atividade 7

Da oralidade para a escrita: uma passagem difícil

Para finalizar este tópico, vamos ler um texto que aborda o que significa o acesso à escrita quando estão envolvidos dois povos de cultura completamente distintas.

Texto 6

Da oralidade para a escrita: o processo de "redução" da linguagem

Maurizzio Gnerre

Há alguns anos, a comunidade indígena de Telán-Chismaute, no Equador central (Guamote, Chimbarazo), decidiu que não queria mais a escola que devia ser instituída no lugarejo. O diretor de educação pública da região ameaçou mandar a força pública para que a comunidade entregasse o terreno para a escola e aceitasse o professor que já havia sido nomeado. No final, depois de muita resistência, os índios conseguiram ser deixados em paz. Passados alguns meses, porém, os representantes da comunidade apresentaram-se às autori-

4. Se o modelo é um componente inevitável da aprendizagem, esta enquanto processo deve propiciar as condições contínuas de superação dos "estágios" modelares.

dades para pedir a escola. Um padre que trabalha na região os recebeu e estranhou a repentina mudança de atitude ocorrida na comunidade indígena. O líder dos índios então explicou:

> Queremos ter a escola... Mas não como a escola do Ministério, mas como a escola do camponês índio. (...) Na escola do camponês precisa que se ensine quíchua. O espanhol tá bom, *padrecito*, mas o quíchua é melhor. Na escola do camponês precisa que haja uma balança, para que as crianças aprendam a pesar, que depois não as enganem no mercado. Na escola do camponês precisa ter moedas pequenas e grandes e notas, para que as crianças aprendam a pagar e dar o troco, para que não as enganem no mercado e no ônibus. (...) E depois, que não ensinem besteiras, *padrecito*, porque montanha da África, Kilimanjaro, é mesmo uma besteira, *padrecito*. (Ortiz Crespo, 1983. Trad. do A.)

Em que sentido "Kilimanjaro, montanha da África, é uma besteira"? No sentido em que é um exemplo qualquer entre milhares possíveis, de "besteiras" análogas. Quer dizer, um exemplo de saber totalmente descontextualizado e fragmentário que, na realidade, talvez independentemente da vontade ou das intenções dos indivíduos, torna-se uma estratégia entre outras para fazer com que as crianças indígenas, em lugar de pensar em seus problemas de subsistência de uma forma mais orgânica com as novas relações suscitadas pela sociedade envolvente, tanto mais poderosa e totalizante, fiquem, ao contrário, ainda mais confusas no meio de suas informações fragmentárias e descontextualizadas.

Esta característica da escola e do saber escolar já foi evidenciada muitas vezes por pensadores, educadores e antropólogos. Voltemos, uma vez mais, a um trecho dos textos de Tuiavii (...), quando ele diz falando da "instrução":

> Quem tem instrução sabe a altura da palmeira, o peso do coqueiro, o nome de todos os seus grandes chefes, e quando é que guerrearam. Sabe de que tamanho é a lua, as estrelas, e todos os países do mundo. Conhece todos os rios pelo nome, todos os animais, todas as plantas. Sabe tudo, tudo mesmo. Se fizeres qualquer pergunta a um homem que tenha instrução, ele te dispara a resposta antes de fechares a boca. A cabeça dele está sempre carregada de munição, sempre pronta para disparar. (Tuiavii, 1983: 91-92)

Nessas palavras de Tuiavii, assim como nas palavras do líder índio daquela comunidade andina, vemos nitidamente a crítica à fragmentação, à compartimentação e à descontextualização do saber. Talvez, em quem participe de formas discursivas próprias de sociedades de tradição oral, a consciência do absurdo das características do saber escolar seja mais imediata do que naqueles que estão acostumados a conviver com a escrita e com instituições como a escola. Este segundo nível da crítica, porém, relativo à instituição escolar, é muito mais difícil de ser expresso por quem é interno ao uso da linguagem próprio das sociedades de tradição oral.

Linguagem, escrita e poder, p. 81-83

Prática de Texto

Como exercício de compreensão, escreva um texto abordando as questões abaixo. Mas atenção: cuide para que seu texto não seja simplesmente "três respostas a três perguntas"...

1. O texto faz uma distinção básica entre o saber da cultura de tradição oral e o saber da cultura de tradição escrita. Qual a diferença?
2. "Talvez, em quem participe de formas discursivas próprias de sociedades de tradição oral, a consciência do absurdo das características do saber escolar seja mais imediata do que naqueles que estão acostumados a conviver com a escrita e com instituições como a escola". Você concorda? Por quê?
3. "O espanhol tá bom, *padrecito*, mas o quíchua é melhor." Historicamente, em quase todos os processos de dominação de um povo sobre outro, há o estabelecimento da língua do dominador como a *língua oficial*. Quais são as consequências culturais deste fato? Quando o índio diz que o quíchua – uma língua que não dispunha sequer de um sistema de escrita – é "melhor" que o espanhol, ele está apenas demonstrando ignorância?

Atividade 8

Leitura

Encerrando o capítulo, vamos ler um texto de informação sobre um novo veículo – e uma nova revolução – da linguagem escrita, o *livro eletrônico*.

Texto 7

Virada de página

Ainda pouco conhecido na América Latina, o e-book, *ou livro eletrônico, promete dar uma sacudida no mercado editorial*

O livro eletrônico substituirá o livro tradicional? "Jamais. A fotografia assumiu muitas das funções da pintura, como a de retratar imagens de pessoas, mas ela não matou a pintura e sim a libertou. Abriu espaço para a experimentação", disse o escritor Umberto Eco à revista *Wired*.

Muitos autores latino-americanos receberam de braços abertos este novo meio de publicação. O escritor brasileiro João Ubaldo Ribeiro, por exemplo, é o segundo autor no mundo a lançar um livro à venda exclusivamente na Internet. Cobrando apenas 2 dólares por exemplar, em menos de um mês conseguiu vender mais de 5.000 cópias de *Miséria e grandeza do amor de Benedita* somente no Brasil. Desde seu lançamento – como resultado direto da sua atitude inovadora – as vendas das suas outras obras cresceram bastante. Recentemente, Ernesto Sábato, escritor argentino, também lançou online *La Resistencia*, seu último livro, conseguindo uma venda de 60.000 cópias impressas e 25.000 pela internet. Entre os autores que fazem uso desse meio, estão também os peruanos Jaime Bayly, que publicou *Los Amigos que Perdí* no portal Terra, e Mario Vargas Llosa, que lançou *La Fiesta del Chivo* no El País Digital. Em nenhum dos casos ocorreu a esperada – pelos pessimistas – diminuição na venda dos livros impressos.

Assim como alguns autores veem este meio de publicação e distribuição como uma oportunidade de atingir um público maior, outros se mostram céticos. O argentino Martín Caparrós, por exemplo, disse o seguinte a Ponto-com: "O livro eletrônico me dá vertigem e vertigem é uma sensação na qual o prazer e o espanto se misturam em proporções variáveis. Me atraem as possibilidades infinitas que os livros eletrônicos trazem e me aterra a de que um livro assim me cause uma paralisia proporcional a esse infinito." Outros autores, como Ernesto

Sábato, mostram-se indiferentes ao tema. Como literatos, o mecanismo de difusão de suas obras pouco lhes importa quando comparado à arte da criação. Apesar do hit com o lançamento online do seu romance *La Resistencia,* Sábato declara: "Eu me dediquei a escrever um livro. O resto é obra dos meus agentes literários."

A mistura de entusiasmo, nostalgia e medo que esses autores expressam é compreensível. Desde a invenção da imprensa, no século XV, o mundo vinha se mantendo fiel ao papel. Como alguém poderia imaginar que, depois de mais de 500 anos de uso da folha de papel, em menos de uma década a invenção da folha eletrônica poderia tornar essa tecnologia prescindível?

Mas a genialidade desse produto é indiscutível. O e-book, lançado pela NuvoMedia em 1998, representa uma alternativa muito sedutora para os livros tradicionais. Ele não apenas é similar ao *formato* clássico do livro como pesa apenas 600 gramas, sua tela não prejudica a visão, guarda milhares de páginas eletrônicas, dispõe de uma bateria que dura mais de 40 horas e permite a entrega imediata de produtos das livrarias pela Web. Ele também oferece a tecnologia para mudar a maneira como lemos hoje. A opção de incluir links em cada texto elimina a estrutura linear dos livros atuais e faz da leitura de um livro um ato personalizado.

Segundo um estudo da Andersen Consulting e da The American Association of Publishers, são boas as perspectivas de mercado dos livros eletrônicos nos Estados Unidos. Estima-se que as vendas atingirão o montante de 3,5 milhões de dólares no ano 2005. O lançamento eletrônico de *Riding the Bullet*, de Stephen King, gerou vendas de meio milhão de exemplares. Respondendo à alta demanda por seu livro, King optou por publicar, ele próprio, uma outra obra – *The Plant* – sem utilizar sua editora, a Simon & Schuster, que o ajudou a publicar a obra anterior. A estratégia de King para administrar a venda do livro está baseada na publicação em partes, e a continuidade do projeto depende de que pelo menos 75 por cento das pessoas que baixarem o livro da rede lhe enviem um dólar pelo correio. Esta iniciativa vem inquietando as editoras americanas, que estão trabalhando intensamente para digitalizar milhares de títulos e estabelecer normas que facilitem a distribuição do material sem expor suas publicações a riscos de pirataria.

O que representam iniciativas comerciais como a de Stephen King para cada um dos elos da cadeia editorial? Se esse meio tiver sucesso, os mais beneficiados serão os autores. De um lado, eles deixarão de depender das editoras, que são rápidas em promover a venda de autores-estrelas e dispensam pouco tempo àqueles que não garantem vendas substanciais. Por outro lado, o baixo custo de publicação e distribuição online também representará receitas bastante maiores, ainda que obtidas por meio das editoras. Por exemplo, a editora Hard Shell Word Factory, especializada em livros eletrônicos, repassa 30 por cento das suas vendas eletrônicas aos autores. No caso da impressão em papel, só lhes paga 10 por cento dos primeiros 5.000 livros vendidos. As editoras estão diante da possibilidade de terem que se reinventar. Seus produtos – os livros tal como os conhecemos – terão novas formas, com links, gráficos, som e elementos interativos. Finalmente, para os leitores, a publicação eletrônica lhes permitirá comprar textos dez vezes mais baratos por meio do computador.

Lamentavelmente, esse desenvolvimento tecnológico também ressalta a defasagem entre a velocidade dos avanços tecnológicos em países desenvolvidos e a lerdeza da América Latina em se adaptar a essas mudanças. Contrastando com a reação da indústria editorial dos Estados Unidos, as empresas latino-americanas estão tranquilas, pelo menos por enquanto, diante dessa nova tecnologia, pois não veem muitas ameaças ao seu negócio atual. De acordo com Murillo Tavares, presidente do site de comércio eletrônico de livros e CDs Submarino.com, "pelos próximos cinco anos, os livros impressos ainda ocuparão 99,9 por cento do mercado". As editoras também parecem não se preocupar com a questão. Como exemplo, Carlos Augusto Lacerda, presidente da editora Nova Fronteira, disse a Ponto-com: "O mercado de livros da América Latina não é em nada parecido com o dos Estados Unidos. A pobreza, falta de infraestrutura para a internet e a ausência de um sistema de banda larga fazem com que nesse momento não exista um mercado significativo para os livros eletrônicos. Baixar da rede um livro como o de Stephen King demoraria mais de 30 minutos; baixar volumes de referência, como uma enciclopédia, seria uma missão impossível porque a velocidade de transferência na América Latina é pelo menos cinco vezes mais lenta que nos Estados Unidos". Concordando com isso, Patricia Arévalo, editora-executiva da editora espanhola Alfaguara, afirma que o fruto do investimento de sua empresa nessa tecnologia provavelmente é a publicidade para que as pessoas se interessem em adquirir um exemplar físico. Segundo disse, "possivelmente o livro eletrônico abrirá o mercado de leitores, já que os consumidores de livros impressos continuarão consumindo-os".

Independentemente da velocidade com que essa tecnologia seja adotada, é muito importante observar que o livro eletrônico vai revolucionar a indústria editorial. Mas não fará isso concorrendo com o livro impresso e sim introduzindo um novo meio de produção e distribuição. Indubitavelmente haverá conteúdos cuja difusão será feita pela via digital, mas haverá outros que continuarão sendo sempre impressos em papel.

Revista Ponto-com, setembro, 2000

Capítulo 8

Texto de informação – I

Atividade 1

Livrando-se da "redação escolar"

Como vimos no capítulo anterior, a chamada redação escolar, concebida originalmente como um meio de aprimorar a escrita dos alunos, acabou se transformando num conjunto de macetes para o estudante ganhar nota e para o professor corrigir itens gramaticais isolados (acentuação gráfica, ortografia, concordância...). Nesse panorama, a própria noção de *texto* – com sua rede de relações internas e externas – desaparece da prática redacional. Esse problema não é apenas de uma questão de *técnica* (embora o aspecto técnico seja importante), mas também – e principalmente – de *visão de mundo*.

O primeiro desafio para quem pretende dominar a língua padrão escrita é sair do universo viciado da redação escolar, universo sem referências concretas, em que um *eu* abstrato repete opiniões fragmentadas, edificantes e moralizantes sobre um Homem e um Mundo igualmente abstratos, para um universo concreto no qual a linguagem escrita *age sobre o mundo.* Porque, afinal de contas, é para isso que se escreve – esta *ação* está presente tanto no bilhete semianalfabeto de uma empregada doméstica avisando que deixou a chave debaixo do tapete quanto no mais sofisticado texto científico.

Saber ler e escrever é, portanto, muito mais que dominar uma técnica ou um sistema de sinais: é agir sobre o mundo e defender-se dele, sempre em situações específicas e concretas, intencionalmente construídas e com objetivos claros. O próprio surgimento da "redação escolar" como um gênero da linguagem é a prova viva de que aprendemos rapidamente a nos defender numa situação concreta: a exigência de passar de ano na escola de acordo com os parâmetros dados e enfrentar o terror do vestibular. O problema deste gênero é que o seu domínio acaba destruindo os demais – e, ao final, a linguagem já não é nossa.

O texto de informação

Vamos começar nossa prática observando um gênero de linguagem que, apesar de sua presença maciça em quase tudo que lemos e ouvimos, poucas vezes aparece como referência nas salas de aula: o *texto de informação*. Embora a definição não seja muito precisa – afinal, a informação é uma qualidade presente em todo texto –, por ora ela nos serve como um primeiro divisor de águas. Podemos dizer simplesmente que o texto de informação é aquele que tem como objetivo primeiro *informar o leitor*. Vamos direto a um exemplo:

Texto 1

Badminton

Você não conhece esse jogo?
Então descubra e se apaixone

Sonia de Castilho

Tem quadra e raquete, mas não é tênis. Tem rede e set de 15 pontos, mas não é vôlei. Tem peteca, mas não é tamboréu. É badminton, um divertido jogo que, apesar de ainda pouco difundido no Brasil, é praticado por milhares de pessoas em mais de 100 países, principalmente na Inglaterra, Dinamarca e nos países asiáticos. E mais: aprovado pelo COI (Comitê Olímpico Internacional), o badminton será disputado oficialmente nos próximos Jogos Olímpicos de Barcelona, em 1992, com premiação em quatro categorias (sic).

A história conta que, por volta de 1870, oficiais da Marinha britânica descobriram, na Índia, um jogo chamado *poona*. Levado para a Inglaterra – mais especificamente para a cidade de Badminton –, o jogo ganhou adeptos, regras e o nome que o acompanha até hoje. No Brasil, o badminton vem ganhando destaque desde 1984, com a criação da Associação Paulista de Badminton, filiada à IBF (International Badminton Federation), entidade internacional que existe desde 1934.

O badminton é disputado em uma quadra de 13,4m de comprimento por 6,10m de largura, dividida por uma rede de 76cm fixada a uma altura de 1,55m. Usa como "bola" uma levíssima peteca, agilmente golpeada no jogo por raquetes, mais leves e mais longas que as usadas no tênis – devem medir entre 64 e 67cm e pesar de 90 a 140g. A peteca tem 8,8cm de comprimento e pesa entre 4,73 e 5,5g. A de melhor qualidade é feita com penas de ganso, mas é cara – custa cerca de 1 dólar – e dura muito pouco – em média, um set. A peteca de nylon é a opção mais barata e durável. O uniforme dos jogadores de badminton é predominantemente branco (70%), no melhor estilo tenista. No Brasil, a regra ainda não é obrigatória, mas deve se tornar oficial no próximo ano.

Também como no tênis, o badminton pode ter partidas individuais ou de duplas. O objetivo do jogo é devolver a peteca para o lado adversário, tentando fazer com que ela caia no chão, dentro dos limites da quadra.

(...)

Revista Boa Forma, ed. 54

Roteiro de leitura

1. Eis aí um texto básico de informação: tudo que ele pretende é *dar informações ao leitor* sobre o badminton. O leitor, aliás, é sempre um elemento importante: observe, por exemplo, o *você*, que aparece no subtítulo. Qual a função dessa palavra, no texto?
2. Observe que as frases são bastante curtas. No caso, isso é uma qualidade? Por quê?
3. O texto é *informativo*. Mas existirá *informação pura*? Em algum momento aparece uma *opinião*? (Observe, a propósito, que o simples fato de a revista escolher o badminton como assunto já implica uma *avaliação* do que é ou não é relevante para o leitor...)

4. Observe que a autora *não aparece* diretamente no texto (por exemplo, em construções como "gosto muito do jogo", "eu acho que"...). Quais são as consequências dessa ausência?
5. O texto está bem escrito? Por quê?

Prática de Texto

Escreva um texto de dois ou três parágrafos dando informações ao leitor sobre um esporte qualquer. Você pode *inventar* um novo esporte – e não esqueça do título!

Atividade 2

Informação + opinião

Vamos agora ler dois outros textos de informação, um pouco mais complexos que o anterior. Enquanto o primeiro era apenas um "manual de instruções" de um esporte, os que se seguem trabalham com informações que mexem diretamente com um *sistema de valores*, provocando no leitor uma reação *opinativa*. São dois exemplos típicos do jornalismo informativo contemporâneo.

Texto 2

Atrás dos muros

Para prevenir o crime, cidadezinha está sendo inteiramente cercada por alambrados

Rachel Verano, *de Iracemápolis*

Iracemápolis é uma pacata cidade de 15.000 habitantes, a 160 quilômetros de São Paulo, que se gaba de contar nos dedos de uma mão o número de presos que cumprem pena: são apenas três. A violência é coisa tão rara lá que nem chega a dar trabalho para os dezesseis homens do efetivo da Polícia Militar. Em todo este ano, foram registrados apenas sete roubos. Ainda assim, Iracemápolis deixou-se contaminar pelo mesmo pavor que aflige as metrópoles e tomou uma providência inusitada para manter a bandidagem longe de suas ruas. Nos próximos meses, será a primeira cidade inteiramente cercada de que se tem notícia no país. O prefeito Cláudio Consenza está tocando uma obra para isolar todo o perímetro urbano das rodovias que margeiam o município. É um alambrado de 2,5 metros de altura construído ao redor de toda a área habitacional, num percurso de quase 9 quilômetros. "Quero transformar a cidade num grande condomínio fechado", diz Consenza. "Só assim será possível manter a qualidade de vida que temos aqui e evitar futuros problemas de segurança."

Quando a obra, orçada em 300.000 reais, estiver concluída, no início do próximo ano, ninguém entrará ou sairá despercebido de Iracemápolis. As entradas do município receberão portais com guaritas de segurança monitoradas por câmaras de vídeo 24 horas por dia, ligadas a uma central da Polícia Militar. Por enquanto, a cerca ocupa um trecho de 500 metros e divide um bairro de classe média de uma movimentada rodovia, a SP 151. Foi exatamente ali que aconteceu o último e mais violento roubo registrado no município, há dois meses. O aposentado José da Silva saía de casa para uma caminhada quando foi surpreendido por dois assaltantes armados que levaram sua caminhonete zero-quilômetro e o fizeram refém por uma hora sob a mira de um revólver. Hoje, a cerca passa bem em frente a sua casa. "Estamos bem mais protegidos agora", diz ele.

A ideia de viver em condomínio fechado está sendo levada a sério pelos moradores. Eles não dão a mínima importância ao fato de Iracemápolis mais parecer uma cidade medieval murada, uma ilha separada do mundo real por um alambrado. Alguns hábitos já começaram a mudar no cotidiano das pessoas que vivem do lado de dentro da cerca. Até bem pouco tempo atrás, raramente se viam crianças nas ruas nas áreas próximas às rodovias. Hoje, os pais deixam que elas brinquem tranquilamente por ali.

Veja, ed. 1662

Roteiro de leitura

Antes de passar à próxima leitura, vamos considerar duas qualidades básicas de um texto informativo:

1. Observe que um bom texto de informação se concentra num assunto específico, e tudo no texto deve dizer respeito a ele (ao contrário da linguagem oral, em que costumamos divagar, mudar o rumo da conversa, abrir longas interrupções etc.). Assim, um bom texto informativo permite um resumo claro em poucas palavras.

Vejamos o *assunto* do texto, empregando 39 palavras:

> A prefeitura de Iracemápolis, interior de São Paulo, está erguendo um alambrado em torno da área urbana. Quando ficar pronto, ninguém entrará na cidade despercebido. Em toda parte haverá câmaras conectadas à Polícia Militar. Os moradores aprovam o projeto.

O *assunto* pode ser resumido de forma mais direta ainda, em uma única oração e apenas 24 palavras:

> O assunto do texto é a iniciativa da prefeitura de Iracemápolis, São Paulo, de cercar a cidade por um alambrado para protegê-la da violência.

Há milhares de resumos possíveis, mas certamente todos apresentarão mais ou menos as informações acima. Como exercício de síntese, acrescente ao resumo acima o custo do alambrado e o fato de que a inicativa é aprovada pela população – sem ultrapassar 35 palavras. Para maior clareza, divida o texto em duas orações.

Você já deve ter percebido este dado interessante: *toda informação é uma escolha*, isto é, só Deus pode dizer tudo, ao mesmo tempo, sem limite de espaço e tempo... *Informar* é, antes de tudo, *selecionar*.

2. O segundo aspecto básico de um bom texto de informação é a *ordem das informações, a sua sequência*. Isto é, o texto deve apresentar um conjunto de dados de cada vez, que em geral se organizam em parágrafos. Observe as informações de cada parágrafo:

1º parágrafo: descrição da cidade (local, número de habitantes, vida pacata), em *contraste* com o projeto da prefeitura. Depoimento do prefeito, justificando.
2º parágrafo: descrição do projeto de segurança; depoimento de José da Silva, aprovando.
3º parágrafo: a visão dos moradores e os novos hábitos.

Como se vê, há uma *ordem* na apresentação das informações, que dá clareza ao texto. Passemos agora à leitura seguinte.

Texto 3

A fazenda da utopia

No interior de São Paulo, um lugar onde não existe dinheiro, mas há médico, comida e moradia de graça para todo mundo

João Gabriel de Lima, *de Mirandópolis*

Pede-se atenção ao teste que se segue. "Era uma vez uma terra distante onde todo mundo trabalhava naquilo que mais gostava – e, mesmo assim, só quando acordasse disposto. Nesse lugar, escola e assistência médica eram gratuitas, ninguém pagava aluguel e, nas horas de folga, todos se dedicavam à dança, ao teatro, à música e às artes em geral." O trecho acima foi extraído:

a) das *Mil e uma noites;*

b) dos livros de Karl Marx, patrono da utopia comunista, segundo a qual um dia os homens seriam capazes de passar a vida pescando e fazendo críticas de teatro;

c) da obra do filósofo francês de origem suíça Jean-Jacques Rousseau, idealizador de uma sociedade onde cada indivíduo pudesse desenvolver plenamente suas potencialidades;

d) de uma crônica sobre os modos de vida no Brasil dos anos 90.

Quem escolheu a resposta *d* acertou na mosca: essa "terra distante", por mais absurdo que possa parecer, existe e fica nas vizinhanças de Mirandópolis, a 602 quilômetros de São Paulo, próximo à fronteira com Mato Grosso do Sul. Quem respondeu *c* errou por pouco. O lugar em questão foi fundado por um imigrante japonês que, após ser reprovado por três vezes consecutivas no vestibular para timoneiro de navio em sua terra natal, aportou no Brasil com um livro de Rousseau debaixo do braço disposto a levar à prática as ideias de seu ídolo. O sonho se materializou na fazenda Yuba, uma comunidade agrícola situada no município paulista de Mirandópolis, onde 26 famílias formadas por imigrantes japoneses e seus descendentes vivem uma vida de conto de fadas.

Os lavradores de Yuba acordam antes do sol nascente. Pés descalços, às 6 horas da manhã eles já estão no campo trabalhando no cultivo dos 7000 pés de goiaba da fazenda, lavoura que é responsável pelo sustento da comunidade. O trabalho é interrompido quatro vezes por um toque de berrante que anuncia as horas das refeições. Quando o sol se põe, outra luz se acende em seu lugar: a dos potentes refletores do teatro local, equipado com tecnologia japonesa e construído com a madeira das árvores cultivadas em Yuba. Lá, os mesmos lavradores que passaram o dia no campo se juntam aos colegas que consumiram a tarde em afazeres domésticos para se dedicar à dança, ao teatro, à pintura e ao canto coral, tudo de acordo com os ensinamentos do fundador da comunidade, Issamu Yuba – morto em 1976 –, defensor da ideia de que uma vida saudável tinha, como pilares básicos, o cultivo da terra e da arte.

Mão na massa – Outra característica, além da dedicação às artes, faz de Yuba um lugar especial: ao contrário dos 150 milhões de brasileiros que desde 1985 tiveram de aprender a fazer contas com o cruzeiro, depois com o cruzado, mais tarde com o cruzado novo e por fim, mais uma vez, com o cruzeiro, os moradores da fazenda não têm contato com o dinheiro – mercadoria que era considerada por Issamu como um perigoso obstáculo à vida harmoniosa pregada por Rousseau. Assim, os lavradores de Yuba não recebem salário pelo seu trabalho. "Por isso, quem não compartilha das nossas ideias não consegue ficar muito tempo na fazenda, já que ninguém aceita trabalhar de graça", conta Tetsuhiko Yuba, filho de Issamu que herdou o posto de chefe da comunidade. Na qualidade de chefe, ele centraliza todo o dinheiro ganho com a venda de goiabas e legumes cultivados na fazenda. A arrecadação, uma média de um milhão de cruzeiros mensais, é reinvestida na lavoura – com a compra de sementes, adubo, inseticidas etc. –, e o excedente é convertido em benefícios para a comunidade, como escola, assistência médica e montagens teatrais. No tocante a alimentos, a comunidade só compra arroz e feijão. O restante vem da própria terra: Yuba tem hortas espalhadas pelos seus 20 alqueires, gado para corte e uma granja.

Como ninguém tem dinheiro, Yuba não tem comércio. Quem gosta de costurar faz as roupas que todo mundo veste, quem sabe fazer serviço de pedreiro constrói as casas onde todos moram e assim por diante. Esse sistema tem seus problemas. Se ninguém está com vontade de colocar a mão na massa, é possível que uma família espere anos até que sua casa fique pronta, exercitando a infinita paciência oriental. Isso, porém, raramente acontece. Como a vida é comunitária, cada um procura harmonizar seus gostos pessoais com a necessidade de todos. Yuba só contrata gente de fora para trabalhar na lavoura, e ainda assim só na época mais intensa da colheita.

Sem comércio e sem dinheiro, voltados para a arte e para a natureza, os moradores de Yuba vivem uma vida primitiva, negando as conquistas da civilização, mais ou menos de acordo com os ensinamentos do polêmico filósofo Rousseau. Em seus livros, ele defendia a tese de que o homem é primordialmente bom, de que a corrupção nasceu junto com a propriedade privada e de que a civilização converte as aspirações mais puras do indivíduo em vaidade e hipocrisia. O filósofo Voltaire, seu principal opositor dentro do iluminismo francês do século XVIII, zombava dele dizendo que o principal objetivo de Rousseau era converter os homens em animais. Entre os jovens de Yuba – que formam a segunda geração da comunidade, fundada há 65 anos –, existem os que pensam como Voltaire e os que se alinham com as ideias de Rousseau. Os primeiros abandonaram a fazenda em busca de melhor sorte na cidade grande. Os demais, que ficaram, ganharam a companhia de dezenas de pessoas que concordam com a ideia mirabolante de que a civilização é um mal, trocando o conforto das metrópoles pela vida primitiva da fazenda.

Sapatilhas – Yussaku Yuba, de 39 anos, é um dos que nasceram em Yuba e por lá ficaram. "Na adolescência, tive muitas dúvidas", relembra. "Resolvi continuar aqui porque, se de um lado você perde parte de sua individualidade, de outro você entra em contato com milhares de coisas que não caberiam na rotina de um assalariado." Yussaku é pedreiro – participou da construção de quase todas as casas da aldeia –, poeta, dramaturgo e professor de Arquitetura. É ele quem ensina às crianças os segredos da construção de casas. Sua mulher, Sílvia, de 31 anos, se enquadra entre as pessoas que foram morar em Yuba por opção. Nascida em São Paulo, ela estudou Artes Plásticas na Faculdade Armando Álvares Penteado, a Faap, coordena hoje o ateliê de pintura da fazenda e nem pensa em voltar. "A vida aqui é voltada para as coisas práticas e, por isso, se aproxima do ideal de criação de todo artista", diz.

A bailarina Akiko Ohara pensa da mesma forma. Ela veio direto do Japão para Yuba em 1961 acompanhada do marido, escultor, em busca do que julgava ser o paraíso perdido dos artistas. Formada em dança contemporânea em Tóquio, Akiko dava aula num centro de pesquisas de arte vanguardista ao mesmo tempo que, para sobreviver, dançava em programas de televisão – trabalho que detestava. Em Yuba, Akiko encontrou terreno fértil para a sua arte, e logo que chegou, fundou o Balé Yuba, que é hoje a ponta mais visível da atividade cultural da fazenda – já fez turnês pelo Brasil e se apresentou no exterior. "Ninguém por aqui sabia dançar quando eu cheguei, o que tornou o trabalho ainda mais fascinante. Era como escrever um poema numa folha de papel em branco", compara. Sua coreografia predileta, *Bravos pioneiros*, traz gestos inspirados na atividade dos lenhadores e coloca em cena, junto com os bailarinos, os trabalhadores do campo. Em montagens como essa, ela consegue a proeza de levar lavradores que passam o dia com os pés descalços para o mundo mágico das sapatilhas.

O prestígio do Balé Yuba fez com que, nos anos 70, vários artistas da colônia japonesa se interessassem pelo trabalho desenvolvido na fazenda. Os pintores Manabu Mabe e Ashyia Takaoka chegaram a desenhar cenários para as apresentações da companhia. Hoje, Yuba não atrai apenas as atenções dos artistas da colônia japonesa. O maestro Ricardo Nogueira, integrante do Projeto Monitores Corais, da Secretaria Estadual da Cultura, escolheu Yuba para exercer sua atividade de regente e se espantou com a musicalidade dos lavradores da fazenda. "Eles são versáteis a ponto de cantar bem tanto músicas tradicionais como peças complicadas de Bach ou Mozart", entusiasma-se. Essa versatilidade não é obra do acaso. As crianças em Yuba têm aulas de música – assim como de dança e pintura – desde pequenas, a fazenda tem cinco pianos e quase todos os jovens do lugar são capazes de executar ao instrumento estudos de Chopin ou sonatas de Beethoven.

Faces de um mesmo sonho – Além de encantar os artistas, Yuba tem o dom de abrigar aqueles que se sentiam "estranhos no ninho" em seus lugares de origem. É o caso de Masakatsu Yazaki, de 46 anos. No Japão, ele tinha um grave problema: era um guitarrista especializado em música country americana, gênero que não costuma frequentar as paradas de sucesso nipônicas. Pensou em se mudar para os Estados Unidos para tentar a sorte por lá, mas achou que dificilmente alcançaria o estrelato cantando *Oh, Susanna* em japonês. Mudou-se, então, para Yuba, onde passa o dia tocando antigos sucessos country no lugar mais apropriado para isso: uma fazenda. "Descobri, aqui, que minha vida poderia ser mais do que música", diz Masakatsu, que, quando não está tocando, exerce o ofício de sapateiro da comunidade.

A essa segunda geração de Yuba se juntam os moradores antigos, como Kinsuke Minowa, de 80 anos. Ele conheceu o patriarca Issamu Yuba nos campos de beisebol – esporte que até hoje é exaustivamente praticado na comunidade –, ajudou a fundar a fazenda e hoje divide seu tempo podando as goiabeiras e escrevendo haicais – um gênero de poesia tradicional japonês. "Não conseguiria viver em nenhum outro lugar, pois desaprendi como é que se conta dinheiro", brinca. "Aprendi, com o tempo, que podar goiabeiras exige tanta arte quanto escrever poemas, e nisso consiste minha sabedoria", ensina, resumindo numa frase a filosofia de Yuba – um lugar onde o sol quente do oeste do estado de São Paulo e a luz dos refletores iluminam, na vida e na arte, duas faces de um mesmo sonho.

Veja, 29/08/1990

Roteiro de leitura

1. Eis aí outro texto exemplar do que aqui chamamos texto de informação. Para começar, apresente o *assunto* do texto, empregando entre 30 e 35 palavras.

2. Em seguida, faça um levantamento das características de um texto de informação. Descubra que aspectos do texto que você leu permitem defini-lo assim. É importante lembrar que os aspectos que *não estão no texto* também ajudam a defini-lo!

3. Considere esta afirmação de Mikhail Bakhtin:

> Não se pode construir uma enunciação sem modalidade apreciativa. Toda enunciação compreende antes de mais nada uma *orientação apreciativa*. É por isso que, na enunciação viva, cada elemento contém ao mesmo tempo um sentido e uma apreciação.

Em outras palavras, Bakhtin diz que não há "informação pura", isto é, toda palavra está carregada de *opinião*, mesmo num texto como esse que lemos. O próprio destaque gráfico dado a uma ou outra informação (p. ex., na primeira página em letras garrafais, ou no segundo caderno em letras miúdas) já indica *apreciação*, ou seja, um ponto de vista sobre o que é e o que não é relevante. Pense nos noticiários da televisão: a simples escolha das notícias que vão ao ar também já é, em si, *uma opinião sobre o que acontece no país*.

Na linguagem oral, a *orientação apreciativa* transparece não só no sentido das palavras, mas também na entonação da voz, na expressão facial etc. Consideremos agora o texto escrito. Releia "A fazenda da utopia" e assinale os momentos em que o autor deixa transparecer sua *opinião* sobre aquilo que informa.

4. Vamos ler agora uma outra citação de Bakhtin sobre alguns aspectos da natureza da linguagem.

> Qualquer que seja o aspecto da expressão-enunciação considerado, ele será determinado pelas condições reais da enunciação em questão, isto é, antes de tudo pela situação social mais imediata.
>
> Com efeito, a enunciação é o produto da interação de dois indivíduos socialmente organizados e, mesmo que não haja um interlocutor real, este pode ser substituído pelo representante médio do grupo social ao qual pertence o locutor. A palavra dirige-se a um interlocutor: ela é função da pessoa desse interlocutor: variará se se tratar de uma pessoa do mesmo grupo social ou não, se esta for inferior ou superior na hierarquia social, se estiver ligada ao locutor por traços sociais mais ou menos estreitos (pai, mãe, marido etc.). Não pode haver interlocutor abstrato; não teríamos linguagem comum com tal interlocutor, nem no sentido próprio nem no figurado. Se algumas vezes temos a pretensão de pensar e de exprimir-nos urbi et orbi, na realidade é claro que vemos "a cidade e o mundo" através do prisma do meio social concreto que nos engloba.

O que Bakhtin fala a respeito da linguagem em geral serve perfeitamente para compreendermos a natureza do texto lido. A quem o texto se destina? Qual o seu interlocutor? Saber que o texto saiu na revista *Veja* já é, por si só, uma boa dica. Mas o próprio texto dá indicações do seu leitor virtual. Quem é esse leitor? Tente fazer um quadro: faixa etária, classe social, nível de informação, escolaridade etc. Não se trata de "adivinhar", mas de descobrir, pelos sinais da linguagem, a quem o texto se dirige.

5. Vamos nos debruçar agora nos aspectos técnicos do texto lido. Observe que o texto se divide em 11 parágrafos, que são subpartes graficamente destacadas do conjunto pela mudança de entrada de linha. Qual a função deste destaque gráfico? (Suponha que o autor escrevesse a reportagem inteira numa sequência só. O que aconteceria?)

Você já resumiu o assunto do texto. Vamos agora resumir o assunto de cada *parágrafo*. É suficiente uma linha para cada um. Confira:

1. Teste múltipla escolha.
2. Resposta: fazenda Yuba (origem, localização).
3. Contraste: lavradores / prática artística.
4. (*Você continua!*)

6. Como pudemos observar, todo texto bem escrito obedece a uma *hierarquia de informações*, que se dividem em parágrafos. Isto é, o texto avança em partes semanticamente organizadas, de modo que as informações não se atropelem. Mas o *avanço das informações* deve ser "costurado", ou então será apenas uma sequência avulsa de dados. O velho ditado da linguagem popular – "uma coisa puxa a outra" – é particularmente verdadeiro no texto escrito.

Para que esta "costura" seja clara e lógica, a língua dispõe de uma série de *recursos coesivos*, que são aquelas palavras que estabelecem relação entre o que foi dito e o que se vai dizer, que *ligam* uma coisa com outra. Vamos chamar essas palavras de *relatores*.

Como exercício, diga o que significam as palavras em **negrito** do texto abaixo:

> Pede-se atenção ao teste **que** se segue. "Era uma vez uma terra distante **onde** todo mundo trabalhava naquilo que mais gostava – **e**, mesmo **assim** só quando acordasse disposto. **Nesse** lugar, escola e assistência médica eram gratuitas, ninguém pagava aluguel **e**, nas horas de folga, **todos** se dedicavam à dança, ao teatro, à música e às artes em geral."

Veja que *em si* essas palavras pouco significam – elas apenas "apontam" para outras palavras. Tais relatores são elementos *extremamente importantes* da linguagem escrita: a eles devemos a precisão e a clareza de um texto. Observe que aqui é mais uma vez fundamental a distinção entre linguagem escrita e linguagem oral. De fato, o leitor do nosso texto não pode contar com nossa expressão facial, com nosso dedo apontado ("Fica ali, ó!), com a correção instantânea de qualquer ambiguidade que a fala permite. Tudo que ele tem para nos compreender é o que nós escrevemos!

Os relatores são também fundamentais na *costura dos parágrafos*. Cada parágrafo novo deve contar com as informações dos parágrafos anteriores, que não precisam ser repetidas, mas que devem ser levadas em conta para que o texto não se transforme numa mera colagem de informações avulsas sem relação entre si. De alguma forma, o início do parágrafo seguinte deve se relacionar com o que foi dito antes.

Releia o segundo parágrafo do texto. Ele começa assim: "Quem escolheu a resposta *d* acertou na mosca (...)". É claro que isso só faz sentido para quem já leu o parágrafo anterior. Só assim sabemos o que é "resposta *d*". Do mesmo modo, a expressão "Quem escolheu" só faz sentido com relação ao início do parágrafo primeiro: "Pede-se atenção ao teste que se segue".

Como exercício, assinale no início dos parágrafos que se seguem qual elemento – uma palavra, uma expressão, uma frase – estabelece a relação com o que se escreveu antes.

Finalmente, descubra se algum parágrafo poderia ser trocado por outro sem comprometer a sequência lógica do conjunto.

Atividade 3

A informação na internet

É importante relembrar que o veículo da informação – a televisão, o rádio, o jornal ou a revista, por exemplo – são fatores relevantes que *interferem* na estrutura do texto. Um espaço que surgiu há pouquíssimo tempo e que está crescendo de uma forma fantástica (ou, para os mais conservadores, "assustadora"), é a internet, a rede mundial de computadores. E dentro da internet – um meio em que cabe absolutamente tudo em termos de comunicação – a informação jornalística ocupa uma importância extraordinária. Entre todos os aspectos que diferenciam a internet dos outros meios, destaca-se a sua abrangência a um tempo instantânea e universal; além disso, ela dispõe de uma riqueza de recursos (som, vídeo, cor, animação) com que nem sonharíamos pouco tempo atrás.

Mas também na internet o velho e bom *texto*, a palavra nossa de todo dia, está presente – melhor dizendo, *onipresente*: não há página que se abra sem que lá esteja alguma coisa *escrita*. E, também nesse caso, as características próprias do veículo interferem na estrutura do texto. Veja um exemplo ao acaso extraído do *UolNews*:

Avião sequestrado cai com 18 ocupantes

19/09/2000 – 12h03

da Redação em São Paulo

Clique **aqui** para assistir ao vídeo

Um avião com 18 pessoas a bordo caiu há poucos instantes na costa da Flórida (EUA), informaram a rede de TV CNN e o site da MSNBC. O avião havia sido sequestrado em Cuba poucas horas antes.

De acordo com as informações da CNN, o avião pode ter boias que permitem que ele aterrisse na água.

A informação não foi confirmada e ainda não se sabe se as pessoas a bordo sobreviveram ou não.

A Guarda Costeira dos EUA já está se dirigindo à região do acidente, próximo a Key West, para começar as buscas.

O avião era um Antonov AN2A, de fabricação russa e de porte pequeno.

Segundo a agência de notícias Reuters, uma porta-voz do aeroporto internacional de Miami disse ter recebido a informação de que o avião havia sido sequestrado e que, ainda em Cuba, já estava voando com pouco combustível.

O avião havia decolado de Pinar del Rio, Província no oeste de Cuba, e os sequestradores pretendiam levá-lo ao aeroporto de Opa-Locka, ao norte de Miami.

Como exercício, assinale as diferenças estruturais que você observou entre esse texto e os outros textos de informação que temos lido até aqui.

É claro que este é um universo muito recente e que apenas começa a ser objeto de estudo mais aprofundado nas áreas de comunicação. Mas para que você tenha uma breve introdução à relação entre texto informativo e internet, entrevistamos com exclusividade o escritor Bernardo Ajzenberg, diretor de conteúdo da *Folha Online*.

Entrevista

Prática de Texto – Do ponto de vista da linguagem, quais as diferenças gerais mais notáveis entre o jornal de papel e a informação na internet?

Bernardo Ajzenberg – O perfil do público de internautas ainda é em grande medida uma incógnita, principalmente em relação ao que já se conhece sobre aquele das publicações impressas. Não há evidências de homogeneidade social ou cultural. Isso se exacerba no caso de sites de abrangência ampla, com vocação para abordar os mais diversos assuntos. De maneira geral, o jornal impresso pode adotar um padrão de texto mais elevado se o seu leitor assim o absorve – e já há pesquisas e tradição a esse respeito.

Na internet, porém, ao menos por enquanto, ele deve ser pautado por uma linguagem simples, direta, arriscando-se a um hermetismo, por exemplo, apenas em canais ou estações específicos cuja audiência se possa inferir de antemão. Além disso, há os recursos de linguagem diferenciadores, próprios ao meio-internet (*links*, ilustrações "móveis", áudio, vídeo etc.), cada vez mais utilizados e, obviamente, inaplicáveis ao meio impresso. A grande diferença, com o tempo, deverá residir aí.

– *E quais as diferenças específicas: estrutura da oração, parágrafo, extensão de texto?*

– A estrutura não apresenta tantas diferenças, pelo menos em relação ao modelo atualmente preponderante nos principais jornais diários. Estes, desde o início da década de 80, sofreram profundas mudanças, de certo modo adaptando seu "estilo" de texto à necessidade de poupar tempo do leitor. Adotaram, então, a ideia dos parágrafos curtos, de orações breves, muita ilustração (material iconográfico) e controle rígido no sentido de evitar textos longos. É o modelo que a internet adota, embora radicalizando-o.

Além disso, alguns estudos recentes demonstram que o leitor de internet (internauta) normalmente para de ler um texto ali pela vigésima linha. Isso obriga a que, nesse momento de uma notícia (ou narrativa), o jornalista introduza algo que renove a atenção do usuário. Paradoxalmente, liberada que está das pressões de espaço, a internet permite textos bastante longos, se for preciso. Isso é positivo. Desde que ele siga a "regra das vinte linhas", pode se tornar bastante útil para o aprofundamento de certas questões, de modo até mesmo complementar em relação ao jornal impresso.

– *O jornalismo na internet ameaça o jornal tradicional?*

– Não considero haver aí uma ameaça ao jornal, mas sim ao jornalismo tradicional. A chamada mídia impressa terá, mais uma vez (pois já teve de fazer algo semelhante face ao advento da TV), de reavaliar o seu lugar como meio de comunicação. Deixar de priorizar uma cobertura extensiva e horizontal para dedicar-se, mais, a uma cobertura vertical, intensiva, exclusiva. Se assim for, encontrará um modo de convivência com o jornalismo on line que lhe garanta a sobrevivência. Por quanto tempo, aí é mais difícil saber.

– A Folha Online tem alguma orientação específica quanto ao uso de palavras estrangeiras? (Aspas, itálico etc.).

– A *Folha Online* segue os padrões da *Folha de S. Paulo* impressa, que tem um manual no qual essas questões estão colocadas de modo bastante claro. Não há xenofobia, mas também não deve haver um uso gratuito e aleatório de palavras estrangeiras.

Quando não há palavra equivalente em português e a estrangeira já caiu no chamado uso corrente, usa-se esta última, em itálico sem aspas. No caso de uma palavra menos conhecida, em havendo a necessidade de usá-la, será grafada em itálico com aspas e sempre deverá ser acompanhada de uma explicação.

– Em que medida a instantaneidade do noticiário on line influencia o trato da língua pelo jornalista?

– Esse é um dos maiores problemas colocados e que ainda merece discussão. Pressionados pela necessidade de "colocar no ar" o mais rapidamente possível uma notícia, ocorre de o jornalista deixar para segundo plano questões de ordem sintática ou gramatical. Os erros, aí, se fazem presentes e, de certo modo, quase inevitáveis. Intrínseca a essa "media", porém, está a possibilidade, também imediata, de correção. Ou seja: um texto que entra no site com um erro pode ser corrigido em seguida, e certamente o número de pessoas que o lerá já corrigido será maior do que o daquelas que o "pegaram" com o erro inicial.

Entrevista concedida via internet

Língua padrão

Neste item, a partir deste capítulo, vamos observar e discutir alguns aspectos problemáticos da língua padrão escrita do português brasileiro. Como grande parte dos textos deste livro foram publicados em jornais e revistas contemporâneos, eles são documentos interessantes da língua escrita real do Brasil e podem dar margem a uma boa reflexão sobre as diferenças e flutuações do padrão. Muitos dos tópicos aqui abordados serão retomados mais sistematicamente no capítulo quatorze (*Estrutura da oração*). Ao refletir sobre esses tópicos, não se esqueça de que você deve ser parte ativa da língua e não a sua vítima!

Variedade

Logo no primeiro parágrafo do texto 3 ("A Fazenda da Utopia") encontramos um *erro gramatical*, tomando-se como referência a gramática normativa. Você é capaz de encontrá-lo? Para discutir: como "socioproprietário" da língua, você considera que esse erro é, de fato, um erro, ou simplesmente uma indicação de que a gramática normativa ainda não legitimou uma mudança concreta do padrão brasileiro oral? É interessante observar a *flutuação* dessa tendência. No texto 2, a mesma estrutura aparece com a preposição: "Será a primeira cidade inteiramente cercada **de** que se tem notícia no país". Na linguagem oral, nesses casos, há uma tendência sistemática a omitir a preposição.

Como exercício, passe para o padrão escrito normativo as seguintes ocorrências da linguagem oral:

1. Todo mundo trabalhava naquilo que mais gostava.
2. O livro que ele se identificou mais foi *O deserto dos tártaros.*
3. A gramática que estamos nos referindo é a normativa.
4. O cantor de rock que eu simpatizo não nasceu ainda.
5. Quem ele reclamou, ninguém ficou sabendo. (Atenção: aqui há várias possibilidades, com sentidos diferentes!)

Crase

A crase é uma unanimidade nacional: ninguém sabe usá-la! Pior que isso: qualquer professor de português sincero será obrigado a confessar que, apesar de todos os esforços ao longo de anos a fio, seus alunos continuam errando! Há provavelmente duas razões para isso. A primeira é que, no português do Brasil, não há qualquer diferença fonética entre a preposição *a* e o artigo *a*. Isto é: para nós, a crase só existe na escrita. A segunda razão diz respeito à mudança da língua: na nossa gramática de falantes, dispensa-se a preposição *a* na regência de um grande número de palavras. Por exemplo, todo mundo *assiste um filme*, e não *a* um filme! É por essa razão que os macetes, tão úteis em outros casos, fracassam redondamente! Sem se conhecer a regência-padrão, a crase não tem solução!

Mas venceremos esta guerra. Como primeira batalha, sublinhe ao longo do texto todas as ocorrências da crase e justifique seu emprego. Você pode até escrever umas regrinhas para uso próprio.

Em seguida, preencha os claros com *a, à, às* ou *ao*:

1. Ele chegou — conclusão do trabalho.
2. Ele chegou — essa conclusão.
3. Ele chegou — fim do exercício.
4. Ele chegou — conclusões completamente diferentes.
5. Ele chegou — ver o fim do túnel.
6. Ele chegou — sete horas.
7. Ele chegou — fim de criar problema.

Flexibilidade

Uma das qualidades mais notáveis da língua é a *flexibilidade*. Há sempre muitas formas de transmitir as mesmas informações.

Observe os exemplos:

1. Quando a obra, orçada em 300 000 reais, estiver concluída, no início do próximo ano, ninguém entrará ou sairá despercebido de Iracemápolis.

2. Quando a prefeitura concluir a obra – que deve terminar no próximo ano ao custo de 300 000 reais – ninguém entrará ou sairá despercebido de Iracemápolis.

3. Ninguém vai conseguir entrar ou sair sem ser notado de Iracemápolis quando a obra terminar, no comecinho do ano que vem, depois de comer 300 000 reais do orçamento.

Observe que as três orações mantêm mais ou menos as mesmas informações, embora se estruturem de maneira diferente. Mas, é claro, toda mudança de estrutura ou de vocabulário representa também mudança de *significado* ou, pelo menos, de *orientação apreciativa* (Compare: *ele é honesto* X *honesto, ele é*). Nas orações acima, veja como em *a*, o destaque da informação vai para *a obra*; em *b*, para *a prefeitura*. Em *c*, o destaque vai para o custo, que merece um comentário negativo (*depois de comer 300 000 reais*); o comentário poderia ser graduado – *consumir, gastar;* ou mesmo favorável (depois de consumir apenas 300 000 reais; veja que bastariam aspas para mudar o tom – consumir "apenas"...). Enfim, as possibilidades de *apreciação* são infinitas.

Vamos agora exercitar os recursos sintáticos da língua, sentir, na prática da escrita, a flexibilidade que nos permite variar a expressão e marcar diferenças sutis de significado. Reescreva as orações abaixo, conservando as mesmas informações. *Importante*: inicie da forma indicada.

1. A Fazenda Yuba foi fundada por um imigrante japonês que, após ser reprovado por três vezes consecutivas no vestibular para timoneiro de navio em sua terra natal, aportou no Brasil com um livro de Rousseau debaixo do braço disposto a levar à prática as ideias de seu ídolo.

Reprovado por três vezes...

2. O sonho se materializou na fazenda Yuba, uma comunidade agrícola situada no município paulista de Mirandópolis, onde 26 famílias formadas por imigrantes japoneses e seus descendentes vivem uma vida de conto de fadas.

Uma comunidade agrícola...

3. Outra característica, além da dedicação às artes, faz de Yuba um lugar especial: ao contrário de 150 milhões de brasileiros, os moradores da fazenda não têm contato com o dinheiro.

Os moradores da fazenda...

4. "Quem não compartilha das nossas ideias não consegue ficar muito tempo na fazenda, já que ninguém aceita trabalhar de graça", conta Tetsuhiko Yuba, filho de Issamu que herdou o posto de chefe da comunidade.

Tetsuhiko Yuba...

5. Sem comércio e sem dinheiro, voltados para a arte e para a natureza, os moradores de Yuba vivem uma vida primitiva, negando as conquistas da civilização, mais ou menos de acordo com os ensinamentos do polêmico filósofo Rousseau.

A comunidade de Yuba...

6. Em seus livros, Rousseau defendia a tese de que o homem é primordialmente bom, de que a corrupção nasceu junto com a propriedade privada e de que a civilização converte as aspirações mais puras do indivíduo em vaidade e hipocrisia.

A tese de que o homem...

7. "A vida aqui é voltada para as coisas práticas e, por isso, se aproxima do ideal de criação de todo artista", diz Sílvia.

Segundo Sílvia...

8. A bailarina viajou direto do Japão para Yuba acompanhada do marido, escultor, em busca do que julgava ser o paraíso perdido dos artistas.

Viajando...

9. Formada em dança contemporânea em Tóquio, Akiko dava aulas num centro de pesquisas de arte vanguardista ao mesmo tempo em que, para sobreviver, dançava em programas de televisão – trabalho que detestava.

Para sobreviver...

10. Sua coreografia predileta, *Bravos pioneiros*, traz gestos inspirados na atividade dos lenhadores e coloca em cena, junto com os bailarinos, os trabalhadores do campo.

Com gestos...

Atividade 4

Leitura

Para você perceber a força estilística da flexibilidade da língua, vamos ler dois conjuntos de textos. No primeiro conjunto, temos o início do conto *Pensão Nápoles*, de Dalton Trevisan, na versão publicada em 1965, e, ao lado, o mesmo início na versão de 1992. Observe como as mudanças de linguagem, aparentemente insignificantes (afinal, o texto continua apresentando as mesmas informações!), *modificam* significativamente a força e o impacto do conto.

No segundo conjunto, compare cinco versículos do Salmo 46, da Bíblia, em três diferentes traduções. Veja como cada palavra ou expressão sinônima tem a sua própria rede de significados, criando efeitos diferentes, embora com o mesmo sentido básico.

Texto 4

Pensão nápoles

Dalton Trevisan

(VERSÃO 1965)	(VERSÃO 1992)
Desde que aportou em Curitiba, Chico vivera às margens do rio Belém e queixava-se de que tinha as unhas sujas de seu barro amarelo. Para ser feliz deveria, em menino, ter pescado um lambari de rabo vermelho. Sonhava então em fugir para outra cidade – ah, Nápoles! Auxiliar de escritório, noivo, de bigodinho, morou em todas as pensões: Primavera, Floriano, Bagdá. Definhava ora na sórdida espelunca de nome pomposo, ora na salinha escura do escritório, onde espirrava entre o pó dos papéis. A eterna promessa era de aumentarem-lhe o salário no ano seguinte – não podia esperar mais um ano. Distraía-se perseguindo o voo das moscas, contava as rugas da testa do gerente, errava nas contas	Desde que aportou a Curitiba, Chico viveu às margens do rio Belém, sempre nas unhas o barro amarelo. Para ser feliz deveria, menino, ter pescado lambari de rabo vermelho. Sonhava fugir para outra cidade – ah, Nápoles! Escriturário, noivo, bigodinho, morou em todas as pensões: Primavera, Floriano, Bagdá. Definhava ora na sórdida espelunca de nome pomposo, ora na salinha escura do escritório, a espirrar entre o pó dos papéis. Eterna promessa de ano seguinte aumentarem o salário – não podia esperar mais um ano. Perseguia o voo das moscas, contava as rugas na testa do gerente, errava as contas e,

e, ao receber a correspondência, perguntava ao carteiro: – Alguma carta de Nápoles? Sabia o que era – o chamado das janelas. Em vez de partir, mudava de emprego, de noiva, de pensão. Respondia ao primeiro anúncio de – "Precisa-se de moço para lugar de futuro". O futuro era outra rua de Curitiba, com seus plátanos antigos na calçada, as solteironas à janela, o rio Belém dos quintais miseráveis e os piás atrás do lambari de rabo vermelho. (...) *Novelas nada exemplares*. Rio, Civilização, 1965	ao receber a correspondência, indagava do carteiro: – Alguma carta de Nápoles? Sabia o que era – o chamado das janelas. Em vez de partir, mudava de emprego, noiva, pensão. Respondia ao primeiro anúncio de – *Precisa-se moço lugar de futuro*. O futuro? Outra rua de Curitiba, plátanos antigos na calçada, solteironas à janela, rio Belém dos quintais miseráveis, um moleque atrás do lambari de rabo vermelho. (...) *Em busca de Curitiba Perdida*, Rio, Record, 1992

Texto 5

Salmo 46

Três versões: em itálico: Edição Revista e Corrigida (impressão de 1969).

Em **negrito***: Tradução na Linguagem de Hoje (1988; impressão de 1993).*

Sem alteração gráfica: a Tradução em Português Corrente (1993, impressão de 1994).

1

Deus é o nosso refúgio e fortaleza, socorro bem presente na angústia.

Deus é o nosso refúgio e a nossa força, socorro que não nos falta em tempos de aflição.

Deus é o nosso refúgio e a nossa força; é a nossa ajuda nos momentos de angústia.

2

Pelo que não temeremos, ainda que os montes se transportem para o meio dos mares.

Por isso não teremos medo, ainda que a terra seja abalada, e as montanhas caiam nas profundezas do oceano.

Por isso, não temos medo, mesmo que a terra se ponha a tremer, mesmo que as montanhas se afundem no mar.

3

Ainda que as águas rujam e se perturbem, ainda que os montes se abalem pela sua braveza.

Não teremos medo, ainda que os mares se agitem e rujam, e os montes tremam violentamente.

Não teremos medo, mesmo que as águas rujam furiosas e os montes tremam com o seu embate.

4

Há um rio cujas correntes alegram a cidade de Deus, o santuário das moradas do Altíssimo.

Há um rio que alegra a cidade de Deus, a casa sagrada do altíssimo.

Um rio alegra com seus canais a cidade de Deus, a mais santa entre as moradas do altíssimo.

5

Deus está no meio dela; não será abalada; Deus a ajudará ao romper da manhã.

Deus vive nessa cidade, e ela nunca será destruída; de manhã bem cedo, Deus a ajudará.

Deus está no meio dela, não pode vacilar; Deus irá em seu auxílio ao romper do dia.

Prática de Texto

Para recapitular e encerrar esse capítulo, vamos pôr em prática tudo que aprendemos até aqui sobre texto de informação.

Escreva um texto, de quatro parágrafos, informando o leitor da descoberta de uma comunidade isolada no interior do Brasil que pôs em prática as ideias de algum filósofo. Use a imaginação à vontade – pode ser uma comunidade de marcianos, de crianças, de *beatniks*... O importante é que o texto se estruture como texto de informação; as opiniões que aparecerem serão opiniões de *alguém* (citado no texto), e não suas. (Mas, é claro, o modo como você organiza o texto é sempre indicador de uma *orientação apreciativa*, conforme já vimos.) Se quiser, siga o roteiro abaixo.

1. Descrição de uma cena: comece descrevendo o dia a dia da comunidade.
2. Localização da comunidade: situe geograficamente o local. Outros dados: número de habitantes, meio de sobrevivência etc.
3. Quem descobriu a comunidade? Informações sobre a origem.
4. Opiniões sobre a comunidade. Transcreva, entre aspas, o que diz este ou aquele historiador ou antropólogo. Feche o texto com alguma observação sobre o futuro do lugar. (Observe, no texto que lemos, as técnicas de transcrição da fala de outras pessoas.)

Importante: use elementos de costura dos parágrafos, para estabelecer a sequência das informações. E não esqueça do título, que é o primeiro "gancho" para segurar o leitor pelo colarinho!

Capítulo 9

Texto de informação - II

Atividade 1

As qualidades de um bom texto

Começamos por uma pergunta: qual é a primeira qualidade de um bom texto? Se perguntássemos ao leitor comum de todos os dias – que, afinal, é o que nós somos! – ele talvez respondesse numa palavra: a *clareza*. Todos gostam de entender o que leem!

A clareza não diz respeito somente aos especialistas em letras, aos professores chatos e aos jornalistas. Veja esse trecho de um artigo de jornal sobre manuais de instrução:

> Ao melhor manual de instrução para uso de produtos elétricos e eletroeletrônicos falta um detalhe decisivo: o técnico para traduzi-lo. Esses manuais são capazes de tirar a alegria natural de quem chega em casa com um produto novo e quer colocá-lo em funcionamento. A indústria já percebeu que este é mais um dos seus pontos fracos e admite que, além de seus técnicos e redatores dos departamentos de marketing, ninguém mais consegue decifrar as instruções. São peças confusas, mal escritas, repletas de expressões em inglês ou conceitos técnicos inacessíveis aos leigos. "Quando não são omissos, dão margem a interpretações erradas", diz o *onbudsman* da Associação Brasileira da Indústria Eletroeletrônica (*JB*, 3/2/92).

No manual de instruções é mais imediatamente visível a importância da clareza de um texto – mas essa deve ser uma qualidade fundamental de qualquer texto, independentemente de sua função ou objetivo. A questão é que a clareza não é uma qualidade universal, abstrata – cada tipo de texto, cada gênero, tem o seu modo específico de ser claro, a sua estratégia de *conquistar* o leitor. Num manual de instruções, às vezes um desenho ilustrativo bem-feito substitui as palavras. Num romance policial, o autor em geral *oculta informações* no início, põe pistas falsas, cria *suspense*, ou o leitor vai se desinteressar... Já uma notícia de jornal tem a obrigação de dizer tudo que se sabe a respeito do assunto. Enfim, um ponto-chave é *pensar no leitor e colocar-se no lugar dele* para escrever um texto bem-sucedido.

Mas, afinal, o que é um texto "bem escrito"?

A qualidade de um texto, como já pudemos perceber ao longo dos capítulos anteriores, está diretamente ligada a aspectos que ultrapassam os limites do que se costuma chamar *sistema da língua*. Isto é, não basta que o texto obedeça às regras de uma gramática normativa, que as palavras estejam corretamente grafadas, que as leis de concordância-padrão sejam seguidas etc. Porque, afinal de contas, o texto em si não é nada! Ele é, de fato, uma *ponte* entre dois (ou mais) interlocutores. A organização *interna* do texto só tem sentido com relação à organização *externa* do enunciado, por assim dizer; como a língua viva só existe em função de seus usuários, a qualidade de um texto escrito só pode ser medida com relação à *intenção* de quem escreve, ao *universo* de quem lê e ao *assunto* de que se fala.

Vamos experimentar nosso julgamento. Nos textos abaixo, assinale os que são bem escritos e os que são mal escritos.

Texto 1

A noite sem lua em Bagdá virou dia. Um dia assustador, aquele que o mundo inteiro esperou durante cinco meses e meio, primeiro descrente de que chegaria, depois torcendo para que não viesse e por fim quase que se curvando diante da fatalidade da marcha da História. Sobre o berço da civilização, a Mesopotâmia fértil dos livros de escola, a Babilônia dos delírios de poder de monarcas do passado, de grandes batalhas e vícios inconfessáveis, a primeira guerra quente do mundo pós-Guerra Fria começou pouco antes das 3 horas da madrugada de quinta-feira no Golfo Pérsico. Uma guerra pós-moderna, como nunca se viu antes fora das telas do cinema e dos monitores de videogame. Uma guerra com nome de filme – Tempestade no Deserto –, assistida ao vivo pela televisão e destinada a dobrar um ditador de opereta, mas sanguinário.

Texto 2

Dentro da Casa Branca porém, a história era outra, segundo o assessor e o Ministério da Defesa. O mesmo foi uma das principais peças na desmontagem das operações secretas de financiamento dos contras nicaraguenses, onde nem sabiam nem tinham recebido arma nenhuma. Já tinha falado sob a falta de legalidade da transferência de dinheiro para o escritório de Oliver North, enfrentando a teimosia do presidente e convenceu ele para que devia suspender a ajuda militar aos contras.

Texto 3

João amava Teresa que amava Raimundo
que amava Maria que amava Joaquim que amava Lili
que não amava ninguém.
João foi para os Estados Unidos, Teresa para o convento,
Raimundo morreu de desastre, Maria ficou para tia,
Joaquim suicidou-se e Lili casou com J. Pinto Fernandes
que não tinha entrado na história.

Texto 4

SE VOCÊ NÃO SE CUIDAR
A AIDS VAI TE PEGAR

Texto 5

O presidente Tancredo Neves fez duas operações cirúrgicas. Uma no intestino, supostamente para resolver uma diverticulite aguda. Outra em São Paulo, onde se concentrou a maior parte dos políticos para discutir a sucessão. Mas, apesar disso, o velho regime estava desabando.

Texto 6

A tão esperada terceira geração da telefonia celular, conhecida como 3G, será bem mais que um simples telefone. **Decorative** traz, mensalmente, muitas ideias em decoração para você dar personalidade a uma casa, mudar toda a aparência de um apartamento, explorar a beleza de inúmeros detalhes e aproveitar melhor seu espaço. Na cobertura da guerra, a sorte bateu primeiro à porta da ABC, cujo correspondente estava ao telefone quando anunciou "um cenário de fantásticos clarões".

Texto 7

Cheque Mac – Que tal encarnar o Kasparov e desafiar o seu iMac para uma partida de xadrez em 3D? Gratuito, o Sigma Chess Lite 4.0.2 é bem profissa. Tem banco de dados de finalizações, biblioteca de jogadas e um visual 3D que reproduz tabuleiro e peças com muito realismo. Dá para optar por vários níveis de dificuldade. Selecione um bem fraquinho, só pra ter a sensação de vencer o bicho.

Roteiro de leitura

Agora que você já separou os textos bons dos textos maus, responda:

1. O que há de errado nos textos que você considerou mal escritos?
2. Em cada um dos textos, é visível a intenção com que eles foram escritos?
3. Dentre os textos que você considerou mal escritos, algum deles tem solução?
4. Você é capaz de imaginar uma situação em que todos os textos lidos, sem que se mudasse uma vírgula, seriam bons?

Observação: o texto 3 é o poema *Quadrilha*,
de Carlos Drummond de Andrade.

Atividade 2

Correção e adequação

O critério de *correção* do texto, isto é, a qualidade de seus aspectos técnicos com relação ao domínio da língua padrão escrita, depende muito da *adequação* da linguagem escolhida ao que se pretende dizer ao leitor. Nesse sentido, o texto 2 é um mau texto; a intenção de informar se perde em meio à sua ambiguidade, resultado do mau domínio do padrão escrito da língua. O emprego confuso das palavras *mesmo* e *onde*, o uso de formas da oralidade (*convenceu ele*) num registro que não aceita tais formas etc., tudo isso "espanta" o leitor. Já o texto 5, embora sem erros desse tipo, é destruído por um único problema, como você deve ter percebido. Mesmo assim, seria talvez um bom texto, se a intenção fosse o humor!

O texto 3 teria tudo para ser um péssimo texto, digamos, informativo, pela repetição das orações relativas ("que amava"). E como *poema*, o que você achou? O texto 4 tem um erro gramatical, segundo a gramática escolar mais conservadora: a mistura de "você" com "te". Mas, pensando como uma chamada publicitária de saúde pública destinada à população em geral, o texto é mau? As orações do texto 6 não têm nenhum erro, segundo a gramática normativa. Mas dá para dizer que o conjunto é um "texto"? E no texto 7, que aspecto da linguagem chama a atenção?

A noção de unidade

A essa altura, você já deve ter percebido que todo bom texto tem *unidade,* isto é, um equilíbrio de intenção, assunto e linguagem. Na verdade, o texto escrito *cria* a sua própria unidade para que seja bem-sucedido. Ao contrário da linguagem oral, em que "uma coisa puxa a outra" sem que necessariamente uma coisa tenha a ver com a outra (a simples presença física do interlocutor resolve qualquer ruptura de assunto), o texto escrito é bastante exigente neste aspecto. Para que o leitor não sofra – ou não jogue fora o que escrevemos já nas primeiras linhas... – é preciso que as relações entre as partes estejam *visíveis*, ou que pelo menos sejam imediatamente compreensíveis.

Para fins didáticos, podemos dividir essa unidade interna do texto escrito em duas partes:

a) ***Unidade temática***. Um texto bem escrito delimita com clareza o seu assunto central.

b) ***Unidade estrutural***. Um texto bem escrito estabelece uma sequência lógica de informações.

Sabemos que a *unidade temática* (isto é, o texto deve tratar do mesmo assunto) e a *unidade estrutural* (isto é, o texto deve obedecer a uma sequência coordenada de informações) são elementos fundamentais de grande parte dos textos escritos por uma razão muito simples: eles facilitam a vida do leitor.

E o texto literário?

Mas há um tipo de texto que não se enquadra necessariamente nessas exigências, pelo menos não de um modo *imediatamente visível*: o texto literário. Nós *sentimos* que as coordenadas do texto literário são outras. Eis aí uma boa questão a se discutir! Siga o roteiro, tomando como referência os romances, contos e poemas que você tem lido.

a) Com que intenção se escreve um texto literário? (Lembrete: os autores deste material didático não sabem a resposta! Observe que a intenção específica de um gênero literário qualquer – um romance policial, por exemplo, que pretenda apenas *entreter o leitor*, ou um romance-reportagem que tenha por objetivo *denunciar* mazelas sociais – não esgota de modo algum o universo da linguagem literária. Em geral, o texto literário não tem uma natureza *utilitária*...)

b) Você certamente já escreveu pelo menos um poema na vida. Qual era a sua intenção?

c) É muito fácil julgar a qualidade de um texto de informação ou de opinião. Se você é um cidadão razoavelmente bem informado e não entendeu o que um editorial de jornal quis dizer, mesmo depois de ler o texto três vezes, com certeza ele não presta! Com o texto literário acontece a mesma coisa, ou ele exige algum grau de *especialização* do leitor?

d) A linguagem literária é, frequentemente, um território de *subversão* das outras linguagens. Nesse sentido, pode representar também uma subversão da *ordem*, do *senso comum*, do *padrão* – aliás, essa parece ser a regra geral da boa literatura. Em que sentido os conceitos de *unidade* a que nos referimos acima também podem ser subvertidos na literatura?

e) Por mais original que seja o romancista ou o poeta, ele não *inventa* a linguagem – antes, *se alimenta das linguagens* que o rodeiam, recriando-as, transformando-as, submetendo-as ao seu próprio universo. Nesse contexto, em que medida a literatura pode ser referência para a língua padrão escrita? Ou, mais simplesmente: o que vem antes?

Prática de Texto

Para você *sentir* o que estamos discutindo, escreva um pequeno texto *literário*: um poema, o início de um romance, uma história curta.

Atividade 3

Unidade temática e unidade estrutural

Vamos agora aprofundar um pouco mais a noção de *unidade*.

Leia o texto que se segue.

Texto 8

Turista ocasional

Ele já foi visto por aqui 24 vezes, apavorando pescadores e banhistas.
Mas parece preferir águas mais frias.

Marina Moraes

Temido como poucos animais do mundo, e tido como um "devorador de homens", o tubarão branco vive mais da fama do que de um histórico violento de fato. Sua imagem sanguinária, a gigantesca mandíbula aberta com dentes pontudos ou a nadadeira em meia-lua zanzando na água à procura de carne humana, ganhou mundo no rastro do filme *Tubarão*, na década de 70, e não saiu mais de cena. Apesar de frequentador apenas esporádico do nosso litoral, esse personagem sombrio dos mares povoa a imaginação de muitos pescadores, surfistas e banhistas que, vira e mexe, se sobressaltam com sua possível presença por perto. Otto Bismark Fazzano Gadig, especialista em tubarões e professor de biologia marinha da Universidade Santa Cecília, em Santos (SP), há oito anos pesquisa o assunto. O capítulo que assina no livro *Great White Sharks*, lançado nos Estados Unidos em 1996, trata exatamente da ocorrência e distribuição da espécie no Brasil. De acordo com Otto Gadig, os padrões migratórios do tubarão branco no Atlântico Sul ainda são desconhecidos, mas seu aparecimento quase exclusivo em locais de ressurgência, em que a água fria aflora para a superfície, confirma a tese de que esse animal não tem muita queda pelo tempero brasileiro e só acaba petiscando aqui por acaso. Sua distribuição está mais restrita às regiões Sul e Sudeste do país, em especial o litoral norte do Rio de Janeiro, onde a ressurgência é comum em determinadas épocas do ano.

Ainda segundo dados levantados pelo professor Gadig, desde o fim do século passado foram contabilizados 24 registros de aparecimento de tubarões brancos no litoral brasileiro, num raio que vai da costa do Ceará à do Rio Grande do Sul. O episódio mais recente aconteceu em abril de 1998, quando um exemplar de aproximadamente 3 metros foi capturado por um grupo de pescadores próximo da costa, no sul do estado de Santa Catarina. A maioria dos tubarões brancos encontrados no Brasil até hoje media mais de 4 metros.

As aparições desses gigantes marinhos podem ocorrer tanto em oceano aberto quanto em áreas costeiras. Acredita-se que fazem incursões à costa quando identificam a presença de focas e leões-marinhos, seu principal alimento. O movimento de pessoas e embarcações também é um atrativo para a espécie, que pode não só nadar na superfície como mergulhar a 1.100 metros de profundidade.

Ao contrário do que acontece na Califórnia ou na Austrália, ataques contra pessoas são raros no Brasil. Apenas dois casos foram registrados no país. O primeiro, em fevereiro de 1981, aconteceu em Cabo Frio, Rio de Janeiro, quando um mergulhador foi mordido no braço; o outro, em Búzios, também litoral norte do Rio de Janeiro, em 20 de abril de 1997, quando o windsurfista João Pedro Portinari, de 22 anos, foi mordido na perna. Na hora do acidente, João Pedro não percebeu que havia sido atacado por um tubarão. Garoto de praia e ligado às questões do mar, ainda na mesa de cirurgia pediu que fossem tiradas fotos dos cortes para que um especialista pudesse examinar. Otto Gadig foi chamado e imediatamente identificou a mordida de um tubarão branco. "As marcas deixadas por ele são características", diz Gadig. "Notam-se claramente as perfurações individuais que correspondem à ação de cada dente triangular, largo e serrilhado." Apesar do tamanho do agressor (calcula-se cerca de 4 metros e 1 tonelada de peso), o garoto salvou-se, porque o tubarão branco, por ser uma espécie muito seletiva do ponto de vista alimentar, apenas mordeu a perna dele e a largou, provavelmente por ter percebido que não se tratava de uma de suas presas habituais. Ainda assim, João Pedro levou mais de 250 pontos.

A ausência de grandes quantidades de focas e leões-marinhos é também um fator limitante para a presença desses animais no nosso litoral. "Mas isso não deve ser a explicação básica, porque, na Argentina, há colônias de leões-marinhos e, na região Sul do Brasil, temos alguns grupamentos desses animais", lembra Gadig. Nas suas rápidas passagens por aqui, os tubarões provavelmente se alimentam de outros grandes mamíferos marinhos, como golfinhos e baleias pequenas. O tubarão branco capturado em Cananéia, litoral sul de São Paulo, em dezembro de 1992, um gigante de 5,3 metros de comprimento, trazia restos de golfinho em seu estômago. "Infelizmente, a maioria dos tubarões brancos capturados no Brasil não teve o estômago analisado", conta o biólogo.

Por ser tão cercada de mistérios e estereótipos, a espécie é frequentemente procurada por mergulhadores, que se protegem em gaiolas antitubarão para fotografá-la ou filmá-la de perto. Essas situações artificialmente criadas, com pessoas em gaiolas e embarcações jogando grandes quantidades de carne e sangue, acabam causando um exagerado estímulo sensorial e estresse no animal. E o resultado quase sempre é o comportamento agressivo, nervoso, já esperado pelo público e tão apreciado pelas câmeras.

Curiosamente, apesar de registrada à exaustão em imagens, a história natural do tubarão branco ainda é pouco conhecida. Gadig salienta a falta de oportunidade dos pesquisadores brasileiros para a divulgação de suas descobertas ao público. "A mídia tem responsabilidade nisso: a maior parte das informações sobre o tubarão branco divulgadas pelos meios de comunicação não corresponde à realidade ou tende ao sensacionalismo", afirma.

"A população brasileira não está educada para entender a importância desse animal para o ambiente. Há quem hoje considere o tubarão branco em vias de extinção, com base no seu crescente declínio populacional em pontos como a Austrália e a África do Sul. Apesar disso, ele ainda mantém esse estigma de mau-caráter", lamenta Gadig.

National Geographic Brasil, maio de 2000

Roteiro de leitura

1. Para avaliar a qualidade do texto lido, vamos começar do básico: o texto tem *unidade temática*? Para conferir, escreva um *resumo* do texto empregando entre 25 e 30 palavras.

2. Segundo aspecto a considerar: o texto tem *unidade estrutural*? Confira, anotando em tópicos *o assunto de cada parágrafo*. Em seguida, considere se os parágrafos obedecem a uma sequência coordenada de *informações*. Sublinhe, no início de cada um deles, os *relatores*, isto é, as palavras e expressões que *relacionam o que foi dito com o que se vai dizer em seguida*, fazendo a *costura* do texto.

3. Todo texto bem escrito estabelece um *sistema de referências* que situa o leitor no universo do que se lê. Parece que esta é uma regra universal; mesmo o texto literário mais fantástico estabelece, para o leitor, *um mundo possível*. Por exemplo: em *A metamorfose*, célebre novela do escritor tcheco Franz Kafka (1883-1924), o personagem central se transforma "numa espécie monstruosa de inseto" logo no primeiro parágrafo. Ora, as pessoas não se transformam em insetos, mas nós *aceitamos* a informação de Kafka de imediato e passamos a ler o livro dentro desses parâmetros. Entretanto, se lêssemos na página de política de um jornal sério que o ministro Fulano de Tal não compareceu à cerimônia porque se transformou subitamente num ornitorrinco e está sendo examinado por uma junta médica... bem, alguém ficou louco na redação, e não fomos nós!

Em *O turista ocasional*, como se estabelece esse *sistema de referências*? Assinale as informações concretas que imediatamente nos levam a *acreditar* no que o autor diz. Observe, nesse aspecto, como são de fundamental importância as informações que o leitor já tem na cabeça quando começa a ler o texto. É para um leitor específico que o texto se dirige. Esse texto poderia ser publicado na Suécia, por exemplo, exatamente como está? Outro aspecto relevante: onde o texto se encontra? A própria revista já estabelece uma *expectativa* de leitura, isto é, coloca o leitor num universo familiar, previsível, de informações.

4. Considerando o assunto do texto e a intenção com que foi escrito, você diria que a sua linguagem (vocabulário escolhido, estrutura e extensão das orações, registro gramatical) é adequada?

5. Somando todos os aspectos, *O turista ocasional* é um bom texto?

Atividade 4

Os relatores

Vamos agora aprofundar a questão dos *relatores*, que são uma espécie de *espinha dorsal* de qualquer texto bem escrito. Considere as palavras sublinhadas no parágrafo seguinte:

> Temido como poucos animais do mundo, ***e*** tido como um "devorador de homens", o tubarão branco vive mais da fama do que de um histórico violento de fato. ***Sua*** imagem sanguinária, a gigantesca mandíbula aberta com dentes pontudos ***ou*** a nadadeira em meia-lua zanzando na água à procura de carne humana, ganhou mundo no rastro do filme *Tubarão*, na década de 70, ***e*** não saiu mais de cena. ***Apesar de*** frequentador apenas esporádico do nosso litoral, ***esse*** personagem sombrio dos mares povoa a imaginação de muitos pescadores, surfistas ***e*** banhistas ***que***, vira e mexe, se sobressaltam com ***sua*** possível presença por perto. Otto Bismark Fazzano Gadig, especialista em tubarões e professor de biologia marinha da Universidade Santa Cecília, em Santos (SP), há oito anos pesquisa ***o assunto***. O capítulo ***que*** assina no livro *Great White Sharks*, lançado nos Estados Unidos em 1996, trata exatamente da ocorrência ***e*** distribuição da ***espécie*** no Brasil. De acordo com Otto Gadig, os padrões migratórios do tubarão branco no Atlântico Sul ainda são desconhecidos, ***mas seu*** aparecimento quase exclusivo em locais de ressurgência, em ***que*** a água fria aflora para a superfície, confirma a tese de que ***esse*** animal não tem muita queda pelo tempero brasileiro ***e*** só acaba petiscando ***aqui*** por acaso. ***Sua*** distribuição está mais restrita às regiões Sul ***e*** Sudeste do país, em especial o litoral norte do Rio de Janeiro, ***onde*** a ressurgência é comum em determinadas épocas do ano.

Observe que as palavras em negrito, isoladamente, nada significam; elas só ganham significado pela *relação* que estabelecem entre uma informação e outra. Alguns aspectos que devem ser observados sobre os relatores:

- num texto bem escrito, eles *não permitem ambiguidade*. Por exemplo, logo no início, *sua imagem sanguinária* refere-se exclusivamente a "tubarão branco". Se o leitor pudesse entender que *imagem sanguinária* refere-se a "homens" e não "tubarão branco", o texto começaria mal...
- há duas importantes distinções entre a oralidade e a escrita. A primeira nós já vimos: a oralidade dispõe de recursos extralinguísticos que resolvem qualquer ambiguidade (um gesto, um dedo apontado, uma informação presumida porque você já conhece o interlocutor etc.). A segunda é o fato de que alguns relatores passaram a ser usados exclusivamente na escrita. Por exemplo, considere as expressões *seu* e *sua*, no texto acima. Na linguagem oral, elas se transformam quase sempre em *dele* e *dela* (formas que também podem ser perfeitamente usadas por escrito). Veja que se eu *leio* a oração *Fulano foi para a sua casa*, não há dúvida de que a casa é do próprio Fulano; mas se eu *digo* a alguém *Fulano foi para a sua casa*, o meu interlocutor pode entender que Fulano foi para a casa dele, interlocutor, e não dele, Fulano...
- Finalmente, lembremos que, se não houvesse relatores, a escrita seria insuportável. Veja como ficaria um trecho sem eles: *Os padrões migratórios do tubarão branco no Atlântico Sul ainda são desconhecidos, mas o aparecimento do tubarão branco quase exclusivo em locais de ressurgência (nos locais de ressurgência a água fria aflora para a superfície), confirma a tese de que o tubarão branco não tem muita queda pelo tempero brasileiro e só acaba petiscando no Atlântico Sul por acaso. A distribuição do tubarão branco está mais restrita às regiões Sul e Sudeste do Brasil, em especial o litoral norte do Rio de Janeiro. No litoral norte do Rio de Janeiro a ressurgência do tubarão branco é comum em determinadas épocas do ano.*

Para fins didáticos, podemos separar os elementos em negrito em três grupos principais:

1. Elementos de ***referência textual***. São aqueles que "apontam" para outras palavras do próprio texto, e só têm sentido próprio em função dessas palavras. Esses relatores geralmente apontam para palavras que já foram escritas (no início da oração, na oração anterior, no parágrafo anterior), mas podem também apontar para palavras que venham *depois* (Confira: *O problema é* este: *que fazer?*).
2. Elementos de ***referência situacional***. São aqueles que "apontam" para informações que estão fora do texto, na cabeça do leitor. Observe o subtítulo do texto: *Ele já foi visto por* aqui *24 vezes...* Pergunta: *aqui* onde?
3. Elementos de ***relação lógica***. São aqueles que estabelecem uma relação lógica entre uma informação (ou conjunto de informações) e outra (ou outras). Ainda no subtítulo, veja: ***Mas*** *parece preferir águas mais frias*. O que significa esse "mas"?

Observe também que todos esses *relatores* podem estar presentes no texto apenas *implicitamente* – a *elipse*. Confira a abertura do parágrafo 4: "Ao contrário do que acontece na Califórnia ou na Austrália, ataques contra pessoas são raros no Brasil". Tomada isoladamente, essa oração parece indicar que há poucos assaltos no país... Mas, no conjunto do texto, é óbvio que os *ataques* de que se fala são os do tubarão branco, embora isso não esteja explícito.

Exercício

1. No parágrafo transcrito acima, assinale a que grupo de relatores pertencem as palavras em negrito.

2. Reescreva os grupos de orações abaixo *em um único período*, empregando relatores e eliminando as repetições.

a) O Brasil tem problemas. Os problemas do Brasil não acabam mais. Os problemas do Brasil se arrastam. Os problemas do Brasil parecem insolúveis. Existem soluções para os problemas do Brasil. É preciso que haja vontade política de resolver os problemas do Brasil.

b) É necessário tomar precauções na área dos combustíveis. As precauções tomadas na área dos combustíveis não podem ser precipitadas. As precauções tomadas na área dos combustíveis não podem ser excessivas. Com decisões atabalhoadas, o que se consegue é provocar altas artificiais de preços. Com previsões exageradamente otimistas o que se consegue é provocar altas artificiais de preços.

c) A guerra no Oriente Médio pode durar meses. No Oriente Médio se concentram as maiores reservas de petróleo do mundo. Os países ocidentais dependem das maiores reservas de petróleo do mundo.

3. Como reforço, sublinhe os *relatores* e localize a referência de cada um:

Elas são minúsculas, medem cerca de 2 milímetros de comprimento, mas são protagonistas de uma façanha inédita nos anais da zoologia: a construção de um formigueiro gigantesco, provavelmente o maior do mundo, com mais de 965 quilômetros de extensão, no Estado americano da Califórnia. As responsáveis pela obra são as infatigáveis formigas do açúcar – aquelas miudinhas, comuns nas cozinhas brasileiras –, que chegaram aos Estados Unidos no século XIX, a bordo de navios cargueiros provenientes da Argentina. O tamanho do formigueiro, que se estende por uma área deserta entre a cidade de San Diego e os arredores de San Francisco, foi estabelecido por pesquisadores da Universidade da Califórnia, intrigados com o comportamento atípico da espécie. Em seu hábitat, na América do Sul, formigas da mesma espécie mas de colônias diferentes lutam ferozmente entre si em busca de comida e espaço. Elas identificam como inimigas todas aquelas que não possuem o odor típico de seu próprio formigueiro. Na supercolônia da Califórnia, a diversidade genética é tão pequena que as formigas se organizam em uma verdadeira frente familiar. Isso decorre do fato de serem todas descendentes de um grupo de imigrantes muito reduzido. Em vez de defender territórios distintos, as formigas se comportam como se estivessem em uma única colônia. Utilizando a mesma técnica empregada nos exames de DNA, os cientistas concluíram que a formiga na Califórnia tem metade da diversidade genética de sua parente argentina. O resultado é impressionante: elas conseguem comida mais depressa e estão vencendo a guerra com as formigas nativas, algumas dez vezes maiores que elas.

Veja, 1662

Prática de Texto

Escreva um breve *texto de informação*, em dois parágrafos e cerca de 20 linhas, sobre o surgimento de um animal estranho e desconhecido. Use a imaginação! Se quiser, use o roteiro:

1. Comece descrevendo o animal, o local de seu aparecimento, a data e as condições da descoberta (quem descobriu, e como).
2. No segundo parágrafo, descreva a reação das pessoas e o interesse da imprensa. Feche o texto com a opinião de um especialista (diga quem é, e transcreva sua fala entre aspas).

Língua padrão

Vamos observar agora alguns tópicos gramaticais de um bom texto de informação.

Texto 9

À margem do tempo

Sem TV nem despertador, a rotina de uma comunidade de descendentes de escravos que há 200 anos se isolou na Mata Atlântica

Vinícius Romanini, *de Ivaporunduva*

Isolada pelas águas do rio, envolta numa mata fechada, em um terreno montanhoso, uma pequena comunidade permaneceu por mais de 200 anos esquecida pelo país que se desenvolveu à sua volta. Seus habitantes moram no meio da floresta, instalados em casas de pau a pique, e quase não têm contato com o mundo externo. Formam sessenta famílias que tiram seu sustento da caça, da pesca e da agricultura primitiva. Não têm carro, não assistem a televisão e, até hoje, misturam o português com algumas palavras de dialetos africanos e outras em tupi. Parecem personagens tirados dos livros de História que retratam a vida nos quilombos ou que revelam os mistérios de algumas tribos da África. A comunidade de Ivaporunduva, formada por descendentes de um antigo quilombo de escravos, fica a apenas 290 quilômetros de São Paulo, na cidade de Eldorado – à margem esquerda do Rio Ribeira do Iguape, numa das mais intocadas regiões da Mata Atlântica.

Os moradores de Ivaporunduva são quase todos analfabetos e pouco sabem das transformações que aconteceram no mundo nos últimos séculos. A energia elétrica foi instalada no local há apenas seis anos, e, mesmo assim, não alterou os costumes da região. Ninguém vê novelas ou noticiários em Ivaporunduva. Mesmo porque as imagens não chegam no único exemplar de um aparelho de televisão que eles possuem – as estações retransmissoras das sete emissoras existentes no Estado não alcançam suas residências. O que eles conhecem de mais avançado em termos de aparelhos eletrônicos é o radinho de pilha – mesmo assim, um objeto raro. Também não usam relógios nem despertadores, mas começam o dia bem cedo. Ao amanhecer, todos se reúnem num galpão para decidir as áreas da terra que serão trabalhadas.

Sem patrão – Divididos em grupos, eles fazem o "puxirão" – um mutirão para o trabalho na lavoura. O cultivo é de subsistência, com plantações de arroz, feijão, mandioca e milho. Por uma antiga tradição, os homens fazem o plantio, mas são as mulheres que cuidam da lavoura até o período da colheita. Fora da época de colheita ou plantio, eles podem se dar ao luxo de descansar, aproveitando o tempo livre em caçadas e pescarias. A organização social do povo de Ivaporunduva, aliada ao estilo de suas construções, já virou assunto acadêmico – antropólogos africanos que visitaram o lugar, há dois anos, constataram que essa comunidade mantém, com muito rigor, usos e costumes que existem, até hoje, em aldeias de Moçambique, de onde, supõe-se, a maioria de seus antepassados foi trazida ao país, como mão de obra escrava.

O bairro se divide na "sede", onde estão a capela e as construções – chamadas de "patrimônio" –, como o salão de festas e a escola, e as "posses" de cada família, espalhadas pelas encostas dos morros. Como a área é de preservação ambiental e não pode ser desmatada, muitas pessoas se embrenham na floresta para plantar em locais distantes, que eles chamam de "capuava". No final da tarde, todos eles se reúnem para beber cachaça e ouvir as modas do único tocador de viola do local. "Aqui cada um faz o seu horário, não temos patrão para colocar a espora nas nossas costas. Nós somos libertos", afirma Benedito Alves da Silva, de 35 anos, utilizando, sem perceber, um vocábulo típico do Brasil anterior ao 13 de maio de 1888 – em que haviam os escravos, os cidadãos livres e os libertos.

Além de roçar o mato, bater o milho no pilão e ralar a farinha da mandioca na grande roda que chamam de "tráfico", as mulheres têm voz ativa nas decisões sobre os rumos de Ivaporunduva. Uma delas, Nair Pupo dos Santos, de 64 anos, que tem oito filhos e 32 netos, é uma das figuras mais respeitadas na região. Como não há posto de saúde no bairro, as pequenas dores são curadas com suas rezas e chás, a partir das plantas medicinais cultivadas na horta comunitária. O único assalariado da região é o barqueiro Levi Meira Pupo, de 48 anos, que passa o dia manobrando uma canoa, de uma margem a outra do rio que separa Ivaporunduva do resto do mundo. Por seu trabalho, Levi recebe apenas um salário mínimo da prefeitura de Eldorado. "O que eu ganho é um inferno, mas alguém tem que fazer o serviço", reclama.

Lambada – O povo de Ivaporunduva tem um líder: José Rodrigues da Silva, de 29 anos, escolhido pela comunidade para funcionar como uma ponte entre ela e as cidades vizinhas. Todo mês, ele viaja até o Centro de Desenvolvimento do Vale da Ribeira, próximo a Registro, onde aprende novas formas de cultivo. Na volta, explica aos moradores as lições que aprendeu. Mas alguns não se satisfazem em apenas ouvir falar sobre as coisas que acontecem do outro lado do rio. Muitos jovens abandonam a comunidade em troca do trabalho assalariado nas construções ou em casas de família das cidades próximas. E voltam para Ivaporunduva cheios de novidades, colocando em perigo a sobrevivência das tradições. "Nas festas de hoje o pessoal jovem só quer dançar lambada", reclamam os mais velhos.

No entanto, alguns retornam ao berço convencidos de que ali é um bom lugar para se viver. Rosely Dias da Silva, de 27 anos, nascida em Ivaporunduva, é professora de cinquenta crianças na única escola da comunidade. Formada em Tatuí, a 175 quilômetros de distância, ela decidiu voltar para ensinar aos seus alunos a importância da História do bairro. Ela chegou a escrever uma pequena cartilha em que, junto com a História do Brasil, se conta episódios da História de Ivaporunduva. "Quero fazer com que eles aprendam a amar o que construímos nesse tempo todo", diz. Nos registros de Eldorado consta que Ivaporunduva surgiu de uma lavra de ouro explorada por uma mulher, Joanna Maria, que em meados do século XVIII saiu de Minas para se instalar na região com alguns escravos. No final da vida, decidiu voltar para sua terra, libertando seus escravos e deixando o ouro que acumulou para a igreja.

De vez em quando, os cidadãos de Ivaporunduva encontram-se com personagens da História do Brasil. Foi assim que encontraram o capitão Carlos Lamarca, terrorista que atuou no Vale do Ribeira, no início da década de 70, deixando lendas por toda a região. Os mais velhos cultivam lembranças que impressionam pelos detalhes e também por aspectos lendários. Eles lembram da chegada de Lamarca em um Fusca, disfarçado em hábito negro de madre católica. "Ele rezou por alguns minutos em frente ao altar da padroeira, abençoou algumas casas e até ajudou uma velha que batia milho no pilão", afirma Benedito Alves da Silva, que tinha uns 15 anos na época. A identidade de Lamarca teria sido revelada no retorno à cidade, depois de um almoço alegre em que ele, inclusive, tocou sanfona. "No meio da estrada, passou um lagarto, ele olhou pelo retrovisor, sacou um revólver e, a 60 quilômetros por hora, acertou no olho do bicho", assegura Benedito, referindo-se a uma pontaria digna das fábulas mais exageradas.

"Cultura camuflada" – A religião católica foi introduzida na comunidade em 1791, quando foi construída a igreja, e os moradores batizados com sobrenomes portugueses. Em outubro, toda a comunidade se envolve nos preparativos de uma grande festa em homenagem à padroeira da comunidade, Nossa Senhora do Rosário dos Homens Pretos. Mas os ritos fúnebres diferem dos da religião oficial. Quando alguém morre, toda a comunidade se reúne na casa do falecido para rezas que, normalmente, duram a semana toda. Ficam vários dias comendo e dormindo às expensas da família, que, diariamente, prepara banquetes para os visitantes. "Os aspectos religiosos e culturais de Ivaporunduva são muito camuflados", afirma o padre Yoshinori Miura, de Registro, que regularmente visita a comunidade. "Os rituais estão sempre ligados à questão da fertilidade e da fartura, como na cultura primitiva africana."

Se o tempo imprimiu lentamente suas marcas em Ivaporunduva, mudando muito pouco de suas tradições, o final dos tempos pode chegar de uma vez, em uma enchente. A barragem de uma usina que a Companhia Energética de São Paulo pretende fazer no Rio Ribeira ameaça colocar os casebres e as plantações no fundo de um lago de 26 quilômetros quadrados. Para assegurar sua existência, os moradores se organizaram em uma associação para pedir uma satisfação ao governo. "Eles precisam explicar o que vai ser da gente", afirma José Rodrigues. Sem os varjões e sem os peixes que a alimentaram por mais de dois séculos, Ivaporunduva estaria fadada a desaparecer. "Esta barragem seria o nosso fim, o fim de nosso passado e de qualquer futuro para nossa gente."

Veja, 19/12/90

Variedade

No texto encontramos a seguinte oração:

> "Aqui cada um faz o seu horário, não temos patrão para colocar a espora nas nossas costas. Nós somos libertos", afirma Benedito Alves da Silva, de 35 anos, utilizando, sem perceber, um vocábulo típico do Brasil anterior ao 13 de maio de 1888 – em que haviam os escravos, os cidadãos livres e os libertos.

Você encontrou algum erro?

Embora o *haver* flexionado ocorra até em Machado de Assis, todas as gramáticas normativas são unânimes em condenar seu uso – e apesar de lapsos frequentes da imprensa, como este que acabamos de ler, ainda não podemos considerá-lo padrão, mesmo porque é grande a vigilância dos puristas! (Atenção: falamos do *haver* impessoal [=existir], e não do *haver* auxiliar [=ter], como em *eles haviam feito tudo.*)

Mas na linguagem oral, provavelmente por *hipercorreção* (isto é, o desejo do falante de falar "certo" mesmo quando não domina a forma linguística-padrão), os "haviam" e os "houveram" aparecem a todo momento – basta prestar atenção, por exemplo, nas entrevistas de políticos e autoridades na televisão...

Para fixar o padrão do verbo haver, quando impessoal, reescreva as orações abaixo substituindo as palavras sublinhadas pela forma adequada do verbo *haver*.

1. *Existiam* tantos problemas que eles nem sabiam por onde começar.
2. *Ocorreram* alguns incidentes, mas foram logo superados.
3. Ninguém sabe quantos habitantes *vivem* na cidade.
4. Esperava-se que muitas festas *acontecessem* durante a semana.
5. Não *existem* dúvidas de que *restariam* sobreviventes no submarino.

Agora, passe para a língua padrão escrita as seguintes ocorrências da literatura ou da linguagem oral:

1. Tinha uma pedra no meio do caminho.
2. Tem uns problema que ninguém resolve.
3. Era bem aqui que tinha uma casa comercial.
4. Tinha horas em que era melhor não ter nascido.
5. Aqui nessa região tem jabuticaba de dar com o pé.

Crase

No texto aparece a seguinte oração: *Não têm carro, não assistem a televisão e, até hoje, misturam o português com algumas palavras de dialetos africanos e outras em tupi.* Está faltando uma crase? Explique.

Como reforço, reescreva as orações abaixo substituindo as palavras sublinhadas pelas palavras entre parênteses.

1. Alguns retornam ao *berço* convencidos de que ali é um bom lugar para se viver. (cidade de origem)
2. Os rituais estão sempre ligados ao *mito* da fertilidade. (questão)
3. Eles pedem satisfação aos *governantes*. (autoridades)

Acentuação

Observe:

Não têm carro...
...essa comunidade mantém...
As mulheres têm...
... quase não têm contato com o mundo externo.
Nair Pupo dos Santos, que tem oito filhos...
Mas alguém tem que fazer o serviço...
O povo de Ivaporunduva tem um líder...

Exercício: faça a regra de acentuação do verbo *ter* e derivados, para nunca mais errar! (A propósito: por que ocorre este erro gráfico com tanta frequência?)

Há X a

Compare as ocorrências seguintes:

1. *Esta é a rotina de uma comunidade de descendentes de escravos que há 200 anos se isolou na Mata Atlântica.*
2. *A energia elétrica foi instalada no local há apenas seis anos.*
3. *Ivaporunduva pode desaparecer daqui a alguns anos.*
4. *Ivaporunduva fica a apenas 290 quilômetros de São Paulo.*
5. *Ele olhou no retrovisor e, a 60 quilômetros por hora, acertou no olho do bicho.*

Faça uma regrinha separando *há* de *a*, em casos como os vistos acima (*tantos quilômetros X tantos anos passados X tantos anos futuros).*

Observe que a estrutura *há tantos anos atrás* não é considerada padrão, embora seja usada na linguagem oral com frequência quase absoluta. Na escrita, aparece bastante, talvez mais frequentemente que a forma "certa". A gramática normativa só aceita *há tantos anos*, ou *tantos anos atrás*. Por que as pessoas – mesmo as escolarizadas – preferem dizer (e escrever) *há tantos anos atrás*?

Frases sinônimas

Vamos continuar experimentando a *flexibilidade* da língua.

a) Reescreva as orações abaixo, conservando as mesmas informações. Inicie conforme indicação.

1. A comunidade de Ivaporunduva, formada por descendentes de um antigo quilombo de escravos, fica a apenas 290 quilômetros de São Paulo, na cidade de Eldorado – à margem esquerda do Rio Ribeira do Iguape, numa das mais intocadas regiões da Mata Atlântica.

Descendentes de um antigo...

2. Os moradores são quase todos analfabetos e pouco sabem das transformações que aconteceram no mundo nos últimos séculos.

As transformações que...

3. A energia elétrica foi instalada no local há apenas seis anos e, mesmo assim, não alterou os costumes da região.

Os costumes da região...

4. Ao amanhecer, todos se reúnem num galpão para decidir as áreas de terra que serão trabalhadas.

Uma reunião num galpão...

5. Antropólogos africanos que visitaram o lugar, há dois anos, constataram que essa comunidade mantém, com muito rigor, usos e costumes que existem, até hoje, em aldeias de Moçambique.

Usos e costumes que...

6. Nos registros de Eldorado consta que Ivaporunduva surgiu de uma lavra de ouro explorada por uma mulher, Joanna Maria, que em meados do século XVIII saiu de Minas para se instalar na região com alguns escravos.

Uma lavra de ouro...

7. A barragem de uma usina que a CESP pretende fazer no Rio Ribeira ameaça colocar os casebres e as plantações no fundo de um lago de 26 quilômetros quadrados.

Os casebres e as plantações...

8. "Nós somos libertos", afirma Benedito Alves, de 35 anos, utilizando, sem perceber, um vocábulo típico do Brasil anterior à Abolição.

Utilizando...

9. "Os aspectos religiosos e culturais de Ivaporunduva são muito camuflados", afirma o padre Yoshinori Miura, de Registro, que regularmente visita a comunidade.

A comunidade...

10. Os mais velhos cultivam lembranças que impressionam pelos detalhes e também por aspectos lendários.

Não só os detalhes...

b) Agora reescreva as orações abaixo, substituindo as palavras ou expressões em negrito por palavras ou expressões sinônimas. Se necessário, faça outras mudanças. Observe que algumas modificações de sentido serão inevitáveis.

1. Alguns retornam ao berço convencidos de que ***ali*** é um bom lugar para se viver.

2. Como não há posto de saúde, as pequenas dores são ***curadas*** com suas rezas e ***chás***, a partir das plantas medicinais ***cultivadas*** na horta comunitária.

3. A organização social do povo de Ivaporunduva, ***aliada*** ao estilo de suas construções, já virou ***assunto acadêmico***.

4. ***Isolada*** pelas águas do rio, envolta numa mata ***fechada***, em um terreno montanhoso, uma pequena comunidade ***permaneceu por mais de 200 anos*** esquecida pelo país que se ***desenvolveu à sua volta***.

5. Para ***assegurar*** sua ***existência***, os moradores se organizaram em uma associação para ***pedir*** uma ***satisfação*** ao governo.

Atividade 5

Leitura

Para encerrar, leia este texto que, entre outras coisas, fala de isolamento, televisão e vida natural...

Texto 10

Nós, o gorila e a máquina budista

Fernando de Barros e Silva

HISTÓRIA que me foi contada por um amigo durante as férias: um zoológico norte-americano queria fazer cruzar um casal de gorilas, tarefa, como se sabe, complicada para muitos animais postos em cativeiro.

Depois de várias tentativas frustradas, surgiu a ideia de driblar a ausência de libido do casal de primatas colocando na jaula uma grande TV, que exibiria um documentário com gorilas copulando na selva, em seu habitat natural. Seria uma maneira de, quem sabe, estimular o apetite sexual dos semelhantes.

Coisa típica de americano, o vídeo pornô dos gorilas não surtiu o efeito desejado. Macho e fêmea não se entusiasmaram diante da engenhoca. A TV, no entanto, provocou alteração inesperada no comportamento do gorila macho. Desligado o documentário pornô, o aparelho de TV permaneceu na jaula durante mais algum tempo. E, diante dele, o gorila, sentado e prostrado, olhando fixamente para a tela vazia, absorvido horas a fio pelas profundezas do nada.

Procurei recuperar pela internet a história que meu amigo diz ter lido em algum jornal norte-americano, no ano passado. Em vão. Decidi reproduzi-la assim mesmo porque, como diz o ditado italiano, "se non è vera, è ben trovata". Encontrei este amigo, das pessoas mais inteligentes, simpáticas e divertidas que conheço, em meados de janeiro, por acaso, numa praia bastante primitiva do sul da Bahia, como eram Trancoso ou Morro de São Paulo há dez ou 15 anos.

Foi lá que fiquei sabendo do episódio envolvendo nossos ancestrais. Lugar de difícil acesso, que só agora começa a ser descoberto pelos turistas (o nome do paraíso não vem ao caso), à praia não chegavam nem sequer os principais jornais do país, detalhe nada desprezível quando se é jornalista e se está em férias.

Não havia jornais, mas numa das pousadas onde costumávamos comer, debaixo de um grande quiosque redondo feito de palha, ela estava lá: uma imensa TV, que permanecia o dia inteiro ligada. Na Globo, obviamente.

Calhou uma ou outra vez de jantarmos diante de William Bonner e Fátima Bernardes, vendo e ouvindo um dos incontáveis acessos de choro de Ana Paula Arósio em "Terra Nostra" - a garota que guarda seu sorriso para os momentos, também incontáveis, em que nos manda "fazer um 21" - , ou, ainda, assistindo às partidas do campeonato de clubes da Fifa, estas na Band e devidamente boicotadas pela Globo, como se sabe.

O detalhe que vem ao caso, no entanto, é outro. A TV funcionava com antena parabólica e, durante os intervalos comerciais, a tela permanecia a maior parte do tempo negra, sem sinal, idêntica à que cativou o nosso gorila. Com um pouco de exagero retórico, mas bem pouco, posso dizer que o comportamento dos comensais no litoral baiano não diferia muito daquele que se verificou com o macaco. Quase sem exceção, ficávamos às vezes 20 ou 30 pessoas com o olhar fixo diante da TV, como que hipnotizados, à espera da volta do sinal, das imagens, quando a hipnose recomeçaria seu novo ciclo. A estupidez desse comportamento, que também era nosso, virou logo objeto de discussão, o que não nos tornava no entanto menos estúpidos. Todos gorilas, animais dotados de extrema inteligência.

Com a história do gorila e as cenas da Bahia na cabeça, já de volta a São Paulo, fui reler um artigo de Hans Magnus Enzensberger, crítico, ensaísta e poeta alemão, um dos maiores intelectuais e escritores do planeta nas últimas décadas. O texto chama-se "A Mídia Zero, ou Por Que Todas as Críticas Referentes à Televisão São Desprovidas de Sentido". Está incluído no volume de ensaios intitulado "Mediocridade e Loucura", traduzido pela Ática. Publicado em 88, o artigo não chega a ser um dos grandes momentos do autor ("Guerra Civil", editado pela Companhia das Letras, e "Com Raiva e Paciência", pela Paz e Terra, reúnem exemplos do melhor Enzensberger), mas, ainda assim, deixa no chinelo quilos de tolice semiótica e congêneres sobre o assunto.

Marca do autor, o texto leva a ironia ao paroxismo e abusa dos paradoxos para, depois de ridicularizar as reflexões da esquerda - da qual ele próprio faz parte - sobre os malefícios da TV, concluir que o espectador sabe que ela, a TV, "não é um meio de comunicação, mas um meio para a recusa da comunicação", um "método bem definido de agradável lavagem cerebral", que funciona como "higiene pessoal" e "automedicação" - a "única forma universal e amplamente distribuída de psicoterapia". O televisor, diz Enzensberger, "é uma máquina budista", diante da qual a extrema concentração do espectador se confunde e se torna indiferenciável da mais elevada dispersão, ambas reunidas numa espécie de "absorção hipnótica".

Não há dúvida de que a conclusão de Enzensberger é radical, tipicamente alemã - "exagerar é minha profissão", dizia Max Weber. Mas dá muito o que pensar quando observamos a família em estado de nirvana involuntário diante da novela, ou a fúria do adolescente zapeando com o controle remoto na mão. O que, afinal, eles estão vendo?

O gorila tinha algo a nos ensinar quando, em sua catatonia, parecia embevecido pelo nada da TV.

Folha de S. Paulo, 13/02/2000

Capítulo 10

Parágrafos

Atividade 1

Sobre o parágrafo

Com certeza você já tem uma boa noção do que seja *parágrafo*. Para tanto, bastou a leitura de alguns bons textos de informação, com roteiros de análise – e mais, naturalmente, a experiência que você tem como praticante da leitura e da escrita ao longo dos anos.

Neste capítulo, vamos detalhar um pouco mais a questão do parágrafo, sem perder de vista dois aspectos importantes:

a) Não existe "parágrafo-padrão", isto é, uma fórmula que sirva a qualquer tipo de texto; aqui, também, a paragrafação dependerá da intenção, do destinatário e do assunto do texto.

b) O bom domínio do parágrafo não é simplesmente uma questão técnica da escrita; a noção de parágrafo depende, de certo modo, da percepção mais ou menos intuitiva que nós temos de uma hierarquia de ideias e de fatos, de uma organização do mundo que não se reduz a um macete ou a uma regra fixa.

Normalmente os manuais escolares definem parágrafo como um conjunto de orações que se fecham num "pensamento completo". A definição até pode ser útil, do ponto de vista didático, mas não tem nenhum rigor – porque a própria expressão "pensamento completo" é muito vaga!

A esse respeito, leia a citação seguinte, de Mikhail Bakhtin:

> A composição sintática dos parágrafos é extremamente variada. Eles podem conter desde uma única palavra até um grande número de orações complexas. Dizer que um parágrafo deve conter a expressão de um pensamento completo não leva a nada. O que é preciso, afinal, é uma definição do ponto de vista da linguagem, e em nenhuma circunstância pode a noção de "pensamento completo" ser considerada como uma definição linguística. (...)
>
> Penetrando mais fundo na essência linguística dos parágrafos, convencer-nos-emos de que, em certos aspectos essenciais, eles são análogos às réplicas de um diálogo. (...) Na base da divisão do discurso em partes, denominadas parágrafos na sua forma escrita, encontra-se *o ajustamento às reações previstas do ouvinte e do leitor.* Quanto mais fraco o ajustamento ao ouvinte e a consideração de suas reações, menos organizado, no que diz respeito aos parágrafos, será o discurso.

Marxismo e filosofia da linguagem, p. 141

Observe a expressão: *ajustamento às reações previstas do ouvinte e do leitor.* No caso da linguagem oral, nós temos um domínio muito bom deste *ajustamento*: de acordo com o interlocutor, o assunto, a nossa intenção e nossos objetivos, normalmente *selecionamos* e *organizamos* informações para maior eficácia comunicativa. Observe-se um camelô vendendo canetas na praça: a sua fala organiza os grupos de informação, verdadeiros *parágrafos* orais, desde o momento em que promete a luta do lagarto com a cobra até receber o dinheiro pela caneta... Ou o humorista contando uma piada: uma simples inversão de *parágrafos* certamente vai destroçar o efeito final.

Na escrita, a noção de parágrafo é, antes de tudo (mas não apenas!), uma noção *visual*. A *suspensão* de uma sequência de linhas, com o recomeço destacado em outra linha, por si só *cria significado*. Por isso mesmo, não deve ser uma divisão aleatória. Relembremos os textos de informação analisados nos capítulos precedentes – neles, a divisão em parágrafos obedecia a uma sequência bastante elaborada.

O parágrafo na redação escolar

Nossa experiência com textos escolares tem demonstrado a ocorrência de dois tipos básicos de problemas com relação ao parágrafo:

a) *ausência completa*: o texto é um bloco maciço de linhas, um "tijolaço" – muitas vezes empregando um único período – sem qualquer subdivisão gráfica;

b) *presença total*: cada oração do texto forma um parágrafo gráfico, sem que a separação se justifique por alguma divisão dos assuntos. Nesse caso, mais uma vez, estamos diante da maldição da "redação escolar" e sua estratégia de preenchimento: fazendo mais parágrafos, chego antes ao final das vinte linhas do vestibular...

Atividade 2

Alguns tipos de parágrafos

Para enfrentar nossas eventuais dificuldades diante da noção de parágrafo, vamos analisar alguns exemplos que demonstram a grande variedade de formas que ele pode assumir de acordo com a *intenção* do texto e a *estratégia* usada pelo autor para conquistar o leitor.

Texto 1

Pouco maior do que um par de ameixas secas, com formato semelhante ao de uma gravata-borboleta e pesando entre 15 e 25 gramas, ela comanda algumas das mais importantes funções do corpo humano. Exemplos? A capacidade de respirar, mover as pernas, regular a temperatura corporal, manter o coração batendo no ritmo certo, o raciocínio pronto para qualquer desafio... É preciso mais? Claro que não. Está comprovadíssima a nobreza da pecinha de que estamos falando. E para não espichar o assunto, vamos logo à ficha da moça. Trata-se da glândula tiroide (ou tireoide), domiciliada à frente da traqueia, bem abaixo do pomo de adão, ou gogó, para os íntimos.

O primeiro médico a descrevê-la foi o belga Vesalius, pai da anatomia moderna, em 1543. Ele observou que a pequena estrutura se movimenta para cima e para baixo durante o ato de engolir, mas não chegou a descobrir as tarefas desempenhadas por ela no organismo. Séculos depois, os cientistas perceberiam que, além de dançar no pescoço, a glândula fabrica dois hormônios fundamentais: o T3 (triiodotironina) e T4 (tiroxina). Lançadas na corrente sanguínea, essas substâncias atingem, uma por uma, todas as células do corpo, estimulando-as a produzir energia. Isso mesmo. O T3 e o T4 atuam como a gotinha mágica que induz o metabolismo celular a transformar nutrientes em combustível vital. Assim, o organismo encontra forças para desempenhar todas as suas funções – de piscar o olho a correr a mais disputada das maratonas.

(...)

Armando Luiz Antenore, *Saúde!* 12/1990, p. 71

Roteiro de leitura

1. Observe que o texto trata de um assunto especializado, de natureza científica, bastante árido, *mas se destina a um público leigo.* Que estratégia o autor usou para atingir esse público, logo na primeira oração, sem "espantá-lo"?
2. A divisão dos parágrafos foi feita ao acaso ou obedece a alguma organização temática? Qual o assunto de cada um? Na primeira oração do segundo parágrafo, qual palavra costura o texto com o parágrafo anterior?
3. Qual a função das expressões *Exemplos?, É* preciso mais? e *Isso mesmo?*

Texto 2

Técnico aqui é que nem filho: só pega no seu carro depois de muito treino.

A Rede AutoMobile conta com mais de 14.000 técnicos treinados pela fábrica.

Antes de um profissional começar a trabalhar em um Concessionário AutoMobile, ele passa por um extenso programa de treinamento.

A AutoMobile mantém 29 centros de treinamento espalhados pelo Brasil e 99 tipos de cursos exclusivos por onde passam anualmente mais de 26.000 pessoas.

Quer dizer: ninguém conhece melhor um AutoMobile que a AutoMobile.

Não é por acaso que a Rede AutoMobile possui concessionários certificados com o ISO 9002. Além de todo o cuidado na seleção e treinamento de seus profissionais, a AutoMobile ainda trabalha sob a supervisão e auditoria do instituto alemão TUV Bayern, dentro das mais rigorosas normas internacionais de qualidade.

E não podia ser diferente. Afinal, para nós, o seu carro também é como um filho.

Roteiro de leitura

1. Aparentemente, a estrutura do texto 2 contraria tudo o que em geral se entende por boa paragrafação: as frases estão avulsas, cada uma é um parágrafo, os dados parecem fragmentados, a conexão entre as partes é frouxa... É assim mesmo?
2. É fácil perceber a natureza desse texto: trata-se de uma propaganda, um texto de informação publicitária. Por que a estrutura de parágrafo é bastante diferente neste tipo de texto? Que fatores determinam essa aparente desordem?

Texto 3

Kuerten encara hoje nos EUA a última fronteira

Gustavo Kuerten terá hoje a segunda chance de consolidar sua reputação de vencedor na meca do tênis mundial, os EUA.

Líder do novo ranking mundial, decide às 15h (de Brasília) o Torneio de Indianápolis, seu último evento antes do Aberto dos EUA. O rival seria definido ontem à noite no confronto entre o russo Marat Safin, quarto, e o inglês Tim Henman, 11º colocado da lista.

Para chegar à decisão, Kuerten venceu ontem, em uma hora e 36 minutos, o australiano Lleyton Hewitt, por 2 sets a 0 (7/5 e 6/2).

Jamais na carreira conquistou um título em quadra dura. Todos seus oito títulos foram arrebatados no saibro (terra batida).

Até hoje, com exceção do Torneio de Santiago, Kuerten só triunfou na Europa, onde tem status de estrela maior do tênis.

Será a sua sexta final na temporada, a segunda nos EUA, palco da maior parte dos torneios em quadra rápida. Em abril, perdeu para o norte-americano Pete Sampras (3 a 1) em Miami.

Ao bater Hewitt, Kuerten quebrou seu recorde pessoal de prêmios: passou a acumular US$ 1,78 milhão este ano - contra US$ 1,76 milhão em 1999.

Uma vitória também significará um golpe a seu favor na rivalidade que Kuerten criou com os americanos, depois que, em Wimbledon, acusou a arbitragem de favorecer os jogadores dos EUA.

Com um eventual título, Gustavo Kuerten estará dando um enorme passo para ser o primeiro vencedor da Corrida dos Campeões, já que mais de dois terços da temporada foram atingidos.

Campeão em Indianápolis, irá totalizar 622 pontos nessa lista, que considera apenas os resultados da temporada - contra 533 do sueco Magnus Norman.

Folha de S. Paulo, 20/8/2000

Roteiro de leitura

1. Observe que este é um *texto de informação*. Entretanto, a sua paragrafação é bastante diferente da que você encontrou nos textos de informação analisados nos capítulos anteriores. Qual a diferença?
2. Veja que, do mesmo modo do texto 2, este texto também apresenta parágrafos curtos, quase todos formados de uma única oração. As intenções são, é claro, bem diferentes: informação publicitária X informação jornalística. A opção por parágrafos curtos, aqui, terá sido simplesmente uma questão de "estilo"?
3. A ordem dos parágrafos poderia ser alterada sem prejuízo para o leitor? Confira, observando a "costura".
4. Considerando o aspecto informativo (notícia de última hora, predomínio do fato sobre o comentário, sequência de dados concretos, como horário, pontuação etc.), a paragrafação usada foi eficiente?
5. Outro aspecto a observar: o fato de o texto ser "pouco durável" (isto é, poucas horas depois de publicado já estará velho) afetou a sua estrutura?

Texto 4

(...)

Malagueta pediu cachaça, pão e pimenta vermelha, malagueta, donde lhe chegara o apelido. O velho mascava e bebericava aos poucos, manso, medindo lances, atento; fazendo caretas que demoravam na cara. Quando ia às tacadas firmava apoio a Perus, salvava-lhe a bola, apenas defendendo a sua e encostando o menino às tabelas. Um joguinho ladrão.

Bacanaço sorria. Funcionavam direitinho, sem supetões, eram tacos de verdade, nascidos para trapacear. Arranjo bom. Malagueta defendendo, o menino Perus se atirando, o entendimento se afinando, certo como um relógio.

As tacadas eram lentas, o joguinho arrastado, encrencado, sem vergonha.

Homens perderam vidas, casadas se dobraram, novas vidas se esfacelaram. Do marcador, os sinais a giz apagando-se, sumindo ou reaparecendo com casadas em dobro ou multiplicadas por quatro. O bolo crescendo.

Finalistas ficaram Lima e Malagueta, mas quem ganhou foi Perus, rematando certeiro as bolas dos dois, comendo-lhes as vidas e comendo o bolo, para mais de quatro mil e quinhentos, que as reentradas foram diversas e os parceirinhos iam afoitos.

Quem visse aquela roda e não soubesse, diria que era aquele o natural do jogo. Para quem está do lado de fora, como para os otários de jogo, as muitas coincidências do joguinho são predestinações. Como se não houvesse tabelas, efeitos, puxadas, trucagens e outros recursos que em sinuca se chamam picardia. Assim falam os trouxas e os coiós e os papagaios enfeitados e os mocorongos e os cavalos de teta:

– Joguinho ladrão, ganha aqui quem der mais sorte.

E a roda recomeçou.

(...)

João Antônio, *Malagueta, Perus e Bacanaço*, p. 118

Roteiro de leitura

1. Eis aí um texto literário. Observe que a liberdade de paragrafação na literatura é muito maior, mas nem por isso os parágrafos estão desordenados. Analise a divisão feita pelo autor – que efeitos ele obteve?
2. "As tacadas eram lentas, o joguinho arrastado, encrencado, sem vergonha." Porque este período avulso aparece como parágrafo isolado? O simples fato de estar isolado *acrescenta* significado ao texto?
3. Observe as locuções nominais *Um joguinho ladrão* e *Arranjo bom*. Qual a função dessas expressões fragmentadas?

Texto 5

Um traço que deve caracterizar o ser humano, ainda não embrutecido pela própria fraqueza ou pela realidade tremenda, é a liberdade que ele se reserva de opor ao evento defeituoso, à situação decepcionante, uma força contraditória. Essa força poderia chamar-se *esperança*; esperança de que aquilo que não é, não existe, pode vir a ser; uma espera, no sonho, de que algo se mova para a frente, para o futuro, tornando realidade aquilo que precisa acontecer, aquilo que tem de passar a existir.

Essa força talvez pudesse ser chamada, também, de força do sonho. Mas também esse seria um nome inadequado: acima de tudo, porque não somos nós que temos um sonho e, sim, o sonho que nos tem. Ele escapa ao nosso controle, impõe-se a nós tanto quanto se insinua sobre nós essa realidade manca ou sufocante que precisa ser mudada. E é necessário termos o controle dessa mudança, algum controle. Sonhar apenas, portanto, não serve.

Estaríamos mais perto do nome adequado a essa força de contradição se pensássemos na imaginação, essa capacidade de superar os limites frequentemente medíocres da realidade e penetrar no mundo do possível. E esta designação para aquela força não seria inconveniente se a imaginação fosse vista não como um amontoado de insanidades, diversas das provocadas pelo sonho apenas pelo fato de serem produzidas de olhos abertos, mas, sim, como uma das estruturas de sustentação da própria realidade e sem a qual esta não pode existir sob pena de retirar-se desse real aquele elemento criativo capaz de fazer da vida algo diferente de uma câmara escura, de um caixão de defunto.

Mas a imaginação necessária à execução daquilo que deve vir a existir não é a imaginação digamos comum, aquela que se alimenta apenas da vontade subjetiva da pessoa e se volta unicamente para seu restrito campo individual, detendo-se exclusivamente para propor coisas como montanhas de ouro. Tem de ser uma imaginação exigente, capaz de prolongar o real existente na direção do futuro, das possibilidades; capaz de antecipar este futuro enquanto projeção de um presente a partir daquilo que neste existe e é passível de ser transformado. Mais: de ser melhorado.

Essa imaginação exigente tem um nome: é a imaginação utópica, ponto de contato entre a vida e o sonho, sem o qual o sonho é uma droga narcotizante como outra qualquer e a vida, uma sequência de banalidades insípidas. É ela que, até hoje pelo menos, sempre esteve presente nas sociedades humanas, apresentando-se como o elemento de impulso das invenções, das descobertas, mas, também, das revoluções. É ela que aponta para a pequena brecha por onde o sucesso pode surgir, é ela que mantém em pé a crença numa outra vida. Explodindo os quadros minimizadores da rotina, dos hábitos circulares, é ela que, militando pelo otimismo, levanta a única hipótese capaz de nos manter vivos: mudar de vida.

Teixeira Coelho, *O que é Utopia*, p. 7

Roteiro de leitura

1. O texto lido é o início de um *ensaio*, gênero da linguagem que podemos definir genericamente como uma reflexão sobre um determinado assunto – no caso, o conceito de utopia. Tomando o trecho acima como exemplo, quais as características da linguagem ensaística? Em que ela difere da linguagem jornalística?
2. Observe a sequência argumentativa do texto: o autor começa por definir a noção de *esperança,* desdobrando-a até chegar à noção de *imaginação utópica*. O texto avança como se o autor fosse *respondendo* a possíveis dúvidas do leitor, num diálogo imaginário. Observe, também, a importância da conjunção "mas" nesse diálogo ("sim, isto é assim, *mas...*" – e chega-se a outro degrau da argumentação, que se sustenta no anterior). Finalmente – o ponto que aqui nos interessa de perto – observe a estruturação dos parágrafos, que obedecem a uma sequência bastante *rígida*. Confira se é assim mesmo,

um e outro.

3. Para encerrar: por que o ensaio parece ser mais *exigente* quanto à noção de parágrafo que outros gêneros da linguagem?

Atividade 3

Parágrafo e frase-guia

Vamos agora nos deter num recurso específico de paragrafação que pode nos ser útil em muitos gêneros da linguagem. Para começar, leia o parágrafo seguinte.

Texto 6

Arqueologia machadiana do Rio de Janeiro

Marcello Rollemberg

Toda grande cidade tem seu cronista por excelência, aquele que melhor a define e caracteriza, de forma explícita ou não. Londres, por exemplo, teve em Charles Dickens seu mais perfeito tradutor, o homem que soube da maneira mais incisiva desvendar cada mistério de suas ruas e bairros. O mesmo pode ser creditado a Kafka com Praga, Fernando Pessoa com Lisboa e Joyce com Dublin. Esses autores não descreveram uma cidade idealizada ou maquiada, mas sim as mostravam como de fato eram, ao mesmo tempo belas e ásperas, quase que um personagem a mais em suas obras. Essa persona de concreto e asfalto, o pano de fundo de uma ou de várias obras que vai aos poucos ficando cada vez mais denso até se inserir substantivamente em um romance, pode também ser o Rio de Janeiro que Machado de Assis tão bem conheceu. É nas obras do criador de Brás Cubas que um Rio *fin-de-siècle* melhor se descortina e é melhor caracterizado. Poucos usaram e abusaram da Cidade Maravilhosa como Machado, fazendo seus personagens se inserirem de tal forma à paisagem que cada um de seus livros bem poderia servir de um guia para um Rio que, para muitos, infelizmente não existe mais. Mas se essa cidade ficou no passado, o guia para ela pode ser encontrado na forma de *Rio de Assis* (Editora Casa da Palavra), uma interessante viagem até a grande metrópole brasileira do século XIX concebida pela *designer* Aline Carrer e um dos mais belos lançamentos do ano passado.

(...)

Revista Cult, nº 37, p. 21

Este é o início de um texto longo que apresenta ao leitor um livro de arte contendo fotos do Rio de Janeiro do tempo de Machado de Assis. Antes de mais nada, preste atenção na primeira frase do parágrafo: *Toda grande cidade tem seu cronista por excelência, aquele que melhor a define e caracteriza, de forma explícita ou não*. Observe a estratégia do autor: para chegar ao Rio de Machado de Assis, ele universaliza a ideia de que as grandes cidades sempre têm os seus cronistas. A primeira frase *anuncia* o tema do parágrafo; as frases seguintes, *demonstram* o que se disse – Londres e Dickens, Kafka e Praga etc. Ao final, aparecem o Rio de Janeiro e Machado de Assis. E o parágrafo se fecha com o assunto do texto propriamente dito: o livro *Rio de Assis*, que será resenhado nos parágrafos seguintes. O tema do artigo foi valorizado pela comparação internacional proposta na primeira frase e pela ideia implícita de que Machado é a nossa grande referência literária.

Estamos diante de um texto especializado de uma revista de cultura. Não se trata de uma informação jornalística direta, em que "não se perde tempo" com introduções. Mas o recurso da "frase-guia", que veremos em seguida, funciona em qualquer gênero e é sempre útil.

Para conferir se é assim mesmo, leia o texto seguinte.

Texto 7

O destino do lixo digital

A reciclagem é alternativa para diminuir o volume de computadores jogados fora

Adriana Dias Lopes

Um efeito da era digital que ninguém previu está tirando o humor dos ambientalistas. Até 2004, deverão ser descartados 315 milhões de micros em todo o planeta. O entulho conta com a contribuição dos brasileiros: calcula-se que 850 mil máquinas ficarão obsoletas por aqui até o fim de 2001. O problema é maior do que o espaço que monitores ou teclados ocupam na lata do lixo. Muitas peças eletrônicas são feitas de metais pesados, como mercúrio, níquel, cádmio, arsênico e chumbo, com efeitos tóxicos para a saúde do ser humano.

(...)

Em países onde o movimento ambientalista é mais forte, a reciclagem é o método mais incentivado. "Japão, França, Suécia, Alemanha e Estados Unidos desestimulam a manutenção dos aterros com a cobrança de impostos elevados", diz a química Glória Nair Freire de Araújo, do Ceped (Centro de Pesquisa e Desenvolvimento), um dos dois laboratórios de análise de pilhas e baterias credenciados no Brasil. Quem procura se livrar de um micro obsoleto deve procurar uma empresa de reciclagem. São poucas no país.

O tema da reciclagem de computadores começa a aparecer em círculos especializados. Mas, por enquanto, a Convenção de Basileia (1989) é a única regulamentação internacional a respeito. Criada por representantes governamentais, de ONGs e de indústrias de cerca de 120 países, entre eles o Brasil, ela visa proibir o movimento de resíduos perigosos entre as fronteiras dos participantes. "A sucata eletrônica entrou na lista dos componentes vetados há apenas três anos", diz Marcelo Furtado, coordenador de campanha do Greenpeace, um dos participantes. "Não existe controle sobre a doação de equipamentos velhos – que muitas vezes viram lixo", alerta.

O interesse pela sucata eletrônica, em geral por parte de países em desenvolvimento, tem motivos econômicos. Muitos computadores possuem metais preciosos em sua composição, como a prata e o ouro (veja quadro). Além de valiosos, 98% do ouro e da prata podem ser reutilizados. Uma das maiores empresas de reciclagem na Itália, a Geodis Logistics, aproveita mais material. Segundo seus cálculos, 94% dos componentes de um micro são reaproveitáveis. A notícia interessou outras grandes empresas.

(...)

Leis servem para baterias

Fabricantes e lojas autorizadas que trabalham com pilhas e baterias receberam um ultimato, no ano passado. O Conama (Conselho Nacional do Meio Ambiente) deu 12 meses a essas empresas para encontrarem modos de recolher baterias esgotadas. O prazo venceu em 23 de julho. Daqui a um ano, a reciclagem ou o armazenamento em lugares seguros será obrigatório.

A resolução do Conama é ainda mais abrangente. Há um mês, embalagens de pilhas e baterias têm de sair da fábrica com advertências sobre os riscos que os metais podem causar ao ambiente. Pela primeira vez, a quantidade de mercúrio, cádmio e chumbo tem de seguir padrões internacionais. Mas até julho, os dois únicos laboratórios credenciados para esse tipo de análise – o Ceped e o Cetind – na Bahia não haviam recebido produtos para examinar.

(...)

Revista Galileu, ed. 109

Roteiro de leitura

1. Observe que cada um dos parágrafos é introduzido por uma oração que *apresenta* o assunto que se segue. Releia:

a) *Um efeito da era digital que ninguém previu está tirando o humor dos ambientalistas.*

Confira: as quatro orações seguintes *desdobram e descrevem* a informação adiantada na primeira. Que *efeito* é esse? As orações seguintes respondem:

– serão descartados nos próximos anos milhões de micros;

– os brasileiros também contribuem com o entulho;

– não há espaço para tanto lixo;

– muitas peças são feitas de metais tóxicos.

Este tipo de parágrafo, introduzido por uma espécie de oração-síntese – que podemos chamar de "frase-guia", como na amostra apresentada no texto 6 –, é muito frequente, particularmente nos textos jornalísticos (de informação e de opinião) e nos textos de natureza acadêmica (ensaios, por exemplo.) A frase-guia *avisa* o leitor do assunto do parágrafo, facilitando a leitura e organizando o texto. Por essa razão, é interessante que dominemos bem tal recurso.

2. Analise os outros parágrafos do texto, conferindo a frase-guia e as orações seguintes.

Exercício

Desenvolva um parágrafo de estrutura semelhante para cada uma das frases abaixo. Observe que a frase-guia tem uma vantagem especial: ao anunciar o assunto do parágrafo, ela nos impede de fugir do assunto e nos ajuda a organizar a sequência do texto.

1. Uma sequência inusitada de luzes e ruídos intrigou os 300 habitantes de Bem-me-quer, vilarejo a 70 quilômetros de Registro. (...)
2. Poucas experiências são mais traumatizantes para um jovem que o enfrentamento do exame vestibular. (...)
3. A afirmação pode ser uma autêntica heresia no país de Pelé, Garrincha e tantos ídolos inesquecíveis, mas o fato é que o futebol já há algum tempo deixou de ser o esporte símbolo do Brasil. (...)
4. É uma tarefa de alto risco para um historiador ousar prever o futuro. (...)
5. Está próxima a última batalha da guerra entre fumantes e não fumantes. (...)

Atividade 4

Parágrafos de introdução

Vamos exercitar mais um pouco o domínio do parágrafo, agora pensando especificamente nos parágrafos de *introdução* de um texto. O início de um texto tem uma importância óbvia: ele pode determinar o interesse ou não do leitor pelo que escrevemos já em quatro ou cinco linhas! E, de outro ângulo, um bom parágrafo inicial pode delimitar com clareza a direção do texto, ajudando quem escreve a não se perder na sequência.

Mais uma vez, é bom lembrar que a variedade, aqui, é virtualmente infinita – há muitas maneiras de se começar bem um texto, e de modo algum elas devem ser resumidas a um fórmula mágica. Mas algumas dicas podem ser úteis em grande parte dos casos. Confira:

1. Comece *familiarizando* o leitor com o assunto de que você vai tratar. Lembre-se de que o leitor não pode adivinhar as informações que temos em mente antes de escrevermos o texto. Assim, a introdução deve *situar com clareza* as coordenadas do texto (o assunto, a intenção, o aspecto que se pretende abordar).
2. Evite começar o seu texto com um parágrafo que se resume a uma frase avulsa. Exceto em alguns casos especiais (linguagem publicitária, por exemplo), esse recurso simplesmente indica má estruturação do texto e dificuldade de separar as informações em grupos organizados.
3. Descubra as vantagens da frase curta! Lembre-se de que períodos complexos e prolixos, logo no primeiro parágrafo, podem espantar o leitor!

Analise os exemplos apresentados e faça os exercícios correspondentes.

Exemplo 1

Faz parte do cotidiano de São Paulo, a maior metrópole brasileira, o trânsito lento das avenidas marginais – as vias expressas que acompanham o leito de dois rios que banham a cidade, o Tietê e o Pinheiros. Nos últimos dias, os engarrafamentos, ali, se tornaram insuportáveis – por um motivo ecológico. Milhares de motoristas reduzem a velocidade quando trafegam pela Marginal do Tietê, na esperança de ver o jacaré-de-papo-amarelo, de 1,5 metro de comprimento. O bicho já foi flagrado duas vezes em passeios no leito do rio. Na última delas, os bombeiros chegaram a prender o jacaré numa rede. Em vão. O réptil conseguiu fugir e mergulhou outra vez no Tietê. "Apesar de ser um animal resistente a ambientes agressivos, não é possível saber quanto tempo o jacaré resistirá à poluição do rio", diz Flávio Molina, 29 anos, biólogo do setor de répteis do Zoológico de São Paulo.

Vivendo num lodaçal onde 1 milhão de litros de esgoto e metais pesados é despejado por dia, o jacaré (...)

Veja, 29/8/90, p. 55

Exercício 1

Escreva um parágrafo de introdução ao seguinte assunto: a fuga de um animal selvagem do zoológico ou de um circo da cidade. Importante: escreva também a primeira oração do segundo parágrafo, estabelecendo a costura (como no exemplo).

Exemplo 2

"Quando os velhos comem os ratos, não deixam nada para trás. Devoram todas as partes." Nani Sha, funcionário da Reserva Natural Talle, no nordeste da Índia, explica calmamente os hábitos alimentares de sua tribo, os apatanis. "Não se encontra esse tipo de rato fora de Talle. Algumas pessoas fazem caminhadas duras, de vários dias, apenas para vir caçá-los e comê-los. Eu, pessoalmente, prefiro não comer o crânio. Mas gosto muito de saborear o miolo." Encostado num grande tronco junto à fogueira, Sha faz uma pausa para tomar um gole de cerveja de arroz numa caneca de lata. Depois acende o cigarro com um graveto em brasa. "Ratos do vale Talle!", completa com orgulho o guarda florestal Bulo Lampung, apontando para vários bichos de densos pelos castanhos ao lado de Hibo Chama, o jovem apatani que prepara o nosso jantar.

A expressão "vale Talle" é pronunciada por Lampung como se fosse uma única palavra e vem acompanhada do largo sorriso que ele (...)

Jesse Oak Taylo-Ide, "O caçador de imagens da Floresta Indiana", *National Geographic*, 9/2000

Exercício 2

Escreva um parágrafo de introdução ao seguinte assunto: a pena de morte. Comece citando, entre aspas, as palavras de alguém, como no exemplo. Escreva também a primeira frase do segundo parágrafo, estabelecendo a costura.

Exemplo 3

Que é índio?

Índios, segundo os habitantes das cidades, são aqueles que acampam nos parques, vendem balaios para depois comprar pinga, quebram os galhos das árvores frutíferas, colhem os frutos verdes, comem os despachos da macumba e as carniças do lixo urbano, e que deveriam ficar nas reservas de onde os botecos estão longe, mas índio anda e o boteco fica perto.

Índios, segundo uma assistente social da Funai, são os que devem ser conscientizados da importância de (...)

Alberto Mel, *Comunicação – Jornal Laboratório do CCS da UFPR*. Ed. 35, p. 6

Exercício 3

Como prova de que devemos desconfiar das receitas infalíveis, aí está uma introdução de texto que contraria pelo menos duas das três regrinhas que lemos acima – e, no entanto, é um bom início de texto. Escreva dois parágrafos de um texto com estrutura semelhante. O primeiro parágrafo deve ser uma pergunta. O assunto é livre.

Exemplo 4

Pense no seguinte: você tem um bom emprego, trabalha na mesma função desde que entrou na empresa e está satisfeita com o que faz. De repente, por alguma razão, a direção resolve transferi-la para outra área. E agora?

É exatamente o que estão se perguntando, neste momento, profissionais do mundo inteiro. Hoje, as empresas (...)

Revista *Criativa*, ed. 128, p. 175

Exercício 4

Escreva um parágrafo de estrutura semelhante, colocando um problema qualquer para o leitor. E comece o segundo parágrafo, como no exemplo.

Atividade 5

Quem, quando, onde, como...

Vamos exercitar agora um tipo bastante específico de parágrafo, que aparece quase sempre na primeira página dos jornais, como "chamada". Em geral, é um texto informativo que vai direto ao assunto, resumido em duas ou três orações em ordem direta (sujeito – predicado). É um exercício interessante porque exige capacidade de síntese.

Vejam-se três exemplos do jornal *O Estado de S. Paulo* (23/8/2000):

Exemplo 1

Rivaldo marca e ajuda Barcelona a ser campeão

O Barcelona conquistou ontem o título do torneio de Verão Joan Gampier ao vencer o PSV Eindhoven, da Holanda, por 2 a 1, no Estádio Camp Nou, que recebeu cerca de 40 mil pessoas. Rivaldo, cobrando pênalti, marcou o primeiro gol da partida, aos 14 minutos. Gerard, de cabeça, ampliou. O PSV diminuiu por meio do atacante brasileiro Cláudio, ex-Vitória. Foi o sexto título consecutivo do torneio conquistado pelo clube catalão.

Exemplo 2

Remédio pode reduzir desejo de beber álcool

Cientistas americanos anunciaram ontem que um remédio já à venda pode reduzir em 40% o desejo de beber entre pessoas com propensão genética ao alcoolismo. A droga, ondansetron – fabricada pela Glaxo Wellcome com o nome Zofran – também baixou em 39% a quantidade de álcool consumido, disseram pesquisadores do Centro de Ciência da Saúde da Universidade do Texas.

Exemplo 3

Código Penal que reduz pena máxima chega ao Congresso

O ministro da Justiça, José Gregori, entregou ontem cópias do projeto de lei que muda o Código Penal aos presidentes do Senado, Antônio Carlos Magalhães (PFL-BA), e da Câmara, Michel Temer (PMDB-SP). A proposta aumenta o rigor para concessão de benefícios, mas reduz de 30 para 20 anos a pena máxima. Na prática, o preso vai levar os mesmos dez anos que precisa cumprir hoje para conseguir a condicional, se condenado à pena máxima.

Exercício

Escreva parágrafos de estrutura semelhante sobre os assuntos que se seguem. Importante: não emita opiniões; limite-se aos fatos. Não use frases nominais (tipo "manchete") no corpo do texto; os períodos devem ter sujeito e predicado. As informações devem ser curtas, mas precisas: dê o nome das pessoas, indique onde e quando o fato ocorreu etc. O leitor é curioso! Dê um título para cada texto.

1. Assalto a uma residência.
2. Resultado da final do campeonato estadual de futebol.
3. Descoberta de uma substância que pode curar a AIDS.
4. Invenção de um computador que lê pensamentos.
5. Prisão de uma quadrilha que falsificava diplomas.

Prática de Texto

Para encerrar esse tópico, vamos reforçar agora a noção de parágrafo pensando na sequência e na unidade estrutural. Escreva um texto, em quatro parágrafos, que descreva a trajetória de um estudante universitário. *Se quiser*, siga o roteiro:

1. A euforia da aprovação no vestibular. Como introdução, escolha a estrutura de parágrafo que você achar melhor: pode ser a descrição de uma cena, criando suspense; ou um texto com frase-guia (que pode ser uma pergunta, respondida em seguida).
2. O entusiasmo inicial: pode ser só o primeiro dia, ou o primeiro mês, ou o primeiro ano...
3. *A satisfação*: aulas excelentes, descoberta da vocação, nova perspectiva pessoal; ou *a desilusão*: o curso não é o que você pensava, ou pelo menos não é *exatamente* o que você pensava, ou você já é uma pessoa diferente um ano depois; ou ainda um meio-termo, um tempo de avaliação...
4. A conclusão é sua!

Atenção à estrutura do conjunto: você pode relatar a trajetória de *alguém* – digamos, um estudante típico –, ou a sua própria (nesse caso, o texto se articula como um depoimento pessoal). Pense na intenção com que você escreve: criticar o ensino brasileiro de terceiro grau, num texto sério; ou criticar fazendo humor; ou comover o leitor; ou informá-lo simplesmente de uma realidade; ou estimular o leitor a tentar vestibular, porque vale a pena... as possibilidades são infinitas! Mas atenção à unidade do texto: não tente fazer tudo ao mesmo tempo!

E não esqueça do título!

Língua padrão

Vejamos mais alguns detalhes de dois pontos em geral problemáticos do padrão escrito brasileiro: regência (o que inclui a crase) e concordância.

Regência

Observe estas orações:

a) Está comprovadíssima a nobreza da pecinha ***de*** que estamos falando.

b) Nos próximos meses, será a primeira cidade inteiramente cercada ***de*** que se tem notícia no país.

Responda: nos dois casos, por que o "de"?

Ora, porque *estamos falando* **de** *uma pecinha,* e *temos notícia* **de** *uma cidade cercada...*

Esse fenômeno chama-se *regência*, que certamente você já estudou (e provavelmente tentou decorar caso a caso...). Isto é, certas palavras e expressões da língua *exigem* certas *preposições* (de, para, com, a...). Na nossa linguagem diária, não costumamos ter problemas de regência. Veja que, *naturalmente*, nós dizemos frases como *Eu gosto dela* (e não "eu gosto a ela"), *Encontrei com o Fulano* (e não "encontrei de Fulano"), *Fui para São Paulo* (e não "fui com São Paulo"), *Torci contra o time dele* (e não "torci do time dele"), *Sou favorável a essa lei* (e não "sou favorável com essa lei") etc.

Os problemas de regência começam a aparecer e a nos tirar o sono em uma situação muito específica: *na passagem da linguagem oral para o padrão escrito.* Isso porque se, na ordem direta, em geral o padrão oral é o mesmo do escrito (como vimos acima), nas orações com a palavra *que* a escrita *conserva a preposição,* enquanto a linguagem oral costuma suprimi-la. Compare:

Eu gosto dela. A pessoa que eu gosto é ela. (oralidade)
Eu gosto dela. A pessoa ***de*** que eu gosto é ela. (padrão escrito)
Sou favorável a essa lei. A lei que sou favorável é essa. (oralidade)
Sou favorável a essa lei. A lei ***a*** que sou favorável é essa. (padrão escrito)

Há uma especial dificuldade para se dominar essa regência padrão, por força da oralidade. Dizemos *a música que ele gosta, o livro que eu não me lembro...* e não *a música de que ele gosta, o livro de que eu não me lembro...*

Mas, curiosamente, tem aparecido com muita frequência o fenômeno inverso, isto é, empregar o ***de*** quando o antecedente não exige preposição (em geral um verbo transitivo direto). Deputados, ministros de Estado, autoridades em geral vivem produzindo diante das câmeras e dos microfones frases como *Ele disse de que... Fulano afirmou várias vezes de que...*, quando o normal, o corriqueiro e o padrão tanto escrito quanto falado em todas as faixas da população seria *Ele disse que, Ele afirmou que* etc.

Por que isso acontece? Pense a respeito!

Exercício

Passe para a língua padrão escrita as seguintes ocorrências da linguagem oral. Observe que, em alguns casos, a mudança da preposição muda o sentido da frase.

1. O cantor que eu mais simpatizo é o Roberto Carlos.
2. Esse é o emprego que ele está aspirando faz muito tempo.
3. Não sei que projeto que ele se referiu.

4. Esse é o tal pacote econômico que falam tanto.
5. Ele disse, pela quinta vez, de que eu não precisava me incomodar.
6. É essa máquina que eu tenho me incomodado tanto que eu quero vender.
7. O Presidente assinou hoje o decreto, em ato solene, de que tanto esperávamos.
8. Eu penso, analisando bem a situação, de que isso não vai durar muito.
9. A pena de morte, que ele lutou tanto, não foi aprovada.
10. Os exercícios, que os alunos reclamam tanto, até que são úteis.

Mais crase

A essa altura da vida escolar, você já decorou mil vezes que a crase é o encontro da preposição *a* com o artigo *a*... Bem, lembre-se mais uma vez de que o emprego ou não do acento gráfico indicativo da crase (`) é apenas uma questão de regência. Perguntas: o antecedente *exige a preposição* a? o *artigo também está presente*? Para *sentir* o encontro da preposição *a* com o artigo – a(s) ou (o)s – reescreva as frases abaixo, substituindo as palavras sublinhadas pelas palavras entre parênteses.

1. As críticas às ***normas rígidas*** do sistema penal são o assunto principal. (regulamentos)
2. O fato de o general ter pertencido à ***nomenklatura*** soviética não atenua suas provações. (sistema militar)
3. Dizem que havia 17,98 milhões de pessoas aptas a ***trabalhar***. (trabalho)
4. Não é possível saber quanto tempo o jacaré resistirá ao ***envenenamento*** do rio. (poluição)
5. Ele entrou na água disposto a chegar ao ***outro lado***. (ilha).
6. Ele passou a noite à ***deriva***, perdendo a terra de vista. (sabor das ondas)
7. Eles invadiram às ***7h30*** um luxuoso sobrado e se renderam às ***9h20*** à ***polícia***. (amanhecer / noite / delegado)
8. João Alvino obteve garantias de que não seria apresentado ao ***público***. (imprensa)
9. Ele ficaria numa cela individual, apesar de não ter direito a ***prisão*** especial. (tratamento)
10. No dia seguinte ao ***incidente***, a funcionária demitiu-se. (aquele – eis a exceção da regra geral...)

Agora explique cada caso de crase – e os casos em que o *a* não é craseado.

Concordância

Observe a oração abaixo:

Foram respondidos 437 questionários com perguntas básicas de conhecimento geral.

A maior parte dos erros de concordância-padrão dos estudantes ocorre em frases desse tipo, em que o sujeito aparece *depois* do verbo. É preciso tomar um cuidado especial com esta estrutura, porque na linguagem oral há uma tendência sistemática de suprimir a concordância em tais casos, mesmo em falantes bastante escolarizados. Entretanto, é preciso lembrar que, se na oralidade este fenômeno não chama muito a atenção, na escrita ele representa erro grave! Qualquer *foi inaugurado as usinas* pode tirar o emprego do infrator! Ou seja, essa é uma área da gramática normativa em que a diferença é bastante vigiada.

Como exercício, reescreva as frases abaixo substituindo as palavras sublinhadas pelas palavras entre parênteses, modificando a concordância.

1. Não deixa de ser impressionante ***o fato*** de que o país sobrevive à crise. (os indícios)
2. Se a situação continuar assim, entrará em cogitação ***a discussão*** sobre o parlamentarismo. (os debates)
3. Ontem foi escolhido, depois de cinco horas de deliberação, ***o rumo*** econômico da empresa. (as diretrizes)
4. Se não tomassem providências, estaria colocada ***a questão*** de quem restabeleceria a ordem. (os dilemas)
5. Foi feito ***o levantamento*** de preços, mas mesmo assim ocorreu ***uma série de irregularidades***. (as tomadas / irregularidades)
6. Está comprovadíssima ***a fraude*** na construção do prédio. (os roubos)
7. Neste conceito está implícita ***a noção*** que coloca o homem como ator principal da cena ecológica. (os princípios)
8. Não pode ser mantido para sempre ***o modelo*** de desenvolvimento econômico que nos acompanha. (coordenadas)
9. Aos meios de comunicação cabe ***a tarefa*** de ajudar o cidadão a identificar os verdadeiros problemas e de dar a ele subsídios para solucioná-los. (desafios)
10. Foi se avolumando ***a pilha de reclamações***. (reclamações)

Capítulo 11

Texto de opinião – I

Atividade 1

O texto de opinião

Vamos agora analisar de perto um tipo de linguagem diferente da linguagem dos textos de informação que temos visto até aqui. Para começar, leia o texto seguinte.

Texto 1

Por que a escola não serve pra (quase) nada

Gustavo Ioschpe

Sempre me intrigou o fato de que os melhores alunos terminam não repetindo o sucesso escolar vida afora e, ao mesmo tempo, que as pessoas de grande êxito em suas atividades foram, frequentemente, maus alunos, ou pelo menos nada brilhantes. Não são inquietações que me surgiram agora, mas já na época de estudante.

Nessa mesma época, de estudante secundário, comecei a sentir um profundo incômodo com a vida estudantil. Quando criança, tinha muito prazer em ir ao colégio, em aprender aquelas coisas novas todo dia, em resolver mistérios. A educação é o mecanismo de inserção mais poderoso que há: com ela, penetramos no mundo e nos sentimos participantes da nossa realidade. A grande parede de ignorância que nos barra da compreensão do universo vai aos poucos sendo derrubada.

Mas, em um certo momento, lá pelo fim do primeiro grau, o encantamento se quebrou. Não sei se eu é que perdi a ingenuidade, ou se foi a escola que mudou, mas ficou tudo esquemático, mecânico e completamente broxante. A relação com o professor, que antes era de companheirismo e admiração nessa viagem de descobrimento, virou burocrática e antagonística. Pairava no ar o reconhecimento mútuo de que entrávamos em um teatro, onde mestres e pupilos eram atores secundários e o papel principal ficava a cargo da mediocridade, a se infiltrar e dominar tudo. Ela ditava que o nosso papel ali era de fingidores: o professor fingia estar ensinando e se interessando pela inteligência de seus alunos, e o aluno fingia estar aprendendo e absorvendo conhecimentos que lhe seriam úteis.

No fundo, todos sabiam que grande parte do que se ensinava ali era inútil e desinteressante, mas, enfim, caía no vestibular, então o que é que se havia de fazer, né?

Assim, passei, como todos os meus colegas, anos e anos regurgitando o que diziam os livrinhos que os professores nos indicavam. Líamos grandes livros, falávamos sobre grandes personagens históricos, mas o que ficava eram perguntas sobre o enredo, pedidos de descrição de eventos e causas. Nenhuma elucubração, nenhum desejo de ir além do texto, nenhuma tentativa, enfim, de pensar e imaginar. Qualquer tentativa de dizer algo diferente ou pensar o proibido era (e continua sendo) punida com canetaços vermelhos e notas baixas ou, em casos mais severos, conversinhas com orientadores pedagógicos e coordenadores educacionais (nomes infames para cargos que se resumem aos de carcerários do presídio de almas que é a escola moderna).

Assim, o sistema educacional transformou-se numa máquina produtora de mediocridade e resignação, que vai aos poucos filtrando os inconformistas e deixando-os de lado, rotulando-os como "problemáticos". Matando o espírito questionador, já que qualquer pergunta desafiadora é vista como um desafio à autoridade. Por isso é que os bons alunos não raro têm vida escolar apagada, e os maus alunos se saem bem: fora das paredes da escola, o espírito crítico, a imaginação e a vontade de fazer diferente são fatores indispensáveis ao sucesso.

O que só comprova a impressão de que colégios viraram exatamente aquilo que foram criados para combater: templos da gratificação da mediocridade e da mesquinharia; fortalezas que massacram aquilo que há de espontâneo nos jovens, e os "preparam para a vida", dando-lhes a garantia de sobrevivência que é, ao mesmo tempo, a garantia de uma vida sem saltos, voltas, dúvidas, explosões, entusiasmos, descobertas, angústias e fascínios. Tudo, enfim, que faz com que a vida valha a pena.

P.S. Antes que o tradicional espírito de porco pergunte se me imagino um gênio incompreendido, confesso que passei minha temporada escolar perseguindo notas altas e me empenhando em ser o melhor da classe, mesmo sabendo a falência moral que isso significava. O que só me entristece e envergonha.

Folha de S. Paulo – Folhateen, 1/5/2000

Roteiro de leitura

Como você pôde observar, esse é um texto que podemos classificar, para fins didáticos, como *texto de opinião*. É claro que o texto de opinião também transmite informações ao leitor – mas as informações transmitidas nele estão a serviço da opinião – podem mesmo servir de *provas*, em defesa da opinião defendida.

A defesa de uma opinião – e todos nós sabemos disso a partir do simples fato de que falar é estabelecer um ponto de vista sobre o mundo – pressupõe *argumentos* ou *provas*. Podemos resumir essa questão com um *slogan* simples: *Afirme e sustente!*

No uso diário da linguagem emitimos e enfrentamos opiniões a todo instante, e normalmente sabemos avaliar com bastante clareza o fundamento, ou não, de um argumento apresentado, pelo menos em situações coloquiais, quando o universo discutido nos é familiar. Vejamos, em tópicos, como esse mecanismo funciona na escrita.

1. Antes de mais nada: qual a tese central defendida pelo texto?

2. Que argumentos foram apresentados em defesa dessa tese? Lembre-se: a classificação do que lemos como texto de opinião tem objetivo didático, mas obviamente não é absoluta (ou um texto de opinião *só teria* opinião!). O texto de opinião se fundamenta em informações, ou prévias (não preciso repetir o que sei que o meu leitor já sabe) ou de apoio (apresento informações que situam o leitor num mundo concreto e informações que servem como provas da tese que defendo).

Localize, no texto lido, informações de apoio que situam o leitor e informações que comprovam – ou buscam comprovar – a opinião emitida.

3. Os argumentos não existem em estado "puro", isto é, eles normalmente se dirigem a um interlocutor concreto, que tem lá suas opiniões. Assim, todo texto de opinião bem-sucedido leva em consideração as opiniões do interlocutor, seja para omiti-las (na medida em que enunciar uma contraprova poderia destruir o que se está dizendo), seja para se antecipar a uma possível resposta. Na fala, o interlocutor está diante de nós, e quem já participou de, por exemplo, uma discussão de bar, sabe como é o vaivém argumentativo, mudando de rumo a cada instante de acordo com esta ou aquela resposta. No texto escrito, entretanto, a ausência física do interlocutor exige uma estratégia específica para maior eficácia da tese. No texto lido, em que momento o autor *se antecipa* a uma possível resposta do leitor?

4. *A quem se dirige* o texto que lemos? Antes de responder, releia esta citação de Bakhtin:

> Não pode haver interlocutor abstrato; não teríamos linguagem comum com tal interlocutor, nem no sentido próprio nem no figurado. Se algumas vezes temos a pretensão de pensar e de exprimir-nos *urbi et orbi*, na realidade é claro que vemos "a cidade e o mundo" através do prisma do meio social concreto que nos engloba.

Um texto de jornal dirige-se a quem, especificamente? A ninguém em especial, é claro; dirige-se, por princípio, a todos os leitores. A *qualquer* leitor ou a um *grupo delimitado* de leitores? Ora, é impossível se dirigir a *todas as pessoas* ao mesmo tempo – como diz Bakhtin, não teríamos essa linguagem universal. Na verdade, cada palavra que dizemos ou escrevemos revela *quem somos* e *a quem nos dirigimos*, concretamente. Os profissionais da palavra – jornalistas, publicitários, por exemplo – sabem muito bem disso: existem textos para jovens, velhos, mulheres, crianças, e, em cada caso, para interesses específicos (econômicos, culturais, esportivos...), nível de escolaridade (superior, fundamental...), classe econômica (salário até 200 reais, de 201 a 500...). Enfim: basta observar uma banca de jornal e perceber como é multifacetado o universo da palavra escrita. *A cada um, a sua linguagem* – essa parece a regra prática da escrita...

Pois bem: faça um *perfil* do leitor do texto 1. Como um detetive, descubra pela linguagem do texto quem é ele.

5. O texto de opinião funciona substancialmente estabelecendo *relações lógicas*. No texto que lemos, há uma incidência significativa das palavras *mas* e *assim*. Em outro momento, aparece a expressão *o que só comprova...* Localize esses elementos de relação lógica e observe que *relações* eles estabelecem.

Por que tais relatores (*mas, no entanto, porém, só que...*) são particularmente importantes no texto de opinião? Observe que um bom texto argumentativo sempre apresenta o *outro lado*, para melhor fundamentar *o próprio lado*. Do mesmo modo, *as conclusões* aparecem sempre em decorrência do que se disse antes (*assim, desse modo, como vemos, considerando esses fatos, em consequência disso...*).

6. Confira a paragrafação do texto, assinalando as marcas de costura entre um novo parágrafo e o anterior.

7. Para matar a saudade do cursinho, vai aí um teste de múltipla escolha. Assinale a resposta certa, a respeito do texto lido. E lembre-se: a opinião é um problema seu!

a) Concordo com a tese, mas a argumentação foi péssima.

b) Não concordo com a tese, mas reconheço que a argumentação foi boa.

c) Concordo com a tese, e a argumentação foi boa.

d) Não há tese alguma, e a argumentação não tem pé nem cabeça.

e) A tese parece boa, mas não é universal – nem toda escola é assim.

Atividade 2

Leitura comparada

Vamos ler agora um outro texto de temática semelhante.

Texto 2

Que venha a turma dos bancos do fundo

Os feitos de antigos primeiros da classe recomendam que se entregue o poder aos maus alunos

Roberto Pompeu de Toledo

Albert Einstein foi aluno sofrível. Incomodava-o a rígida disciplina da escola alemã de fins do século XIX. Aos 15 anos, com más notas em história, geografia e línguas, abandonou a escola de Munique em que estudava. Foi retomar os estudos tempos depois, na Suíça. Charles Darwin apresentava tão medíocre rendimento escolar que o pai lhe lançou um anátema, quando tinha 16 anos: "Você será uma desgraça para sua família e para si mesmo". Na faculdade de medicina, aonde chegou aos tropeções, era tomado por tédio mortal, nas aulas teóricas, e tinha enjoo ao assistir à dissecação de cadáveres. E o poeta Carlos Drummond de Andrade? Este foi expulso da escola dos jesuítas em Nova Friburgo (RJ) por "insubordinação mental". Por insistência da família acabou fazendo uma faculdade. Formou-se em farmácia.

Ser mau aluno não prenuncia necessariamente, como se vê, um futuro medíocre. Inversamente, ser bom aluno não quer dizer que a pessoa está fadada a um futuro brilhante, nem que seja especialmente dotada, nem mesmo que seja a mais inteligente da turma. Pode querer dizer apenas que é a mais conformada. Ou mais reprimida. Ou mais enquadrada. No entanto, existe uma corporação que ainda dá alto valor ao bom aluno. Ou melhor: bom aluno é pouco. Ao melhor. O primeiro. Existe uma corporação em que o primeiro da classe, ou primeiro da turma, é cultuado como santo no altar. Essa corporação são as Forças Armadas.

É o que se aprende, ou que se recorda, para quem já sabia, ao ler a edição de VEJA da semana passada. A revista tem bom número de páginas dedicadas a militares. Começa com uma entrevista, nas páginas amarelas, do brigadeiro Walter Bräuer, demitido recentemente do comando da Força Aérea, continua com as inéditas conversas do presidente João Figueiredo, recentemente falecido, com o fotógrafo Orlando Brito e termina com uma nota sobre o capitão-deputado Jair Bolsonaro, de volta à atualidade por pregar o fuzilamento do presidente da República. Há duas referências a primeiro da turma, nesses textos. A primeira é de Bräuer: "Sempre fui primeiro da turma, desde o primário até o generalato." A segunda é de Figueiredo, ao falar do general Costa e Silva: "Sempre foi o primeiro colocado onde quer que tenha estudado."

De que serviu ao brigadeiro Bräuer o excelente rendimento escolar? É a pergunta que surge, ao se constatar que, na plenitude dos 62 anos, ele se confessa incapaz, no trecho de maior repercussão da entrevista, de julgar Adolf Hitler. "Eu não defendo Hitler, mas também não posso atacá-lo", diz. Na mesma entrevista, concedida à jornalista Sandra Brasil, ele ataca a criação do Ministério da Defesa e a privatização da Infraero – mas não vê razões para atacar Hitler! O führer do III Reich tinha uma personalidade "um pouco distorcida", segundo o brigadeiro, mas era "um líder" e, "se conseguiu mobilizar uma nação como a Alemanha, devia ter o seu valor". E a Costa e Silva, de que valeram os lauréis escolares? Sua maior qualidade era o espírito decidido, segundo Figueiredo. Quando pairava sobre algum político a suspeita de infidelidade ao regime, dizia logo, com seu sotaque gaúcho: "Que se lhe casse, então!" Claro, ele tinha os tanques, os aviões, as belonaves e as polícias a facilitar-lhe as decisões, mas e daí? Era decidido. Cassava com destemor.

O próprio Figueiredo, embora não o diga na reportagem, foi primeiro da turma. Por isso, ao se formar, em 1937, mereceu a distinção de receber o espadim do próprio presidente, Getúlio Vargas – incidentalmente, o homem que lhe prendera o pai, revolucionário de 1932. O excelente aluno Figueiredo declara, numa das conversas com Brito, que boa solução para a favela da Rocinha seria atirar-lhe uma bomba atômica. Numa fita exibida pela Rede Globo, já aparecera dizendo que uma vez, na Igreja do Bonfim, foi tão abraçado pelas baianas que, por mais banho que tomasse, não se livrava do "cheirinho de crioulo". Quanto ao capitão Bolsonaro, outro personagem da última VEJA, não foi primeiro da turma, mas também não se saiu mal – foi o sétimo de uma turma de mais de quarenta na Academia Militar. O feito que o projetou foi um plano de explodir bombas em quartéis, para protestar contra a prisão de um sargento e os baixos soldos dos militares.

Entre os civis, faz tempo que o prestígio do primeiro da classe está abalado. Sabe-se que não se atravessa a escola e a vida, necessariamente, no mesmo compasso. É compreensível que nas Forças Armadas, onde são soberanos os valores da hierarquia e da disciplina, ainda perdure – mas precisavam nos mandar primeiros da classe, e bons alunos, como esses? Um tem palavras carinhosas para Hitler, outro quer fuzilar o presidente, outro, jogar bomba atômica na favela... Que venham os últimos da classe, é o que se conclui. Que venham aqueles que sentavam nos bancos do fundo e conversavam na aula. Aqueles repetentes já com pêlo no rosto, em oposição à maioria imberbe. Que venham comandar as Forças Armadas. Que venham governar o país.

Veja, ed. 1632

Exercício

Para concluir esse tópico, faça uma análise comparativa entre os dois textos: intenção, linguagem, perfil do leitor, argumentação, humor, ironia...

Atividade 3

Domínio de linguagem e visão de mundo

A questão do texto de opinião, ou texto argumentativo, é uma das áreas mais delicadas do ensino de português. É grande a tentação didática – ou as tentações, que são muitas – de classificar, fazer esquemas, levantar "macetes" que deem conta do problema. Um problema que está na separação difusa entre a técnica, isto é, o domínio das regras da língua padrão escrita, e a opinião, isto é, a visão de mundo de quem escreve.

É uma questão complicada, porque a técnica não existe em si: quem escreve, escreve alguma coisa; e a opinião se articula sempre como linguagem. Mexer numa coisa é ao mesmo tempo mexer na outra. Foi assim que, como vimos nos capítulos anteriores, no esforço de levar o aluno a dominar a língua padrão, a escola levou junto, grátis, um modelo completo de formas e fórmulas acabadas chamado "redação escolar". Em busca da opinião "certa" – aquela que vale nota e que quase nunca é a nossa! – acabamos sem opinião alguma...

O que chama atenção nesse modelo é a sua inutilidade. Ele não só não serve para melhorar a técnica, como limita a visão de mundo. Insistimos nesse ponto, porque a redação escolar é o espaço por excelência da opinião; nela, sempre fomos convidados a dar opiniões sobre o mundo. Por isso mesmo, será bom aprofundar a questão argumentativa começando justamente do gênero que mais praticamos na vida, pelo menos até chegarmos à universidade. Leia o texto seguinte.

Texto 3

Problemas de argumentação na redação escolar

Alcir Pécora

Considere uma ocorrência típica, muito frequente nas redações, como a seguinte:

(1) É bem difícil imaginar uma pessoa com sentimento, com consciência do dever para consigo mesma e para com os outros, viver sozinha.

Eis aí uma ocorrência capaz de fazer feliz um manual de redação: ela não apresenta qualquer problema em relação ao padrão culto e formal do português escrito. Além disso, ela não apresenta nenhum problema de coesão. Essas constatações deveriam conter motivo suficiente para que alguém que deixasse de considerar o aspecto argumentativo da linguagem se desse por satisfeito e encerrasse o seu diagnóstico com um sorriso otimista. Ocorre que é justamente quando se coloca a questão da argumentação que os problemas de redação ganham as proporções mais surpreendentes. Considerada desse ângulo, a ocorrência 1 certamente manifesta um equívoco; e o que é pior, um dos equívocos mais recorrentes no conjunto das redações analisadas. Para caracterizar qual seja, é preciso, antes de mais nada, reconhecer que essa ocorrência procura responder a uma tarefa que tende a exigir um tipo específico de discurso: o discurso dissertativo ou demonstrativo (que, de uma forma mais genérica, também poderia ser chamado de discurso conceitual ou reflexivo). Certamente, para as Retóricas contemporâneas, a argumentação não é propriedade exclusiva desse tipo de discurso: qualquer uso de linguagem, desde que efetue um vínculo intersubjetivo, desde que se reconheça nele um efeito de sentido, pode constituir uma argumentação. Mas, sem dúvida, é na dissertação que ela se manifesta de uma forma mais típica, segundo foi concebida pela retórica aristotélica. É aí, por exemplo, que a argumentação mais se aproxima da forma do entimema (um raciocínio de tipo silogístico, mais sensível ao conhecimento comum partilhado pelos interlocutores particulares). E, de modo geral, é na dissertação que o usuário da linguagem reconhece uma necessidade de que o seu texto seja constituído através de argumentos e provas, sinais capazes de interessar o seu público virtual e convencê-lo da posição que assume diante de seu tema de debate.

E então, retornando à ocorrência 1, qual é o argumento que ela oferece a fim de demonstrar a impossibilidade de viver só? A resposta é: consciência do dever para consigo mesma e para com os outros. Aí está um primeiro problema típico de argumentação, resumido de modo exemplar pela expressão consciência do dever, que, de acordo com a terminologia de Perelman, poderia ser caracterizada como sendo uma noção confusa. Confusa, por quê? É bem possível que o seu usuário saiba exatamente a que se refere essa noção, quais os valores que implica e quais são os motivos que ela oferece para concluir o que conclui. Mas certamente a simples menção à consciência do dever não é suficiente para garantir a especificidade desse argumento, uma vez que essa noção tem recoberto instâncias tão genéricas quanto contraditórias. Tanto é assim, que o mesmo argumento, sem grandes embaraços, poderia ser utilizado para concluir coisas muito distintas e, em qualquer dos casos, permaneceriam as dúvidas a propósito das referências mais particulares que poderiam ter orientado a formulação do argumento.

Entretanto, além da excessiva generalidade que costuma acompanhar a utilização da noção confusa como argumento, há, aí, um outro aspecto a ser considerado. Observe que a expressão consciência do dever, ainda que diga menos do que a sua conclusão supõe, tem sempre uma conotação positiva. Por mais que receba empregos diversos e sentidos distintos, a noção de consciência, em especial, representa invariavelmente um valor consagrado, um bem desejável, uma espécie de positivo absoluto. O mesmo acontece com as noções de liberdade, justiça, democracia e algumas outras. Na verdade, que partido político, que religião, que modelo científico, que programa escolar, enfim, que pessoas deixariam, de bom grado, de se colocar ao lado de tais predicados? E, no entanto, as ideias que fazem dessas noções, os usos que fazem delas, estão muito longe de representar qualquer acordo universal. Paradoxalmente, porém, não é exatamente uma imagem desse tipo que parece aderir a tais noções? É como se elas constituíssem um vácuo semântico, preenchível de muitas maneiras, segundo as circunstâncias e os interesses, mas cuja aura permanecesse inabalável, intata, inalterada por mãos humanas.

Nessa perspectiva, parece razoável supor que esse valor consagrado, vinculado a uma noção confusa, acaba favorecendo a sua utilização como uma espécie de argumento coringa: presta-se à demonstração de qualquer tese, ainda que nada diga a seu respeito. Na verdade, noções desse tipo, que recheiam uma parte substancial da grande maioria das redações de caráter argumentativo, indiciam um lugar favorável, não à construção de argumentos, mas à sua diluição em valores genéricos que nunca se dão a conhecer. Via de regra, ao utilizá-las, aproveitando-se de sua imagem de valor inquestionável, óbvio, em torno do qual comunga a humanidade, o usuário abandona qualquer projeto de posicionamento pessoal diante de um tema particular.

Observando agora a noção de dever, igualmente confusa, mas não um exemplo de positivo absoluto, o mecanismo de escamoteação da argumentação na ocorrência 1 pode ficar ainda mais evidente. A propósito desse tipo de argumento, seria interessante retomar algumas considerações de Haquira Osakabe, publicadas em seu trabalho para o projeto Redação II da Fundação Carlos Chagas (*Cadernos de Pesquisa*, número 23, dezembro de 1977). Nesse artigo, ele mostra que, além de uma incidência enorme de provas de caráter moral nas redações, é possível verificar também a incidência de um grande número de provas centradas na noção de dever (somadas uma às outras, equivaleriam a cerca de 50% do número total de provas constituídas pelas redações analisadas). Essa noção, ainda que não faça referência a um padrão moral explícito, certamente tem em comum com a prova moral o fato de que dispensa o seu usuário de elaborar provas específicas (aquelas que Aristóteles chamaria de provas objetivas). Quer dizer, ela não representa nem um esforço de observação da experiência, nem uma tentativa de análise do tema particular que foi proposto. A argumentação do dever se esgota nela mesma, isto é, na referência a um padrão *a priori*, uma razão oculta e acima do texto, que condena ou aprova esta ou aquela conclusão. Aliás, quando se fala em nome do dever, tudo é conclusão: o texto se fecha em torno de algumas noções veladas que decidem sobre a sorte do tema. O efeito básico desse tipo de argumento é, paradoxalmente, a suspensão da criação de argumentos pelo texto. Em termos mais gerais, pode-se dizer que o seu efeito é o de descaracterizar o ato de linguagem. Ao receber a tarefa de criar os próprios argumentos e, através deles, agir de modo a convencer o seu interlocutor, o aluno tende a interpretá-la de forma a fazer inveja a um escoteiro. Ou seja, na prática, o que ele faz é reduzir o seu texto ao enunciado de uma ordem – que, com certeza, não foi ele que ditou. Essa ordem, instaurada pela noção de dever, quando não é simplesmente um nome para a ausência de nexos entre as partes do texto, não passa de eco fragmentado de outras ordens, ditadas por padrões que preexistem a seu usuário e que independem desse texto em particular.

Mas os problemas típicos de argumentação, que foram detectados nas redações, não se esgotam no uso abundante de noções confusas, provas morais e argumentações fundadas e encerradas na noção de dever. Ainda no que se refere ao emprego de noções que podem favorecer a aplicação de estratégias de preenchimento, em prejuízo do esforço de construção de uma reflexão, seria possível destacar pelo menos mais dois outros tipos de ocorrências problemáticas. Os exemplos seguintes podem ajudar a perceber quais sejam:

(2) É difícil comparar a escrita e a pintura porque as duas coisas não se identificam, não só na sua totalidade, mas também no seu mais profundo sentido interior.

(3) A sociedade é uma estrutura onde se uma peça não funciona para o todo, as outras também têm de parar.

Essas ocorrências manifestam, respectivamente, abusos bem típicos em relação ao emprego de noções que Perelman chama de noções de totalidade indeterminada e de noções semiformalizadas (*Le Champ de l'Argumentation*, Bruxelas, PUB, 1970). Evidentemente, não se pretende dizer que tais noções não devem ser utilizadas, mas apenas que, da maneira como isso é feito usualmente nas redações, elas tendem à composição de um discurso extremamente genérico e desdobrável apenas em sua redundância. No caso da ocorrência 2, por exemplo, quando se afirma que as duas coisas não se identificam em sua totalidade, a noção de totalidade não apresenta nenhuma referência a um aspecto particular que pudesse esclarecer a suposta diferença entre as duas coisas. Aliás, também a noção de coisa não revela qualquer traço peculiar à pintura ou à escrita. Quer dizer, o aluno emprega, sucessivamente, e sem preocupação de precisar as condições desse emprego, uma série de noções que dão apenas uma vaga ideia de conjunto ou de unidade. Na verdade, ele se aproveita dessa referência indeterminada para estender o processo inicial ao longo de uma sequência de relações-balão que vão enchendo o corpo do texto. Ainda pode ser interessante observar nessa ocorrência como tais noções de totalidade indeterminada aparecem conjugadas com as chamadas noções confusas (seu mais profundo sentido interior). Ambas se aliam na contratarefa de inflar a dissertação, ao mesmo tempo em que suspendem a produção de argumentos.

No caso da ocorrência 3, esse mesmo procedimento de indeterminação das referências se torna um pouco mais sofisticado. Isso se dá em função do aproveitamento de possíveis laços de parentesco dessas noções com discursos de caráter científico. A partir dessa observação, talvez se pudesse explicar a grande ocorrência, nos contextos mais diversos e sempre estranhos àqueles em que essas noções recebem um sentido técnico, de termos como estrutura, organismo, funcionamento etc. Ou seja, ainda que o sentido que adquiram nas redações tenha pouco em comum com o sentido mais ou menos consagrado que recebem nos discursos de natureza semiformalizada, esses termos prestam-se admiravelmente ao papel de compor uma imagem da dissertação como um exemplo de objetividade e, quem dera, rigor metodológico. Percebe-se, claramente, na origem desse tipo de emprego, o esforço para subordinar o texto ao tipo de linguagem que é privilegiado e elevado à categoria de padrão pela instituição escolar – no caso da universidade, esse padrão seria fornecido pelo discurso científico. Aliás, é realmente admirável observar como alunos, mal chegados à universidade, quando se trata de produzir um texto de comentário crítico, apressam-se em se apropriar de uns quantos termos utilizados em textos técnicos e distribuí-los ao longo do próprio texto. Admirável e incompreensível, a menos que se reconheça nessa surpreendente disponibilidade para a assimilação de padrões, o resultado de um processo mais antigo que identifica escrita e padrão de linguagem. A questão do aprendizado de usos efetivos, em que os interesses e a pessoalidade do usuário têm um papel a cumprir, é definitivamente deixada de lado por uma atitude que vai se cristalizando durante todo o processo escolar. A sua prática se funda sobre uma falsificação das condições de produção da escrita que a confina a uma lista reduzida de usos permitidos e aconselháveis. Vale dizer, confina-se a uma atividade reprodutiva que obriga o aluno a renunciar àquilo que ela poderia representar como uma forma peculiar de ação.

Pois bem, no momento em que se coloca a questão da escrita como reprodução, vale a pena passar à discussão do problema maior que atinge o conjunto das redações analisadas neste trabalho, sejam elas de caráter dissertativo, narrativo ou descritivo. Problema maior não apenas porque é o que tem, de longe, o maior índice de frequência nas redações, como também porque confluem para ele todos os demais problemas detectados anteriormente. Para caracterizá-lo, observe o exemplo seguinte, em que ele se manifesta em toda plenitude:

(4) Sabe, taí uma coisa difícil de se encontrar hoje em dia. Um amigo de verdade com quem possamos sempre contar nas horas amargas e nos momentos felizes.

As ocorrências 2 e 3 haviam evidenciado a farta utilização de noções que remetiam a valores consagrados e que, dessa forma, tendiam a suspender a criação de argumentos pelo próprio texto. A ocorrência 4, ainda que não lance mão de empregos conceituais, igualmente se reduz ao domínio consagrado – pelo menos, no sentido de que não há nada aí que testemunhe um uso particular de linguagem. Não há um só elemento nessa ocorrência que vá além do mero reconhecimento de um discurso pronto, acabado e à disposição de quem quer que se dê ao trabalho braçal de reproduzi-lo.

(...)

(5) ... quanta coisa linda ao nosso redor; quer mais do que a pureza e a inocência do sorriso de uma criança? Quer mais do que a simplicidade de uma flor? Acho que todos os nossos problemas ficam muito pequenos em meio a tanta paz, a tanta simplicidade, em meio a tanta força.

Cada uma das orações que compõem esse trecho, traduz, literalmente, segmentos congelados de linguagem. Usos aparentes, que já não guardam nenhuma relação com os componentes de uma situação concreta de produção da escrita – que, bem ao contrário disso, representam a sua diluição na forma de uma linguagem que apenas pode se repetir e cujo sentido se limita ao reconhecimento dessa repetição. A julgar exclusivamente pela presença extraordinária desse tipo de lugar-comum no conjunto das redações analisadas, isto é, a considerá-lo exemplar em relação às práticas linguísticas diárias, então, sim, estariam cobertas de razão todas essas teorias da linguagem que se dispensam da observação da variedade irreversível de seus usos efetivos e se detêm na formulação de suas regras universais. Então, quem sabe, poder-se-ia tornar fato a crença de estar sendo rigorosamente descritivo ao derivar processos de produção, da organização de categorias. Pois apenas no domínio do lugar-comum, utilizar a linguagem se confunde com a suposta atividade de reproduzir um texto-matriz; apenas aí, a linguagem não tem caminhos: ela tem uma primeira palavra, que é também a última. Significar, nesse caso, está definitivamente aquém e além de toda experiência.

(...)

Leitura em crise na escola: as alternativas do professor, p. 155

Roteiro de leitura

Como você deve ter percebido, o texto que lemos, de natureza acadêmica, dirige-se a um público especializado (estudiosos da produção de textos) – daí o fato de sua linguagem e seu processo argumentativo serem um pouco mais complexos e detalhados que os textos de opinião normalmente publicados em jornais e revistas. Para sistematizar a sua compreensão, responda às duas questões que se seguem.

1. O autor do texto aponta quatro problemas específicos de argumentação:

   a) noção confusa;

   b) noção de totalidade indeterminada;

   c) noção semiformalizada;

   d) lugar-comum.

Como o autor define cada um deles?

2. Que função essas ocorrências típicas exercem no texto escolar?

Atividade 4

Informação e opinião

O texto 1 não apresentava problemas dessa natureza. As noções eram claras, determinadas e formalizadas, indicando um ponto de vista pessoal sobre a questão levantada. Se não concordamos com a tese, isso é uma questão de outra natureza, que exige resposta de outra natureza; do contrário, seríamos obrigados a dizer que há apenas *um texto correto no mundo inteiro, aquele que apresenta a nossa opinião.*

Boa parte da escola, de certa forma, pensa assim; e, a julgar pela redação escolar, com o agravante de que o texto "correto" seria aquele que, ao repetir um modelo congelado, não expressa opinião alguma.

A questão central está no fato de que toda opinião *transformadora*, isto é, que está realmente impregnada da vitalidade cotidiana, que está viva, *necessita de informação*. Como já se disse aqui, não existe "opinião pura" - esse tipo de opinião, completa, fechada e definitiva, são os lugares-comuns, os chavões, os clichês da linguagem, os "dogmas" que existem justamente para *suprimir* opiniões. A opinião precisa de *informação*; é esta que abre caminho, fornece argumentos e provas com os quais estabelecemos nossos pontos de vista.

Um exemplo simples: para dar uma opinião sobre um livro, temos de lê-lo (a não ser que façamos parte dos que dizem "não li e não gostei"...). Melhor ainda, se temos alguma informação adicional sobre o autor. Ainda melhor, se já lemos algum outro livro dele. E mais: se lemos outros livros de temática semelhante, que permitam uma comparação, nossa opinião será mais sólida. Em qualquer área do conhecimento acontece assim: dar uma opinião sobre as crises do Oriente Médio, por exemplo, exige que tenhamos alguma informação concreta a respeito, alguns *fatos* em mente - ou simplesmente repetiremos as vozes já congeladas do preconceito do tipo "não gosto de judeu" ou "detesto árabes". Esse "filme" o século XX já viu de sobra...

Intenção, informação e opinião

Em síntese, podemos dizer que sem informação não há opinião sustentada. Mas como separar "texto de informação" de "texto de opinião"? Aqui é preciso considerar especialmente a *intencionalidade* do texto: há textos que se articulam basicamente como *informação*, e dentre eles inúmeros subgêneros (informação publicitária, médica, política, esportiva, profissional, jurídica etc.), e outros que têm a intenção deliberada de *opinar*, de manifestar *um ponto de vista* sobre algum fato, ideia, conceito etc. Também aqui se desdobram os subgêneros, do panfleto político distribuído na rua em época de eleição, ao mais rigoroso ensaio acadêmico publicado em revista especializada. De certo modo, podemos dizer que a informação é *básica*, e a opinião é *secundária*, ou seja, *depende* da informação para existir.

É preciso resistir, entretanto, ao desejo de engavetar a linguagem em divisões estanques. Na vida real, as linguagens e as intenções costumam se alimentar umas às outras. Veja esse breve exemplo jornalístico:

Texto 4

Bolsa-passadeira

Sandra Brasil

Até a semana passada, imaginava-se que o bem-sucedido programa Bolsa-Escola, de Brasília, fosse uma unanimidade. Copiado por dezenas de municípios brasileiros, premiado pelo Fundo das Nações Unidas para a Infância, Unicef, e aprovado com elogios pela Organização das Nações Unidas para a Educação, Ciência e Cultura, Unesco, que está levando o projeto para países de três continentes, o Bolsa-Escola encontrou seu primeiro adversário em cinco anos de existência: o governador Joaquim Roriz, do PMDB. Ele jogou no lixo sua promessa de campanha de ampliar e duplicar o programa social mais aplaudido do país e maior bandeira política de seu antecessor, o petista Cristovam Buarque. O curioso é que Roriz, ao anunciar o enterro do Bolsa-Escola, lançou o seu substituto. Atende pelo nome de Sucesso no Aprender e, em vez de um salário mínimo para estimular as famílias muito pobres a manter seus filhos na escola, o programa vai distribuir cesta básica, uniforme, mochila, sapato e até meia. "Os programas de garantia de renda mínima são muito mais eficientes do que os assistencialistas tradicionais de distribuição de cestas básicas", critica o sociólogo argentino Julio Jacobo Waiselfisz, da Unesco.

"Muitos pais utilizavam o dinheiro para tomar cachaça", justifica Roriz. Ele entregou à sua secretária de Educação, Eurides Brito, a missão de explicar o fim do Bolsa-Escola. Eurides diz ter gasto 580.000 reais em pesquisas para avaliar o programa. Não precisava. No *Brasília Black Tie*, da TV Brasília, exibido no dia 19 de dezembro do ano passado, Eurides Brito já tinha suas conclusões sobre o Bolsa-Escola. Ela disse que no bairro onde mora, o Lago Sul, a área mais nobre de Brasília, pelo menos cinco amigas dela tinham perdido suas passadeiras quando seus filhos começaram a receber o Bolsa-Escola. "Ganhou o peixe, não precisa mais pescar", disse Eurides. Quem sabe, agora, as passadeiras voltem a trabalhar nas casas das amigas de Eurides. O problema é o futuro de seus filhos.

Veja, ed. 1624, p. 48

Exercício

Para avaliar na prática o limite entre informação e opinião, assinale o que é uma coisa e o que é outra no texto acima. Tudo considerado, trata-se de um texto de opinião ou de informação? E, independentemente dessa distinção, o texto é bom? Por quê?

Atividade 5

Leitura crítica

Vamos agora ler alguns textos que combinam informação e opinião em torno da influência da televisão e da internet sobre as crianças, um tema que nos interessa a todos. Observe que cada um dos textos tem o seu *enfoque próprio*, a sua própria *unidade temática* – alguns ressaltam a questão do comportamento, outros a da saúde etc. Alguns são diretamente opinativos, outros são reportagens que passam ao leitor a opinião de especialistas.

Assim, qualquer avaliação dos textos deve levar em consideração a sua intencionalidade; por exemplo, não podemos condenar um texto porque ele não fala da influência sobre os adultos, se a sua intenção era apenas falar das crianças; ou condenar uma matéria jornalística com intenção simplesmente informativa pela falta de uma opinião direta do autor.

Considere os seguintes aspectos:

1. Unidade temática: qual o assunto central do texto?
2. Unidade estrutural: o texto tem boa sequência?
3. Destinatário: qual o leitor do texto?
4. Informações apresentadas: são confiáveis? o texto apresenta a fonte? a fonte é pertinente ou relevante?
5. Opiniões apresentadas, ou teses defendidas (se o texto for diretamente opinativo): são convincentes?
6. Como recurso argumentativo, o autor se antecipa ao leitor, apresentando pontos de vista contrários para rebatê-los em seguida? Isso é bom ou mau para a eficiência do texto?

7. Às vezes os textos de opinião recorrem ao "argumento da autoridade" para justificar seu ponto de vista – por exemplo, citar uma declaração de Pelé num artigo sobre futebol, ou um especialista famoso na área que se discute. Isso ocorreu em alguns dos textos lidos? A autoridade é convincente?
8. Você encontrou nos textos algum dos quatro problemas de argumentação citados por Alcir Pécora?
9. Você leu um bom conjunto de textos sobre o mesmo tema. Por eles, dá para dizer qual é a opinião dominante sobre esse assunto, na imprensa? Confira se há uma opinião ou um conceito recorrente em todos os textos ou na maioria deles.
10. Finalmente: tudo considerado, os textos estão bem escritos? Algum deles chamou especialmente a sua atenção por algum aspecto?

Texto 5

Tevê demais ameaça a saúde dos baixinhos

Atividade passiva por excelência, o excesso de tevê pode causar problemas: da má postura à obesidade

A criança brasileira assiste, em média, a 40 horas de televisão por semana, revelam estudos do Laboratório de Pesquisa sobre Infância, Imaginário e Comunicação – Lapic, da Universidade de São Paulo. São mais de cinco horas e meia diárias diante da tevê. É muito tempo, segundo os especialistas, especialmente para a criança de 3, 4 anos, que deveria passar a maior parte do seu dia brincando – a atividade mais proveitosa ao crescimento nessa fase, porque reúne todos os estímulos necessários ao seu desenvolvimento físico e mental.

Ao brincar sozinha ou com os amiguinhos, a criança agita o corpo e solta a imaginação: cria histórias e fantasias que a ajudam a entender e aprender sobre o mundo. A televisão pode proporcionar o mesmo, por exemplo, com os desenhos infantis, mas o problema é os pais conseguirem fazer o filho aproveitá-la apenas como mais um instrumento de diversão. Mônica dos Santos Coutinho, mãe de Victória, de 4 anos, bem que tenta. A filha pode ver desenhos na tevê uma hora pela manhã, antes de ir para a escola, e mais outra no final da tarde. Mas se dependesse da vontade da menina, segundo a mãe, ela ficaria o dia inteiro diante da telinha. "Não é fácil", diz Mônica, "muitas vezes, Victória acorda mais cedo do que eu e já vai ligando a televisão."

Prejuízos. Quando respeita o combinado com a mãe, Victória está, também, cumprindo à risca as recomendações dos especialistas quanto ao uso da tevê pelas crianças: no máximo, duas horas diárias. Além disso, alertam, começam os prejuízos. Horas esparramadas no sofá diante do televisor podem levar a criança a desenvolver problemas na coluna, como lordose ou escoliose, que afetarão sua postura. Atividade passiva por excelência, excesso de tevê também induz ao sedentarismo, e pouca movimentação corporal, para os pequenos de 3, 4 anos, pode atrapalhar o desenvolvimento de sua coordenação motora. É preciso lembrar, também, que não se vê criança assistindo tevê no quintal ou no playground do prédio, onde, expondo-se aos raios solares, seu organismo metaboliza a vitamina D ingerida na alimentação, fundamental para a absorção do cálcio necessário ao crescimento ósseo. Em resumo, se a criança passa mais horas dentro do que fora de casa, corre o risco de ter distúrbios de crescimento. E exposta continuadamente às propagandas de refrigerantes, chocolates, salgadinhos e outras guloseimas que infestam os intervalos comerciais dos programas infantis, a garotada que fica horas sentada, quase sem gastar energia, também é estimulada à comilança desenfreada que pode levar à obesidade precoce.

O que ele está vendo. Controlar a atividade televisiva dos pequenos evita, como se vê, muitos problemas. Mas as restrições não se limitam ao tempo. Os pais também precisam ficar atentos ao que a criança está vendo. Programas de conteúdo violento ou de apelo sexual são sempre desaconselháveis. Os primeiros, segundo os psicólogos, porque geram insegurança e medo nas crianças, já que aos 3, 4 anos, elas ainda confundem muito a realidade com a fantasia. Quanto ao apelo sexual, há o perigo da erotização precoce. Não é raro ver crianças que mal sabem falar imitando atitudes extremamente sensuais dos artistas da tevê, como se fossem adultos.

No meio de campo. Ficar de olho nos programas não implica proibir a criança de ver isto ou aquilo, até porque a censura pode ser pior do que a influência do programa, quando significa deixar seu filho "por fora" do que os amiguinhos veem e comentam. Sem saber do que estão falando, ele pode se fechar e se tornar arredio ao contato social. O importante é os pais acompanharem os interesses do filhote na tevê, ajudando-o a pensar, questionar e entender o que está assistindo. Melhor ainda se puderem fazer isso "ao vivo": sentar-se ao lado da criança e comentar – sem ser um desmancha-prazeres – os prós e contras do programa. É o que André Luiz de Castro Beck faz ao chegar do trabalho à noite. Sempre senta ao lado do filho Bernardo, 4 anos, e assistem juntos a vários desenhos animados. Ele aproveita o momento para fazer comentários e explicar ao menino o que está acontecendo. "Acho importante esse cuidado, porque o Bernardo vê muita tevê e eu fico pouco em casa para fazer um controle maior", diz o pai, certo de que a proximidade que tem com a criança nesse momento é o que mais interessa: "Não podemos subestimar a inteligência infantil. Temos em casa uma relação afetiva, de respeito e carinho, e não será a televisão que irá deteriorar o caráter do meu filho nem comandar a convivência da nossa família."

Fontes: Erasmo Barbante Casella, pediatra da Unidade de Neuropediatria do Instituto da Criança do Hospital das Clínicas de São Paulo; Márcia Aparecida Giuzi Mareuse e Mílada Tonarelli Gonçalves, psicólogas e pesquisadoras do Lapic-Laboratório de Pesquisa sobre Infância, Imaginário e Comunicação da Universidade de São Paulo; Marco Antonio Tommaso, psicólogo clínico.

Revista *Crescer*, ed. 79, p. 86

Texto 6

Desenhos podem ajudar a aprender

Pesquisadores sugerem uso de programas infantis tradicionais na formação pedagógica das crianças

Marta Avancini

Mais do que diversão, os desenhos animados podem ser um eficiente instrumento pedagógico para transmitir valores éticos, morais e modelos de comportamento para as crianças.

Por isso, eles deveriam ser incorporados por professores à dinâmica da sala de aula, de modo a suscitar discussões e estimular reflexões.

É o que defende um grupo de 12 pesquisadores do Lapic (Laboratório de Pesquisa sobre Infância, Imaginário e Comunicação), um grupo multidisciplinar ligado à Escola de Comunicações e Artes da USP, coordenado pela professora Elza Dias Pacheco, e que acaba de concluir a pesquisa "Desenho Animado na TV: Mitos, Símbolos e Metáforas".

O trabalho mapeou os desenhos preferidos pelas crianças e analisou seus conteúdos e suas estruturas. Foram ouvidas 311 crianças de 6 a 11 anos, que vivem em São Paulo. "Os desenhos têm situações, comportamentos e noções morais importantes para a formação da criança. Ajudam a resolver conflitos e colaboram para o desenvolvimento cognitivo e simbólico", diz Marcia Mareuse, psicóloga e pesquisadora do Lapic.

Esse potencial pode ser apreendido nos cinco desenhos apontados como favoritos pelas crianças entrevistadas – "Pica-Pau", "Pateta", "Pernalonga", "O Máskara" e "YuYu Hakusho". Um exemplo: o "Pica-Pau" tem uma estrutura simples e a ação normalmente se desenvolve a partir de um elemento que o retira de uma situação de tranquilidade.

Os pesquisadores acreditam que, no plano simbólico, a criança pode se identificar com o Pica-Pau, projetando-se nele e resolvendo, mentalmente e de modo positivo, uma situação de inferioridade. Já no plano do desenvolvimento cognitivo, ela pode absorver e interiorizar a estrutura formal do desenho, desenvolvendo suas próprias estruturas mentais.

Mecanismos semelhantes podem ocorrer com os outros desenhos, até com os considerados violentos, como o "YuYu Hakusho", dependendo da capacidade de elaboração mental da criança, o que está ligado à faixa etária e ao tipo de ambiente em que vive.

Essa tese remete a outras discussões: afinal, até que ponto as cenas de violência estimulam comportamentos agressivos? Um outro estudo, elaborado pelo Ilanud (Instituto Latino-Americano das Nações Unidas para Prevenção do Delito e Tratamento do Delinquente), conclui, por exemplo, que o "YuYu" se destaca pela quantidade de crimes que mostra: foram computados 29 lesões corporais e 18 homicídios ou tentativas de homicídio durante uma semana de exibição.

"Isoladamente, a TV não explica um comportamento violento. Mas é importante que os pais tenham esse tipo de informação e saibam o que os filhos assistem e reivindiquem uma programação de melhor qualidade", diz Cristina Barbosa, socióloga e pesquisadora do Ilanud. Para a psicóloga Marcia, a influência que um desenho violento pode ter sobre uma criança depende do seu contexto de vida. "É verdade que o 'YuYu' contém cenas violentas. O que ocorre é que cada criança vai ser influenciada de maneira diferente e a violência não está só no desenho. Está no telejornal, na novela e nas ruas. O importante é criar mecanismos para trabalhar essa situação de violência." Sua observação se baseia nos depoimentos das crianças, que percebem que o YuYu é um "desenho de luta", mas que enfatizam seus aspectos mágicos e sobrenaturais, ao explicar por que gostam dele.

Para que a influência da TV sobre as crianças não seja nociva, é fundamental que elas recebam em casa uma educação sólida o suficiente que lhes permita equilibrar as informações negativas que recebem. "A TV não provoca a doença, mas penetra em brechas de fragilidade", diz Ana Olmos, psicanalista especializada em crianças e adolescentes, ligada à organização não governamental TVer, especializada em mídia.

Ou seja, se os modelos que a criança recebe em casa são frágeis, se ela não tem noção de limites (regras claras que estabeleçam o que ela pode ou não fazer), ela corre o risco de incorporar modelos negativos. Mas, se os modelos transmitidos pelos pais contrabalançarem as informações veiculadas pela TV, seus efeitos tendem a ser minimizados. "A TV também é um 'alimento pedagógico'. Cabe ao pai ter bom-senso para equilibrar. Se a criança vê cenas de humilhação, mas a família condena esse tipo de comportamento, não há problemas.

"Tentar preservar a criança do contato com a violência por meio de proibições pode prejudicar seu desenvolvimento. É a opinião da psicóloga Neide Saissi, coordenadora do curso de Pedagogia da PUC-SP (Pontifícia Universidade Católica de São Paulo). "A preocupação do educador não deve ser a de negar o acesso à informação. Ele tem de ajudar a criança a construir e criar significados e valores a partir delas. A violência está em todo lugar, não adianta fugir dela, negar que ela existe", diz.

Paralelamente, a própria estrutura de alguns desenhos animados permite que a criança crie mecanismos de compensação. Novamente, o Pica-Pau é o exemplo. "Ele é trapaceiro, mas também é simpático. Esse tipo de desenho abre campo para o educador mostrar que existem soluções para os conflitos sem recorrer à agressividade", afirma. Ela complementa dizendo que desde os 4 anos, aproximadamente, a criança sabe distinguir fantasia da realidade. Por isso, ela não reproduz irrestritamente tudo o que vê. "Ela sabe que o desenho pertence ao mundo do faz de conta e que a violência que aparece neles é diferente da que vê no telejornal."

Folha de S. Paulo, 18/07/1999

Texto 7

Em estado de choque

Carlos Alberto Di Franco

A sequência de crimes brutais praticados por crianças e adolescentes tem deixado a população norte-americana em estado de choque. O último capítulo da nova patologia social, o mais assustador de todos, apresentou um impressionante balanço final: 15 mortos e 28 feridos. Enquanto a pequena comunidade de Littleton, um subúrbio da capital do Estado, Denver, tentava compreender o que se passara, em Washington o presidente norte-americano, Bill Clinton, se declarava perplexo com o massacre na Columbine High School. Apesar dos esforços das autoridades e dos meios de comunicação para encontrar explicações para o horror, o real motivo do crime era apresentado como um mistério. Será? O mal existe e, sem dúvida, tem algo de insondável. Mas a crueldade não é fruto do acaso. É o corolário de um silogismo com premissas bem concretas. Violência transmitida, família dilacerada e educação acovardada são, estou certo, o combustível que alimenta a paranoia.

"A chamada Era da Informação", afirma Mark Stein, colaborador da revista britânica *The Spectator*, "é, na verdade, uma Era do Entretenimento, em que a violência passou a ser a diversão mais rotineira de todas: na queda acelerada rumo a uma infância virtual, a violência não exige causa, motivação, enredo nem personagens." E conclui: "Todos os meninos assassinos têm o olhar vago de uma tela vazia de computador".

Alguns setores do negócio do entretenimento, apoiados na manipulação do conceito de liberdade de expressão, crescem à sombra da exploração das paixões humanas. Ao subestimar a influência perniciosa da violência ficcional, omitem uma realidade bem conhecida da psicologia: a promoção do sadismo como instrumento de diversão não produz a sublimação da agressividade, antes representa um perigoso incitamento a comportamentos antissociais.

A onipresença de uma televisão pouco responsável e a transformação da internet num descontrolado espaço para a manifestação de atividades criminosas (a pedofilia, o racismo e a oferta de drogas, frequentemente presentes na clandestinidade de alguns sites, desconhecem fronteiras, ironizam legislações e chegam a ameaçar o Estado de Direito democrático) estão na origem de inúmeros comportamentos patológicos. Barry Krinberg, presidente do Conselho Nacional de Crime e Delinquência em São Francisco, ao comentar o anterior massacre de estudantes numa escola de Arkansas, foi incisivo ao estabelecer uma relação direta entre violência presenciada na mídia e a delinquência juvenil subsequente. "A violência na mídia está provocando a morte de inocentes", afirmou.

O esgarçamento da família e a desestruturação da educação estão na outra ponta do problema. "As crianças americanas", salienta Stein no artigo citado, "passam seus primeiros e críticos anos em locais que são pouco mais que miniaturas de campos de refugiados. Se a crescente falange de adolescentes assassinos deste ano deixa algo claro para nós, é o fato de que cada vez mais pais não conhecem os próprios filhos." Não é difícil imaginar em que ambiente afetivo terão crescido os integrantes da "máfia da capa preta". Na falta do carinho e da orientação familiar, elementos indispensáveis ao bom desenvolvimento da personalidade, as crianças crescem sem referenciais morais e ficam à mercê da babá eletrônica.

A crise de autoridade, na família e na escola, está produzindo uma geração perdida e violenta. A formação do caráter, compatível com um clima de verdadeira liberdade, foi sendo substituída pela acovardada tolerância que se traduz na crescente incapacidade de dizer não. O resultado final da pedagogia da concessão está apresentando consequências dramáticas. Chegou para todos a hora de falar claro. É preciso pôr o dedo na chaga e identificar o nexo de causalidade entre a crise moral e os seus efeitos antissociais. "O papa expressa sua esperança de que a sociedade americana reagirá a este último ato de violência, comprometendo-se a promover e transmitir a visão moral que pode assegurar o respeito à dignidade inviolável da vida humana." O telegrama enviado por João Paulo II revela o câncer que ameaça a opulenta sociedade norte-americana: a crise dos valores.

O Estado de S. Paulo, 26/4/1999

Texto 8

Influência dos jogos perde para a violência da tv

Omissão familiar, cenas agressivas e o isolamento criado pela internet ditam comportamento jovem

Fábio Madrigal Barreto

Jovens assassinos em escolas norte-americanas, mortes sem motivo, pais apavorados e apenas um suposto culpado: o computador. Jogos como Doom e Quake foram diretamente relacionados ao recente massacre de Littleton por causa de seu excesso de violência, mas essa acusação não convence especialistas e jogadores. Para os psicólogos, todo esse alarde não é justificado, pela falta de provas, e o grande vilão que influencia o comportamento dos adolescentes continua sendo a televisão.

"Não há dados com os quais se possa relacionar essas manifestações violentas com o conteúdo dos jogos de computador ou videogame", diz o psicoterapeuta Haim Grunspüm, que acompanha os efeitos da influência eletrônica nos jovens desde 84. "Os jogos são utilizados como forma de relaxamento e descarga emocional e não têm tanta força assim." A criação de jogos como Doom e Quake é dividida entre dois países: Estados Unidos e Japão.

Segundo Grunspüm, se a influência dos games violentos está diretamente relacionada a atitudes descontroladas, deveríamos estar enfrentando uma epidemia de proporções mundiais. "Mas o que estamos vendo é uma série de acontecimentos isolados em pequenas cidades norte-americanas", argumenta.

"Os jogos são como filmes em que você não pode distrair-se senão perde algo importante", diz o estudante Michel Vale Ferreira, que passou muito tempo matando monstros e alienígenas nas telas de Doom. "É necessário matar o inimigo para chegar ao fim da fase e não por alguma causa racista ou ideológica." Para o jogador Marcus Penna, a matança é divertida pelo entretenimento, mas quando fica maçante ele prefere partidas de Tetris, por exemplo; Doom é só mais um jogo e não tem condições de deixar alguém acostumado à morte, pois é tudo fictício.

Aliada à força da televisão, a exposição constante a cenas violentas e a mortes cria um problema social muito mais grave: a banalização da violência, ou seja, o adolescente passa a encarar esse assunto com naturalidade. "Essa é uma das consequências mais perigosas da exposição frequente ao conteúdo indevido tanto da TV quanto da internet", comenta o psicólogo. Dados de uma pesquisa recente de Grunspüm indicam que até os 18 anos um jovem brasileiro assiste a nada menos do que 200 mil cenas reais violentas na televisão e outras 40 mil fictícias.

Os computadores têm uma parcela de culpa não em relação ao comportamento violento, mas na mudança da estrutura familiar e no processo educacional. "Esta é a primeira geração na história da humanidade em que os filhos têm vantagens sobre os pais, pois o conhecimento possibilitado pela internet supera o dos mais velhos", destaca Grunspüm. A presença do personal computer (PC) em casa já é responsável por muitas mudanças. "Há menos de uma década, o programa familiar obrigatório era a reunião de todos os membros para assistir a TV num único lugar. Agora, os PCs acabaram com isso, pois estão colocados nos quartos das crianças, o que cria um isolamento inevitável."

Para Grunspüm, houve uma renúncia dos pais por motivos que vão desde a falta de tempo até a dedicação ao trabalho. "O pior problema é que essa omissão ocorre em fases importantes da formação da criança e, quando ela mais precisa, a mãe e o pai não estão presentes para produzir o que chamamos de fidelidade familiar", comenta o especialista. "A ausência da autoridade familiar provoca outro fenômeno: o aumento da vontade de desafiar os pais."

"Um dos meios de se evitar essa derrota declarada dos pais é o acompanhamento dos jovens em suas atividades tanto no computador e na internet quanto na escola", sugere Grunspüm.

"Enquanto as crianças continuarem a ter seus mundos isolados na tela do computador, os pais estarão perdendo a guerra, pois cabe aos mais velhos questionar as atividades e atitudes da garotada."

O Estado de S. Paulo, 6/6/1999

Prática de Texto

Você deve ter percebido na análise dos textos anteriores que há uma diferença sutil entre um "bom ponto de vista" e um "bom texto"... Não basta estar com a razão – a boa intenção, por si só, não convence! Dominar bem a linguagem escrita é, em grande parte, dominar os recursos argumentativos, tanto quando se escreve quanto quando se lê.

Um passo importante neste processo é superar a fase das "verdades certas" – da escola, do professor... – e perceber que as verdades são construções dinamicamente articuladas, das quais somos parte integrante e ativa. Se elas já estão prontas, então só nos resta, como diz Alcir Pécora, "abandonar qualquer projeto de posicionamento pessoal diante de um tema particular".

Você acabou de ler vários textos de informação e de opinião sobre a influência que a televisão exerce sobre os telespectadores. Agora que você já tem uma base informativa, é a sua vez: escreva um texto manifestando a sua opinião sobre esse assunto. Observe os detalhes:

1. Como esse é um tema muito amplo, talvez seja interessante você escolher um aspecto específico (publicidade, novelas, noticiários, programas infantis...) para comentar.
2. Você tem um conjunto de artigos sobre o assunto à disposição. Se quiser, use-os no seu texto, citando opiniões alheias, dados estatísticos, informações concretas. Não esqueça de citar a fonte: *Segundo notícia no jornal tal...* ou *Na opinião de Fulano...* Você pode também escrever uma *resposta* a algum dos textos lidos acima.
3. É sempre bom fazer um esquema prévio delimitando o seu ponto de vista e sua sequência argumentativa. Observe a divisão do texto em parágrafos. Não esqueça do título.
4. Detalhe (muito!) importante: *pense no seu leitor*. O seu texto pode se destinar à seção de opinião de um jornal (o que normalmente exige linguagem mais formal), ou à seção de variedades (cinema, tevê, teatro...), que permite linguagem mais informal, ou mesmo ao boletim do Centro Acadêmico do Curso... Independentemente da opção, pense na unidade temática e estrutural do texto, qualquer que seja o *tom* da linguagem.

Língua padrão

Vamos observar neste tópico um caso "clássico" da língua padrão escrita: o emprego correto da vírgula em estruturas típicas de sujeito + predicado e nas orações adjetivas.

Pontuação

Para começar, leia em voz alta:

> O perfeito domínio da pontuação representa uma dificuldade séria da escrita por duas razões primeiro porque dela depende em grande parte a clareza de um texto segundo porque é muito difícil reduzi-la a meia dúzia de regras e mesmo que se conseguisse essa redução cada uma delas teria exceções.

Agora teste seu domínio, pontuando de acordo com o padrão o período acima, sem quebrá-lo em orações independentes – isto é, não use outro ponto além do que fecha a frase. Há várias possibilidades aceitáveis! Se você acertou, parabéns – a pontuação dificilmente vai tirar seu sono. Mas se você errou, não se desespere. Vamos discutir o assunto, começando do começo.

Os sinais de pontuação [. , : ; ? ! – ... ( )] cumprem a tarefa ingrata – e difícil! – de representar graficamente os recursos entonacionais da linguagem oral. A rigor, é uma tarefa impossível. Basta observar que podemos fazer a mesma pergunta de mil modos diferentes, mas dispomos apenas do discreto? para transcrevê-la... Bem, podemos duplicar ou triplicar o sinal (???) para indicar, por exemplo, grande perplexidade... mas, mesmo assim, é muito pouco diante da riqueza da linguagem oral.

A pontuação é, portanto, uma convenção redutora, que não se destina simplesmente a imitar a fala, *mas a ordenar a escrita de acordo com um código padrão específico do texto escrito.* Eventualmente esse código até contraria a entonação da fala. Um exemplo? Leia:

1. Os acontecimentos dos últimos meses no Golfo Pérsico trouxeram à tona um problema que atinge a própria essência da democracia americana.

A boa lógica diria que deve haver vírgula depois de Pérsico, uma vez que ali se faz uma pausa. Leia em voz alta e confira. Pois bem, chegamos à primeira regra de ouro da pontuação: no padrão escrito, *jamais se usa vírgula entre sujeito e predicado, independentemente da extensão do sujeito.* Veja a sequência:

a) Os acontecimentos trouxeram à tona...
b) Os acontecimentos dos últimos meses trouxeram à tona...
c) Os terríveis acontecimentos dos últimos meses trouxeram à tona...
d) Os terríveis acontecimentos dos últimos meses no Golfo Pérsico trouxeram à tona...
e) Os terríveis acontecimentos dos últimos meses no Golfo Pérsico e nos territórios ocupados da Cisjordânia trouxeram à tona...

Resolvido esse ponto, vamos agora à exceção! Leia os exemplos:

2. Cada uma das orações que compõem esse trecho traduz segmentos congelados da linguagem.
3. Cada uma das orações que compõem esse trecho, traduz segmentos congelados da linguagem.

A pontuação-padrão aceita os dois casos, embora a ocorrência 3 seja mais frequente. Vamos fazer a regrinha complementar: pode-se separar por vírgula o sujeito do predicado, *se o sujeito contiver oração restritiva.* Isto é, nos exemplos o sujeito não é apenas *cada uma das orações*, mas *cada uma das orações* ***que compõem esse trecho***.

Vamos à prática. Assinale que ocorrências abaixo *permitem* vírgula. Observe os casos em que a presença da vírgula muda o sentido da oração.

1. Uma alternativa bastante interessante seria criar uma equipe especial de voluntários.
2. Uma alternativa que tem atraído os especialistas do mundo inteiro é a criação de uma equipe especial de voluntários.
3. Os pais e mães favoráveis à mobilização americana no Golfo encorajariam seus filhos a se alistar.

4. Os pais e mães que são favoráveis à mobilização americana no Golfo aceitariam a convocação de seus filhos.
5. Os soldados das tropas que já foram mobilizadas permaneceriam no deserto.
6. As regras que governam a produção apropriada dos atos de linguagem levam em conta as relações sociais entre o falante e o ouvinte.
7. Quase todos os moradores da vila de Ivaporunduva são analfabetos.
8. Os moradores da vila de Ivaporunduva que são analfabetos enfrentam mais dificuldades ainda.

Para encerrar este tópico, vamos agora analisar um caso parecido ao anterior e que pode gerar confusão: as orações explicativas. Veja o exemplo:

1. O maior estilista do país, que vinha exercendo seu talento para um rol reduzido e milionário de clientes fiéis, resolveu mostrar-se ao vivo.

Nesse caso, o sujeito é *o maior estilista do país*, e o predicado, *resolveu mostrar-se ao vivo*. A oração ***que vinha exercendo seu talento para um rol reduzido e milionário de clientes fiéis*** é apenas explicativa e poderia ser suprimida. Veja:

2. O maior estilista do país resolveu mostrar-se ao vivo.

Nesses casos, a oração explicativa encaixada será obrigatoriamente separada por duas vírgulas ou, mais raramente, por dois travessões. Confira:

3. O objetivo era fazer com que as fábricas, que estavam saindo de um congelamento, moderassem um pouco os reajustes.
4. O advogado José da Silva Monteiro Gomes, que defende o réu, afirma que o cliente queria saber o argumento central da acusação.
5. A Anfavea, que é a associação nacional das montadoras, afirmou que os reajustes se devem aos aumentos abusivos do preço do aço e do plástico.
6. O consumidor brasileiro – que há muitos anos só recebe más notícias – espantou-se com a novidade.

Observe que, em alguns casos, o *que* pode ser suprimido:

– A Anfavea, associação nacional das montadoras, afirmou...

Para finalizar este tópico, *separe o sujeito do predicado* das ocorrências que se seguem, *encaixando orações explicativas ou restritivas* e observando a pontuação em cada caso. Exemplo:

A viagem acontece dentro de um domo de 20 metros de diâmetro.

A viagem, ***que parece roteiro de ficção científica, acontece dentro de um domo de 20 metros de diâmetro.***

1. Os aposentados não conseguiram o aumento pretendido.
2. Todos os índices apresentados pelo conferencista estavam desatualizados.
3. Os cigarros de baixo teor de nicotina estão superando em vendas os tradicionais.
4. O supertelescópio espacial Hubble continua a surpreender os astrônomos.
5. Os rótulos de todas as embalagens de alimentos terão de informar as calorias, gorduras e nutrientes dos produtos.

CAPÍTULO 12

Texto de opinião – II

Atividade 1

O lugar-comum

> Devagar se vai ao longe, porque a pressa é inimiga da perfeição e a esperança é a última que morre. É fato que o brasileiro é preguiçoso por natureza, mas graças a Deus aqui não há preconceito racial – somos um povo que tem horror à violência; nossa índole pacífica é proverbial no mundo inteiro. Se o Homem tomasse consciência do valor da Paz, não haveria mais guerras no mundo – bastava que cada um parasse para pensar na beleza do sorriso de uma criança e descobrisse que mais vale um pássaro na mão do que dois voando. A paciência é a mãe das virtudes, mas só com determinação e coragem haveremos de resolver nossos problemas. O que estraga o Brasil são os políticos; sem eles estaríamos bem melhor, cada um fazendo a sua parte. Hoje em dia, felizmente, as mulheres estão entrando no mercado de trabalho porque, segundo pesquisadores americanos, elas são muito mais caprichosas do que os homens. Já os homens, conforme uma conclusão do conceituado Instituto de Psicologia da Filadélfia, são muito mais desconfiados e estão sempre querendo mais. As pesquisas eleitorais nunca acertam porque são todas compradas. Mas a verdade é que o amor, quando autêntico, resolve tudo. O que não se pode esquecer jamais é que a esperança existe – e sempre existirá!

O parágrafo, ou melhor, o conjunto de frases acima – que você deve ter passado os olhos com a sensação de já tê-lo lido antes algumas centenas de vezes – é uma pálida amostragem da mais terrível praga dos textos argumentativos: o *lugar-comum*, também conhecido como *chavão* ou *clichê*. O mal do lugar-comum não está propriamente no fato de ser uma expressão muitas vezes usada. Na verdade, todos nós dispomos de frases e expressões que se repetem muitas vezes em contextos semelhantes – e dentro do jargão profissional (advogados, médicos, publicitários...) as "frases feitas" podem até ser um instrumental de trabalho, em usos específicos, e não causam maiores danos, mesmo porque a procura da originalidade permanente poderia nos transformar em insuportáveis pedantes... Do mesmo modo, quem de nós não usa num momento ou outro um dito popular para ilustrar ou demonstrar um fato qualquer?

O que merece reflexão e cuidado é o lugar-comum que aparece justamente para *substituir* a reflexão! No texto escrito, ele normalmente cumpre a função de, ao resolver tudo numa frase feita de sabedoria universal e indiscutível, eliminar qualquer necessidade argumentativa. Ora, onde há fumaça há fogo! O lugar-comum, pela sua natureza *indiscutível*, acomoda todo o processo de conhecimento numa sabedoria que não nos pertence; ela já está pronta, passa de geração a geração, de professor a aluno, de vizinho a vizinho, de texto a texto...

Esse lugar-comum *ideológico* não é inocente, não é apenas "um erro a mais": se de um lado serve para preencher as linhas da redação escolar garantindo uma nota razoável, de outro ele acaba corroendo o reconhecimento pessoal das coisas do mundo, que, de chavão em chavão, se reduz a uma repetição mecânica das vozes que falam mais alto em nossa volta. O lugar-comum está presente tanto nas piadas que reforçam preconceitos (contra raça, religião, etnia...) quanto nas afirmações absolutas, completas e "sensatas" sobre os fatos que nos rodeiam. O lugar-comum não contesta, não transforma e não cria nada – apenas repete.

Reconhecendo o lugar-comum

Saber reconhecer o lugar-comum é a primeira tarefa de quem quer se livrar deles. Não é tão fácil assim, porque o chavão permeia todos os pontos de vista e pode fossilizar mesmo a opinião mais honesta, sincera e bem-intencionada. Não é só de provérbios inofensivos que ele vive; muitas vezes, a argumentação inteira se sustenta sobre conceitos tão genéricos e vagos que se reduzem a nada. A face mais evidente deste tipo de generalidade vazia é o uso de entidades como "o Homem", "o Mundo", "os Políticos", "o Jovem"..., como se as sociedades fossem todas constituídas de blocos absolutamente homogêneos. No lugar-comum, esses blocos imaginários em geral se definem por afirmações igualmente absolutas e incontestáveis – e tão confortáveis que acabam sendo repetidas à exaustão...

Vamos ler um texto que ataca justamente o conforto do lugar-comum, procurando desmontar seus pressupostos. Confira.

Texto 1

O conto da crise moral

Elio Gaspari

Rouba-se de tudo, do dinheiro do contribuinte ao tênis da garotada, mas a sociedade brasileira deve tomar cuidado: estão lhe roubando a autoestima.

Três exemplos:

1 – O Brasil passa por uma crise moral e por um processo de corrupção generalizada.

2 – Brasileiro não gosta de pagar imposto.

3 – O Brasil não tem jeito.

Tudo mentira.

Ponha-se o responsável por uma afirmação desse tipo na saída dos ônibus que transportam a cada manhã milhões de trabalhadores e procure um degenerado moral. Procure nas plataformas dos trens um só brasileiro que tenha acordado às 5 da manhã para ir roubar. Os espertalhões que só falam em corrupção olhando para baixo que percorram as fábricas e os escritórios. Digam se neles há ladrões. Digam mesmo se há neles pessoas moralmente inconfiáveis.

Escarafunche-se o orçamento dos trabalhadores e resultará que eles pagam 100% dos impostos que devem ao Erário. Pagam o ICM do feijão antes mesmo de comê-lo. Pagam as sobretaxas de luz, água e telefone com pontualidade de condenado.

O Brasil não passa por crise moral alguma. O trabalhador não é ladrão, muito menos dissoluto. A crise moral está localizada num setor estrito da sociedade, localizado na parte de cima da pirâmide. Entendido isso, talvez o tubaronato nacional perceba o tamanho da encrenca em que se vem metendo.

O Brasil não é um país maldito, acometido de defeito genético ou fatalidade geopolítica que o condene ao atraso. Só no Brasil (além dos Estados Unidos), um cidadão pode viajar 5.000 quilômetros, comprar um jornal, procurar emprego e casa, tudo isso sem dar satisfação a ninguém. A cada dez anos a população de uma cidade do tamanho de Budapeste muda-se para a capital de São Paulo, e essa migração é absorvida como parte do processo histórico nacional. Nada a ver com o racismo das leis inglesas, as quadrilhas de delinquentes xenófobos alemãs ou os bufões da política francesa. Tente-se semelhante generosidade na Europa e terá começado mais uma vez aquilo que os romanos chamaram invasão dos bárbaros. O chanceler alemão Helmut Kohl estranhou que houvesse tanta gente na praia do Rio de Janeiro num dia de trabalho. Havia gente matando o serviço, mas não havia em Copacabana ninguém batendo em turcos ou apedrejando ciganos. Os brasileiros vão à praia e os alemães sonham em conquistar a Europa. Se Macunaíma tivesse levado o kaiser Guilherme II e o chanceler Adolf Hitler para Búzios, haveria estátuas a esse herói sem caráter em todas as cidades da Alemanha.

A autoestima dos brasileiros está sendo roubada através de uma mistificação pela qual se transferem à sociedade culpas do Estado e do governo, seu preposto. Circula, por exemplo, uma obsessão segundo a qual é preciso combater a corrupção. A corrupção, como o mau hálito, não acabará nunca. O que se precisa fazer é encarcerar os corruptos. A moralidade de um governo mede-se pelo total do dinheiro que nele se rouba dividido pelo número de anos de cadeia impostos aos gatunos. Se o denominador dessa fração é praticamente nulo – por culpa do poder público, não da sociedade –, a corrupção ganhou. Quem incomoda não é o dinheiro roubado, é o ladrão solto. A cassação do deputado Jabes Rabelo mostra que não faltam ao Estado os mecanismos de defesa de moralidade. O que falta é usá-los. Afinal, quem precisa de uma sociedade convencida de que o povo não presta e de que o país não tem jeito são aqueles que pretendem saqueá-la.

Veja, ed. 1208, p. 21

Roteiro de leitura

1. Antes de mais nada: com que *objetivo* foi escrito esse texto?

2. Observe a paragrafação do início do texto. Ela parece contrariar as "boas regras" da divisão em parágrafos. Por que o autor usa frases avulsas como parágrafos independentes? O recurso é eficiente para o objetivo que ele quer atingir?

3. O texto procura desmontar o raciocínio de três generalizações muito comuns no Brasil de hoje. Qual o argumento central que ele usa?

4. "Havia gente matando o serviço, mas não havia em Copacabana ninguém batendo em turcos ou apedrejando ciganos." O chanceler alemão poderia contra-argumentar dizendo que certamente havia algum esquadrão da morte matando crianças pobres na Baixada Fluminense, como ocorre quase que diariamente. O argumento do autor é uma "patriotada" ou essa questão não vinha ao caso? Pense a respeito. (Lembrete: todo bom texto *delimita* a sua temática; caso contrário, teríamos de desenvolver tratados sobre tudo cada vez que escrevêssemos! O que cabe pensar é se o assunto *esquadrão da morte* tem a ver com o conjunto do texto.)

5. Você deve ter observado que o texto lido emprega uma *linguagem agressiva* – em outras palavras, não faz "média". Vai direto ao assunto, até com um certo toque de indignação. O recurso foi eficiente ou o autor exagerou na dose? (Mais um lembrete: o perigo do texto mais agressivo é a linguagem simplesmente "panfletária", cheia de fúria, mas com pouca consistência argumentativa. Dizemos "perigo" pelo simples fato de que muitas vezes textos assim não convencem – o exagero crítico, sem amparo de argumentos, parece só servir àqueles que já pensam como o autor...)

6. Você concorda com a tese do autor? (Último lembrete: não somos obrigados a concordar com tudo ou discordar de tudo!)

Atividade 2

A ironia

Vamos agora observar um texto que soma à agressividade argumentativa a ironia. A ironia, quando bem-sucedida, é um recurso poderoso, porque reduz a argumentação contrária ao ridículo ou ao absurdo. É um recurso bastante sofisticado, porque o texto irônico quer dizer justamente o contrário do que está escrito – e é uma demonstração interessante do fato de que a significação do texto vai muito além do "valor de dicionário" das palavras.

E é, também, um recurso mais difícil – exige uma boa sintonia com as informações do leitor virtual. O texto irônico deve ser *claramente irônico*; caso contrário, se o leitor a quem nos dirigimos não percebe a nossa intenção, o texto fracassa.

Texto 2

A piada do separatismo

De repente, descobre-se que o Brasil fica no Leste Europeu

Roberto Pompeu de Toledo

Já que o Brasil, como se sabe, é um país do Leste Europeu, mais dia, menos dia tínhamos mesmo de enfrentar essa desgraça – a eclosão da questão das nacionalidades. Afinal, que têm a ver os baiano-korobovskis, do Norte, sabidamente muçulmanos, embora às vezes disfarçados em adoradores de mães de santo, com, digamos, os paraneslavos de Kuritibogrado, do Sul, cristãos de rito ortodoxo-grego? E as diferenças de língua, então? Como pode se entender um país que abriga desde os piauivskos de Teresinisburg, um povo que fala um idioma singular, só aparentado, e mesmo assim vagamente, com o húngaro, o finlandês, o vogul e o ostiak, até as minorias étnicas do Gauchistão, com seus dialetos próximos do turco, quando não do persa, e sua escrita que emprega do alfabeto árabe aos hieróglifos egípcios?

Mais dia, menos dia tínhamos mesmo que enfrentar o problema, e eis então que surge no país, como já surgira na Iugoslávia, ao som de bombas, e na União Soviética, ao embalo da infelicidade de Mikhail Gorbachev, a desgraça do separatismo. Um instituto de opinião chamado Bonilha, de Curitiba, fez uma pesquisa mostrando que 41% dos sulistas gostariam de se separar do Norte. O assunto começou a fazer sua aparição em rodas de políticos, acadêmicos, empresários e assimilados. Editorialistas de jornal, com a pompa e a circunspecção que caracterizam a raça, chamaram a questão de "delicada" e nos convidaram à reflexão.

#

Delicada o quê, cara pálida? A questão seria delicada se não fosse ridícula. Achar que o separatismo tem um mínimo de seriedade, no Brasil, é tão absurdo quanto imaginar que ficamos nos Bálcãs, ou nas franjas da Eurásia, e portanto estamos no mesmo barco dos povos que se desagregam junto com o poder comunista.

Na verdade, para ser pomposo e circunspecto como um editorialista de jornal, se há uma coisa que deu certo, no Brasil, foi a unidade nacional. Muitas outras deram errado, do atraso na industrialização à distribuição de renda. Na construção da nacionalidade, ao contrário, uma série de audácias e outros tantos golpes de sorte acabaram por assegurar, ao longo da História brasileira, primeiro um amplo espaço, com fronteiras consolidadas, e, segundo, a inserção, aí dentro, de uma ponta a outra dessa vastidão continental, de um povo que fala a mesma língua e tem mais ou menos a mesma cabeça. Inventar que existe uma questão nacional, no Brasil, ou de peculiaridades regionais que justificariam o separatismo, só pode ser piada.

#

Se é piada, por que o assunto mereceu a atenção de editorialistas e institutos de opinião? Simples.

Quanto aos editorialistas – ou raças próximas, como a dos cientistas políticos – o problema é que vivem de inventar teorias. Então, criaram uma segundo a qual o que se observa no Leste Europeu é uma tendência universal. Se há a questão dos sérvios contra os croatas, porque não haveria a dos alagoanos contra sergipanos? E se há, entre armênios e azerbaijanos, o problema de Nagorno-Karabakh, de maioria armênia, mas dentro do território do Azerbaijão, por que não supor que, entre São Paulo e a Paraíba, não haveria o problema do bairro do Brás, incrustrado na capital paulista mas de ampla população nordestina, feiras como a de Caruaru e cheiro de azeite de dendê no ar?

Quanto aos institutos de opinião, a questão é que sofrem de falta de assunto, nas entressafras das campanhas eleitorais. Então, fazer o quê? Houve um que recentemente incluiu, entre as opções que apresentava aos consultados, a de "eliminar o presidente". Eliminar! Observe-se o respeito às instituições e, mesmo, ao Código Penal. Claro que uma boa porcentagem de gente cravou sim, assim como, na pesquisa do Bonilha, cravou no separatismo. Em tempos de penúria e baixo-astral, vale tudo. Caso se apresentasse a opção "eliminar a mãe", certamente também seria bem votada. E se em vez de se perguntar se o gaúcho queria se separar do Nordeste, ou o cearense do Sul, se perguntasse se os pesquisadores de opinião deveriam ser confinados na Sibéria, é possível que a alternativa atraísse muita gente.

#

Antes que se esqueça, e para encerrar o assunto: o problema do Brasil é que ele já é separado. Não horizontalmente, mas verticalmente. O que existe não é um país de um lado e outro de outro, e sim um embaixo e outro em cima. A Bélgica e a Índia. Eles não se distribuem com fronteiras definidas no mapa, como as repúblicas soviéticas, mas se interpenetram. Às vezes um cidadão é vizinho do outro, mas o mundo os separa.

Em outras palavras, o problema do Brasil é o apartheid. Este, sim, valeria a pena enfrentar. Seria uma briga para unir o país, não para separar.

Veja, ed. 1214, p. 94

Roteiro de leitura

1. Como a ironia se articula no texto, logo na primeira frase? Que informação prévia é indispensável para que o leitor entenda essa frase como *ironia*? Veja as outras leituras possíveis: *a) O autor é um ignorante total; quem disse que o Brasil fica no Leste Europeu? b) Bem, agora eu entendo por que há movimentos separatistas no Brasil. É porque o país fica no Leste Europeu. Eu não sabia desse detalhe...*

2. O texto foi escrito com a intenção de *demolir* qualquer argumentação separatista no Brasil. O autor foi bem-sucedido?

3. Qual a sequência argumentativa do texto? Está bem-articulada? Analise o assunto de cada bloco de parágrafos. A ironia percorre todo o texto ou só parte dele?

4. Você concorda com o autor? Se você é um "separatista", a argumentação do texto foi suficiente para fazê-lo mudar de ideia ou não? (Ou, pelo menos, para deixá-lo em dúvida?)

Prática de Texto

Vamos agora exercitar nosso reconhecimento do lugar-comum. Escolha um dos chavões que aparecem no primeiro parágrafo deste capítulo e o associe a algum tema de argumentação. Alguns exemplos:

- *devagar se vai ao longe X combate da inflação*; ou
- *índole pacífica do povo brasileiro X índices de criminalidade*; ou
- *o que estraga o Brasil são os políticos X ditadura militar* etc.

Há milhares de possibilidades! É até possível que o seu texto *confirme* um lugar-comum, desde que ele apareça dentro de uma situação concreta... A opinião é sua!

Procure *delimitar o assunto do seu texto*. E escolha o tom da linguagem: ironia, humor escrachado, indignação ou mesmo a argumentação mais fria. O importante é manter a unidade de tema e de linguagem.

Atividade 3

As imagens sociais

Vamos observar agora um outro aspecto do universo das opiniões: a construção das *imagens sociais*. Assim como as atividades humanas criam os seus *gêneros de linguagem*, a compreensão do mundo passa também pelo estabelecimento de *imagens sociais*, vinculadas a valores (bons, maus, utilitários, prazerosos etc.). É um processo muito forte na vida cotidiana; seria, de fato, impossível viver sem a construção dessas imagens gerais que nos dão algum ponto de partida para pensar, escrever, agir sobre as coisas e o mundo.

Assim, quando se fala, por exemplo, em atividade política, uma série de valores se associa imediatamente na cabeça do ouvinte; no caso do Brasil (e não só aqui), há uma boa probabilidade de essa associação ser negativa (corrupção, incompetência, nepotismo etc.); se falamos em *vida familiar*, a associação provavelmente será positiva (valores morais, a importância do pai e da mãe na formação da criança, solidariedade etc.). E esse poder de associação valorativo se estende aos planos mais próximos da nossa vida e menos gerais – por exemplo, se em geral a ideia de *escola* evoca, digamos, *disciplina, chatice, angústia, obrigação*, o Professor Fulano ou um determinado período da vida escolar pode evocar valores positivos para alguém.

A construção das imagens

O fato é que não existem dados na nossa vida sem o seu *peso avaliativo*, um peso socialmente construído. Isto é, todas as palavras chegam até nós *povoadas de comentários, de valores, de pontos de vista* – elas nunca estão sozinhas. Não há nada de errado nisso, se nós encontramos nosso lugar, nossa própria visão, nesse mundo de significados. Mas essas imagens sociais, quando não pensamos a respeito, podem se transformar justamente nos *lugares-comuns* do conhecimento.

Um exemplo: vincular *atividade política* com *corrupção*, de uma forma totalizante, é paralisar o pensamento e repetir um chavão. Desta paralisia lógica – ora, se toda atividade política é corrupta, nada se pode fazer – surge aquele império de chavões que nos reduzem a nada. Nossa linguagem acaba na frase-feita.

Sobre esse tema, leia a crônica seguinte, que ironiza justamente o poder paralisante da "imagem social", e como ela é manipulada politicamente.

Texto 3

A família brasileira

Carlos Heitor Cony

Volta e meia, vejo nos jornais referências a uma "família brasileira", entidade mais ou menos abstrata que comparece em certas notas de tipo oficial. A TV Globo, por exemplo, ao explicar recentes mudanças em seu organograma, reitera que ela se destina à citada família brasileira.

Em 1964, os militares que deram o golpe de Estado também o fizeram em nome da família brasileira. O integralismo, que foi a cópia nacional do fascismo europeu, tinha como lema Deus, Pátria e Família, e como era movimento daqui mesmo, subentende-se que a família em questão era a brasileira.

Outro movimento reacionário que andou muito em voga, conhecido pelas iniciais TFP, contemplava a tradição e a propriedade, mas o núcleo de seu programa era o F do meio, que nada mais era do que a mesmíssima família.

Donde se pode concluir que temos em alto valor o conceito da família, considerando-a uma célula imaculada no complicado tecido social. Ruy Barbosa, que gostava de frases, dizia que a pátria é a "família amplificada". A máfia, pelo que vemos no cinema, é também uma família amplificada.

Antes que me considerem um desnaturado, deixo claro que também tenho em altíssima conta a família, a minha e a dos outros. Se dependesse de mim, não haveria bandalheira na TV nem golpes de Estado. Ao cair da noite, jantaríamos todos juntos, uma sopa honesta, um assado digno, uma sobremesa caseira cheirando a cravo e a canela. Conversas amenas durante a refeição, depois daríamos graças ao Senhor e curtiríamos o serão jogando víspora, burro em pé, damas; os mais antigos, remanescentes do tempo de Machado de Assis (se ainda os há), prefeririam o voltarete.

Depois trocaríamos boas-noites e ósculos, vestiríamos camisolas rendadas e gorros para proteger cabeça e sonhos. Essa família já existiu, não existe mais, invocá-la é hipocrisia.

Folha de S. Paulo, 29/11/1997

O poder da imprensa

A imprensa tem um poder extraordinário nesse terreno, na medida em que ela pode criar *territórios valorativos comuns*. A própria multiplicidade de veículos – há jornais e revistas para praticamente todas as profissões, idades, interesses e sexos, e o advento da internet potencializou ao infinito a segmentação – já é por si mesma uma criação de *imagens sociais*. Também não há nada de errado nisso, sob duas condições:

- garantia de acesso às mais diferentes *imagens*, e não ao monopólio de uma só fonte de informação;
- estar sempre atento ao conforto do *lugar-comum*. Lembre-se: a frase-feita está em toda parte, à solta, pronta para a gente copiar e repetir...

Vamos conferir na prática a construção de algumas imagens sociais sobre a juventude. Vejamos como cinco diferentes textos tratam esse assunto.

Faça uma leitura *comparativa*, observando, pela linguagem, os seguintes aspectos:

- o ponto de vista (qual o *perfil* do autor do texto);
- a perspectiva do texto (científica, pessoal, publicitária, jornalística, literária);
- a relação entre *informação* e *opinião*, o peso de uma coisa e outra no texto (mas observe que, na construção de uma *imagem social* o texto informativo é tão funcional quanto o opinativo);
- imagem social criada pelo texto: que tipo de jovem o texto retrata? E que *valor* você atribui a essa imagem? É falsa, verdadeira, verossímil? Essa imagem define *todos* os jovens? A maior parte? A minoria?
- finalmente, analise a sua relação com a imagem criada pelo texto – é coincidente?

Texto 4

Sociedade dos poetas vivos

Laura Greenhalg

Sacudindo a vasta cabeleira *a la* Cindy Crawford, Ana Luisa Alves, 14 anos, comenta a reação do próprio pai ao filme *Sociedade dos poetas mortos*: "Meu Deus, que exagero! Ele ficou abalado com o que viu no cinema. Muito mais do que eu". Curiosamente, o belo filme do diretor Peter Weir não induz as plateias juvenis ao desconsolo. O destino trágico do adolescente Neil Perry, um dos alunos da severa Welton Academy, chega a parecer absurdo. "Por que tomar atitudes extremas diante de um problema?", indaga Helena Siemsen, 19 anos. No que é prontamente interrompida por João de Barros Barreto, um belo e saudável rapaz, dois anos mais novo: "A nossa geração tem saída".

Menos idealistas e mais práticos, os jovens de hoje estarão no comando do mundo na virada do milênio e, nem por isso, deixam-se atropelar pela ansiedade. Fundamentalmente, procuram sucesso e bem-estar. Pesquisas em inúmeros países coincidem nos seguintes pontos: os jovens querem recuperar a qualidade de vida que seus pais perderam; concordam que a transformação de uma sociedade começa pela educação; dão preferência às causas "planetárias", ou seja, àquelas que resultem em ganhos para toda a humanidade; estão descrentes dos políticos; superaram completamente o conflito entre a fé e a razão. Em outras palavras: Deus existe, sim, mas à *minha* maneira. Ao contrário de Neil Perry, o garoto do filme, os construtores do novo milênio não admitem perder a primeira batalha da vida. Aliás, este é o grande lema da Sociedade dos Poetas Vivos.

Individualistas e comportados. E daí?

Cientistas sociais e filósofos de inúmeras correntes garantem: a geração 90 é ambígua. Explica-se: os adolescentes de agora buscam o bem-estar individual, mas também consideram o conceito "viver dignamente" como um direito de toda a humanidade. Só que eles não pretendem se fatigar em lutas sociais e nem se sentem atraídos por bandeiras políticas ou cartilhas ideológicas. Numa pesquisa recente na França, o item "justiça social" foi classificado como um dos menos importantes por moças e rapazes na faixa dos 14 aos 17 anos. Imediatamente, a geração que ouve Madonna, diverte-se com Steven Spielberg e devora Big-Macs passou a ser chamada de "novos individualistas". O filósofo e escritor francês Laurent Joffrin, autor do livro *Un Coup de Jeune* (Um toque de juventude), celebra com otimismo os "moralistas de blue jeans". "Eles não são apáticos como se supõe. Seus interesses vão além do prazer imediato e da pura distração", explica Joffrin. Mais cético, seu colega Alain Finkelkraut acredita que os jovens de agora se apoiam em relacionamentos superficiais e valores distorcidos. "Comportam-se como se a vida fosse um grande videoclip...", lamenta. Enquanto os intelectuais batem boca, os ingleses que cresceram ouvindo a balada conservadora de Margaret Thatcher hoje insistem que a vida comportada é muito melhor. Numa pesquisa da revista *Look Now*, moças e rapazes de 15 a 24 anos confessam gostar de boas roupas, querem ser vistos como pessoas sensíveis e responsáveis, pretendem ter uma carreira sólida e fazer fortuna. Desnecessário dizer que a Dama de Ferro adorou os resultados da pesquisa...

Eles rejeitam a escola da palmatória

Os rebeldes dos anos 60 achavam que a reforma de uma sociedade começava em passeata. Os jovens de hoje acreditam que esse início acontece dentro de uma sala de aula. Eles sonham com uma escola moderna, compatível com os meios eletrônicos do seu tempo. Além disso, trocariam, sem hesitar, o mestre mal remunerado por um orientador satisfeito. "Imagine só que, outro dia, um professor perdeu a paciência com a classe e disse que todos nós éramos uns delinquentes. Não dá para ter papo com um cara assim", queixa-se Andréa Godoy, 14 anos, uma garota extrovertida que, no entanto, se delicia com as barbaridades da escolinha do professor Raimundo – um desafortunado mestre (Chico Anysio) que suporta uma classe de imbecis por um salário "desse tamanhinho". A geração 90 quer que o ensino se transforme num empreendimento eficaz. Os jovens dizem "não" tanto à escola da palmatória, como a que é vista no filme *Sociedade dos poetas mortos*, quanto à burocrática, simplesmente cumpridora de programas e calendário escolar. Eles reclamam a falta de um ensino qualitativo, que os prepare, enfim, para os desafios da vida adulta. Um caso típico: Murilo Dias Menezes, 17 anos, aluno do 3º colegial de um renomado colégio de São Paulo, prefere "saborear" as aulas de Filosofia do que se debruçar sobre apostilas de Física, Química e Matemática, matérias eliminatórias no vestibular. "Nesse momento, estudar Filosofia é muito mais útil", avalia; "através desta matéria eu descubro que não se pode ser dogmático. Que é preciso ter um olhar crítico sobre tudo o que acontece comigo e a meu redor." Essa mesma geração admite que a educação sexual não deve ser tratada como uma amenidade de currículo. "Queremos saber tudo sobre a Aids", anuncia Luciana Taliberti, 15 anos; "temos o direito de estar bem-informados".

O olhar vivo da "telejuventude"

Qual o melhor caminho para conhecer Machado de Assis: mergulhando na sua vasta obra ou descobrindo o olhar oblíquo de Capitu ao longo de uma minissérie televisiva? Evidentemente, argumentos "clássicos" depõem a favor da primeira hipótese. Para os jovens dos anos 90, a segunda também é válida. Ou, quem sabe, mais eficiente. Os "moralistas de *blue jeans*", como dizem os franceses, estão irremediavelmente seduzidos pelas imagens. É exatamente o que acontece quando Ana Maria Leão, 13 anos, comenta, após assistir a um telejornal: "Essa unificação da Alemanha me preocupa. Voltar aos conflitos raciais é o fim!"

Declarações como esta interessam de perto à professora Heloisa Penteado, da Faculdade de Educação da Universidade de São Paulo. A partir da experiência de mais de 30 anos no magistério, Heloisa chegou a uma conclusão tão simples quanto desprezada: "Atualmente, não temos alunos numa sala de aula. Temos, na verdade, telespectadores". Os jovens de agora desenvolvem a chamada "informação de amplo espectro". Ou seja, não imaginam as declinações do latim, mas têm uma consciência muito mais abrangente do mundo que os cerca. Seguindo Heloisa, o ensino, tanto no Brasil quanto no exterior, está "acordando" de forma lenta para essa nova realidade. "Quantos jovens brasileiros descobriram o pantanal mato-grossense através de uma novela?", indaga, já certa de que esse público é imenso. Sugestão da pesquisadora às escolas: digerir ao máximo o que a mídia veicula para se formar um público crítico e atuante. E, para isso, Heloisa Penteado acha que não será preciso nem mesmo esperar pelas escolas *high tech*.

Computadores para a geração "high tech"

Acredite: não é sonho nem ficção científica. A escola *high tech* já está sendo testada em diversos países e, no Brasil, a partir do ano que vem – conforme o cronograma de um projeto desenvolvido pelo Ministério da Educação e a USP. A sala de aula do futuro estará cercada de multimeios. Ou seja, o velho quadro-negro se despede da parede e cede lugar a uma lousa xerográfica. O professor escreve neste quadro eletrônico, apaga o texto pressionando um botão e tira cópias da matéria para os alunos. Estes, então, operam um terminal de computador e fazem pesquisas num *CD-ROM*. Haverá monitores de televisão pela classe e ainda um sistema de teleconferência. Custo aproximado de uma sala de aula *high tech:* 150 mil dólares. Enfim, o ensino eletrônico resolve? Tenha certeza: a resposta virá, muito antes do que você imagina.

Revista ELLE, agosto/90, p. 35

Texto 5

Geração 90 – Por um pouco de trauma

A ideia era sempre conversar, falar sobre tudo. De forma espontânea

Gustavo Ioschpe

Não está na minha certidão de nascimento porque não ia pegar bem, mas na verdade sou filho de uma grande suruba. Freud, Gloria Steinem, Dr. Spock e os jovens do maio de 68 se reuniram em algum momento e o resultado está aí.

Se biologicamente sou fruto de papai ter plantado uma sementinha na mamãe (os adultos e seus eufemismos), em termos comportamentais nossa família englobava todos esses citados acima e sua geração, bicho.

A impressão que me dá é que a geração dos meus pais, egressa da contracultura, do paz e amor, finalmente pôde deixar de representar. Não precisaram imbuir-se do vestal sagrado e da máscara que parecem descender sobre todos os jovens sadios no momento em que se tornam progenitores e os fazem se comportar como se nunca tivessem sido filhos: não pode isso, não pode aquilo, respeito, disciplina, por quê? Porque sim ou porque não. Lá em casa não tinha nada disso.

Nunca apanhamos, minha irmã e eu. Não ajoelhamos no milho, não ficamos dias de castigo. Nunca fomos proibidos de nada arbitrariamente: tudo tinha uma razão, fazia sentido. Claro que éramos forçados a alguns rituais inexplicáveis: comer carne de fígado, usar gola alta, ir ao teatro infantil (que porre!) e, retribuir os beijos, digamos, açucarados das amigas das avós eram a dose de sofrimento a que éramos submetidos. Sobrevivemos.

A ideia era sempre conversar, falar sobre tudo. Não de maneira forçada aquele sóbrio "precisamos ter uma conversa", mas sim espontânea, porque a abertura sempre existira. Se tinha um problema com mulheres, por exemplo, falava logo com meu pai. Só depois eu descobri que ele manjava as mulheres dos anos 60 e que, enfim, andar de bicicleta de mão dada não preenchia os atuais requisitos de um namoro.

Minha mãe também sempre gostou dessas conversas, apesar de até hoje achar que "ficar" precisa de camisinha. Gostava também de falar sobre drogas, porque imaginava ser o fliperama um ponto avançado do cartel de Medellín. (Era de Cali, mãe, não te preocupa.) Toda essa atmosfera de família acabou nos preparando para, paradoxalmente, não sermos família.

Chegou um ponto em que, como reza a cartilha moderna, meus pais se separaram. Pensei que pelo menos aí ia voar uma cadeira, me dar algum material pras conversas de bar, mas também foi tudo conversado, analisado e resolvido.

Noto agora que há um ressurgimento do tradicionalismo nas relações familiares, depois de os pais já não aguentarem mais ter de falar com os filhos sobre sua vida sexual e se fumaram maconha na juventude. Compreendo. Aliás, apoio. Nessa época midiatizada, de talk-shows e superexposições, precisamos criar dramas pra repartir. Se for verdade que o sofrimento constrói caráter, afinal, estamos perdidos.

Folha de S. Paulo, 20/9/1999

Texto 6

Relacionamentos virtuais fazem sucesso

A regra "nunca te vi, sempre te amei" não serve para chatters brasileiros: 72% se encontram pessoalmente

Adriana Dias Lopes

Quem reclama da falta de namorado nunca frequentou salas de bate-papos virtuais. Nos últimos tempos, a brincadeira tornou-se um sucesso. Psicólogos que estudam o comportamento do internauta brasileiro concluíram que os usuários de chats não podem se queixar de falta de amor. Basta ver os números. Entre os 72% que se encontram pessoalmente pelo menos uma vez, 60% continuam o relacionamento (veja quadro).

Não é difícil fazer parte dessa turma. O usuário pode entrar em agências de casamento online, deixar suas características e o que espera da "alma gêmea". Depois, é só torcer para receber a resposta via e-mail. Existem também os "instant messengers", programas abertos, porém mais reservados que web chats.

A instalação é fácil. Basta fazer um download (transferir o arquivo) do site do fabricante. Os mais famosos são: ICQ, ComVC, StarMedia Express, Yahoo! Messenger, MSN Messenger e InstanTerra. Endereços de encontros virtuais pipocam na rede, como o Chapamania: com um mês de vida, o site teve 600 mil page views (páginas do endereço vistas). Outro exemplo: lançado em fevereiro, hoje o Batepapo recebe mais de 40 mil visitas diárias.

Os chatters experientes aconselham: conversa ao vivo só depois do terceiro contato

Chatters com histórias felizes têm o hábito de seguir certos códigos de etiqueta. "No primeiro contato, é bom limitar-se a perguntas gerais, como tipo físico e cidade de origem", ensina o internauta e analista de suporte Fábio Costa Neto, de 26 anos. "Na segunda vez, é legal partir para assuntos mais sérios, como preferências e hobbies." Segundo suas regras, o convite para um encontro real deve ocorrer só depois do terceiro contato.

Fábio provou ser um especialista no assunto. Ele hoje namora Lívia, mas já foi noivo de outra garota que conheceu por meio de bate-papo e diz ter encontrado ao vivo mais de cem pessoas por causa da rede. "Sou galante, mando flores antes de saber o nome da menina", diz.

Para as mulheres, vale uma regra do tempo em que os computadores não existiam, aconselha a chatter e estudante Sheila Vargas, de 23 anos. "Sei que grande parte do meu sucesso em salas de bate-papos se deve ao fato de sempre esperar os homens me convidarem para sair primeiro", afirma. A norma pode ser justificada pela porcentagem maior de usuários do sexo masculino na rede.

O chatter brasileiro mostra a sua cara

Os resultados de pesquisas realizadas por psicólogos comprovam o sucesso da paquera virtual

79% acessam a rede de suas casas

60% mantiveram a amizade fora da internet

63% acessam pelo menos uma vez ao dia

75,1% são solteiros

49% têm entre 15 e 24 anos

37,5% já namoraram virtualmente

72,1% já conheceram pessoalmente amigos virtuais

Fontes: Fabiana Maiolino, Eduardo Diehl, Luciana Nunes e Oliver Zancul Prado

Mais homens

Para alegria das mulheres, Luciana Nunes, coordenadora da Unidade de Psicologia Hospitalar do Hospital Pan-americano, em São Paulo, descobriu em pesquisa sobre chatter que 71% dos bate-papos são formados por homens. Ao que parece, eles são mais arrojados.

Quem pensa que o namoro via internet é irreal, descobre que ele pode ser muito parecido com os encontros no shopping. O internauta se encontra em salas, faz parte de comunidades, é fiel aos amigos. Só não mostra a cara no começo. "O anonimato encoraja tímidos e exagerados", diz a psicóloga Ivelise Fortim de Campos, colaboradora do Núcleo de Pesquisa da

Psicologia em Informática, em São Paulo (NNPI). "Mentindo ou não, todos exibem a verdadeira personalidade na rede."

Receita para evitar saias-justas
Alessandra aprendeu a fugir dos chatters mentirosos

A assistente de vendas Alessandra Ortega Martins, de 23 anos, não se intimida com a possibilidade de se sentir atraída por um personagem criado apenas para conversar na rede. "É fácil saber se a pessoa está mentindo. Com o tempo ela entra em contradição", afirma. "Por isso, os encontros ao vivo sempre dão certo comigo. Meu último namoro só terminou porque ele mora em outro Estado." Os fãs de bate-papos na rede aconselham os iniciantes a serem sinceros. O analista de sistema Fábio Costa Neto até dá o seu nome verdadeiro como nick. Mas afirma que os encontros na rede, como aqueles na praia, no shopping ou numa festa, exigem cautela. "Antes de convidar uma garota para sair, dedico mais tempo aos bate-papos virtuais", afirma. O investimento às vezes não dá certo. A administradora Aline Rocha, de 28 anos, experimentou três vezes sem sucesso. Mas não desiste. "Até agora me decepcionei com a pessoa no primeiro encontro", diz. "Estou tentando pela quarta vez."

Revista Galileu, edição 108

Texto 7

Um cinturão

Graciliano Ramos

As minhas primeiras relações com a justiça foram dolorosas e deixaram-me funda impressão. Eu devia ter quatro ou cinco anos, por aí, e figurei na qualidade de réu. Certamente já me haviam feito representar esse papel, mas ninguém me dera a entender que se tratava de julgamento. Batiam-me porque podiam bater-me, e isto era natural.

Os golpes que recebi antes do caso do cinturão, puramente físicos, desapareciam quando findava a dor. Certa vez minha mãe surrou-me com uma corda nodosa que me pintou as costas de manchas sangrentas. Moído, virando a cabeça com dificuldade, eu distinguia nas costelas grandes lanhos vermelhos. Deitaram-me, enrolaram-me em panos molhados com água de sal – e houve uma discussão na família. Minha avó, que nos visitava, condenou o procedimento da filha e esta afligiu-se. Irritada, ferira-me à toa, sem querer. Não guardei ódio a minha mãe: o culpado era o nó. Se não fosse ele, a flagelação me haveria causado menor estrago. E estaria esquecida. A história do cinturão, que veio pouco depois, avivou-a.

Meu pai dormia na rede armada na sala enorme. Tudo é nebuloso. Paredes extraordinariamente afastadas, rede infinita, os armadores longe, e meu pai acordando, levantando-se de mau humor, batendo com os chinelos no chão, a cara enferrujada. Naturalmente não me lembro da ferrugem, das rugas, da voz áspera, do tempo que ele consumiu rosnando uma exigência. Sei que estava bastante zangado, e isto me trouxe a covardia habitual. Desejei vê-lo dirigir-se a minha mãe e a José Baía, pessoas grandes, que não levavam pancada. Tentei ansiosamente fixar-me nessa esperança frágil. A força de meu pai encontraria resistência e gastar-se-ia em palavras.

Débil e ignorante, incapaz de conversa ou defesa, fui encolher-me num canto, para lá dos caixões verdes. Se o pavor não me segurasse, tentaria escapulir-me: pela porta da frente chegaria ao açude, pela do corredor acharia o pé de turco. Devo ter pensado nisso, imóvel, atrás dos caixões. Só queria que minha mãe, sinhá Leopoldina, Amaro e José Baía surgissem de repente, me livrassem daquele perigo.

Ninguém veio, meu pai me descobriu acocorado e sem fôlego, colado ao muro, e arrancou-me dali violentamente, reclamando um cinturão. Onde estava o cinturão? Eu não sabia, mas era difícil explicar-me: atrapalhava-me, gaguejava, embrutecido, sem atinar com o motivo da raiva. Os modos brutais, coléricos, atavam-me; os sons duros morriam, desprovidos de significação.

Não consigo reproduzir toda a cena. Juntando vagas lembranças dela a fatos que se deram depois, imagino os berros de meu pai, a zanga terrível, a minha tremura infeliz. Provavelmente fui sacudido. O assombro gelava-me o sangue, escancarava-me os olhos.

Onde estava o cinturão? Impossível responder. Ainda que tivesse escondido o infame objeto, emudeceria, tão apavorado me achava. Situações deste gênero constituíram as maiores torturas da minha infância, e as consequências delas me acompanharam.

O homem não me perguntava se eu tinha guardado a miserável correia: ordenava que a entregasse imediatamente. Os seus gritos me entravam na cabeça, nunca ninguém se esgoelou de semelhante maneira.

Onde estava o cinturão? Hoje não posso ouvir uma pessoa falar alto. O coração bate-me forte, desanima, como se fosse parar, a voz emperra, a vista escurece, uma cólera doida agita coisas adormecidas cá dentro. A horrível sensação de que me furam os tímpanos com pontas de ferro.

Onde estava o cinturão? A pergunta repisada ficou-me na lembrança: parece que foi pregada a martelo.

A fúria louca ia aumentar, causar-me sério desgosto. Conservar-me-ia ali desmaiado, encolhido, movendo os dedos frios, os beiços trêmulos e silenciosos. Se o moleque José ou um cachorro entrasse na sala, talvez as pancadas se transferissem. O moleque e os cachorros eram inocentes, mas não se tratava disto. Responsabilizando qualquer deles, meu pai me esqueceria, deixar-me-ia fugir, esconder-me na beira do açude ou no quintal.

Minha mãe, José Baía, Amaro, sinhá Leopoldina, o moleque e os cachorros da fazenda abandonaram-me. Aperto na garganta, a casa a girar, o meu corpo a cair lento, voando, abelhas de todos os cortiços enchendo-me os ouvidos – e, nesse zunzum, a pergunta medonha. Náusea, sono. Onde estava o cinturão? Dormi muito, atrás dos caixões, livre do martírio.

Havia uma neblina, e não percebi direito os movimentos de meu pai. Não o vi aproximar-se do torno e pegar o chicote. A mão cabeluda prendeu-me, arrastou-me para o meio da sala, a folha de couro fustigou-me as costas. Uivos, alarido inútil, estertor. Já então eu devia saber que rogos e adulações exasperavam o algoz. Nenhum socorro. José Baía, meu amigo, era um pobre-diabo.

Achava-me num deserto. A casa escura, triste; as pessoas tristes. Penso com horror nesse ermo, recordo-me de cemitérios e de ruínas mal-assombradas. Cerravam-se as portas e as janelas, do teto negro pendiam teias de aranha. Nos quartos lúgubres minha irmãzinha engatinhava, começava a aprendizagem dolorosa.

Junto de mim, um homem furioso, segurando-me um braço, açoitando-me. Talvez as vergastadas não fossem muito fortes: comparadas ao que senti depois, quando me ensinaram a carta de A B C, valiam pouco. Certamente o meu choro, os saltos, as tentativas para rodopiar na sala como carrapeta, eram menos um sinal de dor que a explosão do medo reprimido. Estivera sem bulir, quase sem respirar. Agora esvaziava os pulmões, movia-me, num desespero.

O suplício durou bastante, mas, por muito prolongado que tenha sido, não igualava a mortificação da fase preparatória: o olho duro a magnetizar-me, os gestos ameaçadores, a voz rouca a mastigar uma interrogação incompreensível.

Solto, fui enroscar-me perto dos caixões, coçar as pisaduras, engolir soluços, gemer baixinho e embalar-me com os gemidos. Antes de adormecer, cansado, vi meu pai dirigir-se à rede, afastar as varandas, sentar-se e logo se levantar, agarrando uma tira de sola, o maldito cinturão, a que desprendera a fivela quando se deitara. Resmungou e entrou a passear agitado. Tive a impressão de que ia falar-me: baixou a cabeça, a cara enrugada serenou, os olhos esmoreceram, procuraram o refúgio onde me abatia, aniquilado.

Pareceu-me que a figura imponente minguava – e a minha desgraça diminuiu. Se meu pai se tivesse chegado a mim, eu o teria recebido sem o arrepio que a presença dele sempre me deu. Não se aproximou: conservou-se longe, rondando, inquieto. Depois se afastou.

Sozinho, vi-o de novo cruel e forte, soprando, espumando. E ali permaneci, miúdo, insignificante, tão insignificante e miúdo como as aranhas que trabalhavam na telha negra.

Foi esse o primeiro contacto que tive com a justiça.

Infância, p. 29-33

Texto 8

Informação publicitária

30 anos. Faço festa?
30 anos. Vou chorar.
Imagina. Com 30 anos
eu tô só começando...
Começando a declinar...
Que é isso? O RapidCard
tá fazendo 30 anos e tá
cada vez mais novo, cheio
de planos, oferecendo
um monte de benefícios...
Taí. Vou fazer a festa com
RapidCard. 150 homens e 60
mulheres? Hum!... tá ótimo

Prefira RapidCard.
O RapidCard não diz só obrigado.
Ele dá o obrigado em benefícios.
Ligue e peça o seu cartão:
0800 0800 0800

Prática de Texto

Agora é a sua vez de "pôr a colher" nesse assunto – escreva um texto manifestando opinião sobre a sua geração. Evite o excesso de generalidade: *delimite* o jovem de que você fala, apresente-o ao leitor, descreva seus traços sociais. Se você preferir, o texto pode ser também confessional – fale de você mesmo. Ou, então, escreva uma resposta ou um comentário crítico a algum dos textos acima.

Nos aspectos técnicos, atenção ao básico: observe as unidades temática e estrutural, a paragrafação e a sequência.

Atividade 4

O texto polêmico

No universo dos textos de intenção opinativa, um capítulo especial pode ser reservado aos textos polêmicos, "de combate", em que o autor apresenta seu ponto de vista expressamente *contra* algum outro texto. A polêmica é um gênero curioso porque o processo argumentativo em geral é dirigido não só ao *tema* que se discute, mas também ao *autor que o defendeu.*

Não raro, a polêmica descamba para o ataque pessoal – sempre "em voz alta", nas páginas de jornais e revistas, muitas vezes para alegria dos editores e satisfação dos leitores, ávidos de alguma coisa que fuja ao comum. E toda polêmica, como numa partida de futebol, acaba criando suas "torcidas"... Se às vezes pouco representa como texto argumentativo, reduzindo-se a uma retórica da virulência pessoal, quando se mantém entretanto numa linha mais "civilizada", digamos assim, a polêmica é sinal de vitalidade cultural e um grande estimulante para o leitor pensar e repensar sobre os temas correntes.

Vamos analisar dois textos. O primeiro é um texto de opinião, do escritor Ariano Suassuna, que tece algumas considerações sobre as raízes do racismo brasileiro. O segundo, é justamente polêmico – escrevendo em resposta direta, o filósofo Olavo de Carvalho rebate os pontos de vista de Suassuna.

Texto 9

Biologia e cultura

Sobre Gilberto Freyre e o racismo

Ariano Suassuna

Meu mestre Euclydes da Cunha, deformado pelo Brasil oficial, cometeu um grave erro de interpretação ao afirmar que, como raça, os portugueses brancos eram superiores aos índios e aos negros. Gilberto Freyre deu um passo adiante em relação ao autor de *Os Sertões,* mas, ao fazê-lo, transferiu o erro de Euclydes da Cunha do campo biológico para o cultural, pois considerava a cultura europeia superior à negra, e essa superior à indígena.

Ao fazer essa afirmação, não me excluo das deformações que também me atingiram por ter nascido e me educado no Brasil oficial; nem esqueço que Sylvio Romero, Euclydes da Cunha, Gilberto Freyre e outros muito contribuíram para corrigir aquelas deformações que sofri pelo fato de pertencer à classe privilegiada brasileira.

Não posso me impedir, porém, de anotar que, quando jovem, Gilberto Freyre era racista (ao que parece por influência de Oliveira Lima). Nas últimas décadas do século 19 e nas primeiras do 20, alguns intelectuais brasileiros, deixando-se impressionar pelas teorias dos cientistas sociais europeus, consideravam a nossa mestiçagem como um mal, uma mancha em nossa formação. Tal "mancha" viria principalmente da presença do negro em nosso sangue e em nossa cultura. O índio, ainda ia. O negro não.

Como decorrência de tal racismo, de vez em quando surgiam entre intelectuais e políticos brasileiros, movimentos no sentido de "branquear" nosso povo por meio do estímulo à imigração de europeus. Muitos deles tinham inveja da Argentina, considerada "um país de mais sorte", porque, tendo havido, lá, mestiçagem menor, seu processo de "clarificação" seria mais rápido e mais fácil.

Oliveira Lima foi um desses extraviados intérpretes racistas do Brasil. E, comentando o livro *Na Argentina* que ele acabara de publicar, seu discípulo Gilberto Freyre escreveu, no *Diário de Pernambuco* de 31 de outubro de 1920: "Algumas das páginas mais interessantes do livro do Sr. Oliveira Lima são as dedicadas ao problema da raça na Argentina. Parece que neste ponto a República do Prata leva decidida vantagem sobre os demais países americanos. Em futuro não remoto sua população será praticamente branca. Tão inferiores em número à caudalosa maré caucasiana são os elementos de cor que o processo de *clarificação* da raça argentina será relativamente breve, fácil e suave. Anuncia-se a mesma *'física e moralmente bela'* e o Sr. Oliveira Lima aponta-nos algumas de suas *finas qualidades*'" (grifos meus).

Em diversas ocasiões, Gilberto Freyre afirmou que, ao se tornar discípulo de Franz Boas, nos Estados Unidos, abandonou tais ideias. Mas muito antes dele, sem nunca ter saído do Brasil ou estudado com Franz Boas, Sylvio Romero escreveu o seguinte texto, que bem poderia servir de ementa a *Casa-Grande & Senzala:* "As escravas, e raro era o colono que não as tinha, viviam no seio das famílias, ao serviço doméstico. Daí o cruzamento natural; apareciam os mestiços e novos laços se criavam (...) A escravidão, apesar de todos os seus vícios, operou como fator social, modificando nossos hábitos e costumes (...) Desenvolveu-se como força econômica, produzindo as nossas riquezas, e o negro foi assim um robusto agente civilizador. O cruzamento modificou as relações do senhor e do escravo, *trouxe mais doçura aos costumes* e produziu o mestiço, que constitui a massa da nossa população e em certo grau a beleza da nossa raça. Ainda hoje os mais lindos tipos de nossas mulheres são essas moças ágeis, fortes, vividas, *de tez de* um *doce amorenado*, de olhos negros, cabelos bastos e pretos, sadias jovens em cujas veias circulam, *por* certo *bem diluídas,* muitas gotas de sangue africano. O trabalho escravo foi todo o nosso passado. O negro influenciou toda a nossa vida íntima e muitos dos nossos costumes nos foram por ele transmitidos" (grifos meus).

Na minha opinião, foi esse texto de Sylvio Romero que levou Euclydes da Cunha a dizer que o brasileiro ideal era "o pardo"; e levou Gilberto Freyre a formular a teoria da *morenidade*, aposta por ele à *negritude,* que se recusava a admitir. Eu mesmo, influenciado por Euclydes da Cunha, escolhi *A Onça Castanha* como símbolo do povo brasileiro; até que, alertado pelos militantes do movimento negro, vi que a escolha do *castanho* era um resto inconsciente do sonho racista de "apagar a mancha negra": como no "pardo" e no "moreno", nas veias do "povo castanho" circulariam, "*por certo já bem diluídas*", muitas gotas de sangue africano. Essa foi uma das maiores causas da crise em que mergulhei nos anos 80 e que quase me liquidou como escritor. Mas reuni forças, fiz um exame de consciência, confessei publicamente o erro, mudei, e assim pude retornar à festa da criação literária sem a qual não acerto viver.

Entretanto, quando escrevi aqui sobre os anos da presença portuguesa no Brasil, foi exatamente do ponto de vista da filosofia da cultura que reclamei por Gilberto Freyre considerar a cultura indígena inferior à negra e esta inferior à europeia. E talvez seja precisamente isso o que causa estranheza àqueles que, no fundo, são pensadores europeus exilados aqui. Volto a meu mestre Euclydes da Cunha, que, falando sobre a alienação da elite econômica, política e social brasileira escreveu: "Alheamo-nos desta terra. Criamos a extravagância de um exílio subjetivo que dela nos afasta, enquanto vagueamos como sonâmbulos pelo seu seio desconhecido. O verdadeiro Brasil nos aterra. Trocamo-lo de bom grado pela civilização mirrada que nos acotovela na Rua do Ouvidor (...) Deslumbrados pela cidade, pelo litoral opulento e pelas miragens de uma civilização que recebemos emalada dentro de transatlânticos, esquecemo-nos do interior, do sertão amplíssimo onde se desata a base real da nossa nacionalidade".

Por outro lado, escrevendo na *Folha de S. Paulo* sobre Paulo Nogueira Batista Júnior, ressaltei como ele demonstra que "o grande Euclydes da Cunha" já denunciava aquele "cosmopolitismo" das elites brasileiras, "a sua atitude imitativa e servil" que conforma "uma espécie de regime colonial do espírito", capaz de transformar "o filho de um país num emigrado virtual, vivendo, estéril, no ambiente fictício de uma civilização de empréstimo".

É nessa espécie de "exílio virtual" que vivem aqueles que manifestam um profundo desamor a nosso país e a nosso povo. E que, inconscientemente desgostosos por terem nascido aqui, repetem o estado de espírito que certa vez levou Ruy Barbosa a pronunciar uma frase triste e infeliz: "Se eu pudesse afeiçoar meu país a meu gosto, faria dele uma Inglaterra."

Revista *Bravo!*, ed. 33

Texto 10

Preconceito da moda

A comparação de valor entre culturas é inevitável

Olavo de Carvalho

Admirador incondicional do dramaturgo Ariano Suassuna, escrevo este artigo para sugerir que o Suassuna teórico da cultura peça demissão e vá para casa escrever novas peças, coisa que ele não faz há bastante tempo.

Comecei a pensar nessa sugestão no dia em que ele, na revista BRAVO! de março, acusou Gilberto Freyre de racista por ter escrito, em *Casa-Grande & Senzala*, que no confronto do português com o índio a cultura mais avançada levara vantagem sobre a atrasada. Respondi, pela mesma revista, que atribuir a vitória de um povo sobre outro a fatores culturais em vez de fazê-lo pela superioridade racial era, por definição, o contrário do racismo. Era aliás fato notório que Freyre se tornara famoso na década de 30 justamente por ter oposto às teorias raciais então em moda as explicações culturais que aprendera de Franz Boas em Columbia.

Inconformado de ver-se pego em flagrante delito de nonsense, Suassuna voltou à carga, no número seguinte, alegando três razões:

1. Há indícios de que Freyre, na juventude, antes de estudar com Boas, teve ideias racistas.

2. Ao admitir a superioridade de uma cultura sobre outra, Freyre apenas transferiu o preconceito do campo racial para o cultural. Na verdade, todas as culturas valem o mesmo: não há melhores nem piores.

3. Acreditar em superioridade cultural é o pecado dos eurocentristas que "não amam a nossa terra".

Chamá-las "razões" é eufemismo. A primeira é um truque bobo, a segunda é um preconceito da moda, a terceira uma piada involuntária.

1. O Gilberto que Suassuna acusava de racismo era o antropólogo de Columbia, autor de *Casa-Grande & Senzala*. De repente não é mais: é um Gilberto adolescente provinciano, imbuído de ideias tolas que justamente ele viria a abandonar durante o seu aprendizado em Columbia e a contestar abertamente em *Casa-Grande & Senzala*. Primeiro Suassuna pinça uma frase do livro e a aponta como prova de que Gilberto é racista. Uma vez provado que na frase não há racismo nenhum, o acusador, para não admitir que errou, alega que o réu era racista antes de escrevê-la. O nome disso, em advocacia, é chicana.

2. Em seguida, para restaurar por meio de insinuações tortuosas a acusação impugnada no campo das confrontações textuais, Suassuna procura dar uma conotação de racismo à ideia de que há culturas superiores e inferiores. Ele sabe perfeitamente que essa insinuação é falsa, desde logo, porque, se a cultura não é condicionada pela raça, se homens de qualquer raça podem participar de qualquer cultura e tornar-se expressões dela – como o negro Pushkin é alta expressão da cultura russa ou o polonês Conrad o é da cultura inglesa –, então, obviamente, o julgamento que se faça de uma cultura não implica nenhuma afirmação sobre raças.

Mesmo descontando a desonestidade da insinuação que ela veicula, resta discutir, em si mesma, a crença na absoluta equivalência das culturas, em favor da qual Suassuna se dispensa de fornecer qualquer argumento, limitando-se a afirmá-la com a fé ingênua e dogmática de quem jamais pensou no assunto.

Ora, as culturas compõem-se de obras e atos humanos – um domínio que, não sendo determinado pela fatalidade natural (inclusive a de raça), é todo ele sujeito a decisões, a opções, a um preferir e preterir, subentendendo portanto, em toda a linha, a ideia do "melhor". A busca do melhor orienta desde as decisões do legislador até as escolhas de um tema pelo artista, de um material e de uma forma pelo construtor, de um lugar na floresta pelo caçador, de um trecho de rio pelo pescador, de uma esposa pelo homem e de um marido pela mulher. Tudo, absolutamente tudo o que se passa no domínio da cultura é sempre algo que se poderia fazer de outro modo, mas que o ser humano escolheu fazer como fez porque lhe pareceu o melhor. Dizer melhor e pior é dizer superior e inferior. Sem esta dupla de conceitos, nada no mundo cultural faz sentido.

A afirmação de que não há culturas superiores e inferiores implica que, dentro de cada uma delas, também não há melhor ou pior: que um chefe guerreiro desastrado e sonso é tão bom quanto um herói vencedor, que uma ciência falsa e ineficaz é tão boa quanto uma eficiente e veraz, que uma obra de arte falhada e tosca é tão boa quanto a realizada e perfeita, que uma religião inibidora e paralisante é tão boa quanto uma que abra ao espírito humano o conhecimento dos mais profundos mistérios das almas e dos mundos.

Se dentro de cada cultura há manifestações melhores e piores, por que deveria então ser proibida a comparação de valor entre manifestações de um mesmo gênero em culturas diferentes? Ou cada cultura é um todo fechado, incomunicável, metafisicamente estanque, ou essa comparação é possível, legítima e necessária.

Mais ainda, para que as culturas fossem absolutamente autônomas e inconfrontáveis no campo dos valores, seria preciso reduzir o ser humano àquilo que sua cultura fez dele, despindo-o de todas as características gerais da espécie biológica, que o irmanam a todos os outros homens, e em nome das quais ele pode ter direitos e valores que sua cultura não reconhece, mas que existem para o resto da humanidade. Por exemplo, o bebê indesejado, em certas tribos indígenas antes do advento da Funai, só tinha um direito: o de ser enterrado vivo. Nesse caso, se respeitamos o relativismo cultural, negamos a esses bebês o direito à vida, que defendemos incondicionalmente para os bebês brancos, negros, árabes e chineses, conferindo à sociedade indígena um direito que negamos à nossa própria: a de livrar-se dos socialmente inconvenientes. O relativismo cultural, em última instância, resulta em absolutizar a autonomia das culturas, negando a unidade da espécie humana, a qual no entanto está subentendida na noção mesma de "cultura" enquanto fenômeno especificamente humano que distingue as nossas sociedades das sociedades animais. Além de moralmente monstruoso, é logicamente absurdo.

Mais que justa e legítima, a comparação de valor entre culturas é mesmo inevitável para quem, partindo de sua cultura nativa, tente compreender qualquer outra. Se o viajante não percebe que na França o ensino universitário é "melhor" que o do Brasil, que no Brasil as relações raciais são "melhores" que nos Estados Unidos, que nos Estados Unidos o ensino é "melhor" do que na Zâmbia, que o regime político inglês é "melhor" que o de Cuba, ele é simplesmente cego e burro. *Mutatis mutandis*, se o letrado não percebe que a poesia inglesa como um todo é "melhor" que a francesa, que a música clássica alemã é "melhor" que a inglesa, que os romances de Dostoievski são "melhores" que os de Joaquim Manoel de Macedo, ele é um caso perdido.

A afirmação peremptória de que em cultura não há diferenças, de que "todo es igual, nada es mejor", é uma conclusão tola que a pseudoeducação contemporânea tira da leitura de obras de antropologia em que se ensina, logo na página 1, o preceito do relativismo metodológico.

Esse relativismo é, obviamente, relativo. Se a ciência antropológica, ao estudar as culturas, se abstém de juízos comparativos de valor, isso é uma precaução metodológica elementar destinada a evitar julgamentos preconceituosos. Mas também é óbvio que uma ciência que exclui do seu campo de estudos as diferenças de valor não tem a mínima condição de nos dizer, em seguida, se essas diferenças existem ou não. Tudo o que a antropologia pode afirmar é que isso, rigorosamente, não é uma questão antropológica – o que não quer dizer que não seja uma questão ética, pedagógica, estética etc. O relativismo antropológico é um preceito de método, não uma conclusão objetiva quanto à existência ou inexistência daquilo que esse preceito, justamente, coloca fora do campo de estudo da antropologia. Dizer o contrário é assegurar que uma ciência está tanto mais habilitada a se pronunciar sobre a existência de um objeto quanto menos ele faz parte do seu campo de estudo. Nesse sentido, a álgebra deve nos fornecer a prova da existência dos micróbios, e a microbiologia, a resolução de equações de segundo grau.

Deduzir do relativismo metodológico o relativismo objetivo, da abstenção do exame das diferenças de valor a positiva inexistência delas é um erro pueril, que só a mais completa falta de senso crítico, aliada à perfeita ignorância do assunto, permitiria consagrar num dogma autoevidente e inquestionável.

Ademais, esse erro leva a consequências cognitivas perfeitamente alucinantes. O relativismo metodológico na visão das culturas e sociedades é uma conquista da ciência ocidental, e uma conquista bem recente. Data do início do século. Outras épocas e povos ignoraram-no completamente, e por isso a afirmação ingênua da própria superioridade é um traço constante de praticamente todas as culturas conhecidas, a começar pelas denominadas "primitivas". Ora, se todas as culturas se equivalem, as que conhecem o relativismo são tão boas quanto as que o ignoram, e portanto é igualmente aceitável, do ponto de vista relativista, declarar que todas valem o mesmo ou que umas são infinitamente melhores que as outras. Todo relativismo que se pretenda mais que mera precaução de método termina em curto-circuito.

3. Por fim, a declaração de fé relativista de Ariano Suassuna contrasta singularmente com a sua afirmação de nativismo entusiástico e intolerante, pronto a condenar os eurocentristas que "não amam a nossa terra". Pois, se todas as culturas valem o mesmo, por que deveríamos amar a "nossa" mais que as outras? Haverá um vínculo de implicação recíproca entre valor da cultura e local do registro de nascimento? Um homem precisa estar mesmo muito confuso para não notar que sua proclamação de relativismo cultural absoluto é, no mesmo ato, a completa impugnação de qualquer nacionalismo que pretenda ser levado a sério. Suassuna é relativista e nacionalista ao mesmo tempo, e nem de longe percebe que, em nome da equivalência universal das culturas, nada se pode alegar contra o eurocentrismo que não se volte igualmente contra o terceiro-mundismo, o brasileirismo, o africanismo etc.

Para vocês fazerem uma ideia de quão profundamente isso nos atola no lamaçal do absurdo, notem o seguinte. Excluído todo motivo racional de escolha baseado em valores religiosos, éticos etc., a adesão a esta ou àquela "cultura" só pode ser uma de duas coisas: ou é arbitrária opção de um diletante – e, como "de gustibus non est disputandum", não tem sentido a indignação moral contra quem faça opção diferente –, ou então é uma fatalidade natural inescapável. Nesta última hipótese, restaria apenas explicar se a fatalidade é de ordem geográfica, nossas ideias e sentimentos estando ligados a uma raiz territorial como pretendia Thomas Buckle, ou se é de ordem racial, cada homem recebendo no ADN a sua cultura ancestral e não podendo escapar dela nem mesmo pela mudança de país. Estaríamos portanto reduzidos a optar entre a ideologia nacional-geográfica de Buckle e o racismo explícito de Houston Stewart Chamberlain.

O mais extraordinário em tudo isso, porém, não é a simples contradição lógica de nacionalismo e relativismo: é o fato de que este último seja inteiramente "made in USA". A proclamação da equivalência das culturas, com a consequente imputação de criminosas intenções racistas a quem a negue, é o dogma orientador da inquisição acadêmica norte-americana (a cujo desmascaramento Saul Bellow consagrou aliás seu último romance). O dinheiro do grande irmão do Norte hoje corre solto para os bolsos de qualquer intelectual ativista brasileiro que aceite dar respaldo acadêmico a ideias que desmoralizem a civilização brasileira e promovam entre nós o modelo americano de democracia racial: grupos étnicos estanques, com forte identidade racial e cultural, sob a arbitragem de um sorridente Estado paternalista supracultural empenhado em dividir para reinar.

O nacionalismo que Suassuna defende hoje em dia, e que já nada tem a ver com o autêntico nacionalismo de que ele foi porta-voz em suas primeiras peças, consiste em elementos locais unificados e coeridos pela doutrina imperialista do multiculturalismo. É um nacionalismo dissolvente e suicida, calculado para gerar uma brasilidade de cartão-postal sobre um fundo doutrinário globalista e antinacional.

Quando um homem de talento, no auge do sucesso, começa a repetir às tontas um discurso inventado por espertalhões para induzi-lo a colaborar na destruição daquilo que mais ama, está na hora de ele ficar quieto e ir para casa pensar.

Revista *Bravo!*, ed. 37

Roteiro de leitura

Como você pôde observar, a polêmica se dirige tanto às ideias em si quanto às pessoas que as defendem – esse é um recurso retórico. Ao personalizar a discussão, o texto ganha intensidade, ou uma certa "dramaticidade".

Observe que Ariano Suassuna não faz nenhuma referência direta a Olavo de Carvalho. Mas faz uma observação indireta. Você consegue localizá-la? Por que não citá-lo diretamente? Que efeito se obtém por essa "ausência"?

E que efeito se obtém ao citar *diretamente* alguém que se vai contestar, como no caso do texto 10? Por que o texto começa com "Admirador incondicional do dramaturgo...", se em seguida só vai contestar tudo o que ele diz?

Assinale quais as teses centrais de Ariano Suassuna e de Olavo Carvalho. Faça um resumo de cada caso, empregando um máximo de 40 palavras. Se quiser, comece assim: "Segundo Ariano Suassuna, ..." ou "Para Olavo de Carvalho, ..."

Para discutir com os colegas: quem tem razão nessa "briga"?

Prática de Texto

Vamos experimentar a produção de um texto polêmico. Escolha um texto de opinião que tenha aparecido na imprensa recentemente, defendendo um ponto de vista com que você não concorda, e escreva uma resposta.

Lembre-se de apresentar ao leitor o assunto e o autor que você vai contestar. No mais, o de sempre: mantenha a unidade temática, faça uma boa sequência, cuide dos parágrafos, revise o texto com atenção – e não esqueça do título!

Língua padrão

Vamos reforçar mais um pouco o domínio da pontuação, observando a sua importância na estrutura da sentença.

Informação básica e informação complementar

Observe o período seguinte:

Sem comércio e sem dinheiro, voltados para a arte e para a natureza, **os moradores de Yuba vivem uma vida primitiva***, negando as conquistas da civilização, mais ou menos de acordo com os ensinamentos do polêmico filósofo Rousseau.*

Temos aí cinco "blocos" de informações, separados por vírgulas. Para fins didáticos, podemos considerar a informação em negrito –

os moradores de Yuba vivem uma vida primitiva

– como a *informação básica do período* (sujeito + predicado). Detalhe importante: dizemos "básica" não porque seja obrigatoriamente a informação principal, mas porque tem *autonomia sintática.* Observe:

Os moradores de Yuba vivem uma vida primitiva.

Não é uma frase perfeitamente estruturada? Agora compare:

Voltados para a arte e para a natureza.
Sem comércio e sem dinheiro.
Mais ou menos de acordo com os ensinamentos do polêmico filósofo Rousseau.
Negando as conquistas da civilização.

É fácil perceber que informações desse tipo são *complementares,* e em geral não aparecem na escrita como orações avulsas.

Desse exemplo podemos criar uma boa regra, que resolve grande parte dos problemas de pontuação do período complexo:

Normalmente, separam-se por vírgula as informações complementares da informação básica de um período.

Veja mais alguns exemplos (as informações básicas estão em negrito):

1. Na década de 80, **os supermercados cresceram na velocidade do som**, figurando como um dos melhores negócios do país.
2. Na semana passada, **a rede carioca Casas da Banha mandou para casa**, em férias coletivas, **mais 3.500 de seus empregados.**
3. **O Paes Mendonça**, o grupo do baiano Mamede, que comanda o maior hipermercado do país, na Barra da Tijuca, **fechou doze lojas na Bahia.**
4. **A rainha francesa dos hipermercados brasileiros**, o grupo Carrefour, um foguete que parecia invencível, **está fazendo ginástica para não escorregar.**
5. Em primeiro lugar, os choques econômicos abalaram essas redes, que eram grandes demais, mal-administradas e dispersavam capital em negócios secundários.

Observe: cada uma dessas orações em negrito poderia figurar independente num texto escrito (isto é, com inicial maiúscula e ponto ao final):

O Paes Mendonça fechou doze lojas na Bahia.

Os choques econômicos abalaram essas redes.

Os supermercados cresceram na velocidade do som.

Mas as complementares não poderiam. Confira:

O grupo do baiano Mamede, que comanda o maior hipermercado do país, na Barra da Tijuca.

Figurando como um dos melhores negócios do país.

As informações aqui estão *incompletas*. Claro que podem ocorrer perfeitamente na linguagem oral (como resposta a alguém) – e muito excepcionalmente na escrita, como recurso de estilo, mas não são estruturas comuns no padrão corrente.

Como exercício, *acrescente* duas informações complementares a cada uma das orações abaixo, separando-as por vírgula.

Exemplo:

– A inflação vem caindo.

Nos últimos meses, ***a inflação****, que costuma derrubar um ministro por semestre,* **vem caindo.**

Outra possibilidade (entre milhares de outras!):

Depois do último choque, ***a inflação vem caindo****, contrariando as expectativas.*

1. A nova lei foi aprovada pelo Congresso.
2. O consumo de cerveja aumentou.
3. O ministro recusou a sugestão.
4. O ajuste que o governo prometeu ao FMI ainda não aconteceu.
5. O filme foi censurado.

CAPÍTULO 13

O texto crítico

Atividade 1

Todo texto é um ponto de encontro

Como temos assinalado ao longo destas páginas, a divisão básica entre texto de informação e texto de opinião tem sentido didático em função da *intencionalidade* que o texto instaura, dos *recursos utilizados* em consonância com a intenção – o que determina de certa forma a qualidade do que se escreve – e *do universo de quem lê*, o que inclui não só as informações prévias na cabeça do leitor, mas também a situação concreta do ato de leitura, a expectativa, o eventual preconceito, a obrigatoriedade... e aqui os aspectos são virtualmente infinitos.

Mas, de um outro ponto de vista, *a linguagem é sempre o ponto de encontro de muitas linguagens*. Todo texto se alimenta de outros textos, outras visões de mundo, outras palavras, e só existe em função dessas linguagens alheias. E nossa leitura também é múltipla: não lemos só o que está escrito – na verdade, o que está escrito *detona* uma rede complexa de significados, todos os fios das linguagens que "fazem nossa cabeça"...

Podemos dizer que um *leitor crítico* é aquele capaz de atravessar os limites do *texto em si* para o universo concreto dos outros textos, das outras linguagens, capazes de criar quadros mais complexos de referência. E esta multiplicidade de pontos de vista está presente em qualquer gênero da linguagem; toda palavra é *uma entre outras e para outras...*

Sobre o perigo de entender a leitura crítica como um privilégio de uma ou de outra linguagem – da literária, por exemplo – veja-se a citação seguinte:

> A leitura encarada dessa forma nos faz pressupor que as nossas cabeças são blocos compartimentados, isto é, como se nelas existissem gavetas específicas para cada tipo de manifestação discursiva. Como se, ao lermos um texto informativo, retirássemos dele somente o conteúdo das informações e mais nada, uma vez que esse tipo de texto não apela diretamente ao estético, muito menos à discussão e/ou ao conhecimento científico. Como se, diante de um texto literário qualquer, fosse impossível o conhecimento, já que se está em um tipo de leitura que visa única e exclusivamente o prazer estético. Ou ainda imaginar-se o absurdo de que a leitura de um texto científico nos impossibilita o prazer estético por tratar-se de um tipo discursivo eminentemente técnico.

Faraco & Castro, *Leitura: uma retrospectiva crítica da década de 80*

A resenha crítica

Tendo sempre em mente a natureza essencialmente plural das linguagens, vamos analisar agora um tipo de texto bastante específico, que podemos chamar de *texto crítico* (ou *resenha crítica*). Dizemos que é específico porque o seu largo uso em jornais, revistas e livros acabou por criar um subgênero do texto de natureza opinativa.

Na resenha crítica, o assunto central do texto são *objetos de consumo cultural* – livros, filmes, peças de teatro, discos, programas de televisão, shows musicais etc. Embora as resenhas, pela sua grande frequência e rápida digestão, nem sempre sejam de boa qualidade – há mesmo quem diga que *quase nunca* elas têm consistência! –, é interessante analisá-las mais de perto justamente pela influência que exercem na formação de opinião das pessoas; também elas participam da criação das *imagens sociais* que vimos no último capítulo, e, no conjunto, acabam por criar valores estéticos, artísticos e culturais.

Informação + opinião

A resenha crítica é um gênero extremamente variável, que engloba desde um curto parágrafo informando sobre o que é o filme das dez horas da noite da Rede Record, com o desenho de um bonequinho sorrindo indicando que o resenhista aprova, até um texto longo, publicado numa revista de cultura, com características de ensaio, apresentando criticamente ao leitor uma História da Filosofia que acaba de ser lançada.

Em qualquer caso, a resenha crítica tem dois traços essenciais: o primeiro é a *informação*, isto é, ela parte do princípio de que o leitor não conhece aquilo que se vai comentar. Se for um livro, a resenha indica o assunto, a editora, o número de páginas, até o preço; se um filme, quem é o diretor, quem são os atores, qual o tema, uma síntese da história; se um disco, quais as músicas, as condições da gravação (ao vivo, em estúdio); se uma peça de teatro, quem é o diretor, quem são os atores etc. Enfim, a resenha *informa* o leitor sobre o que será objeto de comentário.

O segundo traço indispensável é a *opinião* – a resenha emite opiniões diretas sobre o seu assunto. O leitor quer saber se o livro (filme, peça, disco, show...) é bom, e por quê. Bem, antes de enfrentar as resenhas propriamente ditas, vamos ler um texto que faz humor sobre as qualidades da crítica, brincando justamente com o valor que se costuma atribuir aos críticos.

Texto 1

Críticos esportivos e cronistas de artes

José Roberto Torero

Nunca consegui entender por que os críticos de arte são mais admirados do que os cronistas esportivos. A própria denominação já mostra o preconceito. Em arte, temos um "crítico". Em esportes, apenas um "cronista".

Fui aos dicionários para entender melhor essa diferença. Está lá escrito que o crítico é "aquele que tem a arte ou a faculdade de examinar e julgar, realizando uma apreciação teórica". Enquanto isso, o cronista é apenas "aquele que faz uma série de observações, o autor de comentários, comentador". O Sindicato dos Jornalistas já deveria ter se pronunciado contra esse preconceito.

Mas as diferenças não param na semântica. No dia a dia, elas também podem ser observadas. Por exemplo, se o crítico e o cronista forem a uma festa, o anfitrião servirá um *scotch* 12 anos ao primeiro, mas para o segundo vai perguntar: "E aí? Vai aquela caipirinha?" Com a comida, não será diferente. Enquanto o crítico é contemplado com um coquetel de camarões, o cronista recebe um prato com fatias de salaminho. Da sobremesa, nem farei comentários, apenas digo que as opções são crepe flambado e gelatina.

Alguns leitores podem crer que essa discriminação tem origem numa real superioridade do crítico sobre o cronista. Nada mais equivocado. Se uma dessas duas críticas é hoje superior, sem dúvida é a esportiva.

Tendo-se em vista que um bom crítico deve ter imparcialidade, relatividade e clareza, façamos uma comparação item por item:

Imparcialidade:

Poucos textos são mais parciais do que as críticas sobre artes. Dependendo se o crítico tiver ou não uma simpatia pelo autor, um filme tanto pode ser monótono como reflexivo, e um livro tanto pode ser considerado ágil como superficial.

Já o cronista de esportes não sofre desse mal. Mesmo que seja um santista fanático, falará mal de Zetti se ele tomar um frango e bem de Marcelinho se ele fizer um golaço.

Relatividade:

Muitas vezes o crítico coloca sua opinião como uma verdade. É raro ler-se numa crítica palavras como "eu acho que" ou "para o meu gosto, esse filme...". A opinião é sempre taxativa. Em geral, eles dizem "esse filme não vale nada", ou "os diálogos são desencontrados".

Já os cronistas esportivos têm um espírito muito mais democrático e aberto a outras opiniões. Tanto que nas eleições para melhor jogador em campo é raríssimo que haja uma unanimidade. O crítico de esportes entende que sua opinião é uma observação particular, e não um postulado de Euclides.

Clareza:

Filha do beletrismo, a crítica das artes aborrece-se da objetividade. Seu prazer não está em dizer algo como: "Amaral não jogou bem. Fez apenas cinco desarmes completos e, dos 23 passes que deu, errou 14." A crítica artística prefere algo como: "Frederic conduziu a aveludada orquestra com emoção contagiante e fez dessa peça setecentista uma grandiosa epifania". Muito adjetivo, pouco substantivo.

Enfim, creio que a crítica esportiva evoluiu do primitivismo romântico para a análise mais confiável, porque tornou-se mais racional, deixando o emocionalismo tribal restrito às torcidas.

Já na crítica de artes ainda venera a nebulosidade, a imprecisão e a tempestade de adjetivos. Talvez ela esteja precisando de uma caipirinha.

Folha de S. Paulo, 21/7/1999

Imparcialidade, relatividade e clareza

Como você viu, brincando com a suposta superioridade da crítica artística sobre a crônica esportiva, José Roberto Torero apresentou uma síntese divertida das qualidades (e dos defeitos) de uma crítica. Pelo texto, uma boa resenha deve ser imparcial, o que significa que o autor não deve se deixar levar por preconceitos, problemas pessoais, amizades ou inimizades para escrever sua crítica. Mas é claro que essa qualidade deve ser *relativa*, para chegarmos ao segundo ponto – imparcialidade não significa "ficar em cima do muro". É preciso, afinal, arriscar uma opinião, ou a resenha não terá sentido.

A *relatividade* é situar o objeto da crítica em *relação* a outros objetos de crítica; é situar no tempo, no espaço, na história, no gênero; é perceber a intenção do autor e analisar a obra tendo em vista esta intenção. Em suma: fazer uma crítica de um romance policial significa avaliar esse romance no universo dos romances policiais e não da literatura universal (ou então reclamaríamos de Agatha Christie o fato de ela não ter a densidade de James Joyce...); do mesmo modo, não podemos criticar um filme dramático porque ele não tem o humor e a leveza das comédias (às vezes acontece justo o contrário: criticar, por exemplo, um filme dramático porque ele mais parece uma comédia...). Mas quanto à dúvida entre dizer "eu *acho* que o filme é bom" e "o filme *é* bom" – bem, esse é um problema do crítico e do seu estilo!

A última qualidade é talvez a mais importante de todas, um ponto que já abordamos várias vezes neste livro: *a clareza*. Se o leitor não entender o que você escreveu, o texto simplesmente fracassou – tudo o mais estará perdido!

Analisando uma resenha

Como primeiro exercício, vamos ler agora uma resenha crítica sobre um programa de televisão que todos os brasileiros conhecem: o *Fantástico*, da Rede Globo.

Texto 2

As bodas de prata do mingau kitsch da globo

Fernando de Barros e Silva

É mais fácil experimentar do que explicar o mal-estar que provoca o "Fantástico", há 25 anos no ar, completados mês passado. Há decerto ingredientes de sobra que dão a esse mingau de variedades um sabor um tanto intragável.

A receita foi sempre quase a mesma ao longo do tempo. Muito pouca coisa mudou desde que Boni inventou o formato da revista de entretenimento dominical que deveria ser popular o bastante para roubar a audiência de Flávio Cavalcanti – um dos áulicos da ditadura, então astro da Tupi – e "moderna" o bastante para distrair uma classe média que vivia a euforia do milagre consumindo carros e eletrodomésticos.

O "Fantástico" surgiu, pois, como o "show da vida", um programa de variedades de extração nitidamente americana, capaz de envolver cada fato banal ou aspecto prosaico da vida numa nuvem de brilho, de excepcionalidade, de glamour cinematográfico.

O programa é kitsch não apenas porque nele cabe de tudo (e um dos sintomas do kitsch é o atravancamento, a disposição excessiva de coisas disparatadas num mesmo espaço), mas também porque essa variedade de assuntos veio desde o início embalada por uma estética futurista-sentimental de segunda mão, filtrada pelo mercado, como se anunciasse desde sempre aquilo em que iríamos – o Brasil – nos transformar no futuro.

Há inclusive quem veja na música de abertura, cuja letra é de Boni, o próprio, uma espetacularização hiperbólica da vida que exala um certo odor fascistoide.

Isso até faz sentido quando se pensa naquela voz metálica cantando: "olhe bem, preste atenção, nada na mão, nessa também, nós temos mágicas para fazer" etc. etc. etc. até o final "da idade da pedra ao homem de plástico, é fantástico!" Não é preciso, de qualquer forma, ir tão longe.

O que incomoda no "Fantástico" talvez seja o fato de que ele tenha cumprido seu destino histórico, ou, em outros termos, o fato de que ele tenha se transformado naquilo que ele sempre foi. Explico. Disse no início que o formato do programa se manteve quase sempre em estado mineral, inalterado.

Havia, no entanto, nos primeiros anos do programa, também por obra de Boni, alguma veleidade civilizatória, como se o programa, ao mesmo tempo em que dava à classe média o mingau que ela pedia, também apostasse que ela poderia se transformar em algo diferente, ou melhor, ou mais civilizado do que era e veio a ser.

Se por um lado o "Fantástico" varria os horrores do país da ditadura para baixo do tapete e nos apresentava uma colagem amena e colorida do Brasil, por outro havia alguns quadros (de teatro e poesia, por exemplo) que não se encaixavam na boçalidade predominante do show da vida.

Alguém poderá dizer que Dina Sfat declamando Shakespeare naquele contexto já era algo muitíssimo kitsch, que atendia aos anseios de uma classe média que, embora botocuda, gostava de ser tratada de vez em quando como parte do mundo civilizado.

Esse tipo de quadro, no entanto, ficou obsoleto, pesado demais, não resistiu à massificação e aos padrões de entretenimento que vingaram no país. Basta pensar, por exemplo, num quadro recente do tipo "A Vida como Ela É", um Nelson Rodrigues plastificado em película de cinema para que a classe média pudesse ver sacanagem com o álibi de que estava consumindo arte. A estética publicitária envolvendo as cenas de sexo funcionava como uma espécie de anteparo moral que tornava aquilo palatável para a família.

De uns tempos para cá, o "Fantástico" passou por uma reforma cosmética, ficou mais arejado, moderninho, jornalístico, interativo. Mudou de casca, como quem nos dissesse que o futuro já chegou. Glória Maria (a que se relaciona com os espectadores como uma professora de pré-primário lida com seus pimpolhos), Zeca Camargo e Pedro Bial, íntimos do espectador, dão o verniz descolado, *up to date* e politicamente correto a um programa que é, como sempre foi, cafona, careta e conservador.

O programa dedicado a toda a família é uma espécie de ficção que se realizou. Basta olhar um pouco para o que é hoje a cultura brasileira para constatar a que se reduziram nossos ideais de civilização e de modernidade. Nossos horizontes foram reduzidos ao tamanho do "Fantástico".

Folha de S. Paulo, TV Folha, 20/09/98

Roteiro de leitura

É possível que, neste momento em que você leu o texto, os personagens citados já sejam outros, o *Fantástico* tenha mudado e até que o programa, por mais imortal que pareça, nem exista mais! Isto nos leva a um primeiro elemento da resenha crítica: ela *envelhece* rapidamente, em geral muito mais que os outros textos de natureza opinativa (como os textos mais genéricos sobre a pena de morte, o aborto, a privatização, o parlamentarismo...).

A resenha é escrita de um dia para outro sobre um assunto que também existe de um dia para outro: uma entrevista da Marília Gabriela, um filme que entrou em cartaz, um livro que acabou de sair, o último disco do Caetano... Obviamente, o caráter efêmero da resenha não é um defeito, mas um traço de sua própria natureza.

Vamos analisá-la por tópicos.

1. Com que intenção foi escrita a resenha?

2. Qual o assunto do texto? Pode-se dizer que o texto tem unidade temática?

3. Observe a sequência dos parágrafos. O texto tem unidade estrutural?

4. O texto manifesta diretamente uma opinião demolidora sobre um programa de televisão. Que defeitos são frisados?

5. Quem é o interlocutor deste texto? Ou para que tipo de leitor (classe social, grau de escolaridade, visão de mundo) ele se dirige? Como você sabe?

6. Muito provavelmente você já assistiu ao *Fantástico*. Você concorda com a crítica?

7. A crítica contém observações bastante pesadas contra o programa. Só contra o programa ou também contra as pessoas que trabalham nele? Você acha que o autor fez ataques pessoais exagerados? (A discutir: qual deve ser o limite ético da boa crítica?)

8. Independentemente de sua opinião sobre as opiniões do texto, ele está bem escrito? A intenção do autor se realiza plenamente?

Atividade 2

Leitura comparativa

Vamos ler agora uma série de textos críticos sobre o mesmo assunto: o filme brasileiro *Eu tu eles,* de Andrucha Waddington, que teve uma grande repercussão na imprensa quando de seu lançamento. Seria interessante que você assistisse ao filme antes de ler as resenhas.

Faça uma análise dos textos, levantando suas características. Trabalhando em equipes de dois ou três colegas, observe, em cada caso, as diferentes estratégias para abordar o assunto e convencer o leitor. Alguns aspectos a observar:

- o título (tem relação com o texto?);
- o primeiro parágrafo: como se *apresenta* o assunto ao leitor (diretamente, indiretamente, comparativamente...);
- o "tom" da linguagem (moderado, agressivo, irônico, respeitoso...);
- a adequação da linguagem ao público que se destina (observe, também, o vocabulário e o eventual emprego de palavras estrangeiras. Há exagero? É justificável? Coloque-se no lugar do leitor comum...);
- a relação entre informação e opinião (mais informativo, menos informativo...);
- o texto faz *comparações* com outros filmes ou diretores? A comparação é relevante ou adequada?
- o texto *polemiza* com outras críticas sobre o filme? Direta ou indiretamente?
- informações paralelas, sem relação imediata com o tema (do tipo *o ator Fulano, que é divorciado...* ou *a atriz Fulana, que exigiu camarim especial durante as filmagens...*). São relevantes? (Pense no perfil do jornal ou da revista, e no perfil do leitor...);
- *clareza!* (O texto é claro ou você precisou ler duas vezes para entendê-lo?);
- e outros aspectos que você considerar importantes.

Texto 3

Dona flor da caatinga

Eu tu eles *agrada com história de mulher do interior nordestino que tem três maridos*

Apoenan Rodrigues

Com certeza, a maioria das mulheres pensa que é praticamente impossível um único homem reunir todas as virtudes requisitadas pela vida. Pois a alegre e determinada Darlene Linhares, à sua maneira simples, soube muito bem esculpir as qualidades masculinas de que necessitava. Não num só homem, evidentemente, mas em três. No seu conto de fadas humilde de dar dó, e nada estéril, astutamente a moça percebeu que em vez de qualquer bate-boca ou chororô insuportáveis o bom-senso era o melhor caminho. A história de Darlene, a personagem de Regina Casé no filme *Eu tu eles* – estreia nacional na sexta-feira 18 –, foi baseada em fato real. É uma ideia que ganhou corpo depois de o diretor Andrucha Waddington assistir e ler uma reportagem sobre uma mulher singular, figura típica da pobreza desesperançada do interior do Ceará, que, desafiando a ficção do livro e filme *Dona Flor e seus dois maridos*, durante anos viveu em plena harmonia, debaixo do mesmo teto, com seus três homens. Todos sabendo das intenções de cada um, mas aquiescentes diante dos caprichos femininos bem arquitetados.

Com dois prêmios internacionais de razoável importância, *Eu tu eles* foi saudado como o novo *Central do Brasil*, pelo ineditismo de sua história e pela força do elenco. Infelizmente está há anos-luz de tal comparação. Talvez até o próprio Walter Salles, diretor do premiadíssimo filme com Fernanda Montenegro no papel principal, concorde que vai demorar muito para surgir algum trabalho no cinema nacional que se equipare em beleza, intensidade e técnica a *Central do Brasil*. Mesmo assim, o segundo longa-metragem de Andrucha Waddington, um talentoso diretor da badalada Conspiração Filmes – conglomerado de diretores e produtores de cinema e tevê –, cativa pela sua simplicidade e boas interpretações. Darlene, por exemplo, elimina aquele estereótipo para lá de cansativo de Regina Casé por ela mesma, papel que não se furta em desempenhar. *Eu tu eles* a redimiu com o público e mostrou uma atriz em compreensão perfeita de seu personagem. Lima Duarte (como Osias Linhares) e Stênio Garcia (como Zezinho) quase nunca decepcionam. E Luiz Carlos Vasconcelos vestiu seu Ciro com a delicadeza e sensualidade necessárias, sem sombra de excessos. Vale ressaltar aqui a mão delicada de Waddington. Ele aprimorou situações numa ficção que tem todos os toques do drama nordestino, mas conserva o viés de comédia discreta. Num universo no qual os excluídos do conforto e da dignidade só têm a tristeza como horizonte, nada como uma sutil sacanagem para dar mais cor à existência.

IstoÉ, ed. 1610

Texto 4

Quadrilátero sertanejo

Ambientado no cenário favorito dos filmes brasileiros, Eu Tu Eles *conta a história de uma mulher e três maridos*

Cléber Eduardo e Sílvio Ferreira

Andrucha Waddington esperava preguiçosamente diante da televisão, em agosto de 1995, o fim de mais um típico domingo. O premiado diretor de videoclipes e sócio da produtora Conspiração Filmes, hoje com 30 anos, arregalou os olhos diante de uma reportagem no Fantástico. Era a história de Maria Marlene Sabóia da Silva, de 49 anos, que vivia com um marido e dois amantes em Quixelô, lugarejo com 200 habitantes no interior do Ceará. Andrucha queria fazer seu primeiro longa-metragem, mas ainda não tinha encontrado um bom enredo. Vislumbrou na reportagem a semente da singela comédia *Eu Tu Eles*. "O machismo dos brasileiros tolera um homem com várias mulheres, mas uma senhora com três companheiros é insólito", afirma.

A opção pelo inusitado está gerando boa colheita. *Eu Tu Eles* foi aplaudido de pé em uma mostra paralela do Festival de Cannes, tem exibição garantida em vários países, estreia em mais de 90 salas no Brasil e é forte candidato a uma vaga para o Oscar de produção estrangeira. O roteiro conta como a faceira e fogosa camponesa Darlene, interpretada por Regina Casé, recebe ajuda do acaso para atrair e manter três homens em casa (Lima Duarte, Stênio Garcia e Luiz Carlos Vasconcelos). O quadrilátero é retratado com bom humor. A exploração do lado cômico de personagens matutos e das saborosas expressões regionais não faz pouco dos sertanejos. *Eu Tu Eles* representa-os de forma afetuosa até quando têm cruéis ataques de sinceridade. Para não reduzi-los a estereótipos, a produção usou como modelos os moradores da pequenina Junco de Salitre, na Bahia, local das filmagens. Também contou com palpites de Gilberto Gil, autor da trilha sonora.

Embora tenha aprovado o resultado, a inspiradora do projeto, Maria Marlene, ficou desconfiada dos truques da ficção. "Como ela me imita se não me conhece?", questionou, ao assistir à interpretação de Regina Casé. Comediante de humor indômito e estilo estridente, Regina conteve os gestos e as palavras nas filmagens. "Eu me senti num monastério. Quase não falava", exagera. O elenco, aliás, é irrepreensível. Lima Duarte interpreta o preguiçoso e ranzinza Osias, com quem Darlene se casa por conveniência. Stênio Garcia parece em estado de graça como o ingênuo e subserviente Zezinho, um cabra dedicado a lavar, passar e cozinhar. O papel de sedutor ficou com Luiz Carlos Vasconcelos. O trio masculino experimenta o ciúme, o desejo e o medo da solidão. Todos são manipulados pela esperteza de Darlene.

Enquanto corria atrás de dinheiro para *Eu Tu Eles*, o diretor Andrucha Waddington fez o suspense *Gêmeas* (1999), baseado em crônica de Nelson Rodrigues. Já o novo filme possibilitou a transição da cena urbana para a rural. O bem-sucedido rapaz da Zona Sul do Rio de Janeiro, marido da atriz Fernanda Torres, mergulhou na paisagem mais exportada pelo cinema brasileiro: o sertão nordestino. "Descobri esse mundo fascinante, seu código de ética próprio, a sabedoria dos habitantes e tentei mostrar isso na tela", afirma o diretor. O Nordeste emprestou imagens a obras de projeção dentro e fora do país – caso de O Cangaceiro (1953), de Lima Barreto, *O Pagador de Promessas* (1962), de Anselmo Duarte, Dona Flor e Seus Dois Maridos (1976), de Bruno Barreto, e *Central do Brasil* (1998), de Walter Salles. Também foi cenário de abordagens políticas do cinema nacional dos anos 60 – como *Deus e o Diabo na Terra do Sol* (1963), de Glauber Rocha, *Vidas Secas* (1963), de Nelson Pereira dos Santos, e *Os Fuzis* (1963), de Ruy Guerra. Eram filmes empenhados em radiografar as mazelas sociais do país e tinham como objetivo conscientizar os espectadores.

Essa atração pelo Nordeste projetou para o mundo um país arcaico, rural, marcado pelo misticismo, pela violência e pela resistência dos homens às adversidades em geral. "É mais fácil emplacar um filme fora do país se ele tiver imagens do Nordeste", acredita o cineasta Ruy Guerra. Walter Salles, que roda no interior da Bahia seu novo trabalho, *Estação das Águas*, acrescenta: "O sertão nordestino é um território de resistência cultural e tem uma geografia inconfundível. Isso o mantém como um dos eixos mais importantes do país".

Eu Tu Eles exibe as características essenciais do cotidiano desse universo. Mostra a seca, a fome, os sacrifícios e o desemprego. Os personagens moram em casas de barro, dormem em redes, não têm televisão nem luz elétrica e só trabalham no período de colheita. Que não se espere, contudo, um enfoque politizado, como nos anos 60. "Minha geração não usa o cinema para expor um projeto de país", explica Andrucha. "Nós nos preocupamos com a história, não com mensagens ou denúncias."

O interesse maior do jovem diretor está em mostrar como suas figuras nordestinas fogem das receitas tradicionais para tentar saborear um pedacinho de felicidade. E o fato de usar humor para narrar a trajetória dessas pessoas não impede *Eu Tu Eles* de retratar o Brasil.

Época, ed. 117

Texto 5

Baião de três

Eu Tu Eles *fica a dever com a história de uma mulher nordestina muito casadoura*

Isabela Boscov

Ao relembrar a vida da diva Lana Turner, o escritor americano John Updike disse que nada lhe parecia mais triste nela do que os seus sete casamentos. Era como se ela tivesse vasculhado "todas as gavetas da masculinidade" à cata de algo que nunca foi capaz de encontrar, escreveu Updike. A personagem interpretada por Regina Casé em *Eu Tu Eles* (Brasil, 2000) não é atriz de Hollywood, e sim boia-fria, mas entenderia o drama de Lana. Inspirado num episódio verídico, o filme do carioca Andrucha Waddington, que estreia nesta sexta-feira em circuito nacional, fala de uma nordestina que, no decorrer de alguns anos, coloca três maridos dentro de casa. Cada um deles supre à despachada Darlene um aspecto do que seria um casamento ideal. O primeiro, o rabugento Osias (Lima Duarte), dá a ela alguma estabilidade material. No segundo, Zezinho (Stênio Garcia, na melhor atuação do filme), ela encontra afeto e apoio. E com o terceiro, o jovem Ciro (Luiz Carlos Vasconcelos), ela finalmente vive uma paixão. Juntos, eles compõem um bom marido – e por isso Darlene ajeita daqui e trama dali para não se desfazer de nenhum e preservar a sua relativa harmonia doméstica.

Ninguém supõe que esse malabarismo conjugal seja um truque simples, e é ele que torna o enredo de *Eu Tu Eles* atraente. Waddington, porém, não entrega exatamente o que vende. O diretor registra com desvelo a aridez do sertão nordestino e as sonoras nuances do linguajar local. Também sabe casar um estilo enxuto de filmar a vida e as paisagens agrestes, e faz de tudo para que seus atores brilhem. Mas desde o início *Eu Tu Eles* sugere que vai tratar de um conflito, e aí Waddington titubeia. O terceiro eleito de Darlene, aquele que é capaz de arrebatá-la e fazer o jogo virar, só entra em cena lá pelo terço final do filme, e o faz tão de mansinho que perde a função de catalisador. A única nota dissonante nesse cenário equilibrado em demasia é a rispidez da irmã de Osias (interpretada pela ótima Nilda Spencer), que vê os arranjos amorosos da cunhada com um misto de censura e inveja. *Eu Tu Eles* representa um salto considerável do diretor em relação ao fraco *Gêmeas*, mas termina como nuvem no céu do sertão: muita promessa de chuva e pouca água.

Veja, ed. 1662

Texto 6

Filme entroniza desejo feminino no sertão machista

Inácio Araújo

A boa recepção de "Eu Tu Eles" em Cannes, a perspectiva de ser indicado para o Oscar etc. criaram a expectativa de que este será o grande sucesso brasileiro do ano.

A sorte e o marketing adequado projetaram-no além dos limites usuais (exemplo: uma de suas canções tornou-se sucesso no rádio). Tudo isso torna "Eu Tu Eles" um evento e, dada sua complexidade, mais vale tentar destrinchá-lo em tópicos.

1) De "Gêmeas", seu filme de estreia, para "Eu Tu Eles", a evolução de Andrucha Waddington é visível. Ao trocar o universo diabólico de Nelson Rodrigues por uma trama de costumes, simplifica os elementos com que trabalha – e ganha muito com isso.

2) A história tem empatia imediata com o público – sobretudo o feminino. A trama gira em torno de uma boia-fria pobre que realiza a proeza de ter três maridos convivendo simultaneamente sob o mesmo teto. O reconhecimento e mesmo a entronização do desejo feminino é, do ponto de vista do roteiro, o grande achado.

3) O roteiro tem o bom-senso de tratar com respeito e pudor a situação, evitando as armadilhas do achincalhe e da comédia à italiana (histórias de corno etc.). O que propõem Darlene (Regina Casé) e seus consortes é uma ordem familiar insólita, mas à qual sempre será preciso reagir com um "por que não?"

4) Na direção de atores, Waddington confirma as promessas de "Gêmeas". Aqui, tratava-se de dirigir três atores (Casé, Lima Duarte, Stênio Garcia) que costumam colocar seus personagens em surdina e relevar suas próprias personalidades. Aqui, sentimos os personagens e raramente o espectador percebe a presença de atores.

5) De todas as falsas questões que pode suscitar "Eu Tu Eles", a mais insidiosa diz respeito à representação do Nordeste. Seria justo condená-lo por não apresentar um "Nordeste verdadeiro", por evitar qualquer ênfase no miserabilismo? Certamente, não. Este não é um filme sobre o Nordeste. A história poderia se passar ali, no Pantanal, no Jardim Ângela ou na Patagônia.

Mas o sertão nordestino não é também um lugar aleatório. Nós o associamos facilmente a um certo primitivismo, que torna a situação mais paradoxal: naquilo que imaginamos como um paraíso machista e pouco cultivado, a façanha da protagonista, ao impor o desejo feminino sobre o masculino, tem algo de épico.

6) O que se pode questionar no Nordeste proposto não é sua eventual distância de um filme como "Vidas Secas", por exemplo, e sim, o pesado investimento em imagens tipo cartão-postal: pôr do sol, contraluz, a locação principal de beleza irretocável.

Em poucas palavras, a representação proposta sofre de retórica e de certa cafonice, que só servem para atravancar a narrativa. Apenas a um olhar incauto são demonstrações de "competência".

7) O desenvolvimento da trama não existe sem problemas. O diretor parece nutrir uma profunda antipatia pelo personagem de Lima Duarte: feio, autoritário, preguiçoso, impotente. Isso torna fria a parte dedicada ao primeiro casamento – não por acaso a mais estetizante delas.

O filme cresce muito quando aborda o segundo marido (Garcia), quando não só se percebe um investimento afetivo maior (da personagem feminina, mas também do diretor), como um belo trabalho no relacionamento entre os dois homens.

A entrada em cena do terceiro marido (Luiz Carlos Vasconcelos) é um tanto problemática, já que o diretor custa a definir uma atitude forte dos dois primeiros em relação ao intruso.

8) Se as virtudes deste filme são mais teatrais (atores) e literárias (roteiro, diálogos) do que cinematográficas, isso não se deve a uma deficiência, mas a uma escolha: "Eu Tu Eles" pende mais para o lado da indústria cultural do que para o do cinema.

Falta-lhe o horizonte da angústia, "o único do cinema", segundo Rossellini. Essa ausência será provavelmente uma mão na roda para que "Eu Tu Eles" se torne um sucesso. Não se pode ter tudo.

Folha de S. Paulo, 18/8/2000

Texto 7

Cinema de qualidade traz a história da nossa gente

Trama de 'Eu Tu Eles' foi inspirada em caso real, ocorrido no interior do Ceará

Luiz Zanin Oricchio

Como é que se conjuga esse verbo estranho chamado Eu Tu Eles? De várias maneiras. Ele é o exemplo mais bem-acabado do que pode ser o cinema comercial de qualidade no Brasil. Para consumo interno e externo. Porque, pelo que consta, esse segundo longa-metragem de Andrucha Waddington foi ovacionado pelo público estrangeiro em Cannes e as pré-estreias que têm sido realizadas País afora não são menos promissoras.

Além disso, Waddington, nesse seu segundo trabalho (o primeiro foi *Gêmeas*, adaptado de Nelson Rodrigues), doma os cacoetes publicitários do anterior.

Escala um elenco da pesada – Regina Casé, Lima Duarte, Stênio Garcia, Luiz Carlos Vasconcellos – e conta com uma trilha sonora assinada por ninguém menos que Gilberto Gil. E que trilha. Antes de o filme chegar às telas, Gil já lançou o CD Gilberto Gil e as Canções de *Eu Tu Eles*. Disco delicioso, que pode rodar o dia inteiro nos mais exigentes CD players. O disco não traz exatamente a trilha sonora do filme – vai além dela e constitui uma celebração amorosa da música nordestina.

A ideia dessa oferta cruzada de produtos é que o disco impulsione o filme e vice-versa. Caso comum nos lançamentos internacionais, nem tanto nos nacionais. Além de todo esse cuidado de marketing – pré-estreias, disco, inserções publicitárias etc. – *Eu Tu Eles* sai com cem cópias e parceria com a Columbia Pictures. Transformou-se na grande estreia nacional do ano.

Tomara que dê certo, porque *Eu Tu Eles*, o filme, também é delicioso. A esta altura do campeonato todo mundo já deve estar sabendo que a história se inspira num caso real, o da mulher que, um após o outro, botou três maridos dentro de casa e conseguiu conviver com os três de maneira razoavelmente pacífica. Osias (Lima Duarte) é o dono da casa, e o marido oficial; Zezinho (Stênio Garcia) é terno e cozinha bem; Ciro (Luiz Carlos Vasconcelos) é jovem. Quer dizer, a Darlene da ficção vai ajeitando a sua vidinha com os aspectos favoráveis de três homens diferentes. Parece uma fábula e deveria habitar o reino do imaginário, não tivesse acontecido de verdade, e no interior do Ceará, com uma mulher chamada Marlene Sabóia da Silva.

Se você for dos que acreditam que a vida imita a arte, pode também acreditar que Marlene resolveu aperfeiçoar o romance de Jorge Amado. Em *Dona Flor e seus Dois Maridos* (filmado por Bruno Barreto e até hoje a maior bilheteria do cinema nacional), a protagonista precisa da aventura (Vadinho) e da segurança (Teodoro) para se equilibrar na vida. Para Marlene são necessários três pontos de apoio. Mas também é verdade que Marlene/Darlene é muito mais pé no chão do que Dona Flor. Se esta é cozinheira de mão cheia, aquela é trabalhadora rural; boia-fria, no duro. Uma faz parte da pequena burguesia baiana; a outra é uma deserdada da terra. O ambiente da primeira é a cidade; o da segunda, o campo.

Mais precisamente, o sertão. Esse espaço mítico, onde a tragédia da opressão econômica nacional foi encenada nos anos 60 (basta lembrar de *Deus e o Diabo na Terra do Sol, Vidas Secas,*

Os Fuzis), agora é o palco mais neutro onde Darlene procura resolver a equação de terceiro grau em que se transformou sua existência.

Não há nada de errado, e nem pouco digno nisso. Darlene é prática como somente uma sertaneja sabe ser. Tem de viver, ou sobreviver, criar os filhos, buscar um pouco de prazer, outro tanto de paz, sonhar às vezes, sentir-se razoavelmente segura. Qualquer dondoca de classe média aspira a isso. Por que não a mulher do povo, maltratada e batida pela dureza da vida, mas ainda assim sensual? Nesse sentido, *Eu Tu Eles* é democrático ao acompanhar, amorosamente, as providências tomadas por Darlene para tornar viável uma vida áspera.

Claro, o filme responde e dialoga com determinada autoimagem do Brasil, ela também bastante ambígua. Às vezes somos uma nação que não gosta de si mesma, com complexo de vira-lata, um Narciso às avessas que cospe na própria imagem, como dizia Nelson Rodrigues. Outras, vivemos no alto-astral permanente, na alegria obrigatória, no sol, no sal, no sul de um país moreno e malemolente. Essa ciclotimia, essa mudança súbita de humor, que vai de um extremo a outro sem meio-termo, da euforia à depressão, talvez seja o que melhor nos caracteriza. *Eu Tu Eles* propõe um termo médio nessa balança instável por meio de uma personagem que abre caminho para a felicidade em meio à mais absoluta carência material. Pensando bem, Marlene, ou Darlene, é uma espécie de heroína da nossa gente. Uma personagem emblemática do Brasil real.

O Estado de S. Paulo, 18/08/2000

Atividade 3

A opinião dominante

O conjunto de textos que você acabou de ler é uma amostra representativa da atividade crítica brasileira exercida em cinco dos seus principais meios de comunicação escrita, entre revistas e jornais. Obviamente, a crítica exerce uma grande influência sobre as nossas opiniões – ela é a referência primeira de uma faixa mais escolarizada da população, que, embora minoria, tem o poder de multiplicar opiniões. Mais uma vez, lembramos que não há nada de errado nisso – o perigo estará, sempre, no monopólio da opinião, nunca na sua diversidade. Também é bom lembrar que devemos ler a crítica *com o olhar crítico*, tomando-a como uma *referência*, e não como a palavra final sobre nenhum assunto.

Observe que, no caso do filme *Eu tu eles*, as opiniões, apesar de mais ou menos divergentes, parecem confluir para alguns pontos em comum – de certo modo, as críticas formam uma *imagem* do filme, que passa a ser uma espécie de *opinião dominante*. Outro aspecto a considerar é o fato de que as críticas tendem a estabelecer comparações e relações, colocar seu objeto de análise num quadro mais amplo de referências.

Recapitulando

Vamos agora recapitular algumas características da linguagem crítica dos jornais e revistas. Veja se você concorda:

1. Nas resenhas, é bastante visível o que dizíamos instantes atrás: "Todo texto se alimenta de outros textos". Nesse caso específico, o próprio objeto de quem escreve é um outro "texto" – um livro, um filme, um programa de televisão etc.

2. A intenção central de quem escreve uma crítica é *criticar* algum objeto cultural. Mas atenção ao sentido da palavra "criticar": significa "submeter a um olhar crítico, a uma análise", o que pode ressaltar tanto os aspectos negativos quanto os positivos.

3. Apesar de o objetivo estar centrado numa *opinião*, as informações são elementos muito importantes da crítica. Isto é, o crítico em geral parte do princípio de que o leitor ainda não leu o livro, não viu o filme etc. Nesse sentido, ele deve tomar o cuidado de dar elementos informativos básicos que situem o leitor e facilitem sua compreensão.

4. Os críticos, com muita frequência, também são *objetos de crítica*. Muitos "criticados" - diretores de cinema, escritores, músicos etc. - revidam os ataques recebidos. Em geral, os críticos são acusados de *ignorância* (isto é, o crítico não teria a necessária bagagem cultural para criticar) e *má-fé* (isto é, o crítico seria desonesto, teria problemas pessoais com o criticado etc.). Quais seriam as qualidades fundamentais de um bom crítico? Pense a respeito.

Prática de Texto

Pois bem, agora que você está razoavelmente bem-informado, escreva uma resenha sobre a recepção da crítica brasileira ao filme *Eu tu eles*. Pontos a considerar:

- seja sintético; o texto deve ter entre quatro e cinco parágrafos;
- faça um levantamento das opiniões sobre o filme, e assinale as mais frequentes;
- observe que qualidades e defeitos são mais ressaltados;
- veja se algum crítico em especial chamou a sua atenção;
- lembre-se de que é impossível falar de tudo ao mesmo tempo; escolha um *eixo temático* para desenvolver;
- observe a unidade estrutural do texto e a costura entre os parágrafos;
- e dê um título à sua resenha!

Atividade 4

Texto escrito, crítica e prestígio

Vivemos numa civilização "grafocêntrica"; a escrita é uma instituição de grande prestígio, e mais ainda quando vinculada ao poder jornalístico de grandes veículos. Apesar de a escrita ocupar um espaço incomparavelmente menor do que o da televisão, por exemplo, seu prestígio é muito maior, pelo menos naquela faixa estreita de cidadãos brasileiros que sabem ler e escrever.

O fato é que há uma certa *credulidade* inerente ao ato de leitura - tendemos a acreditar no que lemos; a palavra impressa tem uma força extraordinária porque as pessoas costumam atribuir esse poder a ela. Por essa razão, um texto crítico pode destruir uma obra, uma carreira, um artista; ou, ao contrário, incensá-los, criar famas instantâneas e passageiras etc.

O Brasil, pela sua própria história, sempre viveu sob uma grande centralização cultural - na verdade, só costumam ser levadas a sério as vozes de São Paulo ou do Rio, o que limita bastante o campo de divulgação artística. Mas, independentemente disso, o mundo inteiro vive uma era de deslumbramento *centralizado* diante da mídia.

A leitura crítica

Nesse quadro, é sempre interessante que a leitura da crítica seja ela também *crítica* - isto é, é preciso que sejamos leitores atentos e *ativos*, e não meros receptores das opiniões dominantes em circulação na imprensa.

Parece que nas últimas décadas houve uma mudança substancial na linguagem crítica. Antes praticamente confinada a textos de natureza ensaística, de maior profundidade, escrita por especialistas - escritores, filósofos etc. -, hoje essa linguagem está nas mãos de jornalistas mais ou menos especializados, cumprindo jornadas diárias estafantes e com salários nem sempre razoáveis, para atender uma demanda crescente que está diretamente relacionada com a indústria cultural de massa: o cinema, o vídeo, a música e até mesmo o livro - pelo menos alguns gêneros - se tornaram objetos de consumo em escala industrial.

O leitor dessas críticas é o *cidadão comum*, que quer saber se tal filme é bom ou ruim, se vale a pena comprar o último disco do grupo tal etc. Como na indústria cultural as coisas às vezes são rápidas demais e têm muitos interesses em jogo, com frequência o cidadão acaba levando gato por lebre.

A "teoria conspiratória"

Apesar de tudo, devemos resistir à tentação simplista de alguma "teoria conspiratória universal", de fundo maniqueísta, que imediatamente tache de "comprado" qualquer crítico que não nos agradou neste ou naquele texto.

Tal visão muitas vezes revela apenas a nossa dificuldade de lidar com a diferença. O direito à crítica e ao seu exercício é um ingrediente fundamental de uma sociedade que se pretenda democrática; e a existência dinâmica de pontos de vista distintos é extremamente salutar para o desenvolvimento de nossas próprias opiniões.

Da mesma forma, é preciso ir adiante dos conceitos absolutos - tão a gosto da redação escolar! - que se mostram incapazes de separar em categorias distintas os fatos do mundo. Por exemplo: considerar péssima uma crítica que elogiou um filme de horror qualquer pelo fato de que nós não gostamos de filmes de horror. Ou exigir de algum texto aquilo que o seu autor não se propôs discutir.

Uma crítica da crítica

Para complementar o assunto, leia e discuta com os colegas os dois textos seguintes - o primeiro de uma revista da internet, o segundo de um grande jornal -, que são justamente "críticas da crítica". Durante a leitura, vá anotando em tópicos os pontos principais: a situação da crítica brasileira hoje e como a crítica deveria ser, segundo os autores. Observe que nos dois casos fala-se de uma *crise da crítica*.

Texto 8

Agulha - revista cultural nº 6

Fortaleza/São Paulo, ago/set 2000

Editores: Cláudio Willer e Floriano Martins

www.agulha.cjb.net

Editorial

Fim da crítica literária e de artes. Fim do valor literário, da literatura de qualidade no mundo midiático e globalizado. Fim do livro. Fim da poesia. Apocalipses deste final de milênio, tomando o lugar do fim do mundo anunciado para o ano 1000 da nossa era.

Mallarmé havia comentado que o mundo terminaria em um belo livro. Talvez nas duas ocasiões, nas duas passagens de milênio, em 1000 e 2000, se estivesse e se esteja anunciando a mesma coisa, uma crise no plano simbólico, afetando as representações do mundo. Como, nos últimos quinhentos anos, o livro se tornou o principal meio de registro e transmissão da matéria simbólica, faz sentido desta vez o Apocalipse incidir sobre ele, ou afetá-lo diretamente.

O século XX já foi, todo ele, um final de milênio. Daí que, desde seu início, viesse sendo anunciado o fim do livro, sucessivamente engolido pelo cinema, pela TV, pela internet. E, ultimamente, pela globalização da economia, conforme os dossiês que têm sido publicados sobre a mudança na composição de capital das editoras, absorvidas por complexos de comunicação. Por exemplo, no *Nouvel Observateur* da última semana de março, a análise das consequências da aquisição da Harper & Collins, americana, pelo grupo Bertelsmann, alemão, esvaziando completamente a editora. A regra do jogo, nesse e em outros casos, é a seguinte: a editora tem que atingir uma margem de lucro de 15%, a qualquer preço, em prejuízo da qualidade. Para tal, programação editorial só de banalidades, *best-sellers* e livros de interesse geral. E, se não cumprir essa meta, fecha-se a editora, ou passa-se para a frente.

O apocalipse do valor e da alta literatura vem sendo examinado pela ensaísta Leila Perrone-Moisés, entre outros lugares em seu livro *Altas literaturas* (Companhia das Letras, 1998) e em um artigo recente no suplemento Mais, do jornal *Folha de S. Paulo*. É associado a mudanças de orientação da crítica e do ensino de Letras pela ascensão das tendências culturalistas, pós-modernas, que estudam Literatura como um campo das comunicações sociais e dos estudos da cultura, no sentido dado ao termo pela Antropologia.

Quanto ao fim da poesia, basta lembrar que, a propósito da morte de João Cabral de Mello Neto, uma verdadeira coorte de comentaristas e jornalistas de páginas de variedades e cultura proclamou que não havia mais nenhum poeta de grande estatura no Brasil.

Apocalipses contêm a perspectiva de uma ressurreição ou de um renascer das cinzas. É esse o sentido de uma matéria recente na revista *Veja*, anunciando a volta da crítica, pois a revista passaria, novamente, a ter alguém (quem...?) respondendo pelo registro regular de livros.

O diagnóstico de crise do valor e da literatura, provocada por culturalistas pós-modernos, é uma discussão acadêmica que ultrapassa e extrapola seus limites. Confunde o mundo com uma sala de aula, vê o mercado editorial como extensão de departamentos universitários, troca o lugar da infra e superestrutura, entendendo que os currículos e conteúdos de aulas são determinantes, e não um reflexo do que se passa na sociedade.

Quanto à crítica, deixou de haver, ou de renovar-se, unicamente por responsabilidade dos grandes jornais e revistas. Quinze ou vinte anos atrás, convocavam um elenco de colaboradores de primeira linha para se ocupar disso. Achando que a ampliação de escala, o aumento de tiragem e leitores de suas publicações os obrigava a um aumento equivalente de banalidade, esvaziaram o setor. Foram eles mesmos que transformaram páginas de resenhas em simples transcrições de *releases*, ou em lugar para algum mestrando ou doutorando mostrar ao orientador e aos colegas que fez a lição de casa.

Diversidade e qualidade são determinantes do crescimento de editoras. Por isso, a cada editora que se burocratizar, absorvida por algum complexo de comunicações, surgirá outra, ocupando o espaço abandonado pelo ex-concorrente. E, na hora em que as principais mediações, ensino e crítica, recuperarem um mínimo de qualidade, o mercado editorial voltará a florescer. Surpresos, jornalistas e professores constatarão um inesperado e inexplicável *boom* da alta literatura, da poesia de qualidade.

Aparentemente alheias a seu próprio fim, desconhecendo o terreno arrasado e salgado em que estariam pisando, cresce a quantidade de revistas literárias no Brasil. Ao menos no Rio de Janeiro e São Paulo, sessões de leitura de poesia proliferam. Oficinas literárias têm filas de espera de inscritos. Sites literários e revistas eletrônicas registram milhares, dezenas de milhares, centenas de milhares de acessos. Incompetência de alguns editores de páginas culturais na grande imprensa, queda de prestígio de teorias literárias e paradigmas cujo alcance havia sido inflado, erros de programação editorial, ajustes de mercados na área de comunicação – nada disso deve ser confundido com o Apocalipse. O fim do mundo certamente acontecerá, mas ainda vai demorar um pouco.

Eternos sobreviventes, prosseguiremos.

Texto 9

Que crítica?

Artistas e público esperam do crítico endosso e encorajamento ou veneno e escárnio; o que está em jogo é a recompensa pessoal

Carlos Fernando e Frederico Barbosa

O homem que realmente sabe pode revelar tudo o que há a transmitir em pouquíssimas palavras. (Ezra Pound)

Nenhum traço parece marcar a fisionomia da vida cultural brasileira tão insistentemente quanto o personalismo. Discute-se, na política, "personalidade" e não ideologia, na arte, "motivações interiores" e não resultados: "ideologismo" e não literatura, "literatice" e não artes plásticas, operações plásticas e não música. Comportamento, ego e "fofoca esclarecida" imperam absolutos.

Na eterna disputa entre artistas e críticos não se dá outra coisa. Generaliza-se a convicção de que toda apreciação de uma obra é guiada por motivos escusos, pessoais e mesquinhos. O crítico seria necessariamente um artista frustrado buscando notoriedade e realização parasitária. Por outro lado, os artistas são vistos como crianças voláteis, cheias de melindre, romanticamente iluminados, irracionais e irresponsáveis. Por mais caricatural que a visão possa parecer, é nesses termos que se tem exercido discussões sobre a validade da crítica. No campo da batalha pessoal, os tiros voam e não atingem qualquer alvo.

Nao parece haver resistência alguma à noção de que a crítica só tem razão de ser se proporcionar um juízo de valor sobre a conveniência ou relevância social da "postura" pessoal do artista, ou ainda sobre os efeitos de sua obra no comportamento e nos costumes. Artistas e público esperam do crítico endosso e encorajamento irrestritos ou veneno e escárnio. Permite-se que vista a toga de juiz do bem e do mal e aguarda-se a sentença sobre a validade do "conteúdo" da obra e o merecimento do artista. O que está em jogo é sempre a recompensa pessoal, o aval paternalista ao artista e, quem sabe, à sua obra, travestida de "mensagem". A crítica dita positiva nunca é considerada frustrante mesmo que passe ao largo da análise. O elogio é satisfatório mesmo que nada entenda dos mecanismos geradores da obra, mesmo que apenas a enquadre e classifique segundo um padrão qualquer.

No Brasil não há crítica de arte, só de artistas. Não há análise, desmontagem e apreciação reveladora de obras, só "sacação" de significados muitas vezes envolta na enganosa roupagem do exibicionismo enciclopédico, dos dados biográficos. A breve história do indivíduo é sempre posta acima da longa história da linguagem. Os soluços, acima das soluções.

O chamado jornalismo cultural se resume a bulas ávidas de interpretação reducionista, conteudismo, "explicação". Costuma-se dizer que o jornal não é lugar para discussões estéticas "mais elaboradas", que nele não cabe apreciar obras de arte naquilo que têm de especificamente artístico, naquilo que distingue as opções criativas, na sua estrutura sintática. Esse seria um assunto por demais árido para o público geral. Algo como dizer que não cabe aos jornalistas esportivos analisar a tática de jogo de um time de futebol e seu desempenho numa partida, mas apenas diagnosticar a postura de cada jogador isolado, comentar seu carisma, sua "raça", sua conduta moral. O jornalista teria, assim, sua incapacidade de avaliar estratégias escamoteada sob a alegação de poupar o público da aridez suposta.

É curioso notar que, no que se refere à "interpretação" semântica, "sociológica" ou "filosófica", não há limites para o que é considerado cabível e interessante num jornal. Ou mesmo exequível. O cotidiano das redações, dos horários apertados, dos fechamentos de pauta não são desculpa para privilegiar enfoques deste tipo como sendo mais "viáveis" em termos práticos. Muitas vezes chegam a ser rebuscadíssimos. O trabalho maior que um crítico deve ter, para exercer o seu ofício, antecede suas tarefas diárias e deve conviver com elas. Chama-se estudo. Abrangente, que seja, mas sempre balizado pelo objetivo final do compromisso com o leitor e o artista, que devem esperar dele o comentário da maneira, do engenho, da criação, do mecanismo, e não aprovação e promoção.

A humildade implícita no ato de instrumentalizar-se corretamente colocaria em proporções mais "saudáveis" a tendência crescente ao texto narcisista, pseudoliterário, crônica-trampolim, no qual a janela torna-se espelho e o comentarista, assunto. Do modo como tem ocorrido, o jornalismo cultural substitui a tarefa crítica da descoberta pela tentação frívola da invenção autoindulgente, a demonstração pela persuasão.

São inúmeros, é claro, os exemplos de críticos-artistas e não é necessário levantar a questão óbvia de que a boa crítica pode perfeitamente criar vida própria como obra extrafuncional, como queria Herbert Read ao idealizá-la inspirada pelos sussurros de uma "décima Musa". Esta qualidade, no entanto, em nenhum caso bem-sucedido obliterou ou tentou substituir sua função primordial de Crítica. Uma boa crítica pode até ser arte, assim como um artista pode até ser um bom crítico, mas nem um nem outro estão, a princípio, obrigados a cumprir tais metas.

Se o artista é incapaz de falar sobre sua obra, mas a executa de modo satisfatório, seu trabalho está feito. A escolha crítica que deu forma à sua obra já está feita. É papel de outros perceber sua maior ou menor importância como proposição de recursos de montagem e articulação, mostrando como e por quê. É função do crítico localizar a obra no universo das ideias, detectar influências, filiações, estilo; apontar-lhe o que apresenta de redundância e inovação. Colocar-se na pele do autor e desvendar seu método. Só então poderá propor uma avaliação subsidiada e consciente, depois de fazer o teor da obra falar por si mesmo, mostrar a si mesmo.

A arte do artista deve educar a crítica do crítico. A arte do crítico deve educar a crítica do artista. Cabe ao crítico revelar ao artista seu próprio modo de trabalho. Como disse Paul Valéry, "o objetivo da obra é surpreender o autor". O espectador, enquanto isso, aprende, amadurece afinal.

Minada por seu desvirtuamento e pelo descrédito, estará a crítica de arte fadada a desaparecer dos grandes jornais, limitando-se a aguardar o surgimento de revistas ditas "especializadas", destinadas a um suposto público de "experts"? A devastação a que está submetida a sociedade brasileira, "progressivamente" privada das condições mais básicas impede que se espere do público o rompimento do círculo vicioso da miséria cultural. A demanda pela qualidade da arte e pelo acesso à informação nascerá da exposição a discussões relevantes. Extrapessoais. Extramercadológicas.

O grande público deve e pode perfeitamente tornar-se espectador ativo da busca por fatos culturais, se lhe for permitido enxergar as entranhas dos processos de produção artística. Se atraído para tal por uma crítica lúcida, translúcida, precisa, clara, criteriosa, demonstrativa.

Pode-se ensinar qualquer coisa a qualquer pessoa. Contanto que se conheçam e se possam expor os princípios e as formas, que se saiba, realmente, aquilo de que se fala. E se queira abrir a discussão.

Folha de S. Paulo, 23/2/1992

Prática de Texto

I

Para sistematizar o que estamos debatendo, escreva um texto livre que, segundo a sua opinião, defina quais devem ser as qualidades de um bom crítico. Evite se limitar apenas a um aspecto; procure apresentar um quadro mais amplo. E não se esqueça de dar as razões!

II

Agora é a sua vez de escrever um texto crítico, pondo em prática o seu próprio ponto de vista! Como objeto de seu texto, escolha um livro que você leu, um filme ou um programa de tevê que você viu etc. Importante: escolha o tema em que você se sentir mais seguro para comentar. Leve em consideração os seguintes aspectos:

1. Dê informações concretas ao leitor a respeito do que você vai comentar. Pressuponha que ele *não* viu o filme, ou *não* leu o livro criticado etc.
2. Observe a sequência do texto, parágrafo a parágrafo, e as marcas de costura. Facilite a vida do leitor.
3. Descubra as delícias da frase curta. Evite comboios sintáticos que tiram o fôlego do leitor. Ele pode desistir do seu texto antes de chegar ao fim.
4. Se você se sentir seguro, subverta as regras padronizadas e crie o seu próprio estilo...

Língua padrão

Neste item, vamos observar como a língua escrita padroniza os modos de representação da palavra citada – isto é, como escrevemos o que os *outros* pensam, dizem, comentam...

A palavra dos outros

O verbo *dicendi* é tão importante que, ao trocá-lo, você pode virar uma declaração pelo avesso. Por exemplo:

> "Sou inocente", disse.
> "Sou inocente", esclareceu.
> "Sou inocente", insistiu.
> "Sou inocente", alegou.
> "Sou inocente", mentiu.

Manual de Estilo, Editora Abril

Representar a palavra alheia é uma atividade que dominamos com perfeição desde nossos primeiros balbucios... de tal forma que é muito difícil estabelecer a separação, em nossa linguagem, entre o que é *nosso* e o que é dos *outros*. Podemos mesmo dizer que a nossa linguagem é um fruto (único) de uma colcha de retalhos de milhares de linguagens que passaram – e continuam passando – pela nossa vida.

A representação da palavra do outro tem uma importância especial, porque *transmitir* as palavras de alguém é também *marcar uma opinião sobre as palavras que transmitimos*. Basta ler as cinco ocorrências de "Sou inocente" acima para perceber isso. Na linguagem oral, a simples entonação da voz pode marcar nosso ponto de vista sobre o que transmitimos: ironia, desconfiança, certeza, dúvida... Mas, na escrita, são outros os recursos, que vão desde a escolha do verbo (exemplo citado) até a *seleção* de palavras ou expressões que queremos transmitir.

Imaginemos que um político diga, literalmente:

– A equipe econômica é muito boa, mas inexperiente.

Transcrições possíveis:

> Fulano disse que a equipe econômica é muito boa.
> Fulano disse que a equipe econômica é inexperiente.
> "Equipe econômica é inexperiente", dispara Fulano.
> Fulano considera equipe econômica muito boa.
> "Equipe econômica é muito boa, mas inexperiente", supõe Fulano.

E daí por diante. Naturalmente, a transcrição vai depender de nossa intenção (e até nossa honestidade intelectual!) diante da voz transcrita. Em alguns casos – nos depoimentos policiais, por exemplo – há toda uma técnica jurídica de transcrição das declarações justamente para se tentar obter o máximo de "neutralidade", porque uma palavrinha trocada pode levar alguém à cadeia...

A língua padrão escrita estabeleceu um código convencional de sinais para marcar graficamente as citações. É importante dominá-lo, porque dele depende a clareza do texto, quanto à separação entre o que dizemos e o que o *outro* diz. Observe os exemplos abaixo.

Exemplo 1

O porta-voz da Presidência, Cláudio Humberto Rosa e Silva, disse ontem que a pesquisa Data**Folha** sobre o Plano Collor 2, publicada pela **Folha** no último sábado, "não foi representativa". A pesquisa, feita no Rio e em São Paulo, revelou que 52% da população sentem-se prejudicados.

Para Rosa e Silva, "é no mínimo curioso que esse instituto, quando os demais faziam pesquisas em todo o país, se limitava a dez capitais". Ele pretendeu ironizar ao dizer: "Da próxima vez, para ser mais direto, a pesquisa deve ser feita na Redação." Referia-se à Redação da **Folha**.

Folha de S. Paulo, 6/2/91

Nesse exemplo, vemos o recurso típico do jornalismo de *mesclar* as palavras citadas com as palavras do redator, no mesmo período, separando umas das outras com aspas. Observe:

– Todo o texto do primeiro parágrafo e a primeira oração do segundo parágrafo poderiam estar sem aspas, sem confundir o leitor. Por que o redator preferiu usá-las?

– Qual a diferença entre *Ele disse* e *Ele pretendeu ironizar ao dizer*?

– **Detalhe 1:** citação depois de dois pontos inicia-se com maiúscula (*...ao dizer: "Da próxima vez..."*).

– **Detalhe 2:** citação depois de vírgula inicia-se com minúscula (*Para Rosa e Silva, "é no mínimo curioso..."*).

– **Detalhe 3:** citação "interrompida" pelo redator fecha-se com aspas, abrindo novamente ao ser retomada (*"O presidente", afirmou o porta-voz, "está sendo perseguido pela imprensa"*).

Exercício

Escreva uma notícia (um parágrafo) transcrevendo para o leitor a declaração do presidente do Banco Central. Declaração: *A inflação deve começar a cair no próximo mês. Todos os indicadores econômicos apontam nesse sentido.*

Acrescente informações que contextualizem a citação.

Exemplo 2

Os bandidos entraram no Opala do prefeito, estacionado no jardim da casa. "Mata, mata", gritavam os moradores da cidade. O carro foi embora. O cinegrafista amador tinha um auxiliar que, fazendo o papel de repórter, entrevistou o capitão da PM. "A polícia serve para preservar a ordem, a moral e a integridade dos cidadãos", ele declarou. Com um corte na sequência de imagens, os bandidos reapareceram, machucados. Um morador interrogou o assaltante Arci Garcia.

Por que vocês assaltaram?

– Por falta de dinheiro – respondeu o bandido.

– É o seu primeiro assalto?

– É a primeira vez.

– Vocês iam matar os reféns?

– Não, eu estava até com dó das crianças.

– Toda a população está revoltada. O que vocês estão pensando?

– Estou com medo de morrer.

– E vocês não pensaram nisso antes de fazer o assalto? Não pensaram em trabalhar para ganhar dinheiro, ao invés de roubar a casa de uma pessoa honesta?

– A firma em que eu trabalhava não me pagava tinha dois meses.

Um PM levantou outro bandido pelo colarinho e foi aplaudido. A camisa do assaltante estava coberta de sangue. Ouviu-se um grito: "Mata!" Alguém reforçou: "Vamos linchar!" O soldado chutou Arci Garcia e os bandidos foram jogados num Voyage, que arrancou.

Veja, 6/2/91

Esse exemplo apresenta dois recursos gráficos para indicar a fala alheia: aspas e travessão. Observe que, em cada citação, ou se usa um sinal, ou outro. Na linguagem jornalística, é mais comum o uso de aspas; o travessão é um recurso tipicamente literário. Por que o redator, que começou usando aspas, passou a usar o travessão? Que efeito esse recurso literário exerce sobre o leitor?

Detalhe: observe que o travessão, na transcrição de um diálogo, exige nova linha a cada nova citação.

Exemplo 3

Condenado à morte, devorava seu último jantar, o molho pardo escorria do queixo.

– Como vão as coisas, meu filho?

Chupava a sambiquira e piscava o olho de gozo.

– As coisas vão.

Diante dele, o bem mais precioso da terra: seu filho.

– Me passe a pimenta, Gaspar.

Logo será um homem. Meu filho. Dar-lhe conselhos: não beba água sem ferver, não beije a criada na boca, não case antes dos trinta.

– De amores como vai?

A pergunta ofendeu-o tanto como um dos arrotos do pai: era filho de ninguém.

– Não tenho amor.

...*Não casar antes dos trinta, não deixar o vinho no copo.* Bebeu até a última gota.

– Que me conta da poesia?

Graças ao seu dinheiro o filho tem o dom de sonhar.

– Vai mal.

Todo filho é uma prova contra o pai.

– Ora, Gaspar. Bobagem.

(...)

"O jantar", de Dalton Trevisan. Em: *Cemitério de elefantes*, p. 42

Eis aí um texto literário. Observe que os diálogos são introduzidos por travessão, distinguindo a voz dos personagens da voz do narrador. Entretanto, há trechos em *itálico*. Qual a função desta mudança gráfica?

Agora compare:

a) *Logo será um homem. Meu filho.*

b) *Graças ao seu dinheiro o filho tem o dom de sonhar.*

Essas duas "vozes" são da mesma pessoa? Se não são, o escritor "errou"?

– **Detalhe 1:** no texto literário, frequentemente a *duplicidade de pontos de vista* é proposital e significativa. Muitas vezes o autor é intencionalmente *ambíguo*. Mas é bom lembrar que o que é uma qualidade no texto literário é um defeito em textos de outra natureza (informativos, opinativos, ensaísticos...), quando o objetivo primeiro é *ser claro*!

– **Detalhe 2:** em textos manuscritos, quando não se dispõe de maiores recursos gráficos, palavras que se deseja em itálico devem ser sublinhadas (e apenas sublinhadas! Evite a "poluição gráfica"!)

Exemplo 4

Porque o que mais desesperava os bons padres do século XVI era a impossibilidade de realmente comparar ou equiparar a língua dos indígenas (ou seja, a sua alma) com a dos gregos:

> Não têm escrita, nem caracteres, nem sabem contar, nem têm dinheiro; commutatione rerum compram uns aos outros; sua língua é delicada, copiosa e elegante, tem muitas composições e síncopas mais que os gregos, os nomes são todos indeclináveis, e os verbos têm suas conjugações e tempos. Na pronunciação são sutis, falam baixo que parece que não se entendem e tudo ouvem e penetram; em sua pronunciação não põem F, L, Z, S e RR, nem põe muta com líquida, como Bra, Craze.

Jean de Léry, igualmente, acreditava que o conhecimento prévio do grego era de utilidade para a compreensão das línguas indígenas; o intérprete que o acompanhava pelas matas podia "entender perfeitamente a linguagem da gente do país", não só por a haver proveitosamente estudado durante os sete ou oito anos em que ali vivera, mas também porque a havia confrontado "com o idioma grego, do qual, como os entendedores já terão podido observar, esta nação dos Tupinambá tem algumas palavras".

Wilson Martins, *História da inteligência brasileira*, v. 1, p. 57

Esse texto é trecho de um *ensaio*, um texto de natureza acadêmica. Observe o especial destaque gráfico que se dá à palavra citada. Normalmente usa-se esse recurso na transcrição de trechos mais longos de outros livros; quando a citação é curta (como acontece logo em seguida no exemplo acima), pode aparecer mesclada com a do autor, separada por aspas.

No caso de teses e documentos oficiais, a Associação Brasileira de Normas Técnicas (ABNT) descreve detalhadamente as regras da citação (espaçamento, emprego de aspas, margens e até notas de rodapé com referências bibliográficas).

No ensaio, é preciso bastante cuidado na transcrição da palavra alheia, não só pela exigência de *fidelidade ao texto original*, como pela necessidade rigorosa de separação entre a palavra de quem escreve e a palavra de quem é citado. Se tal separação não ficar clara, podemos ser acusados de cometer plágio!

Exemplo 5

Dormi e acordei várias vezes. Na última, Ada estava em pé ao lado da cama. Ada começou a sorrir, mas colocou a mão sobre a boca.

"Perdi um dente", disse.

Ada colocou as duas mãos no rosto e começou a chorar.

"Senta aqui perto de mim", eu disse. Ada sentou-se no lado oposto ao frasco de soro. Continuou com o rosto escondido nas mãos.

"Quem eram eles?", perguntou Ada.

"Não sei."

Rubem Fonseca, *A grande arte*, p. 77

Temos aqui outro texto literário. Desta vez, os diálogos são marcados por aspas, separando as vozes dos personagens da voz do narrador. Lembrando mais uma vez: o uso de aspas dispensa travessão, e vice-versa!

Exemplo 6

VEJA – *O senhor costuma dizer que o cinema vive a era do merchandising e do final feliz. O que acha do cinema de hoje?*

MILLER – Merchandising é a maneira mais óbvia em que filmes e publicidade se confundem. Os filmes estão cada vez mais parecidos com os anúncios. Eles se esforçam para fazer o espectador se sentir bem. O público deve deixar a sala de projeção pacificado, infantilizado. Filme após filme, todos terminam com um final feliz, mesmo aqueles que não deveriam fazê-lo, seja porque o gênero a que pertencem não costuma ter finais felizes, seja porque a história simplesmente não aponta nessa direção. Musicais e comédias sempre terminaram bem e provavelmente sempre serão feitos dessa maneira. Mas um filme de terror, como *O Abismo*, deve ter um desfecho alegre? O pior é que é sempre o mesmo tipo de final feliz – dois opostos se encontram numa imagem de harmonia automática, de êxtase completo. É como se os produtores tivessem achado uma fórmula de final feliz que é colada no final de todos os filmes.

Entrevista de Mark Crispin Miller, *Revista Veja*, 25/7/1990

O último exemplo, trecho de uma entrevista, tem uma estrutura "fechada", de pergunta e resposta. Naturalmente o *foco* do texto está na voz entrevistada. Qual a função do entrevistador?

Aparentemente, a entrevista é o sistema mais fiel de se transcrever a voz de alguém. É sempre assim? De que modo o entrevistador pode fazer passar a *sua* opinião sobre o entrevistado?

Prática de Texto

Em primeiro lugar, leia mais um trecho da entrevista de Mark Crispin Miller:

VEJA – *O que o público vê nos filmes de sucesso de hoje?*

MILLER – É difícil generalizar, mas estamos falando de um público situado, na maioria, entre 14 e 25 anos. Essas são as pessoas que vão ao cinema, são os maiores consumidores e, assim, os filmes são feitos para elas. Essa plateia se tornou dependente de um certo tipo de espetáculo instantaneamente gratificante. É uma plateia acostumada ao ritmo e ao estilo da televisão, que cresceu assistindo a videoclipes de rock, que se chateia com facilidade e se impacienta muito rapidamente. Ela também esqueceu como se satisfazer com histórias que trazem desapontamentos e perdas. É duro imaginar um filme como ...*E o Vento Levou* sendo lançado hoje em dia. Isso tem a ver com o fato de que o mundo de hoje parece, para a maioria das pessoas, extremamente perigoso e ameaçador. Portanto, seu lazer tem de ser diversão pura, para oferecer uma saída para essa realidade.

VEJA – *Mas o mundo não era muito mais ameaçador durante a II Guerra Mundial?*

MILLER – Sim, mas hoje as pessoas estão viciadas em um certo tipo de estímulo. O espetáculo da mídia é tremendamente importante, onipresente. Tudo que falamos, tudo que vemos, é mídia. Nos anos 40, a vida não era centrada em torno dos filmes ou do rádio. A vida das pessoas continha mais do que o espetáculo. Hoje é como se a vida não contivesse nada além disso para muitas pessoas. E parece que, quanto mais as pessoas se tornam dependentes desse espetáculo, mais rápido, colorido e fácil ele fica. A experiência dos filmes hoje se parece muito com a de um parque de diversões. E isso não é uma coincidência, pois os dois maiores estúdios de cinema – Universal e Disney – também se especializaram em parques de diversões. O anúncio do parque da Universal diz: "Veja as estrelas e passeie nos filmes". Ou seja, os filmes não são narrativas a que você assiste, mas ambientes nos quais você é convidado a entrar. George Lucas e Steven Spielberg mudaram a natureza das expectativas do público.

VEJA – *Por que se criou uma fórmula de filme de sucesso com duplas contrastantes como um maluco e um sério, um grande e um pequeno, um negro e um branco?*

MILLER – Hoje, os filmes são baseados numa fórmula em que dois opostos esquematizados são amarrados um ao outro. Geralmente, um é rebelde e desleixado e outro é arrumadinho e conformado. É uma maneira muito fácil de fazer humor. Esse contraste torna desnecessária uma narrativa de verdade. Um segue as regras e outro as quebra. Não se veem mais filmes sobre rebeldes fora do sistema. Essa fórmula bota o rebelde dentro do sistema. Mel Gibson em *Máquina Mortífera*, Tom Cruise em *Ases Indomáveis*, Rambo – são todos rebeldes, mas também bons funcionários. Assim, o público experimenta a emoção da dissidência e, ao mesmo tempo, tem o conforto protetor da burocracia.

Agora escreva um texto crítico *comentando* as opiniões de Mark Miller. Informação suplementar: Mark, de 42 anos, é diretor do programa de Estudos de Mídia da Universidade John Hopkins, de Baltimore, Estados Unidos.

Lembre-se: o leitor do seu texto *não* leu a entrevista acima. Portanto, informe o seu leitor previamente, resumindo as opiniões de Miller. Quando necessário, use aspas. E não esqueça do título!

CAPÍTULO 14

Estrutura da oração

Atividade 1

Problemas da oração

Leia atentamente as ocorrências abaixo, assinalando todos os problemas que você encontrar com relação à língua padrão. Não se preocupe aqui com problemas de conteúdo – assinale apenas os aspectos que denunciam pouco domínio das normas técnicas da escrita. Tente descobrir por que esses erros ocorreram. Lembre-se: todo erro é a tentativa de um acerto!

1. Nessa era em que a tecnologia, consegue desenvolver todo um trabalho em um povo, auxiliando, nas mais diversas áreas possíveis, aplicando-a corretamente, você terá os resultados mais positivos e práticos, tanto na vida rural ou a urbana tem-se segurança, bem-estar e, transportes rápidos e seguros, para lugares de fácil ou dificil acesso, locomover-se pessoas de longínquos lugares em poucas horas, numa harmonia social e cultural muito grande.
2. Por outro lado temos também que ver que temos países, como o Brasil, Etiópia, que esistem áreas com quase inesistência da tecnologia e a miséria toma conta destes lugares que com isso prejudicam o desenvolvimento causando enormes diferenças entre os povos.
3. A ganância do como fazer é que torna-o irracional e insaciável, considerando que ele constrói tudo, basta criar, mas isto tem limite, não adianta irmos a lua, construirmos túneis e degladiarmos por poderio econômico e não esquecermos que a humanidade tem as classes menos privilegiadas subnutridas, contudo não sabemos caminhar com a tecnologia.

Frase cheia de vírgulas está pedindo um ponto.
Manual de Estilo, Editora Abril

As ocorrências acima denunciam, entre outras coisas, problemas de transposição da linguagem oral para a modalidade escrita da língua. Nesse sentido, observe, particularmente, a ocorrência 2 – se falada, acompanhada de gestos, entonação e pausas, diante de um interlocutor *real*, seria perfeitamente compreensível. Algo parecido acontece com as outras ocorrências, mas com a *invasão* de formas de uma variedade da língua que o autor do texto não domina.

Talvez grande parte de nossas dificuldades com a escrita decorra daí: a *contaminação* do texto escrito pela *linguagem oral*. É um problema sério, porque a potencialidade expressiva da fala é incomparavelmente superior à da escrita, como já vimos no capítulo 5. É um problema que se manifesta com bastante clareza quando enfrentamos, na escrita, *a estrutura da oração* (ou estrutura da frase). Se ouvimos alguém, a entonação nos avisa quando começa e quando termina um grupo de informações, ou quando termina um grupo de informações e começa outro. Podemos até "atropelar" as informações que o nosso interlocutor instantaneamente "traduz" o que dizemos.

Voltando ao ponto: linguagem oral x linguagem escrita

Mas na escrita a coisa é diferente. É fundamental que quem escreva um texto deixe *sinais gráficos* convencionais que substituam os recursos expressivos de quem fala, de modo a se fazer entender. Não se trata apenas de uma "tradução direta", mas de um processo diferente, exclusivo da escrita. Isto é, escrever não é simplesmente passar para o papel o que se fala, mas *redizer* o que se fala de uma forma substancialmente diferente (mais uma vez, relembremos o capítulo 7).

Pode-se argumentar, com razão, que a pontuação é apenas um dos problemas da estrutura da frase, e talvez até o menos grave – há mesmo quem diga que ele pode ser resolvido com meia dúzia de regras bem articuladas.

Mas vamos levantar uma hipótese: na escrita, não se aprende pontuação – e portanto não se será suficientemente *legível* – sem o domínio da estrutura da frase; e o domínio da estrutura da frase (estamos falando da escrita!) só *transparece* se sabemos pontuar.

Os três exemplos apresentados acima revelam problemas que ocorrem com frequência muito alta nos textos escolares, o que nos levou a tomá-los como ponto de partida. Há problemas de todo tipo, dos mais simples, apenas ortográficos (que qualquer programinha de computador resolve...) até outros bem mais complicados, como o emprego dos anafóricos, relações lógicas etc. No capítulo 6 nós vimos em detalhes a relação completa.

No tocante à pontuação, todos se saíram quase sempre bem quanto ao uso da vírgula – em cada pausa uma vírgula, conforme a "regrinha intuitiva" (que não vale para separar sujeito e predicado, como já vimos...). O que eles esqueceram foi do ponto! Isto é: onde as orações terminam?

O que é "oração"?

Aliás, o problema não é só dos alunos – é do professor também! Se conferirmos as gramáticas normativas, que tentam descrever a língua padrão, veremos que as definições de oração (ou de frase) são vagas, incompletas e frequentemente contraditórias. Do ponto de vista didático, saber, por exemplo, que "frase é a combinação de palavras que exprime um pensamento", ou que "oração é a unidade da fala com sentido completo" não nos serve para nada. E os estudantes, cheios de razão, "exprimem pensamentos combinando palavras", como a escola pede...

Talvez um bom início para a questão da estrutura da oração seja separar as águas: uma coisa são as orações que falamos no dia a dia, e com estas não temos problema algum, pelo menos nas formas linguísticas que dominamos. Outra coisa são as orações que *escrevemos* – por várias razões. Vamos recapitular alguns tópicos já abordados neste livro:

a) escrevemos (ou tentamos escrever) a variedade padrão da língua, variedade cujas formas linguísticas nem sempre são as nossas; como já vimos anteriormente, há diferenças notáveis entre umas e outras (regência, concordância...);

b) mesmo que falássemos a língua padrão de fazer inveja ao mais chato dos gramáticos, ao escrever teríamos de *adequar* a nossa fala à *escrita*, que tem suas leis próprias; muitos recursos que são ótimos na fala, para maior clareza, como a redundância, são péssimos na escrita; os dedos apontados, que na conversa resolvem qualquer ambiguidade, se transformam em *-los*, *-na* e outras palavrinhas que só fazem sentido se estão exatas no texto;

c) a fala conta com um número imenso de recursos expressivos (entonação, gestos, expressão facial...) que se reduz drasticamente na escrita, limitando-se a meia dúzia de sinais gráficos de pontuação. O domínio da pontuação, aliás, é um dos indicadores de domínio da estrutura da oração escrita – a que aqui nos interessa.

Atividade 2

O princípio da organização

Vamos começar observando um aspecto universal das línguas: o *princípio da organização*. Isto é, nós sempre falamos *organizando* palavras e conjuntos de palavras segundo algumas poucas regras. Podemos não saber nada a respeito dessas regras; mas o fato é que nós as seguimos fielmente. Confira, assinalando abaixo o que está bem estruturado e o que não está.

1. Em maio, os líderes da Comunidade Europeia começam a definir o perfil da Europa do próximo século.
2. O perfil da Europa do próximo século começa a ser definido, em maio, pelos líderes da Comunidade Europeia.
3. A definição do perfil da Europa pelos líderes da Comunidade Europeia, em maio.
4. A definir próximo a maio Comunidade líderes começam perfil da próximo do os século em Europa da.

Qualquer falante de português descartará imediatamente a ocorrência 4 – apesar de contar apenas com palavras portuguesas, definitivamente não se trata de um enunciado em língua portuguesa.

Entretanto, as ocorrências 1 e 2 são perfeitas. Por quê? E o que está faltando na ocorrência 3?

A flexibilidade da língua

As ocorrências 1, 2 e 3 transmitem, de modo diferente, as mesmas informações. Observe, nos três casos,

1. quem começa a definir?
2. o que vai ser definido?
3. quando vai ser definido?

Descobrimos aqui outro aspecto fundamental das línguas: a *flexibilidade*. Com um conjunto pequeno de regras, nós produzimos e compreendemos um número virtualmente infinito de orações! Há vários modos de a gente dizer que os líderes da Comunidade Europeia começam a definir em maio o perfil da Europa do próximo século! Mas observe que, embora as informações sejam semelhantes, cada um dos modos de se dizer a mesma coisa terá uma *orientação apreciativa* diferente – porque, ao mesmo tempo que *informamos*, carregamos nossa informação de *opinião*.

Na fala, a simples entonação pode *marcar* tal orientação apreciativa. Mas, na escrita, temos de descobrir outros modos de passar nossos *sentimentos* em relação ao que informamos.

Observe os enunciados abaixo:

1. Os tais líderes da Comunidade Europeia é que vão definir em maio como será a Europa do próximo século.
2. Em maio, a Europa do próximo século estará na mão dos líderes da Comunidade Europeia.
3. Os representantes eleitos dos povos europeus começam a definir, em maio, como será a Europa do próximo século.
4. Meia dúzia de líderes da Comunidade Europeia vão definir, em maio, a Europa do próximo século.
5. Os líderes da Comunidade Europeia começam a definir, já em maio, os rumos da Europa do próximo século.
6. Ninguém sabe como será a Europa do próximo século, a ser definida – só em maio – pelos líderes da Comunidade Europeia.
7. A Europa entra no século XXI com segurança, acompanhando os rumos definidos, já no próximo mês de maio, pelos seus líderes mais notáveis.

Como podemos ver, até a mais neutra das informações carrega consigo uma *postura* diante do objeto da informação. Mesmo a *ordem* das informações na oração por si só já indica uma ênfase neste ou naquele tópico. Compare:

1. "Rá-Tim-Bum" é um sucesso porque é feito por pessoas que não só entendem de TV como também foram criadas com ela.
2. Pelo fato de ser feito por pessoas que não só entendem de TV como também foram criadas com ela, "Rá-Tim-Bum" é um sucesso.

Qual a diferença entre as duas orações?

Exercício 1

Reescreva cada uma das orações abaixo, *marcando* a sua opinião diante da informação transmitida. As possibilidades são infinitas! Veja o exemplo seguinte:

Um dos carros mais caros do país, o Balax, continua fazendo sucesso no Brasil.

– Embora seja um dos carros mais caros do país, o Balax continua fazendo sucesso no Brasil. *(Observe que a palavra "embora" estabelece uma relação lógica ausente na frase original – ela interpreta a informação...)*

– Inexplicavelmente, o Balax, um dos carros mais caros do país, continua fazendo sucesso no Brasil. *(Aqui, o advérbio "inexplicavelmente" indica de uma forma direta a opinião de quem dá a informação.)*

1. Todos os anos, milhares de candidatos fazem vestibular nas Universidades Federais do Brasil.
2. Ocorrem 50.000 mortes anualmente, no país, em decorrência de acidentes de trânsito.
3. "A epidemia de cólera é irreversível", disse o ministro.
4. O Cristo Redentor foi pichado por dois meninos na semana passada.
5. O cinema brasileiro produziu dezessete filmes no último ano.

Atividade 3

Variedade estrutural

Dominar a estrutura da oração é um dos requisitos fundamentais para se escrever bem. (Mas não é tudo: um texto ilegível pode ser composto por várias orações perfeitamente estruturadas!)

E dominar a estrutura da oração escrita significa dominar os recursos de que a língua dispõe para *flexibilizar* a linguagem. Veja este exemplo simples:

1. O menino quebrou a vidraça.
2. A vidraça foi quebrada pelo menino.

Uma simples inversão de tópicos exigiu uma mudança da forma verbal.

Como exercício, reescreva as orações abaixo, começando da forma indicada:

1. O paulista Osmar Dalio mostra suas esculturas gigantes.
Esculturas ...
2. O artista expôs sete esculturas de aço laminado.
Sete...
3. Ele explora com desenvoltura formas de pura abstração geométrica.
Formas...

Observe agora o que ocorre com os exemplos que se seguem:

1. A mostra de esculturas gigantes do paulista Osmar Dalio.
2. A exposição de sete esculturas de aço laminado do artista.
3. A exploração, com desenvoltura, de formas de pura abstração geométrica pelo artista.

Podemos dizer que estes exemplos contêm as mesmas informações das orações originais. Entretanto, elas apresentam algum problema. Qual?

Exercício 2

As orações seguintes estão mal-estruturadas. *Acrescente* alguma informação a cada uma delas, de modo que fiquem boas.

1. Segundo a imaginação popular, os cientistas, que são normalmente pessoas sérias, com cabelos grisalhos despenteados e andam sempre acompanhados de pesados óculos de grau.
2. Com uma população de 9.000 habitantes, a cidade, que se divide meio a meio entre a zona rural e a zona urbana.
3. Esses grupos de adolescentes, que se reúnem para verificar a existência do ar, montar uma impressora para vegetais, fabricar sabão ou analisar a anatomia de animais.
4. A realização da primeira feira de ciência da cidade, que reuniu os 610 alunos da escola e envolveu a Prefeitura.
5. A possibilidade de passar algumas horas da semana envolvidos com experiências e estudos teóricos, que apesar de simples exigem concentração.

Atividade 4

Informações básicas e informações complementares

Observe esta oração:

As urnas de 2 de outubro podem criar um novo problema para o presidente.

Questões:

a) **a respeito de que** estamos falando?

Ora, a respeito das urnas de 2 de outubro.

b) **o que estamos dizendo a respeito** dessas urnas?

Estamos dizendo que elas podem criar um novo problema para o presidente.

Levante as mesmas questões para as orações abaixo:

1. A tranquilidade dos moradores foi abalada por um fato novo.
2. Bodocó vivia a pacata rotina da maioria dos municípios do interior.
3. Metade da população está instalada na zona rural.
4. O comércio da cidade é animado pelas feiras-livres.
5. Bodocó é uma cidade que vive da agricultura.
6. Ninguém podia imaginar o que aconteceu naquela distante e solitária cidade do interior.

Vamos considerar as respostas que demos às questões apresentadas – *sobre o que falamos, e o que dizemos a respeito disso* – as **informações básicas** das orações. Uma *informação básica* é constituída por aquilo **de que estamos falando** (aproximadamente o que a análise sintática das gramáticas escolares chama de "sujeito"), mais aquilo **que dizemos a respeito** (mais ou menos o que a análise sintática chamaria de "predicado").

A maioria esmagadora das orações da língua é constituída dessas duas partes. E, também na maioria esmagadora dos casos, uma oração bem escrita deve contar, no mínimo, com essas duas partes constituintes. Observe mais alguns detalhes:

Primeira parte: do que estamos falando?

Essa primeira parte pode se constituir de apenas uma palavra. Veja:

Isso é chato. (Do que estamos falando: de *isso*...)

Ou então, de muitas palavras:

Levantar cedo, tomar banho, tomar café, escovar os dentes, pegar o ônibus, sentar na carteira e fazer exercício sobre estrutura da oração todas as manhãs é chato. (Do que estamos falando: de *levantar cedo, tomar banho, tomar café, escovar os dentes, pegar o ônibus, sentar na carteira e fazer exercício sobre estrutura da oração todas as manhãs*...)

Segunda parte: o que estamos dizendo a respeito?

Ora, a mesma coisa nos dois casos: *é chato*!

Poderia ocorrer o contrário. Veja:

Isso *é chato.*

Isso *é uma das coisas mais mortalmente maçantes, horrorosas, inúteis, idiotas, repetitivas, cansativas, enjoadas e chatas que existem no mundo.*

Em resumo: na maioria esmagadora dos casos, uma *informação básica bem-estruturada deve conter essas duas partes.* Se houver apenas uma delas, a oração não se sustenta. Veja:

Levantar cedo, tomar banho, tomar café, escovar os dentes, pegar o ônibus, sentar na carteira e fazer exercício sobre estrutura da oração todas as manhãs.

Assim, avulsa, essa sequência está mal-estruturada. O leitor diria: *sim, e daí?* Ela até poderia ser uma resposta, num diálogo, como parte de uma conversa:

– Como era mesmo a frase?

– Levantar cedo, tomar banho...

Mas nesse caso só faz sentido se houver a pergunta anterior.

Considere, agora, a seguinte oração:

Com 40.000 habitantes, Bodocó, ***que fica a 650 quilômetros do Recife***, é uma cidade que vive da agricultura.

Vamos chamar as informações sublinhadas de **informações complementares**. Para distinguir as informações básicas das complementares, analise as ocorrências abaixo:

1. Com 40.000 habitantes, Bodocó, que fica a 650 quilômetros do Recife.
2. Bodocó, que fica a 650 quilômetros do Recife, é uma cidade que vive da agricultura.
3. Com 40.000 habitantes, que fica a 650 quilômetros do Recife, é uma cidade que vive da agricultura.
4. Com 40.000 habitantes, que fica a 650 quilômetros do Recife.

Quais ocorrências estão bem escritas? Quais não estão? Por quê?

Exercício 3

Observe o parágrafo abaixo. Em cada período está sublinhada a informação básica.

A Rotafill, maior fabricante de autopeças do Brasil, **vinha latindo muito pela TV**, numa série de propagandas com cães amestrados. Na semana passada, bombardeada também pela crise, **a empresa estava mais preocupada em acelerar um programa de redução de despesas nas suas unidades.** Considerando insuficiente um esquema de demissões voluntárias lançado no mês passado, **a Rotafill demitiu 1.000 de seus 12.000 empregados.**

No parágrafo abaixo, sublinhe as **informações básicas**, conforme as definimos aqui.

Além do conhecido quadro de fome e miséria que acompanha os períodos cíclicos de seca na região, um novo drama começa a ser incorporado ao dia a dia da população de Bodocó e de outras cidades vizinhas – os saques que os cidadãos comuns organizam, nesses lugares do país, com a naturalidade de quem convida os amigos para um jogo de futebol. Dias atrás, um grupo de agricultores marcou um encontro na praça, onde compareceram 150 pessoas – numa convocação feita no esquema de um vizinho avisa o outro, este chama um terceiro e assim por diante. Dali, sem armas nem mesmo pedaços de madeira nas mãos, eles saíram em bandos, gritando e correndo em direção às barracas, sem dar tempo aos feirantes de esboçar qualquer reação. Em vinte minutos, conseguiram levar 700 quilos de feijão. Quatro deles foram presos pelos dez policiais que cuidam da segurança da cidade. No mesmo dia, o prefeito Lairton Rodrigues, do PFL, esteve na delegacia para liberá-los.

Exercício 4

Observe:

a) A seca também causou transtornos à população urbana de Bodocó.

b) A seca, *que provocou a perda de 90% da safra de 3.600 toneladas de feijão*, também causou transtornos à população urbana de Bodocó.

Agora *acrescente* informações complementares às orações abaixo. Importante: a informação básica deve se manter a mesma.

1. Antônio e sua mulher trabalham capinando mato.
Antônio e sua mulher, que...
2. Os agricultores perderam 90% da safra de milho.
Os agricultores, que...
3. Dezenas de pessoas arrombaram a porta do armazém.
Dezenas de pessoas, que...
4. O prefeito defendeu os saqueadores.
O prefeito, que...
5. Francisco Barbosa dos Santos se ocupa em tapar os buracos da BR 316.
Francisco Barbosa dos Santos, que...

A exceção à regra (sempre tem uma!)

Dissemos há pouco que *na maioria esmagadora das vezes* uma informação básica é composta de duas partes – aquilo de que estamos falando, e o que dizemos a respeito. Mas há um caso em que a informação básica tem apenas uma parte – aquele caso que a gramática escolar chama de *oração sem sujeito*.

Analise com atenção as ocorrências seguintes:

1. São Joaquim é uma cidade fria.
2. Em São Joaquim, faz muito frio.
3. Em São Joaquim, o clima é frio.
4. Há muita plantação de maçã em São Joaquim.
5. Em São Joaquim, está nevando desde junho.

No item 1, temos uma informação básica comum: estamos falando de São Joaquim, e estamos dizendo que São Joaquim é uma cidade fria.

No item 2, a estrutura é diferente – também estamos falando de São Joaquim, mas, no conjunto da oração, o segmento "Em São Joaquim" é uma informação complementar. A básica é simplesmente "faz muito frio" (oração sem sujeito). Observe que a forma "faz" independe do que vem antes. Veja:

Em São Joaquim, Lages e outras cidades da região, ***faz*** muito frio.

Na oração 1 essa dependência existe. Confira:

São Joaquim, Lages e outras cidades da região ***são*** muito frias.

No item 3, isso fica mais claro: "Em São Joaquim" é informação complementar, e a básica é "o clima é frio" (sujeito + predicado, pela gramática escolar).

Em 4 e 5, "há muita plantação" e "está nevando" também são expressões sem sujeito.

Para resumir: na língua padrão escrita, em alguns poucos verbos – chover, nevar, fazer [frio, calor, tempo], haver [no sentido de existir] – a construção se faz sem sujeito.

Na prática, isso significa que esses verbos vão aparecer sempre no singular: *Há dias que ele não aparece; Faz meses que ninguém vê Fulano; Houve problemas no contrato; Choveu cinco meses sem parar.*

Lembrete: é preciso considerar aqui um detalhe importante da oralidade. Na língua real cotidiana, o verbo "ter" é universalmente usado no sentido de "haver", em construções como:

1. Tem problemas que ninguém resolve.
2. Tem dias que dá vontade de não fazer nada.
3. Tinha uns caras estranhos no bar.
4. Exceção à regra: sempre tem uma!

Por incrível que pareça, a gramática escolar considera essas formas erradas. Portanto, *nas situações em que você vai ser avaliado ou em textos mais formais,* prefira sempre o verbo *haver*: *Há problemas, Há dias, Havia uns sujeitos, Sempre há uma exceção na vida da gente* etc.

Atividade 5

Organizando grupos de informação

Você já deve ter percebido que a estrutura das orações nada mais é que o sistema que permite *organizar informações*. Na fala, não temos problema nenhum com isso: em geral falamos frases curtas – e o próprio ato de comunicação ao vivo nos permite uma fantástica flexibilidade. Podemos interromper o que estávamos dizendo, parar, retomar uma informação etc. Na escrita, como sabemos, essa estrutura é mais rígida e tem regras diferenciadas para manter a clareza do texto.

Imagine este grupo de informações:

1. Hoje existem muitas salas de bate-papo.
2. Existem também muitos outros sistemas de conversa.
3. Essas salas e esses sistemas são em tempo real.
4. Eles existem na internet.
5. Eles existem hoje.
6. Eles são filhotes do IRC.
7. O IRC é um tipo de *chat*.
8. Esse tipo de *chat* existe desde 1998.

Há literalmente *bilhões* de modos de você passar essas informações a alguém, numa conversa. Bem, por escrito podemos baixar a conta para apenas *milhões* de modos... Um deles está na *Revista da Web* (ed. 3):

As salas de bate-papo e outros sistemas de conversa em tempo real que pipocam hoje na internet são filhotes do IRC, um tipo de chat que existe desde 1988.

Observe que, ao organizar as informações em uma única oração, nós em geral as separamos em dois grupos: a informação básica e as complementares. No caso acima, a básica é "*As salas de bate-papo e outros sistemas de conversa em tempo real que pipocam hoje na internet são filhotes do IRC*" e a complementar é "*um tipo de chat que existe desde 1988*".

Talvez você se pergunte: por que as informações "que pipocam hoje na internet" e "que existe desde 1988" não são consideradas complementares? Porque aqui são *orações adjetivas*, parte inseparável do antecedente. Logo abaixo vamos rever isso em detalhes.

Exercício 5

Faça a sua versão da oração acima, organizando as informações de outro modo.

Em seguida, transforme cada grupo das orações simples abaixo (isto é, apenas informações básicas) em *um único período complexo* (isto é, uma informação básica ligada sintaticamente a uma ou mais informações complementares).

Por exemplo:

O fotógrafo viajou pelo sul da Bahia. Lá ele topou pela primeira vez com um cenário desolador. Esse cenário é de fornos, fumaça, árvores retorcidas e homens cobertos de fuligem. Esses elementos caracterizam a produção artesanal de carvão.

Possibilidades (entre outras!):

Viajando pelo sul da Bahia, o fotógrafo topou pela primeira vez com um cenário desolador, de fornos, fumaça, árvores retorcidas e homens cobertos de fuligem que caracterizam a produção artesanal de carvão.

O fotógrafo topou pela primeira vez com aquele cenário desolador – que caracteriza a produção artesanal de carvão, com fornos, fumaça, árvores retorcidas e homens cobertos de fuligem – quando viajou pelo sul da Bahia.

Agora você:

1. A árvore tem uma corrente ligada ao trator. O trator começa a andar. A árvore vai ao chão. A árvore é arrancada pela raiz. Isso acontece em poucos minutos.

2. A paisagem é cinzenta. Homens circulam nela. Eles estão negros da cabeça aos pés. Isso ocorre por causa da fuligem. A fuligem sai dos fornos. Nos fornos a madeira é queimada. Isso acontece para produzir carvão vegetal.

3. Os homens não têm camisa, botas, luvas ou máscaras. Os homens carregam dezenas de caminhões com os cilindros negros. Os caminhões partem rumo às siderúrgicas.

4. É assim que funciona boa parte da produção brasileira de carvão vegetal. O carvão vegetal é combustível da indústria de ferro-gusa. Isso ocorre no início do século XXI.

5. O carvão é queimado nos altos-fornos. Essa queima transforma o minério de ferro em gusa. O gusa é um metal puro. O principal destino do gusa é a fabricação do aço.

6. É um encontro dramático de dois mundos. De um lado está a siderurgia moderna. De outro lado está uma devastação ambiental. Do outro lado estão também condições primitivas de

trabalho. Essas condições parecem saídas de um panfleto revolucionário dos primórdios da Revolução Industrial.

7. A construção da indústria de ferro-gusa aconteceu no decorrer do século XX. Essa indústria reúne 52 empresas. Ela faturou 700 milhões de dólares no ano passado. Ela custou a devastação de uma área de Mata Atlântica e cerrado quase do tamanho da França.

8. Há 60.000 carvoeiros no Brasil. Essa estimativa é de Cláudio Guerra. Ele é pesquisador da Universidade Federal de Minas Gerais. Ele é também consultor da Unicef.

9. Essas 60.000 pessoas constituem um exército. Ele trabalha em condições subumanas. Ele vive principalmente em Mato Grosso e Mato Grosso do Sul.

10. A maioria desses carvoeiros nasceu em Minas Gerais. A maioria é analfabeta. A maioria se submete a jornadas de até doze horas de trabalho.

Texto-fonte: "A vida na fornalha", de Lucila Soares. *Veja,* 17/11/1999

Atividade 6

Orações adjetivas

Você deve ter percebido, com os exercícios que temos feito, a importância da vírgula para maior clareza do texto escrito. Pode-se dizer que, na maioria dos casos, a vírgula separa as informações complementares das informações básicas.

Vamos agora retomar um caso específico, aquele que a gramática escolar chama de *oração adjetiva.*

Compare as duas ocorrências:

a) O brasileiro que não se apressar pode ficar sem gasolina desta vez.

b) O brasileiro, que tem demonstrado uma incrível tolerância diante dos pacotes econômicos, pode ficar sem gasolina desta vez.

Responda:

Em *a*, quem pode ficar sem gasolina? E em *b*?

Agora coloque vírgula antes de *que*, quando for o caso:

1. Apenas uma parte do dinheiro poderá ser aplicada em CDB que costuma pagar taxas melhores.
2. Foi esse guindaste de elevar preços que o governo tentou desmontar ao acabar com o BTN.
3. A parte da população que não assina congelamentos nem remarca para defender-se deles também experimentou a rotina desagradável que os pacotes sempre carregam.
4. O empresário que procura viver de acordo com as regras terá o custo de seu produto muito elevado pela subida do transporte, da energia elétrica, do correio e até dos salários que deverão ter algum ganho.
5. "Está tudo errado", critica o ex-ministro da economia que não aprova lances como o congelamento.

Atividade 7

Informações complementares formadas por particípio

Consideremos agora outros tipos de informações complementares. Observe:

a) *Usados como cobaia durante uma rebelião em 1988,* os curdos sentiram na pele, mucosas e pulmões os efeitos do gás dos nervos e do mostarda, capazes de matar em poucas horas.

b) *Surpreendidas pela mancha de petróleo,* as aves foram as primeiras a sofrer com o desastre ecológico da baía da Guanabara.

c) *Considerados* feios, sujos e malvados por muitos brasileiros do sul do país que acompanham suas aventuras pela selva, os garimpeiros são uma tribo nômade, violenta, difícil até de contar.

Como você vê, nessas estruturas – de uso bastante frequente na língua padrão escrita – há a exigência de concordância da forma verbal inicial (particípio) com o sujeito da oração principal que se segue. O particípio funciona, na verdade, como simples adjetivo, exigindo concordância de gênero (masculino/feminino) e de número (singular/plural). É preciso um cuidado especial aqui porque na linguagem oral essa concordância tende a desaparecer. Confira:

a) Usados .... , os curdos...

b) Surpreendidas .... , as aves...

c) Considerados .... , os garimpeiros...

Agora, complete você mesmo:

1. Testada com sucesso no ano passado, ...
2. Encontrados a mais de cem metros de profundidade, ...
3. Apavoradas com a perspectiva da condenação, ...
4. Preservados caprichosamente ao longo dos últimos dois séculos, ...
5. Denunciados pelos vizinhos, que estranharam o alto volume do som, ...

Atividade 8

Informações complementares lógicas

Nós vimos que as informações complementares da oração são aquelas que gravitam sintaticamente em torno da informação básica. Trata-se, como já frisamos, de uma distinção sintática: isto é, em geral a informação complementar não tem autonomia na sentença. Mas é claro que qualquer acréscimo à informação principal modifica-lhe o sentido; assim, toda informação complementar *transforma* o significado original da informação básica.

Em alguns casos, essa *transformação semântica* é expressamente marcada por *relatores*. Observe os casos abaixo:

1. Operários de um setor vital da economia, os mineiros de carvão formaram sindicatos poderosos.

2. Os mineiros de carvão, que são operários de um setor vital da economia, formaram sindicatos poderosos.
3. Como são operários de um setor vital da economia, os mineiros de carvão formaram sindicatos poderosos.
4. Embora sejam operários de um setor vital da economia, os mineiros de carvão formaram sindicatos poderosos.
5. Os mineiros de carvão formaram sindicatos poderosos porque são operários de um setor vital da economia.
6. Os mineiros de carvão são operários de um setor vital da economia, mas não conseguiram formar sindicatos poderosos.

Em todos os casos, temos a articulação de duas informações:

a) os mineiros de carvão formaram sindicatos poderosos;
b) eles são operários de um setor vital da economia.

Vamos analisar caso a caso:

Nos itens 1 e 2, a relação entre as duas informações está implícita: eles formaram sindicatos poderosos *porque* são operários de um setor vital da economia. Isto é, a organização da sentença, entre a informação básica (*os mineiros de carvão formaram sindicatos poderosos*) e a complementar (*são operários de um setor vital da economia*) deixa subentendido que há uma relação de causa e efeito, embora o relator não apareça.

No item 3, a relação é expressa abertamente por um relator: "Como..."

No item 4, a relação lógica tem efeito contrário: "Embora sejam..." (Poderia ser: "Apesar de serem..." ou "Mesmo sendo...") – isto é, o fato em si indicaria uma provável relação de causa e efeito, mas aqui o relator *embora* avisa o leitor, desde o início, que acontece justamente o contrário.

No item 5, a relação se estabelece com toda a simplicidade: *isso* porque *aquilo*. No item 6, a relação é contrária, como no item 4, *mas* com outra ordem. No item 4, a relação contrária se antecipa ao leitor; no item 6, a conclusão contrária aparece no fim.

Todos esses elementos de costura interna da sentença (*mas, porque, embora, mesmo, porém, para...*) são muito importantes no processo de comunicação e argumentação. Mas, embora tais relatores, no conjunto da oração, sejam semanticamente fundamentais, eles comandam informações *sintaticamente* complementares, isto é, sem autonomia.

Veja os exemplos seguintes:

a) Mas a simulação dos estudiosos tem sido levada a sério.
b) Para tentar conter o vazamento.
c) Mesmo que os peixes-boi, crustáceos, moluscos e tartarugas do Golfo pudessem escapar.
d) Enquanto na superfície o petróleo deixa a água com a aparência de uma rodovia pavimentada.
e) Se sua promessa for cumprida.
f) Além de atrapalhar os ataques aéreos das tropas aliadas.
g) Embora a guerra ainda não tenha um vencedor.

Observe que, em geral, tais segmentos não costumam aparecer como orações avulsas (a não ser, conforme já vimos, como partes de um diálogo).

Afinal, o que está faltando nesses exemplos?

Exercício 6

Nos itens abaixo, *acrescente* informações, de modo que o período fique bem-estruturado. *Importante*: transcreva a oração completa, com a informação básica e a complementar. Observe especialmente o emprego da vírgula, separando os grupos de informação.

1. Embora as enchentes, todos os anos, continuem a destruir cidades inteiras em algumas regiões do Nordeste, provocando prejuízos que chegam aos milhões de dólares.
2. Mesmo que o Ministério dispusesse de todas as verbas da União, que houvesse vontade política e que existisse, de fato, algum plano concreto para solucionar o problema.
3. Contrariados pelo bloqueio do aumento de 147%, aumento já aprovado pela maior parte dos Tribunais do país, e irritados por toda espécie de transtornos burocráticos.
4. Como as pesquisas médicas apontavam, entre outras desgraças, que há uma relação direta entre doenças respiratórias e fumo.
5. Em consequência da alta produtividade agrícola daquela região, que colheu, só este ano, mais toneladas de grãos do que nos três anos anteriores.

Exercício 7

Nos itens abaixo, junte as orações avulsas em um só período complexo, empregando os *relatores* indicados entre parênteses. Se necessário, inverta a ordem das orações e faça outras modificações que julgar necessárias. Observe, também, o emprego da vírgula separando grupos de informações.

a) O cidadão comum pode até reconhecer que não é possível reduzir a inflação sem nenhum custo social. Não parece razoável ao cidadão comum aceitar que não existe método alternativo para combatê-la a não ser a redução da demanda pela política fiscal e pela política monetária. (*1. embora; 2. mas*)

b) A política econômica apresenta um cardápio com pratos cujos custos sociais são diferentes. A política econômica tem que ser resultado da atividade política, isto é, da consulta e conciliação dos interesses em presença. (3. como; 4. porque)

c) Toda inflação produz redistribuição de renda. O significado da redistribuição de renda é diferente se a economia está crescendo, estagnada ou decrescendo. (*5. entretanto; 6. embora*)

d) Quando o processo inflacionário leva à estagnação da economia, a situação é mais grave. Quando o processo inflacionário leva à estagnação da economia, não há redistribuição de renda. Quando o processo inflacionário leva à estagnação da economia, há distribuição de empobrecimento. (*7. porque/mas; 8. mas/e portanto*)

e) Os brasileiros torcem pelo êxito do plano de combate à inflação. Os brasileiros não apreciam um voo cego. (*9. embora; 10. porém*)

f) É verdade que A Voz do Brasil tem interesse para o público rural. O público rural representa hoje somente 25% da população. A Voz do Brasil é transmitida em todas as 2.786 emissoras do país. (*11. É verdade ..../mas por que é transmitida ... / se .... 12. construção livre*)

g) É muito fácil criticar a televisão. A programação da televisão está apelativa e decadente. (*13. Já que; 14. sem usar relator, deixar implícita a relação entre uma parte e outra)*

h) Sou mãe de quatro filhos, trabalho como professora e ainda sou secretária de uma empresa de produções didáticas e pedagógicas. Não deixo a televisão hipnotizar minhas crianças. (*15. mesmo; 16. mas*)

i) Uma mudança de comportamento da nossa parte pode ser muito eficiente enquanto pressão sobre as emissoras. Uma mudança de comportamento de nossa parte mexe no ponto onde as emissoras são mais sensíveis – os índices de audiência. (*17. pois; 18. como*)

j) Exercícios com orações avulsas são terrivelmente chatos e repetitivos. Há quem diga que eles são o único meio eficiente de se chamar a atenção do aluno para aspectos da estrutura da oração. (*19. embora; 20. construção livre*)

Atividade 9

Os anafóricos

Vamos prestar atenção agora num aspecto que já foi abordado em vários momentos deste livro: os *anafóricos*, palavras que fazem referência a elementos já citados no texto. Pode não parecer, mas a língua seria impossível – e insuportável! – sem os anafóricos... Se você duvida, veja um exemplo simples:

> Parecia uma miragem, mas o pescador africano Tomé Tavares, 59 anos, distinguiu no horizonte a silhueta de uma embarcação. Fazia 48 dias que o pescador africano Tomé Tavares, e o sobrinho do pescador africano Tomé Tavares, chamado Eusébio, de 23 anos, estavam à deriva no Oceano Atlântico, a bordo de um pequeno barco danificado (o nome do barco danificado que estava à deriva no Oceano Atlântico com o pescador africano Tomé Tavares e o sobrinho do pescador africano Tomé Tavares de nome Eusébio era Celina), alimentando-se de carne de peixe e tomando água da chuva. Quando o pescador africano Tomé Tavares distinguiu no horizonte a silhueta de uma embarcação, o pescador africano Tomé Tavares reuniu as forças que restavam ao pescador africano Tomé Tavares, e o pescador africano Tomé Tavares deu um grito de socorro.

Agora responda: dá para ler um texto assim? Como primeiro exercício, torne *legível* o parágrafo acima...

Em seguida, junte cada grupo de orações abaixo em uma só, eliminando redundâncias.

1. A dramática aventura começou no dia 20 de dezembro. No dia 20 de dezembro os pescadores deixaram a aldeia. Os pescadores vivem numa aldeia situada em Cabo Verde.
2. A Capitania dos Portos mobilizou uma campanha de auxílio aos visitantes. A Capitania dos Portos conseguiu roupas e sapatos para os visitantes.
3. Há duas correntes marítimas na região. Uma corrente marítima é a corrente marítima da Guiné. A corrente marítima da Guiné passa por Cabo Verde rumo ao sul. Outra corrente marítima é a corrente marítima Equatorial. A corrente marítima Equatorial cruza o oceano em direção ao litoral do Nordeste brasileiro.

Em seguida, vamos nos deter num anafórico bastante usado, o popularíssimo "que", *que*, aliás, sempre complica a pontuação! Observe:

a) A Tempestade no Deserto, ***que*** já começa a fazer sua colheita de vidas humanas, será sempre lembrada pela primeira vítima ***que*** fez: o equilíbrio ecológico.

A que palavras anteriores os "quês" destacados estão se referindo?

Nos exemplos que se seguem, assinale o antecedente das palavras destacadas:

b) Nos mais de 30.000 ataques realizados, os aliados contabilizam a destruição de dois reatores nucleares, **que** eram pequenos e guardavam modestas quantidades de material radioativo.

c) Os cacos da esfacelação política **que** precisarão ser juntados depois do conflito parecem uma tarefa menor se comparados aos esforços **que** serão necessários para devolver às águas do Golfo sua antiga vitalidade.

d) O general ordenou um ataque de aviões F-111, **que** com bombas de precisão destruíram as estações de bombeamento.

Agora compare:

a) As equipes estão trabalhando para impedir ***que*** o óleo continue chegando às usinas.

b) Observadores afirmaram ***que*** a guerra será demorada.

c) Eles têm certeza de ***que*** haverá muitas vítimas.

Qual a diferença entre os dois grupos?

Nas orações abaixo, assinale com *1* o "que" com antecedente, e com *2* o "que" integrante:

1. O Rio do Nunes é disputado pelos turistas **que** preferem água doce a salgada.
2. Ocorre **que**, nessas condições, a derrota pode ser uma espécie de vitória.
3. Acho **que** as pessoas não vão gostar deste espetáculo.
4. Os frutos do mar, **que** são servidos juntos com o barreado, dão destaque ao prato.
5. Ele esclareceu **que** participou apenas da primeira fase da competição.

Atividade 10

O dito "cujo"...

Observe:

Madre Paulina, cujo nome de batismo era Amabile Lucia Visintainer, nasceu em 1865.

Eis aí uma palavrinha – cujo! – que está desaparecendo do uso coloquial da língua. Num bate-papo, o mais provável era que se dissesse

Madre Paulina, que o nome de batismo era... ou
Madre Paulina, que o nome dela era...

Entretanto, essas são formas coloquiais *cujo* emprego praticamente não se encontra no nosso padrão escrito. Além disso, são formas "estigmatizadas", isto é, representam aquela diversidade específica que "pega mal" na escrita, embora todo mundo fale assim. Como exercício, passe para a língua padrão escrita as ocorrências que se seguem:

a) Desse jeito, o Brasil, que o PIB vem caindo desde 1990, vai muito mal.

b) Descobriram o homem que os cofres dele foram arrombados.

c) Fecharam o hospital que as salas de cirurgia estavam desabando.

d) Os fundos de investimento, que as taxas foram as mais altas do último mês, vão sofrer nova regulamentação.

e) Está havendo um acordo de cúpula entre os países europeus, que os resultados podem afetar nossos interesses.

Atividade 11

Sujeito depois do verbo

Leia o trecho seguinte, extraído de um jornal de circulação nacional:

> A metodologia de cálculo da TRF ainda não está definida. Segundo Assis, o governo vai definir a metodologia até o final deste mês. Será levado em conta as taxas de juros praticadas no mercado de títulos privados e títulos públicos. Depois de definido o critério de cálculo terá de ser aprovado pelo Conselho Monetário Nacional.
>
> A apuração da TRF será sempre feito na última semana de um mês e a primeira semana do mês seguinte.

Tomando como referência a língua padrão escrita, o que está errado nesse texto?

É provável que essa notícia tenha sido redigida no último minuto antes do fechamento do jornal, e talvez alguma coisa tenha escapado como erro tipográfico (*feito*, em vez de *feita*), assim como a pontuação ambígua (ou *falta* de pontuação...) da última frase do primeiro parágrafo poderá ser justificada pela pressa. Mas com certeza um desses erros denuncia uma tendência muito forte da linguagem oral (e daí a sua relativa frequência na escrita): *na fala, sempre que o sujeito vem depois do verbo*, é muito provável que o verbo não concorde com ele.

Como exercício de recapitulação, reescreva as orações abaixo, substituindo as palavras sublinhadas pelas palavras entre parênteses:

1. Foi inaugurado ontem *o terminal de Itaipu* (as usinas hidrelétricas de Itaipu).
2. Será aberta *a entrada* ao público (os portões de entrada).
3. O Banco Central vai tornar mais difícil *o acesso* à linha de assistência de liquidez (os recursos).
4. Sofrerá punição, desde que comprovado *o crime*, *a instituição* que desrespeitar a lei (as faltas; as instituições).
5. Foi proibido em todo o território nacional *o aumento* de preços (as majorações).
6. Continua a ser feito, até o final do mês, *o resgate das quantias aplicadas* nos Fundos de Curto Prazo (as aplicações).
7. Prossegue, implacável, *a perseguição do professor de português aos alunos* que não dominam a estrutura da oração (os exercícios preparados aos alunos).
8. O jornal tenta explicar como fica seu dinheiro depois do pacote (suas aplicações financeiras).
9. Será reestruturado *todo o currículo* do Curso de Geopolítica, e será dada *atenção* especial às aulas práticas (todas as disciplinas; direito)
10. Ocorreu *um grande número de acidentes* naquela esquina, de modo que foi limitado *o acesso* ao local (17 acidentes; as vias de acesso).

Atividade 12

Regência

Ao lado da concordância, a *regência* representa uma das maiores dificuldades de quem pretende dominar a estrutura da oração. Mais uma vez, devemos buscar nas diferenças entre linguagem escrita e linguagem oral os motivos dessas dificuldades. Vejamos:

1. A escrita tende a empregar um universo lexical muito mais amplo do que o empregado na linguagem oral. Assim, muitas vezes escrevemos palavras ou expressões mais "difíceis", com as quais não estamos familiarizados. Compare, por exemplo, as duas ocorrências:

a) O cara ficou nas abobrinhas.

b) O conferencista ateve-se às questões menores.

Bem, é muito provável que *a* ocorra em situação informal, num bate-papo, e *b* apareça num texto escrito. Mas se eu opto pela forma *ater-se*, devo saber que ela exige preposição *a*. Escrever *ateve-se nas questões menores* não é padrão! (Assim como eu opto ***por*** alguma coisa, e não *a, com, em*...)

Em caso de dúvida, a única solução é também a mais simples: consultar um dicionário. Os bons dicionários em geral dão exemplos que apresentam a regência-padrão. Veja, por exemplo, como o *Aurélio* define o verbo *ater*:

> **Ater.** [Do lat. *attinere.*] *V.t.d.* **1.** Fazer parar; deter, reter: "Aquele braço nu e aquela espuma / Da fofa manga atêm-me em mudo exame" (Alberto de Oliveira, *Poesias, 2ª* série, p. 294). *P.* **2.** Encostar-se; arrimar-se; estribar-se: *Ateve-se ao ombro da amiga, ao tropeçar.* **3.** Fixar-se, prender-se, atar-se: *Costuma ater-se a ninharias, em vez de cuidar de coisas importantes.* **4.** Fiar-se, confiar-se: *Sabe a quem se pode ater.* **5.** Cingir-se, circunscrever-se, limitar-se: *Desprezou outras atividades, atendo-se às letras.* [É muito p. us. como transitivo direto. (...)].

Novo dicionário da Língua Portuguesa, p. 154

O dicionário *Caldas Aulete* registra diretamente a forma pronominal:

> **ATER-SE,** *v. pr.* (com a prep. *a*) arrimar-se a; aderir. // (Fig.) Pôr toda a sua confiança em; acostar-se a: Já sei a quem me hei de *ater.* (Camilo, *Freira no Subter.* p. 74, 2ª ed.) // (Flex.) V. *ter.* // F. *Ter.*

Dicionário Caldas Aulete, 4ª ed. bras. v. 1, p. 388.

É interessante observar, neste ponto, que, além dos dicionários gerais da língua, existem dicionários especializados em regência verbal. Há aqueles mais voltados para o usuário comum (dois podem ser mencionados aqui: o de Francisco Fernandes – *Dicionário de verbos e regimes*, publicado originalmente pela Editora Globo; e o de Celso Luft – *Dicionário prático de regência verbal*, publicado pela Editora Ática); e há um destinado a um público mais especializado (*Dicionário gramatical de verbos do português contemporâneo do Brasil*, escrito por vários autores sob a coordenação de Francisco da Silva Borba e publicado pela Editora da Unesp – Universidade Estadual Paulista). Este último se fundamentou numa ampla e rigorosa coleta de dados e, nesse sentido, é talvez a mais segura referência sobre as regências que, de fato, se praticam no padrão escrito brasileiro.

2. A segunda fonte de dificuldades decorre do fato de que talvez em nenhuma outra área da língua a fronteira entre o *padrão* e o *não padrão* seja tão incerta como no caso da regência. Não por acaso, a *crase* - que é simplesmente uma questão de regência! - é o calcanhar de aquiles de qualquer professor de português.

Uma ilustração bastante comum do que dizemos é o verbo *assistir*. Pelas gramáticas escolares, devemos todos *assistir* **a** *um filme*, mas nós, como bons brasileiros, *assistimos um filme, assistimos um programa de tevê, assistimos um jogo de futebol...* Tanto, que o próprio Aurélio avisa no seu dicionário: "Nota-se no Brasil viva tendência para o emprego do verbo, em tal acepção, como *transitivo*" - e dá quatro exemplos extraídos da literatura.

É impossível não reconhecer, neste caso específico e em outros semelhantes, que a língua padrão mudou substancialmente e que os gramáticos precisam urgentemente atualizar o capítulo da regência em seus manuais. O uso generalizado de *assistir esse filme* (e sua correspondente construção passiva *Esse filme foi assistido por pouca gente*) nos leva a dizer que o verbo *assistir* admite uma regência clássica (*assistir* ***a*** *esse filme*) e uma regência contemporânea (*assistir esse filme*). Essa é a única atitude de bom-senso nestas alturas da história da língua. Contudo, fique atento: os "guardiões da língua", em seu último reduto (os testes de vestibular e concursos), se esmeram em punir os usuários da língua padrão real. Por isso, aprenda a se defender, decorando, às vésperas desses testes, os casos mais visados.

Naturalmente, as dúvidas de regência não podem ser resumidas em uma "tabela de macetes". E mesmo os mais experimentados jornalistas e escritores serão obrigados a confessar que, com frequência, correm ao dicionário para conferir suas dúvidas eventuais. Também aqui é preciso não esquecer a adequação da linguagem à natureza do texto: um texto mais leve, coloquial, pode perfeitamente lançar mão de formas linguísticas mais contemporâneas - o importante é que quem escreva tenha consciência da *diferença de linguagem*.

Para testar seu domínio, escreva orações empregando cada um dos verbos abaixo em sua regência-padrão clássica. Depois de terminar, confira no dicionário os seus acertos. Você pode ter algumas surpresas! E para debater: algum dos "erros", pelo uso amplo, já pode ser considerado padrão?

1. *Implicar* (no sentido de "ter como consequência").
2. *Preferir.*
3. *Assistir* (no sentido de "ver" e no sentido de "cuidar").
4. *Visar* (no sentido de "ter como objetivo").
5. *Suceder* (no sentido de "acontecer" e no sentido de "vir depois").
6. *Aspirar* (no sentido de "respirar" e no sentido de "desejar").
7. *Compartilhar.*
8. *Ir.*
9. *Relutar.*
10. *Concordar / discordar.*
11. (Acrescente outros verbos com os quais você tem dúvida...)

Atividade 13

Onde mesmo?

Uma palavrinha que tem levado ao desespero os gramáticos normativos e intrigado os linguistas é a tal de *onde*. O emprego desse palavra, na linguagem oral, está praticamente se universalizando como conectivo: usa-se *onde* no lugar de *que*, de *e*, de *mas* – e até mesmo no lugar de *onde*! E tudo indica que esse fenômeno não escolhe "cliente": a ocorrência aparece tanto nas faixas menos escolarizadas da população como nas mais favorecidas. Não é impossível que seu uso não padrão seja até mais frequente entre quem estudou, por um fenômeno chamado "hipercorreção" – isto é, o desejo do falante de falar "certo" pode levá-lo a empregar estruturas e expressões que ele não domina.

Bem, isso é problema dos linguistas. Para quem está interessado apenas em dominar o padrão escrito, é interessante seguir o roteiro abaixo.

Dois casos básicos

Para começar: na escrita, esqueça a forma *aonde*. Em qualquer caso, use sempre *onde*, que não tem erro! Embora *aonde* seja uma forma clássica da língua, em muitos casos ela é estigmatizada – alguns gramáticos vivem inventando regrinhas de distinção (do tipo, se exigir preposição *a*, pode-se usar *aonde*) e outras besteiras sem fundamento. Já o *onde* é sempre aceito, em qualquer caso.

Segundo lembrete: no padrão escrito, a referência de *onde* é sempre, obrigatoriamente, *lugar, espaço*. Veja o **primeiro caso**, em que o *onde* faz referência a alguma coisa *fora do texto*:

Ninguém sabe *onde* foi parar o dinheiro. (*em que lugar*)
Onde fica a praça? (*em que lugar?*)
O policial sabe *onde* aconteceu o crime, mas não diz. (*em que lugar*)

Observe agora o **segundo caso**, em que a palavra faz referência a alguma coisa que *está escrita no texto*:

Abri o cofre *onde* estava o dinheiro. (*em que, no qual* – onde = o cofre)
Nos bairros periféricos, *onde* a pobreza é maior, a saúde pública não chega. (*em que, nos quais* – onde = nos bairros periféricos)

Observe que, no padrão escrito, muitas vezes o *onde* traz junto a preposição exigida pelo verbo, independentemente se faz referência a algo fora do texto ou a algo que está escrito no texto. Confira:

Ninguém sabe *de onde* ele tirou esse dinheiro. (*que lugar*)
Ele explicou *por onde* a estrada vai passar. (*que lugar*)
O encanador soldou a fenda *por onde* a água escapava. (*onde = fenda*)

E assim se esgota o emprego da palavra *onde*, segundo o padrão escrito.

Para reforçar, faça os exercícios seguintes.

Exercício 8

Junte os grupos de oração seguintes usando a palavra *onde*, de acordo com o padrão escrito:

1. Ele subiu distraído a arquibancada. Os torcedores estavam se matando na arquibancada.
2. Fulano vive no mundo dos sonhos. No mundo dos sonhos não se paga imposto.
3. O gato se escondeu na gaveta. O gato não queria sair da gaveta.
4. O guarda estava exatamente naquele corredor. Por aquele corredor o assaltante passou.
5. O ministro entrou no salão. Todos os convidados correram para o salão.

Exercício 9

Analise com atenção as ocorrências abaixo, todas não padrões, e substitua em cada caso a palavra *onde* por outra expressão, de acordo com o padrão escrito:

1. Fevereiro é o mês onde nasci.
2. O pessoal discutiu muito, onde não chegou a nenhuma conclusão.
3. Visitei aquela praça, onde é muito bonito.
4. O carro de repente quebrou, onde ninguém sabia qual era o problema.
5. Pois na hora me deu aquele medo, onde você fica sem saber o que fazer.

Atividade 14

Pronomes átonos

Na seção de frases curiosas da semana, uma revista de informação selecionou, entre outras, as seguintes ocorrências:

1. "Não sou projetada. A coxa é minha, o abdome também. Inclusive o peito é meu, eu comprei ele *(sic)*". Joana Prado, a Feiticeira, *na Folha de S. Paulo.*

2. "Eu vou ganhar da raça lá todinha. Não tem um tucano lá que eu não serre o bico dele." *Juraci Magalhães, candidato do PMDB à prefeitura de Fortaleza, que lidera as pesquisas à frente da candidata tucana Patrícia Gomes.*

Veja, ed. 1666, p. 36-37

Observe, no exemplo 1, a expressão "sic", colocada entre parênteses. É uma expressão latina que significa "assim mesmo" – e em geral se usa para alertar o leitor de que a palavra ou expressão citada foi exatamente aquela que está escrita, por mais errada ou absurda que seja. O redator empregou o "sic" para chamar a atenção do leitor de que o que a Feiticeira disse, além de todas as outras considerações, está gramaticalmente errado. E o que estaria errado? Ora, a expressão "eu comprei ele".

Bem, a esmagadora maioria do povo brasileiro – e ponha-se "esmagadora" aí! – usa no seu dia a dia exatamente a mesma estrutura: "eu comprei ele", "conheci ela", "Fulana viu ele" etc. Basta ligar um gravador e sair por aí ouvindo o que as pessoas falam – ricas ou pobres, estudadas ou não, independentemente de região – para descobrir que tal uso é quase universal. Mas, *no padrão escrito*, essa é uma forma *estigmatizada*, isto é, não pode ser usada sem sofrer penalidades! Ou seja, uma nota zero, o escárnio do leitor que sabe a regra da colocação dos pronomes átonos etc.

Na citação da revista, o *sic* reforça para o leitor o quanto a Feiticeira é "burra", por usar numa entrevista (isto é, em situação de oralidade) a expressão "comprei ele". O simples fato de "comprar um peito" não seria suficiente – afinal, faixas respeitáveis da população feminina (e até masculina!) "compram peitos", sem ser ridicularizadas por isso... mas "comprar ele", que vexame!

Dois pesos, duas medidas...

Vamos analisar agora a segunda citação: "Não tem um tucano lá que eu não serre o bico dele". Eis aí uma estrutura de amplo uso: *Esse é o sujeito que eu fui na casa dele, Tiraram dali o carro que o pneu dele estava furado* etc. Mas também essa estrutura *não é padrão na escrita.* Isto é, o padrão normativo escrito (e oral também, se lemos as gramáticas escolares!) diz que o correto é "Não tem um tucano lá *cujo* bico eu não serre". Do mesmo modo, as seguintes: *Esse é o sujeito em* ***cuja*** *casa eu fui, Tiraram dali o carro* ***cujo*** *pneu estava furado.* É claro que ninguém fala assim na vida real – mas *deve escrever assim*, porque, caso contrário, também sofrerá penalidades: nota zero num concurso, por exemplo, ou a cruel perseguição do professor que conhece a regra...

Muito bem: se as duas formas (*eu comprei ele* e *não tem um tucano lá que eu não serre o bico dele*) são igualmente consideradas erradas pela gramática escolar, por que somente a Feiticeira mereceu ser ridicularizada pelo *sic*?

Pense nisso!

Algumas regras para a sobrevivência entre os pronomes átonos...

Na atividade 9 nós já vimos o dito "cujo". Vamos rever agora os pronomes átonos, que a Feiticeira não usou. Você já deve ter passado por essa decoreba algumas milhares de vezes ao longo da vida escolar. Bem, para resumir uma última vez, vão aqui umas regrinhas simples para você observar com atenção na escrita (ou mesmo na oralidade, em situações formais):

1. *O, a, os, as* são formas usadas para complementos sem preposição. Se o complemento é *ele(s)* ou *ela(s)*, a substituição é *obrigatória*:

   O chefe demitiu ele / O chefe demitiu-o / O chefe o demitiu
   Eu comprei ele / Eu comprei-o / Eu o comprei
   Ele encontrou ela / Ele encontrou-a / Ele a encontrou

2. Quando os complementos ele(s) ou *ela(s)* seguem o verbo no infinitivo, corta-se o *r* e acrescenta-se *l* ao pronome. Verbos em *-ar*, *-er* ou *-or* ganham acento gráfico:

   O chefe vai demitir ele / O chefe vai demiti-lo
   O guia vai acompanhar elas / O guia vai acompanhá-las
   Fulano tem medo de perder ela / Fulano tem medo de perdê-la
   O delegado vai pôr eles na cadeia / O delegado vai pô-los (sic!) na cadeia

Lembrete: nos verbos em *-ir*, só há acento gráfico se o *i* é um hiato. Compare:

   construí-lo, destruí-la X demiti-lo, parti-la

3. Quando os verbos terminam em *m*, os pronomes se transformam em *no, na, nos, nas*. Veja:

   Os fiscais encontraram elas / Os fiscais encontraram-nas
   Os diretores fizeram ele assinar / Os diretores fizeram-no assinar

Lembrete: a construção com "nos" pode ser ambígua. Confira:

Os diretores fizeram eles assinar / Os diretores fizeram-nos assinar

Pergunta: fizeram quem assinar? / Eles ou nós?

Nesse caso, coloque o pronome antes:

Os diretores fizeram eles assinar / Os diretores os fizeram assinar

4. Em estruturas semelhantes, o complemento *nós* será obrigatoriamente substituído por *nos*. Compare:

Ele viu nós na festa / Ele nos viu na festa

O guarda alcançou nós na esquina / O guarda alcançou-nos na esquina

5. A forma "lhe" substitui o complemento *com preposição* (*a ele, para ela...*), o conhecido "objeto indireto". Mas aqui a substituição não é obrigatória. Todos os exemplos abaixo pertencem ao padrão escrito. Veja:

Entregaram para ela o pacote / Entregaram-lhe o pacote

Dei-lhe o presente / Dei a ele o presente

Observe que a construção poderia ser diferente. Compare:

Entregaram-no para ela (= entregaram o pacote para ela)

Dei-o a ele (= dei o pacote a ele)

É também possível a dupla contração – *Dei-lho = dei + lhe + o* – mas essa forma desapareceu do uso real no Brasil, embora seja corrente em Portugal. Mas é sempre bom conhecer ela (ops! – *conhecê-la!*), pois poderá ser útil para resolver palavras cruzadas, ou, eventualmente, em algum desses testes ridículos de vestibular ou concurso.

6. Quando o verbo termina em *s* ou *z*, corta-se a consoante e acrescenta-se *l* ao pronome. São casos mais raros, praticamente desaparecidos da escrita brasileira (prefere-se em geral a *próclise*, isto é, colocar pronome antes do verbo). Veja:

Fiz isso sem pensar / Fi-lo sem pensar Eu o fiz sem pensar

O gerente fez ele diretor / O gerente fê-lo diretor / O gerente o fez diretor

7. Formas terminadas em *mos*, de verbos pronominais (encontrar-se, perder-se, ajoelhar-se) perdem o *s* antes do pronome *nos*. Confira:

Nós nos encontramos / Encontramo-nos

Nós nos referíamos / Referíamo-nos

Nós nos perdemos / Perdemo-nos

Importante: JAMAIS separe verbos terminados em *mos* ("fazer-mos", "encontrar-mos", por exemplo). A forma "mos" é parte integrante do verbo no infinitivo pessoal, e não pronome. Esse erro gráfico, que acontece com alguma frequência entre os estudantes, decorre talvez do fato de que o infinitivo pessoal da primeira pessoa do plural ("encontrarmos", "fazermos"...) desapareceu da fala do dia a dia – daí a estranheza daquele "mos", típico da escrita... Quando falamos, preferimos estruturas do tipo "para a gente fazer", em vez de "para fazermos".

8. A *mesóclise*, isto é, o pronome no meio do verbo, praticamente desapareceu da linguagem oral brasileira e só raramente aparece na escrita. Caso algum dia você precise dela, vão

aqui algumas dicas (observe que os exemplos são todos bastante artificiais, como o "Terteão" de Graciliano Ramos, lembrando o texto 7 do capítulo 5):

a) a mesóclise só é usada nas formas verbais do futuro do presente (farei, andarei, lerei) e do futuro do pretérito (faria, andaria, leria...);

b) na mesóclise, quando o suplemento não tem preposição, o *r* é suprimido, dividindo o verbo, e obedecendo à lógica do item 1:

O deputado encontraria ele / O deputado encontrá-lo-ia
Eu direi isso / Di-lo-ei
Dividiremos a despesa / Dividi-la-emos
Eu trairia ele / Traí-lo-ia
Perderemos os amigos / Perdê-los-emos

c) nos outros casos – lhe, te, se... – o *r* permanece:

Ele te dirá a verdade / Dir-te-á a verdade
Daremos a ele o presente / Dar-lhe-emos o presente
Depois se veria o que fazer / Depois ver-se-ia o que fazer

d) Como você percebe, são formas muito pouco usadas no português brasileiro. Em geral preferimos simplesmente a próclise (pronome antes do verbo): *Eu o encontrarei* (em vez de "encontrá-lo-ei"), *Nós a dividiremos* (em vez de "dividi-la-emos") etc.

9. Finalmente: quando usar uma forma ou outra? Duas dicas básicas:

a) *Na escrita*, evite abrir uma sentença com pronome átono. Ao falar, você pode usar e abusar, como milhões e milhões de brasileiros, de formas como *Me diga, Me passe o pão, Se manda daí, Te contaram* etc. Esse uso é absolutamente universal no falante brasileiro. Mas o padrão escrito só aceita *Diga-me, Contaram-te* etc. É verdade que o poder da linguagem oral está lentamente invadindo os textos escritos mais informais (crônicas, comentários esportivos...) e "contaminando-os", aqui e ali, com a próclise em início de sentença. Mas esse uso ainda é estigmatizado em textos mais formais. Já nos textos literários, que refletem mais imediatamente a realidade linguística, o uso da próclise é bastante frequente. De qualquer forma, ao escrever, avalie com atenção se a linguagem do seu texto permite a "liberdade" da próclise em início de sentença...

b) Quanto ao uso de pronomes no meio da sentença, alguns gramáticos criaram a regra das tais "palavras atrativas" – *que, quando, se* – as quais, supostamente, "atraem" os pronomes. Essa regra, na verdade, é uma invenção que muitas vezes não encontra respaldo nos fatos da melhor língua escrita brasileira. Em geral, basta obedecer ao seu ouvido: prefira a forma que "soar" melhor – em ocorrências no meio da sentença, na maioria esmagadora das vezes, tanto faz a próclise (antes do verbo) como a ênclise (depois do verbo). Em caso de prova, exame, vestibular ou concurso semelhante, "puxe" o pronome para perto do *que, nunca, se, jamais...* Exemplos:

Nunca se sabe o que pode acontecer.
Se se contasse a verdade, o desfecho seria outro.
O que não se fala sobre isso é o que se sabe.

Exercício 10

Substitua agora as expressões sublinhadas pelo pronome correspondente, de acordo com o padrão escrito.

1. O que ele não queria era perder o emprego.
2. Encontraram a moça à beira da morte.
3. Ele quis o emprego, mas disseram para ele que não havia vaga.
4. Perderia o prêmio, se não tivesse achado o bilhete.
5. Para fazer isso é preciso querer isso.

Atividade 15

Dois exercícios finais

A essa altura, você já sabe tudo de estrutura da oração! Para comprovar, reescreva as orações abaixo, unindo cada grupo de informações básicas em um único período complexo, conservando as mesmas informações. Quando julgar necessário, substitua palavras e expressões e use relatores para estabelecer as relações lógicas implícitas entre uma informação e outra.

Exercício 11

1. Um pequeno réptil está provocando uma enorme polêmica entre os paleontólogos. Ele viveu há 220 milhões de anos. Ele tem menos de 25 centímetros de comprimento. Ele tem o dorso coberto por longas penas.
2. O pequeno réptil pode mudar drasticamente uma das mais consolidadas teorias da evolução. Uma das mais consolidadas teorias da evolução é a de que as aves vêm dos dinossauros.
3. Paleontólogos americanos e russos concluíram que um bichinho emplumado foi provavelmente o primeiro animal a apresentar penas sobre o corpo. Isso aconteceu na semana passada. O nome do bichinho emplumado é *Lingisquama insignis*.
4. A equipe russo-americana estudou seis exemplares fósseis. Esses exemplares foram encontrados num lago na Quirguízia. Esse lago fica na Ásia. Os exemplares foram encontrados em 1969. A equipe russo-americana chegou à conclusão de que o Lingisquama é uma protoave.
5. O americano John Ruben é o coordenador do estudo. Ele disse: "Encontramos algumas das mais reconhecíveis características das penas de aves modernas." Ele disse também: "Essas características não aparecem em outro lugar."

Exercício 12

1. Os lídios eram um povo da Turquia. Eles habitaram a costa mediterrânea da Turquia. Isso aconteceu há cerca de 2.600 anos. Os lídios sempre foram um mito para os arqueólogos e historiadores.
2. Acredita-se que eles eram donos de tesouros incalculáveis. Esses tesouros seriam formados por moedas e joias de ouro de uma qualidade excepcional. Até agora ninguém encontrou vestígio desses grandes acúmulos de riqueza. Já se sabe que eles de fato existiram.

3. A capital do reino chamava-se Sardis. Em Sardis havia uma fábrica. Nessa fábrica eram aplicadas técnicas inovadoras de separação de metais. Essas técnicas permitiram aos lídios cunhar pela primeira vez moedas de prata e de ouro. Isso aconteceu durante o governo do rei Creso. O rei Creso viveu no século VI antes de Cristo.
4. Esse segredo levou 30 anos para ser totalmente desvendado. Esse segredo acaba de ser divulgado nos Estados Unidos. A obra que explica o segredo é assinada por Andrew Ramage. Ele é arqueólogo. A obra é também assinada por Paul Craddock. Ele é especialista em metalurgia. Ambos são do British Museum.
5. A equipe decifrou o enigma da fábrica de moedas. Essa equipe encontrou uma casa daquela época. Na casa acharam até um aparelho de jantar. Encontraram também vários utensílios domésticos de uso diário. Tudo estava quase intacto. Isso é coisa bastante rara em arqueologia.

Referências bibliográficas

ANDRADE, Carlos Drummond de. *Antologia poética*. Rio de Janeiro: Record, 1999.

ANTONIO, João. *Malagueta, Perus e Bacanaço*. Rio de Janeiro: Civilização Brasileira, 1975.

APA, W. Rio. *O povo do mar e dos ventos antigos*. São Paulo: Brasiliense, 1977.

BAKHTIN, Mikhail. *Questões de literatura e estética*. São Paulo: Unesp/Hucitec, 1988.

BAKHTIN/VOLOSHINOV. *Marxismo e filosofia da linguagem*. São Paulo: Hucitec, 1981.

BERNARDO, Gustavo. *Redação inquieta*. Rio de Janeiro: Globo, 1988.

BÍBLIA SAGRADA. São Paulo: Círculo do Livro, s/d.

BÍBLIA SAGRADA. Tradução em português corrente. Lisboa: Difusora Bíblica/Sociedade Bíblica de Portugal, 1993.

BÍBLIA SAGRADA, A. Tradução na linguagem de hoje. São Paulo: Sociedade Bíblica do Brasil, 1993.

______. Edição revista e corrigida. Brasília: Sociedade Bíblica do Brasil, 1969.

BORBA, Francisco da Silva (coord.). *Dicionário gramatical de verbos do português contemporâneo do Brasil*. São Paulo: Editora da Unesp, 1990.

BRITTO, Luiz Percival Leme. *A sombra do caos*: ensino de língua X tradição gramatical. Campinas: ALB/Mercado de Letras, 1997.

CALDAS AULETE. *Dicionário Contemporâneo de Língua Portuguesa*. Rio de Janeiro: Delta, 1985.

CAMARA JR., J. Mattoso. *História e estrutura da Língua Portuguesa*. Rio de Janeiro: Padrão Editora, 1979.

______. *Dicionário de linguística e gramática*. Petrópolis: Vozes, 1977.

CASTILHO, Ataliba T. de. O estudo da norma culta do português do Brasil. In: "Panorama da sociolinguística". *Revista Vozes*, n. 8, p. 621.

CEGALLA, D.P. *Novíssima gramática da Língua Portuguesa*. São Paulo: Nacional, 1987.

COELHO, Teixeira. *O que é utopia*. São Paulo: Brasiliense, 1980.

CUNHA, Celso & CINTRA, Luis F. Lindley. *Nova gramática do Português contemporâneo*. Rio de Janeiro: Nova Fronteira, 1985.

FARACO, C. Alberto. *Linguística histórica* – Uma introdução ao estudo da história das línguas. São Paulo: Ática, 1991.

FARACO, C. Alberto & CASTRO, Gilberto. Leitura: uma retrospectiva crítica da década de 80. In: *Revista Letras*, Curitiba: Editora UFPR, 1989.

FARACO, C. Alberto & MANDRIK, David. *Língua Portuguesa* – Prática de redação para estudantes universitários. Petrópolis: Vozes, 1987.

FARACO, C. Alberto & TEZZA, Cristovão. *Oficina de texto.* Curitiba: Livraria do Eleoterio, 2000.

FERNANDES, Francisco. *Dicionário de verbos e regimes.* Porto Alegre: Globo, 1960.

FERREIRA, Aurélio Buarque de Holanda. *Novo dicionário da Língua Portuguesa.* 1. ed. Rio de Janeiro: Nova Fronteira, s/d.

FONSECA, Rubem. *A grande arte.* Rio de Janeiro: Francisco Alves, 1983.

GARCIA, Othon M. *Comunicação em prosa moderna.* Rio de Janeiro: FGV, 1980.

GNERRE, Maurizzio. *Linguagem, escrita e poder.* São Paulo: Martins Fontes, 1987.

HAUY, Amini B. *Da necessidade de uma gramática-padrão da Língua Portuguesa.* São Paulo: Ática, 1987.

HOSAKABE, Haquira. Considerações em torno do acesso ao mundo da escrita. In: *Leitura em crise na escola.* Porto Alegre: Mercado Aberto, 1982.

KOCK, Ingedore G.V. & TRAVAGLIA, Luiz C. *Texto e coerência.* São Paulo: Cortez, 1989.

LEÃO, Duarte Nunes de. *Ortografia e origem da Língua Portuguesa.* Lisboa: Imprensa Nacional, 1983.

LIMA, Rocha. *Gramática normativa da Língua Portuguesa.* Rio de Janeiro: José Olympio, 1976.

LOPES, Fernão. *Textos escolhidos.* Lisboa: Editorial Verbo, 1971.

LUFT, Celso. *Dicionário prático de regência verbal.* São Paulo: Ática, 1996.

MARANHÃO, Carlos (coord.). *Manual de estilo da Editora Abril.* Rio de Janeiro: Nova Fronteira, 1990.

MARTINS, Eduardo (org.). *O Estado de S. Paulo* - Manual de redação e estilo. São Paulo: OESP, 1990.

MARTINS, Wilson. *A palavra escrita.* São Paulo: Ática, 1996.

______. *História da inteligência brasileira.* V. 1. São Paulo: Cultrix, 1977.

PÉCORA, Alcir. *Problemas de redação.* São Paulo: Martins Fontes, 1983.

______. Problemas de argumentação na redação escolar. In: *Leitura em crise na escola*: as alternativas do professor. Porto Alegre: Mercado Aberto, 1982.

POSSENTI, Sírio. *Por que (não) ensinar gramática na escola.* Campinas: ALB/Mercado de Letras, 1997.

______. Gramática e Política. In: *Novos Estudos*, n. 3. Dez. 1983.

PRETI, Dino. *Sociolinguística* – os níveis da fala. São Paulo: Nacional, 1974.

RAMOS, Graciliano. *Linhas tortas.* Rio de Janeiro: Record, 1986.

______. *Infância.* São Paulo: Martins, 1967.

ROSA, Guimarães. *Grande sertão*: veredas. Rio de Janeiro: José Olympio, 1974.

SILVA, Rosa Virgínia Mattos e. *Contradições no ensino de português*: a língua que se fala X a língua que se ensina. São Paulo: Contexto/Edufba, 1995.

SNEGE, Jamil. *O jardim, a tempestade*. Curitiba: Ed. do Autor, 1989.

SOARES, Magda. *Linguagem e escola* – Uma perspectiva social. São Paulo: Ática, 1986.

TEYSSIER, Paul. *História da Língua Portuguesa*. Lisboa: Sá da Costa, 1982. São Paulo: Martins Fontes, 1997 [Trad. Celso Cunha].

TREVISAN, Dalton. *Em busca de Curitiba perdida*. Rio de Janeiro: Record, 1992.

______. *Cemitério de elefantes*. Rio de Janeiro: Record, 1988.

______. *Novelas nada exemplares*. Rio de Janeiro: Civilização, 1965.

ZILBERMAN, Regina (org.). *Leitura em crise na escola:* as alternativas do professor. Porto Alegre: Mercado Aberto, 1982.

ZILLES, Ana Maria Stahl. Algumas características do português do Brasil. 1999 [mimeo.].

REVISTAS E JORNAIS

Agulha – revista cultural (internet), *Boa Forma*, *Bravo!*, *Chico Bento*, *Comunicação*, *Correio Braziliense*, *Crescer*, *Criativa*, *Cult*, *Elle*, *Época*, *Folha de S. Paulo*, *Galileu*, *Imprensa*, *Informática*, *IstoÉ*, *Jornal do Brasil*, *Leia*, *National Geographic Brasil*, *O Estado de S. Paulo*, *O Globo*, *Revista da Web!*, *Saúde!*, *Superinteressante*, *Veja*.

Série **Manuais Acadêmicos**

- *Psicologia social*
Aroldo Rodrigues; Eveline Maria Leal Assmar e Bernardo Jablonski

- *Prática de texto para estudantes universitários*
Carlos Alberto Faraco e Cristovão Tezza

- *Oficina de texto*
Carlos Alberto Faraco e Cristovão Tezza

- *Pesquisa social – Teoria, método e criatividade*
Maria Cecília de Souza Minayo (org.); Suely Ferreira Deslandes e Romeu Gomes

- *Os Fundamentos da Psicologia Analítica (The Tavistock Lectures)*
C.G. Jung

- *Da promessa de futuro à suspensão do presente: a teoria do Capital Humano e o Pisa na educação brasileira*
Dalila Andrade Oliveira

Práticas de leitura e produção de texto

Rita de Cássia Santos Almeida

O ensino de leitura e produção de texto é um processo contínuo e por isso deve ser constante, estratégico e de responsabilidade de todas as áreas de todos os professores. Mas, como fazê-lo? Como ensinar a ler e a produzir textos?

A leitura deve ser ensinada, como se ensina a fazer cálculos: passo a passo, com verificação e correção de hipóteses levantadas durante o processo e contextualização. Isso deve acontecer por meio de ações sequenciais: antes de ler, durante a leitura e depois que se lê. Da mesma forma deve ocorrer com a produção textual. Esta precisa de tempo, conhecimento prévio, acompanhamento, autoavaliação. Além do mais, uma aprendizagem significativa depende tanto do aluno, motivado para tal, como da metodologia do professor.

Por isso, *Práticas de leitura e produção de texto* tem o intuito de auxiliar o professor que trabalha na Educação Básica regular, Ensino Médio ou em Educação de Jovens e Adultos. Esse auxílio possibilitará ao professor privilegiar todo o processo de atuação do aluno, sua capacidade de por em prática a leitura compreensiva e interativa, bem como a produção de textos nas múltiplas áreas do ensino.

***Rita de Cássia Santos Almeida** nasceu em Itapeva/SP. Fez seu Magistério no Instituto Estadual de Educação Prof. Otávio Ferrari. Cursou Letras, Pedagogia, Psicopedagogia, e Mestrado em Educação Sociocomunitária. Foi professora efetiva no Ensino Fundamental, em Escolas Públicas e lecionou no Ensino Médio. Trabalha atualmente como professora e coordenadora do Curso de Pedagogia na FIEL – Faculdades Integradas Einstein de Limeira, interior de São Paulo. É autora também de* Jogos nas aulas de Português *(Vozes, 2010).*

Estruturas sintáticas

Noam Chomsky

Essa obra, publicada originalmente em 1957, é considerada um dos livros de maior influência em Linguística e em Ciências Cognitivas. O presente lançamento traz pela primeira vez este clássico ao mercado editorial brasileiro, em cuidadosa tradução realizada por dois linguistas de formação. A edição, acompanhada por comentários que buscam vincular a obra a desenvolvimentos mais recentes da teoria chomskyana, tem o intuito de auxiliar o leitor moderno na compreensão de algumas das principais ideias de Noam Chomsky sobre a linguagem.

A obra de Chomsky emblematicamente registra os primeiros pontos da pauta do empreendimento gerativista. Não é possível apagar certos princípios que orientaram a formulação do vencido e que continuam na do vencedor. Foram abandonadas algumas ideias e mantidas outras, como as que coincidem com a busca da gramática melhor, mais simples e mais aparelhada para descrever e explicar fenômenos afeitos às línguas naturais que subjaz a todo o empreendimento gerativista.

***Avram Noam Chomsky** nasceu na Filadélfia, no dia 7 de dezembro de 1928. É, desde o final da década de 1950, professor de Linguística no Instituto de Tecnologia de Massachusetts (MIT), nos Estados Unidos. Ele foi o responsável por uma revolução teórica e metodológica na Linguística, nos anos de 1950 a 1960. Sua influência se estende também a outros domínios, como as Ciências Cognitivas, a Psicologia, a Informática e Filosofia, além de sua atuação como ativista político também ter repercussões entre estudiosos das Ciências Sociais e Políticas.*